Kay Hoffman

Selbstheilung beginnt im Kopf

Die mentale Hausapotheke

Knaur
MensSana

Besuchen Sie uns im Internet: www.droemer-knaur.de
Alle Titel aus dem Bereich MensSana finden Sie im Internet unter
www.knaur-mens-sana.de

Vollständige Taschenbuchausgabe 2004

Umschlaggestaltung: ZERO Werbeagentur, München
Umschlagabbildung: FinePic
Satz: Pinkuin Satz und Datentechnik, Berlin
Druck und Bindung: Nørhaven Paperback A/S
Printed in Denmark
ISBN 3-426-87212-9

2 4 5 3 1

Inhalt

Vorwort

Gesundheit und Krankheit sind keine fixen Zustände, sondern sich ständig verändernde Prozesse. Innerhalb dieser Veränderungen gibt es Muster, Strukturen und Funktionsabläufe, mit denen unser phylogenetisches Erbe ohne unser bewusstes Zutun so lebenswichtige Vorgänge wie Körpertemperatur, Flüssigkeitshaushalt, Gasaustausch, Atmung, Kreislauf oder den Auf- und Abbau von Körperzellen regelt. Ein unendlich verzweigtes Netzwerk sensibler Rückkoppelungsmechanismen organisiert biologische Prozesse durch Informationsträger und Impulsgeber. Jeder menschliche Organismus verfügt über eine große Weisheit und die Kraft zur Selbstheilung.
Körperbewusstheit ist also mehr als Fitness, äußerliche Ästhetik oder narzisstische Selbstbezogenheit: Diese Art von Bewusstheit orientiert sich am beständigen Wechselspiel zwischen körperlichen Funktionen, emotionalen Impulsen, Gefühlen, Gedanken und Beziehungsstrukturen. Dazu gehört die ökologische Eingebundenheit und eine Intuition, die die Ratio nicht ausschließt, sondern ergänzt.
Ganzheitliche Medizin und Gesundheitsförderung sind leibbezogen. Sie können nur dort wirklich nützen, wo der Mensch als Subjekt mit dem objektiven Experten zusammenarbeitet und zusätzlich zu einer objektiven Besserung ein subjektiver Sinn des Erlebten gefunden wird. Haben denn das Ohr, das Zwischentöne hört, das Auge, das Schattierungen sieht, die Nase, die Gerüche unterscheidet, die Hand, die sich in die Welt hinein tastet und sie begreift, für die Zukunft keinen Wert mehr, nur weil sie nicht über die Präzision intelligenter Maschinen verfügen? Dies ist ein anschauliches Buch, das sinngebende, heilende Metaphern anbietet und den Kontakt zum Unbewussten fördert. Im Gegensatz zu den üblichen Affirma-

tionen und Suggestionen handelt es sich hier um Anregungen, dem Fremden und Ungewohnten neugierig und zugleich gelassen zu begegnen, um sich selbst besser kennen zu lernen. Der therapeutische Ansatz von Kay Hoffman, bewegungsorientiert und körperbezogen, verbindet das Mentaltraining mit inneren Erkundungsreisen, der Entdeckung subjektiver Erfahrungswelten, und einem spielerisch leichten Vorgehen, das niemals etwas aufzwingt, sondern einfach dazu ermutigt, sich mehr zuzutrauen und selbst zu entscheiden. Im Zusammenhang mit der Gesundheitsförderung, die als Gegenpol zur medizinischen Versorgung der Kranken dem Einzelnen an die Hand gibt, etwas für sich zu tun, ist dieser Ansatz besonders wertvoll, weil der Kontakt über das Unbewusste zu den Gefühlen und zum eigenen Befinden angeregt wird. Dieses Buch ist eine Sammlung von Kays Lieblingsübungen, wie sie sie in ihren Kursen anleitet. Es ist aber auch eine Fundgrube für jeden Leser, ob mit oder ohne Vorkenntnisse. Ich wünsche dem Buch einen erfolgreichen Weg in die Öffentlichkeit.

Marquardtstein, im März 2000
Helmut Milz

Einleitung

Wer kennt sie nicht, die gute alte Hausapotheke. Griffbereit sind dort all die bewährten Mittelchen verwahrt, die wie gute Geister die Gesundheit vor den Angriffen des Alltags schützen sollen. Oft werden solche Mittel von Generation zu Generation vererbt, wobei es natürlich nicht die Mittel selbst sind, sondern die Gedanken, die sich damit verbinden. Der eine schwört auf Baldriantropfen, der andere auf Melissengeist, der Dritte hält sich an Aspirin, der Vierte nimmt nach dem Essen eine Prise Glaubersalz, der Fünfte zieht Magenbitter vor, und der Sechste empfiehlt zu jeder Gelegenheit einen kräftigen Schluck Cognac, was, wie er meint, nie schaden kann. Die Reihe traditionsbewusster Erfolgsstrategien im Kampf mit dem Alltag ließe sich beliebig fortsetzen, und genauso lang wäre wahrscheinlich auch die Liste von Gewohnheiten, denen eine heilende Wirkung zugeschrieben wird. Dass Denken allein schon helfen soll, ist neu. Aber so ist die *mentale Hausapotheke* nicht gemeint: Das Denken allein bringt nicht die Hilfe, die erwartet wird. Dieses Buch ist auch kein Nachschlagewerk des positiven Denkens – und trotzdem hat diese Hausapotheke etwas mit dem Denken zu tun, nämlich insofern, als die Mentalität eines Menschen grundlegend dafür ist, wie er mit Problemen, Aufgaben und Herausforderungen umgeht.

Jeder Mensch, der krank ist, erhofft sich, möglichst bald wieder gesund zu werden. Und wer einmal erfahren hat, welch kostbares Gut die Gesundheit darstellt, wird alles daransetzen, sie sich zu erhalten. Hausapotheken haben eine rituelle Funktion. Ihnen kommt ein besonderer Platz in der Wohnung und im Leben zu. Meist in Kästchen und Schubladenschränkchen untergebracht, erinnern sie den Menschen daran, dass der Feind überall lauert, sei es in Form eines Schnupfens, einer

Magenverstimmung oder einer schlaflosen Nacht. Schnelle Abhilfe ist angesagt. Wenn das Leiden nicht den Rahmen des Gewohnten sprengt, wird der Gang zum Arzt wahrscheinlich durch einen Griff in die Hausapotheke ersetzt. Und dieser Griff, der als selbstverantwortlicher Beitrag zur Besserung oder zur Vorsorge gesehen werden kann, ist selbst zur Gewohnheit, zu einem Teil jener Mentalität geworden, die beherzt handelt statt das eigene allgemeine Wohlbefinden dem Zufall bzw. einem anderen zu überlassen.

Doch in einigen Fällen haben sich die Mittel, die Hilfe bringen sollen, als das eigentliche Problem erwiesen. Manchmal wird gerade das Alte und Altbewährte zur Quelle neuer Probleme. Dann steht es an, Abschied zu nehmen von lieb gewordenen Gewohnheiten. Und genau hier setzt die *mentale Hausapotheke* an, denn sie bietet dort Hilfestellung, wo es um das Denken über das Denken geht – und nur durch ein solches Revidieren der Denkgewohnheiten ist es zu schaffen, bewusst neue Wege der Lebensführung einzuschlagen.

Wir leben in einer Welt der ständigen Wechsel und Veränderungen. Ständig werden wir mit neuen Informationen, mit neuen Schreckensnachrichten und neuen Hoffnungen überflutet. Lässt sich eine solche Fülle an Wissen und Möglichkeiten überhaupt noch verarbeiten? Es ist jedenfalls schwer, inmitten dieses täglichen Aufruhrs noch Ruhe zu finden, bei sich selbst zu bleiben und sich Zeit zu nehmen für die innere Einkehr. Auch erlaubt uns der normale Alltag kaum mehr, jenen Trott und jene Routine zu entwickeln, die früher die Behaglichkeit des Vertrauten ausmachten. Wir leben in ungemütlichen Zeiten.

Der Griff zur *mentalen Hausapotheke* ist die neue Art, sich zu helfen, denn es ist ein Zugriff auf die Blaupausen unserer Verhaltensmuster. Wenn wir damit konfrontiert sind, radikal, effektiv und auch noch verträglich, also ökologisch und sensibel Veränderungen herbeiführen zu müssen – z. B. eine lieb gewordene Eigenheit, mit der wir uns identifiziert haben, aufgeben zu müssen, nicht mehr rauchen, trinken, viel essen zu dürfen und uns sportlich betätigen zu müssen –, dann ist es zunächst die Mentalität, die Mutter aller Ideen, Wünsche, Meinungen, Sehnsüchte und Visionen, die verändert werden muss. Und wer einmal auf den Geschmack gekommen ist, den Stier bei den Hörnern zu packen bzw. das Selbstbild auf die zugrunde liegende Mentalität zurückzuführen, der wird sich bei kommenden Gelegenheiten leichter mit den nötigen Umstellungen tun.

Durch Denken schafft sich der Mensch seine eigene Ordnung, zu der er dann eine Beziehung aufbaut und sich aufgrund dieser zu Hause, bei sich selbst angekommen fühlen kann. Der Lebensstil, der Charakter, der Platz, den man in der Familie oder in der Gesellschaft einnimmt – all dies sind verkörperte Gewohnheiten, in denen der ganze Mensch wohnt und mit denen er sich identifiziert. Den Körper zu verändern, die gewachsene Identität aufgeben und anders werden zu müssen – das ist etwas, das nur durch eine sehr starke Motivation möglich wird. Es ist, als müsste man sich wie Münchhausen am eigenen Schopf packen und aus dem Morast ziehen.

Das Undenkbare wird aber denkbar, wenn wir durch das Denken selbst einen Hebelpunkt finden, der das Ganze von einem sicheren Standpunkt aus einer übergeordneten Perspektive heraus betrachten lässt. Früher nannte man dieses Denken den Glauben, der, wie die Redensart weiß, Berge versetzen kann. Und wer durch seinen Glauben genug motiviert ist, sich den Anforderungen des Lebens mutig zu stellen, hat immer noch das beste Mittel, das es gibt, in der Hand. Für alle die, die nicht glauben können, aber auch nicht aufgeben wollen, empfiehlt es sich, sich auf das Neuland des Umdenkens zu begeben und damit praktische Erfahrungen zu machen.

Wenn das Umdenken spielerisch und experimentell vor sich geht, noch bevor die echte Not zur Erfindung zwingt, dann kann es sogar lustvoll werden, mit der *mentalen Hausapotheke* eine Inventur der eigenen Gesundheit zu veranstalten, Bilanz zu ziehen, Brauchbares von Unnützem, Veraltetem oder sogar

Schädlichem zu trennen und sich davon zu befreien. Das Denken wäre jedoch wie ein leeres, unbewohntes Haus ohne das Fühlen, das Verbindungen herstellt, sich bindet, Werte setzt und schätzt, ohne die Gefühle und Emotionen, die das Fundament jeglichen Sinngebäudes sind. Das Heimischwerden, das Bewohnen ist eine Angelegenheit des Herzens. Ein Denken, das nur vom Kopf bestimmt ist und das Herz nicht berührt, kann auch nicht heilen, denn Heilung vollzieht sich über das Jasagen zum Leben, und ein solches Ja kann nur aus dem Herzen kommen. Die Ordnung im Denken muss sich fortsetzen als eine Ordnung des Fühlens und gipfeln in der heilsamen Erfahrung, sich »in Ordnung« zu fühlen. Dann kommt alles von selbst in Ordnung. Der Körper ist ausgestattet mit der wunderbaren Fähigkeit zu einer autonomen Regelung vegetativer Vorgänge, und Heilung geschieht dann am besten, wenn sie von selbst geschieht. Um dieses Wunder möglich zu machen, bedarf es jedoch einer Vorarbeit, die durch das Ordnen von Gedanken und Gefühlen gegeben ist.

Auf den Punkt gebracht: Die *mentale Hausapotheke* ist ein Begleiter im Geist für alle die, die ihren Geist nutzen möchten, um auch die einfachen Dinge des Lebens intelligent zu regeln. Für Kranke ist sie die beste Aufmunterung, sich mit Gedanken an Gesundheit zu beschäftigen und sich an einem Gefühl für die Gesundung zu orientieren. Nicht über Krankheit, sondern stattdessen über Gesundheit nachzudenken heißt, mit der Gesundheit in Kontakt zu sein. Die Gesundheit verdient unsere ganze Achtung und Beachtung. Deshalb werden die Krankheiten, gegen die die mentalen Mittel helfen sollen, nicht in den Überschriften erwähnt. Sie sind nicht das Hauptthema; Sie finden sie deshalb zu Ihrer Orientierung im Symptomregister. Vorrangig wird die Aufmerksamkeit des Lesers auf all das gelenkt, was zur Gesundheit gehört und gesunden lässt.

In diesem Zusammenhang möchte ich meinen lieben Kolleginnen und Kollegen danken, mit denen mich eine oft langjährige Zusammenarbeit verbindet. Sie haben meinen eigenen Be-

wusstseinshorizont erweitert und mich über den Bereich meiner privaten Gesundheitsbelange hinausblicken lassen.
Nie sonst hätte ich mich mit der traditionellen chinesischen Medizin (Franz Redl), mit Psychomotorik und der Körper-Geist-Integration (Marianne Bachmann), mit Methoden der heilenden Berührung (Meera Nabholz-Beutler), der Eutonie (Johanna Deurer) oder der spirituellen Heilung durch Lichtarbeit (Uta Reinbach) befasst, da ich zuvor immer ein gesunder, aber auch ein unbewusster Mensch gewesen war. Erst im freundschaftlichen Austausch konnte ich ein Bewusstsein dafür entwickeln, was das Wesen der Gesundheit ausmacht und wie es durch das Denken unterstützt werden kann. Für Anstöße des Umdenkens danke ich der Buddhistin Ulli Olvedi, dem Gesundheitsforscher Helmut Milz und dem systemischen Querdenker Matthias Varga von Kibéd.

A wie Absicht und Aberglaube

Anstelle eines Vorworts.

Dieses Buch wurde in der besten Absicht geschrieben. Aber das allein reicht nicht. Allein daran glauben, dass etwas gut ist, nützt nichts. Man muss die Mittel, die man anwendet und anderen empfiehlt, ausprobieren, überprüfen, ob sie funktionieren, sonst bleibt es beim Glauben, und die beste Absicht ist nicht mehr als Aberglaube. Auch die beste Absicht kann als Aberglaube abgetan werden. Meist wird der Aberglaube im Zusammenhang mit Heilung nur hinter vorgehaltener Hand erwähnt, aber da wir es hier mit einer *mentalen* Apotheke zu tun haben und uns mit den Irrungen und Wirrungen des Geistes auseinander setzen müssen, darf die Frage nach dem Aberglauben offen geäußert werden. Kann Aberglaube heilen? Gesundung und Heilung gelingt schließlich auf viele Arten, auch auf dem Weg des Aberglaubens. Sicher, Sie könnten Wert darauf legen, dass dies bei Ihnen nicht der Fall ist. Aber letztlich geht es doch einzig und allein darum, dass Ihnen geholfen wird bzw. dass Sie sich als einen Menschen einschätzen, dem zu helfen ist. Was dann, im Nachhinein betrachtet, wirklich geholfen hat, ist meist mehr eine vage Vermutung als ein wissenschaftlicher Beweis. Vielleicht brauchen Sie solche Beweise für sich, um sich selbst zu beweisen, dass die Wissenschaft doch Recht hat oder dass bestimmte Mittel eben doch ihre Wirkung tun. Dies ist auch Ihr gutes Recht. Aber im Falle der *mentalen Hausapotheke* geht es um *Ihre* Mentalität, und niemand anders kann darüber entscheiden, was Sie glauben wollen oder als Aberglaube abtun, als Sie selbst.

Die zweite Frage, die nun gestellt werden muss, ist die nach der Heilung durch gute Absicht. Kann sich eine Absicht allein schon heilend auswirken? Man würde denken, gute Absichten könnten nie schaden. Natürlich reichen sie nicht aus. Das Handeln muss folgen; schon Erich Kästner wusste in seiner *Lyrischen Hausapotheke* zu sagen: »Es gibt nichts Gutes, außer man tut es.« Aber jetzt mal abgesehen davon, dass auf die guten Vorsätze auch Taten folgen sollten – wie gut sind gute Vorsätze, im Nachhinein betrachtet? Eine Redensart sagt: Der Weg zur Hölle ist mit guten Vorsätzen gepflastert. Und vielleicht kennen Sie von sich selbst den Hang einerseits zur Selbstüberschätzung, andererseits zur Selbstverachtung. Selbstüberschätzung lässt einen die guten Vorsätze fassen, die nicht den »inneren Schweinehund« einbeziehen und die Schwachseiten der eigenen Persönlichkeit wahrhaben wollen. Selbstverachtung hingegen deutet jeden Rückfall als Beweis der eigenen Schwäche und dient als Entschuldigung dafür, dass das Vorhaben nicht möglich ist. Und so landet man statt im »Himmel« in der »Hölle«.

Sie müssen zugeben, dass auch Sie schon Opfer solcher guter Vorsätze geworden sind, die bekanntlich meist schon im Vorstadium scheitern. Und wie kann man sich gegen ein solches Scheitern schützen? Vielleicht doch durch Aberglaube? Der Vorteil des Aberglaubens ist der, dass man nicht selbst verantwortlich ist für das, was mit einem geschieht. Und diese Verlagerung der Verantwortung nach außen scheint enorme Heilkraft zu besitzen. Deshalb wurde eine tüchtige Portion Aberglaube der *mentalen Hausapotheke* beigemischt und den guten Absichten ein Ehrenplatz gewährt. Daran glauben allein nützt nichts – man muss etwas tun, die Mittel ausprobieren, überprüfen, ob sie funktionieren: Denn sonst ist auch die beste Absicht nur Aberglaube.

Denken kostet nichts. Insofern ist die *mentale Hausapotheke* kostenfrei. Auch müssen Sie keine Kosten-Nutzen-Rechnung aufstellen, Sie müssen Ihre Finanzen nicht belasten, um in Ihre Gesundheit zu investieren. Das ist die gute Nachricht. Die schlechte Nachricht jedoch ist: Es kostet oft große Überwindung, alte Gedanken loszulassen und neue Gedanken, und sei es auch nur als Experiment, zuzulassen.

Krankheit beginnt im Kopf, Gesundheit ebenso. Die ganze Welt ist zunächst nur ein Lichtermeer von Nervenimpulsen und regem Informationsaustausch. Wie kann ich mich richtig informieren?, fragt sich das Ich, aber da ist es meist zu spät, denn das Ich ist die letzte Instanz, die gefragt wird. Die Entscheidungen fallen meist irgendwo im Zwischenreich der neuronalen Aktivitäten, Impulse sind meist nur die Reflexe, Träume nicht mehr als ein Echo. Die Kraft neuer Gedanken ist begrenzt, der Einsatzbereich beschränkt. Und dennoch hilft das Denken, wenn es zu einem Umdenken wird: Das Umdenken kann den alten Gedanken neue Alternativen entgegenstellen, die Welt, wie sie im Kopf zusammengedacht wird, kann sich durch Umdenken verändern. Wie oft handeln und entscheiden wir aus dem Bewusstsein alter Gedankensysteme und Weltbilder heraus und glauben, keine andere Wahl zu haben! Nur zu oft ist deshalb Heilung nicht möglich – die Heilung oder die Gesundheit passt nicht zum Selbstbild bzw. ins Konzept. Aber genau darum geht es bei der *mentalen Hausapotheke*: Hier werden Ihnen keine gebrauchsbereiten Rezepte zur Verfügung gestellt, denken müssen Sie schon selbst. Aber die Auswahl von Ideen, die Ihnen vielleicht nicht ohne weiteres in den Sinn gekommen wären, von alternativen Konzepten, die Sie wahrscheinlich nicht von selbst entwickelt und dann auch noch beherzigt hätten, finden Sie in diesem Buch. Auch die Entscheidung kann Ihnen niemand abnehmen; aber man kann Ihnen eine breite Palette von Sinnangeboten vorführen. Es gibt in Situationen, in denen Sie sich entscheiden müssen, mehr als nur eine Wahlmöglichkeit, denn eine Möglichkeit ist keine Wahl, sondern eine Notwendigkeit. Wie oft haben Sie geglaubt, keine Wahl zu haben! Darin möchte ich Sie nicht unterstützen. Handeln Sie fortan nicht mehr aus Sachzwängen heraus, sondern aus dem Bewusstsein der Freiheit. Nutzen Sie die hier aufgezeichneten Angebote zum Umdenken und fühlen Sie sich frei – frei davon, alten Vorstellungen verpflichtet zu sein, und frei dazu, neue Konzepte zur Gesundheit zuzulassen.

Anti-Stress-Hilfe

Als erste Hilfe bei Stress.

Ihr Erste-Hilfe-Koffer ist immer fertig gepackt und begleitet Sie überall hin, so dass der Stress Sie nicht mehr überraschen kann. Bei ersten Anzeichen ergreifen Sie Gegenmaßnahmen. Sie sind bereit. Sie haben eine gesunde Art der Stressbewältigung entwickelt und wenden sie an, wenn Sie in die entsprechenden Situationen kommen. Sie kennen die Auslöserreize, die bei Ihnen eine Stressreaktion hervorrufen. Sie wissen: Stress ist eine ganz natürliche und lebensnotwendige Funktion. Erst chronisch anhaltender Stress wird zum Problem und ist die Ursache vieler Krankheiten, denn die aufgebaute Spannung kann nicht mehr abgebaut werden. Sie müssen lernen umzuschalten.

<u>Erste-Hilfe-Koffer bei Stress:</u>

1. Sie erkennen den Auslöserreiz.
2. Sie unterbrechen die Verbindung zur Stressreaktion.
3. Sie erleben das Ganze aus einem inneren Abstand.

Sie verfügen über ein Stressbewusstsein, das Ihnen anzeigt, in welchem Maße Sie involviert sind. Vielleicht sehen Sie auf einem imaginären Monitor eine Stresskurve, die ansteigt oder abfällt. Vielleicht tragen Sie auf einer Skala zwischen 1 und 10 die Messwerte Ihres Stresserlebens ein, vielleicht haben Sie einen Druckmesser, der hochschnellt oder absinkt. Sie können die Reaktion, die ein bestimmter Reiz auslöst, einschätzen. Sie wissen: Solche Auslöser sind sehr persönlich und von den Gedanken bestimmt, durch die Sie Reize verarbeiten.

<u>Weitere Hilfen bei Stress:</u>

1. Erkennen Sie Stress auslösende Gedanken.
2. Unterbrechen Sie stressende Gedankenketten.
3. Überdenken Sie das Ganze noch einmal, denken Sie um.

Sie haben Umgangsweisen entwickelt, die Ihnen helfen, dem alltäglichen Stress zu begegnen, ohne ihm einerseits ausweichen zu müssen und sich dadurch einzuschränken, und andererseits vom Stress in Ihrer Lebensqualität solcherart beeinflusst zu werden, dass er Sie tyrannisiert und Ihr Lebensgefühl beherrscht. Sie haben Stresskompetenz entwickelt und sind zu Ihrem eigenen Stressberater geworden. Sie sind ein Experte in Sachen Stress.

<u>Anti-Stress-Rituale, die Sie schützen:</u>

- Erst einmal einen tiefen Atemzug nehmen. Durchatmen, ausatmen, bei jedem Atemzug Spannung ablassen, sich innerlich von der Stressreaktion entfernen. Ergebnis: Die Atmung wird langsamer und tiefer.
- Die rasende Abfolge des Herzpochens unterbrechen, die einzelnen Herzschläge zählen. Ergebnis: Das Herz schlägt langsamer, gleichmäßig und ruhig.
- Sich des ganzen Körpers bewusst werden, ihn mit einem tiefen Summton in Vibration versetzen und bis in die äußersten Winkel wieder bewohnen, falls das Entsetzen Sie aus dem Häuschen gebracht hat. Es wird Ihnen wohlig warm. Ergebnis: Die Extremitäten, Hände und Füße werden besser durchblutet.
- Sich bewusst werden: Stress hat viele Schichten, innere und äußere. Und eine Schicht nach der anderen fällt von Ihnen ab, wie Fesseln, die sich lösen. Ergebnis: Die Muskeln entspannen sich.
- Wissen: Auch diese stressende Situation geht vorbei, und das normale Leben wird sich wieder einpendeln. Sie freuen sich auf ein gutes Essen, einen Spaziergang, frische Luft, Bewegung, und diese Gedanken machen alles, was Sie jetzt gerade erlebt haben, relativ. Ergebnis: Der Stoffwechsel verlangsamt und normalisiert sich.
- Wissen: Es wird Zeiten geben, in denen Sie sich entspannen und an diesen Moment mit Heiterkeit zurückdenken können. Der Alarmzustand ist aufgehoben, der akute Notstand

behoben. Ergebnis: Die Chemie stimmt wieder, der Hormonhaushalt kommt ins Gleichgewicht.

Atembrandung

Bei flacher Atmung, auch begleitend zur Raucherentwöhnung, wenn der Zug an der Zigarette das Einsaugen des Atems ersetzt.

In Brasilien gibt es eine Muttergöttin, die in den Tiefen des Meeres wohnt. Sie überwältigt den Kopf des Einzelnen, sie ist zu groß für das kleine menschliche Denken. Wer sie in sich aufnehmen, ihren Geist erfassen will, muss sein Bewusstsein verändern. Dies geschieht in den ihr geweihten Kulten und Riten. Aber auch der Nichteingeweihte kann durch eine bestimmte Atembewegung sich ihr nähern, indem er sich bestimmte Eigenschaften ihres Charakters vergegenwärtigt. Wer je die großen Bewegungen des Meeres beobachtet hat, weiß, wie sehr sich der Rhythmus überträgt. Stellen Sie sich vor, wie der Mond seinen Einfluss auf die Meere der Welt ausübt, wie Ebbe und Flut sich abwechseln und die Brandung an den Strand heranrollt, sich zurückzieht, wieder Kraft sammelt, von neuem die Wellen aufbaut, die sich immer wieder brechen. Im ständigen Wechsel liegt die Kontinuität. Es ist wie in der Atembewegung: Einatmen und Ausatmen lösen einander ab. Beobachten Sie den Rhythmus Ihres ruhiger und weiter werdenden Atems. Stellen Sie sich vor, wie Sie den Atem einsaugen und beim Ausatmen jemand oder etwas außerhalb Ihrer selbst den letzten Atem aus Ihnen herausholt – als wäre da jemand, jemand, der atmet, aber viel größer ist als Sie selbst und einen viel längeren Atem hat, eine Göttin, eine Mutter, die zum Saugen verführt und selbst eine mächtige Sogwirkung ausübt. Atmen Sie ein paar Züge lang tief durch und spüren Sie nach, welche Wirkung dies auf Ihren Organismus und Ihr Körpergefühl hat.

Augenmachen

Bei Konzentrationsmangel, Ermüdung, innerer Zerrissenheit, Unentschiedenheit.

Sicher kennen Sie Situationen, in denen von allen Seiten her Informationen auf Sie eindringen und alles gleichzeitig Ihre Beachtung fordert. Durch diese Übung lernen Sie, sich schnell in Ihren Innenraum zurückzuziehen, einen Bezug zu sich selbst wiederherzustellen, sich tief zu entspannen, um dann nach außen gehen zu können.

Im indischen Tanz sind die Augen ein wichtiges Mittel des Ausdrucks. Man lernt gezielt, »Augen zu machen«. Dadurch wird eine Disziplin an die Hand gegeben, nicht nur die Seele durch die Augen sich ausdrücken zu lassen, sondern umgekehrt die Gestimmtheit der Seele durch den Augenausdruck zu beeinflussen.

Vorübung:

Unterscheiden Sie zwischen einem engen und fokussierten Blick, bei dem die Augenwinkel zusammengezogen und die Augenmuskeln angespannt werden. So schaut ein misstrauischer Mensch aus den zu Schlitzen verengten Augen. Dann aber gibt es auch das Staunen, das in einem weiten Blick seinen Ausdruck findet: als würden einem die Augen »aus dem Kopf fallen« oder »übergehen«. Es ist ein völlig offener Kinderblick, der aus dem Staunen nicht mehr herauszukommen scheint. Wechseln Sie zwischen den beiden Arten, in die Welt hineinzuschauen, und beobachten Sie, wie die Muskelspannung im Gesicht sich verändert, wie andere Stimmungen und Gefühle auftauchen. Üben Sie sich darin, über den Augenausdruck Ihre innere Gestimmtheit willentlich zu beeinflussen.

Übungsfolge:

1. Erlauben Sie sich, die Lider zu senken, die Augen zu schließen und den inneren Blick nach unten abgleiten zu lassen.

Lassen Sie die Augen unten in der Mitte ruhen. Hier finden Sie Ihren ersten Bezugspunkt, mit dem Sie eine Verknüpfung herstellen: Sie sind jetzt mit der Erde verbunden.

2. Ihre Augen bleiben geschlossen, Ihr innerer Blick wandert von der Mitte unten nach oben. Dort finden Sie Ihren zweiten Bezugspunkt und stellen Ihre Verbindung zum Himmel her. Ihr Blick wandert zum Zenit und verweilt unter der Schädeldecke: Sie sind jetzt mit der Sonne verbunden.
3. Die Augen gehen zur Mitte zurück und von dort aus nach schräg oben rechts, als gäbe es dort jemanden, dem Sie jetzt zuhören wollten. Aber auch schräg oben links verlangt etwas Ihre Beachtung, und der Blick wandert dorthin.
4. Die Augen gehen hin und her zwischen rechts und links, als wollten Sie beidem, das dort gleichzeitig Ihre Aufmerksamkeit erregt, Beachtung schenken. Es ist wie beim Tennisspiel, in dem der Ball hin und her fliegt und der Blick ihm folgt. Ihr Blick geht im hohen Bogen hin und her, macht gleichsam eine »Scheibenwischerbewegung«.
5. Nun kehrt Ihr Blick zur Mitte zurück und lässt dann die Aufmerksamkeit in die untere rechte Ecke gleiten, als gäbe es dort etwas zu beachten. Von dort aus schwingt Ihr Blick zur linken unteren Ecke, von der er sich angezogen fühlt, schwingt in einer weiten Pendelbewegung hin und her zwischen rechts und links in einem weiten Bogen, der die Tiefe auslotet.
6. Und er kehrt zur Mitte zurück. Von dort aus, entlang einer horizontalen Achse, geht Ihr Blick schließlich zur Rechten, wendet sich dann der Linken zu, wobei Sie Ihr Gesichtsfeld zu beiden Seiten maximal erweitern, als wollten Sie über die Seiten hinaus nach hinten schauen, um zu erfassen, was es dort zu sehen gibt.
7. Nun vergegenwärtigen Sie sich alle Positionen, mit denen Sie Verbindung hergestellt haben: In der Mitte unten, in der Mitte oben, schräg rechts oben, schräg links oben, schräg rechts unten, schräg links unten, rechts in der Mitte am äußersten Rand Ihres Gesichtsfeldes und ebenfalls links in der

Mittellage. Stellen Sie sich vor, dass all diese Bezugspunkte und Positionen gleichermaßen wertvoll für Sie sind, so dass Sie allem gleichermaßen und gleichzeitig gerecht werden möchten. So umfahren Sie jetzt die acht Punkte in einer weiten Achterbewegung, mit der Sie Ihre Augen wie Kugeln rollen lassen, die sich tiefer und tiefer in die Höhlen zurückziehen können, um ganz wach wieder nach vorn zu kommen.

8. Öffnen Sie langsam die Augen. Öffnen und schließen Sie dreimal die Augen im Wechsel, wobei Sie die Phasen der Öffnung immer länger werden lassen, bis beim dritten Mal Ihre Augen weit, entspannt und ganz wach nach außen schauen.

Augentrost

Bei Brennen, Tränen, Druck auf den Augen, durch Erschöpfung bedingten Sehstörungen.

Wenn Sie das Gefühl haben, nicht mehr aus den Augen schauen und »es« nicht mehr sehen zu können, hilft Ihnen diese Übung, Trost, Linderung und eine kurzfristige Entlastung zu finden:

Lassen Sie mit einem hörbaren, seufzenden Ausatmen die Lider schwer werden, die Augen sich schließen und in der Tiefe der Höhlen ruhen,
als würde sich dort in der Tiefe alles sammeln,
was Sie belastet und bedrückt, und das Sie nun,
während Sie den Kopf ein wenig hängen lassen,
in die Handballen, die Sie auf die Augen legen,
abgeben, einfach weggeben,
in die Innenseite der Hände hinein den Druck abfließen lassen,
Tropfen für Tropfen,
den Kopf dann heben, die Hände am Gesicht abgleiten lassen
und den freien Blick genießen.

Augenweide

Bei Überanstrengung der Augen aufgrund angestrengter Sehtätigkeit, z. B. langes Arbeiten am Computer. Bei Verdauungsproblemen aufgrund von Verspannung, z. B. auf Reisen, in ungewohnter Umgebung, oder bei Stress. Bei Verstopfung.

Farbpsychologisch wird Grün eine entspannende Wirkung zugeordnet. Besonders bei Überanstrengung der Augen, die »etwas nicht mehr sehen können« oder »rot sehen« und sich entzünden, ist es erleichternd, sich vorzustellen, in ein wogendes Gräsermeer von Grün zu sehen. Lassen Sie den Blick sich einfach darin verlieren, ohne Absicht, ohne Zweck, einfach so. Die Augen lassen Sie schweifen, nichts Besonderes erfassen, sondern lassen den Blick weit werden. Grün ist die Farbe des Vegetativen. Es geht nur darum, auf der vegetativen Ebene zu funktionieren, da zu sein wie eine Blume, eine Pflanze, ein Baum. Gelingt Ihnen dies besser, wenn Sie sich Moosgrün oder Tannengrün vorstellen? Mehr das Blaugrün quellfrischen Wassers oder das Gelbgrün junger Triebe? Machen Sie sich eine Liste all der Arten von Grün, die Sie kennen, und vergegenwärtigen Sie sich die entsprechende Farbqualität so sehr, dass Sie davon ganz umgeben sind. Sie können die Augen dabei schließen, aber bald werden Sie so geübt im Farbensehen sein, dass Sie sogar mit offenen Augen, wann immer Sie wollen, sich grünes Licht geben.

Ausscheidungsvorgänge

Mentalprogramme zur allgemeinen Anregung von Entgiftungs- und Reinigungsprozessen.

Bei allen Stoffwechselvorgängen entstehen Reststoffe, die ausgeschieden werden müssen, wenn sie nicht als Gifte den Organismus belasten sollen. Schlackenbildung gehört zum Leben. Schlacken als Endprodukte verlassen normalerweise das System, das sie produziert hat, nach den Regeln eines inneren

Gleichgewichts, das sich aufgrund der selbst organisierenden Weisheit unseres Körpers immer wieder neu herstellt.
Auch bei der bestmöglichen Ernährung entsteht Abfall, der im Zuge eines Verwertungsprogramms als »Unwert« ausgeschieden werden muss. Und auch die bestmöglichen Freuden, die größten Lüste, die tiefsten Einsichten führen zu einem Gegengewicht, das in Form von »Negativität« jenen Schatten darstellt, den wir so oft zu verdrängen, zu negieren suchen. Positives Denken fördert ganz besonders die Möglichkeit, negative Gedanken zu entwickeln. Das sollte uns aber nicht davon abhalten, es immer wieder mit einer positiven Ausrichtung im Leben zu versuchen, so wie wir uns ja auch nicht vom Essen und Trinken abhalten lassen, nur weil manches von dem, was wir aufgenommen haben, in verwandelter Form uns wieder verlässt.
Doch in den meisten Kulturen spielen sich die Ausscheidungsvorgänge im Privaten ab: Sie sind nicht Thema öffentlicher Gespräche. Seit der Entdeckung des Individuums hat sich auch der private Bereich etabliert, und so gehört Ausscheidung aller Art zur Privatsphäre des Einzelnen. Das hat den Nachteil, dass es dem Einzelnen überlassen bleibt, wie wichtig er diese Vorgänge nimmt und ob er ihre hygienische Notwendigkeit einsehen will. Nur in wenigen Traditionen hat sich das Wissen erhalten, dass Ausscheidungsvorgänge eine übergeordnete Notwendigkeit darstellen, sozusagen zu den allgemeinen Pflichten eines Menschen gehören und auch ein gesellschaftliches Ereignis sein können. Meist werden diese Vorgänge als Reinigung rituell begangen und erhalten in einem religiösen oder spirituellen Kontext eine Bedeutung, die über die Körperpflege hinausgeht. Die Entwicklung der morgenländischen Medizin wurde durch die Körperhygiene, die im Islam Inhalt der religiösen Übung ist, vorangetrieben, während das mittelalterliche Abendland im Schmutz versank.
Sogar noch zu Zeiten der Aufklärung ließ die Körperpflege zu wünschen übrig. Die Körperverachtung der westlichen Tradition drückte sich durch Nichtbeachtung körperlicher Bedürf-

nisse und durch eine allgemeine Verwahrlosung auf der Ebene körperlicher Vorgänge aus. Selbst heute, im Zeitalter der Sterilität, hat sich (noch) kein Bewusstsein dafür entwickelt, dass nicht alle Mikroben schädlich sind und ein Übermaß an Sterilisierung zu einer großflächigen Ableitung der gesunden Stoffwechselfunktionen (z. B. durch Zerstörung der Darmflora) führen kann. Ebenso wenig verstehen wir im Westen etwas davon, wie wir mit negativen Gefühlen umgehen sollen. Negative Gefühle werden unterdrückt – statt als Nebenprodukte einer emotionalen Gesundheit ausgeschieden zu werden.

Negative Energien sind z. B. in der traditionellen chinesischen Medizin eine Selbstverständlichkeit. Die Lebensenergie, die im Organismus zirkuliert, geht Verbindungen ein, die bestimmte Lebensvorgänge ermöglichen und zum Aufbau, zur Erneuerung des Organismus beitragen. Ebenso wie das Ausatmen verbrauchte Luft ausscheidet, gibt auf feinstofflicher Ebene das menschliche System Energien ab, die es nicht mehr brauchen kann. Wie abgestorbene Hautpartikelchen müssen diese feinstofflichen Energieschlacken entsorgt werden. So wie die Haut sich erneuert und das ganze Leben eigentlich aus Häutungen besteht, so ist auch energetische und spirituelle Erneuerung notwendig – und dies nicht nur ein- oder zweimal im Leben, sondern kontinuierlich. Dies sollte sich im Sinne der Psychohygiene eigentlich von selbst verstehen, aber die Bedürfnisse der Psyche werden erst dann ernst genommen, wenn sich Abweichungen von der Normalität und auffällige Schäden entwickelt haben. Erst dann wird die Psyche Thema – als Objekt eines Expertenwissens.

In dem hier beschriebenen Mentalprogramm wird gezeigt, was Sie als Subjekt dazu tun können, um die notwendigen Reinigungs- und Entgiftungsprozesse sowohl auf physischer als auch psychischer und spiritueller Ebene regelmäßig zu vollziehen. Bestimmte Vorstellungen, innere Bilder und Gedankenzusammenhänge erleichtern es Ihnen, einen übergeordneten Sinn darin zu finden, um so diesen oft tabuisierten Bereichen der Privatsphäre mehr Aufmerksamkeit zu schenken – und das

nicht erst dann, wenn es zu spät ist. Hygiene heißt nämlich wörtlich die Kunst, gut zu leben (abgeleitet von *hygieinós* = der Gesundheit zuträglich).
In diesem Mentalprogramm wurden die vier Elemente verwendet, um auf gebräuchliche Metaphern zurückgreifen zu können und die rituelle Gestaltung von Ausscheidungsvorgängen zu veranschaulichen. Es soll Sie dazu anregen, Ihre eigenen Rituale zu entwickeln.

Erdung

Dieser Begriff stammt ursprünglich aus der Physik – der Blitzableiter erdet die Energie des Blitzes, indem er sie dorthin lenkt. Die Erde absorbiert und neutralisiert die Energie – im Gegensatz zum Wasser, das sie weiterleitet. Die Absorptionsfähigkeit der Erde kommt vor allem in der Verwendung von Heilerde zur Anwendung. Heilerde kann in Form von Schlammbädern und Wickeln genutzt oder auch innerlich angewendet werden. Sie nimmt die Giftstoffe des Körpers auf und transportiert sie ab. In der bioenergetischen Körpertherapie wurden Übungen entwickelt, die einen besseren Kontakt zum Boden herstellten und die Belebung des Unterleibs anregten. Kalte Füße – auch ein umgangssprachlicher Ausdruck für ängstlichen Rückzug – sind in der Bioenergetik ein Zeichen nicht nur gestörter Durchblutung, sondern auch ein Hinweis auf ein energetisches Ungleichgewicht: Die Lebensenergie hat sich von den unteren Bereichen des Körpers zurückgezogen, die den vegetativen und animalischen Bedürfnissen des Menschen zugeordnet werden. Ausscheidung gehört zwar zu diesen Bedürfnissen, wird jedoch als »schmutzig« stigmatisiert und tabuisiert. Durch Erdung soll diesem Missverhältnis entgegengearbeitet werden.

Drei Körperübungen dienen als Beispiele für Erdung:

1. Stellen Sie sich aufrecht mit lockeren Knien hin und nehmen Sie ein paar tiefe Atemzüge. Stellen Sie sich vor, wie Ihre Lebensenergie in Ihrem Körpersystem zirkuliert und

gleich einer Flüssigkeit alles durchströmt. Dabei entstehen unterschiedliche Erscheinungsweisen: Manche Energie ist hell und strahlend, leicht und strebt nach oben. Eine andere Energieform wird dumpf und trüb, schwer und strebt nach unten. Diese Energie lassen Sie bis in die Füße, bis in die Fußsohlen und von dort aus in die Erde hinein fließen. Sie können diese Übung durch ein sanftes Schütteln unterstützen, indem Sie den ganzen Körper durch leichte Stöße erschüttern. Sie lassen zu Beginn die Fersen auf den Boden klopfen, später können Sie die minimalen Erschütterungen, die den ganzen Körper durchdringen, durch ein Wippen der Knie erzeugen. Das hat aber nichts mit Kniebeugen zu tun! Stellen Sie sich vor, dass durch diese feine Schüttelmassage die Schlacken, die sich festgesetzt haben, gelöst und wieder in Umlauf gebracht werden. Dann fließen sie ab, begleitet von einem langen und »ausdrücklichen« Ausatmen. Erleben Sie die Erdung als Selbstausdruck.

2. Noch mehr Selbstausdruck erleben Sie, wenn Sie sich auf alle viere begeben, jedoch die Knie vom Boden entfernt halten. Diese Übung dehnt die verkürzten Rückenmuskeln vor allem im Kreuz, aber auch die rückwärtige Muskulatur der Beine. Vielleicht verspüren Sie ein ungewohntes Ziehen. Sie dürfen dazu jammern, stöhnen und seufzen. Vielleicht liegt Ihnen auch ein Wort auf der Zunge, das Sie in Gesellschaft nicht äußern würden. Hier aber gehört es zum Reinigungsritual. Lassen Sie das Seufzen zu einem Fauchen und Zischen werden, verleihen Sie Ihrem Unmut, Ihrer Frustration, Ihrem Ärger oder Zorn Ausdruck, drücken Sie wie ein störrischer Esel alle viere durch, verstärken Sie Ihre Bodenhaftung, als wären Sie auf der Stelle angewachsen, legen Sie alle Ihre Kraft, Ihren Trotz und Widerwillen in diese Bewegung, atmen Sie kurz ein und tief aus. Zischen Sie auf »sch« und beenden den Atem mit einem »t«. »Shit« als Ausdruckswort hat sich dabei besonders bewährt.
3. Hier geht es um einen ähnlichen Absorptionsprozess wie bei der Erde, bei dem jedoch ein Baum eine Rolle spielt. Die

Umarmung von Bäumen ist nicht nur eine Liebesgeste, sondern dient auch der Hygiene! Auch Bäume haben einen Stoffwechsel, der Energien auf- und abbaut. Wir wissen, dass Pflanzen ebenjenen Stickstoff als Nährstoff benötigen, den wir ausatmen; sie entwickeln im Zuge der Photosynthese jenen Sauerstoff, den wir zum Leben benötigen: Das könnte der Beginn einer wunderbaren Freundschaft sein. Wenn Sie einen Baum umarmen, dürfen Sie ihm getrost nicht nur Ihren Stickstoff übergeben, sondern auch alle Negativität, die sich in Ihrem Gedankenhaushalt und Gefühlsleben angesammelt hat. Sowohl Kränkungen als auch Rachegelüste und Hassgefühle nimmt der Baum dankbar entgegen. Gehen Sie durch den Park oder Wald und schauen Sie, welcher Baum besonders nach Ihrer Negativität lechzt. Machen Sie ihn und sich glücklich!

Waschungen

Waschungen sind die bekannteste Form der Reinigung, die auch am augenfälligsten sichtbar wird: Der Mörder wäscht sich das Blut von den Händen, metaphorisch sprechen wir davon, die Hände in Unschuld zu waschen. Nach christlicher Vorstellung reinigt die Taufe als Waschung von der Befleckung durch die Erbsünde. Ein übertriebenes Bedürfnis nach Waschung verbindet sich mit dem Gefühl der Unsauberkeit oder der Angst vor Befleckung – in manchen Gegenden ist allerdings das Händewaschen eine lebenserhaltende Notwendigkeit. Wir alle jedoch wissen, dass solche Waschungen nur oberflächlich wirken. Bestimmte Krankheitserreger lassen sich nicht wegwaschen, ebenso wie bestimmte Spuren eines Verbrechens nicht beseitigt werden können. Kleinste Partikel entziehen sich dieser Art von Reinigung und gelten dann als Indiz und Beweis. Tiere reinigen sich durch das Lecken – besonders Katzen zeigen ein äußerst hygienisches Selbstreinigungsverhalten. Das Weglecken von Fremdkörpern in einer Wunde gehört zu den Aktivitäten der Selbstheilung, bei Tieren und auch bei Menschen. Gewaltanwendung und Vergewaltigung, Missbrauch in jeder Form kann zu einem ausgeprägten Bedürfnis nach Waschung führen: Die angetane Gewalt wird als Einbruch erlebt und heftet sich als Fremdkörper an das Erleben des eigenen Körpers. Rituelle Waschungen können dann helfen, das Selbstbild rein zu waschen. Dabei geht es um mehr als um physische Stoffe. Reinigung geschieht auf einer psychischen und spirituellen Ebene; das geweihte Wasser vertreibt den Teufel. Geldwäscherei ist zum Symbol für die Verwandlung von Unreinem in einen neutralen Wert geworden.

Hier einige Anregungen für Ihr persönliches Waschverhalten:

- Baden und duschen Sie, auch wenn es von der physischen Verschmutzung her nicht notwendig wäre. Gerade wenn Sie in einem Beruf sind, in dem Sie viel Kontakt pflegen und in ständigem Austausch nicht nur physischer Art mit anderen Menschen, mit ihren Gedanken und Gefühlen, ihren feinstofflichen Energien und Ausdünstungen stehen, hilft ein Bad, Ihr eigenes Gleichgewicht wiederherzustellen. Wenn Sie das Gefühl haben, von anderen Menschen gedanklich oder emotional besetzt worden zu sein, und irgendwie spüren, dass Sie sich von diesen fremden Inhalten nicht lösen können, oder dass etwas Ihnen nachgeht und Sie nicht mehr loslässt, wirkt ein Bad wahre Wunder.
- Mischen Sie in das Badewasser Essenzen, die für Sie die reinigende Wirkung unterstützen (also keine erotisierenden, einladenden Duftstoffe), und achten Sie darauf, dass es sich um natürliche Essenzen handelt. Apfelessig ist ein altes Geheimrezept, das nicht nur Ihren feinstofflichen Körper reinigt und schützt, sondern den Säuremantel Ihrer Haut pflegt. Lassen Sie nach dem Reinigungsbad das Wasser ab, auch wenn es äußerlich nicht verschmutzt erscheint, und stellen Sie sich vor, wie die unsichtbaren Fremdkörper mit dem Wasser abfließen. Eine Dusche erfüllt denselben Zweck, wobei natürlich die Phase des gründlichen Einweichens, in dem die Gifte sich aus dem Gewebe lösen, verkürzt ist. Dafür fließt das Wasser und steht nicht. Zur Not tut es auch das

Händewaschen. Lassen Sie nach jeder Begegnung mit anderen Menschen kühles Wasser über Arme und Hände fließen, auch wenn Sie niemandem die Hand gegeben haben. Dies bewirkt eine angenehme Neutralisierung des Kontakts und ist besonders dann bedeutsam, wenn der Kontakt als Übergriff erlebt wurde und eine Verletzung des persönlichen Hoheitsgebiets bedeutet. Dazu gehören Beleidigungen, Kränkungen, Unterstellungen, Anspielungen, wie sie leider nur allzu oft im normalen Arbeitsalltag oder sogar im Familienleben vorkommen.

- Der Körper reinigt sich von Giftstoffen, indem er sie ausschwemmt. Sie können die Entgiftungsvorgänge im Körper unterstützen, indem Sie viel Flüssigkeit zu sich nehmen. Bei jeder Entgiftungs- oder Entschlackungskur sollten Sie literweise Wasser trinken – zwei Liter am Tag gelten als Mindestmaß. Bei besonderen Stoffwechselkrankheiten, so etwa bei Arthritis und Gelenkrheumatismus, wird das Trinken zur unbedingten Vorschrift. Das Zurückhalten von Wasser im Gewebe, das durch Ödeme erkennbar wird und sich u. a. auf eine geschwächte Herztätigkeit zurückführen lässt, hat zur Folge, dass die Gifte den Körper nicht verlassen können und sich festsetzen.
- Das Harnlassen ist ein lebenswichtiger Vorgang. Manchmal wird das Harnlassen mit unverhältnismäßig emotionaler Intensität erlebt – die Befreiung und Erleichterung des Loslassens kann geradezu erotisch-orgastische Ekstasen auslösen. Auch der Stuhlgang – eine absolut private Angelegenheit – wird mitunter von Schüben emotionaler Heftigkeit begleitet. Viele Herzpatienten sterben auf der Toilette, es scheint sich also um ein »Geschäft« zu handeln, das mehr Energie und Aufwand erfordert, als ihm üblicherweise zugestanden wird. Sie können Ihren Körper in dieser Form der Erleichterung unterstützen, indem Sie Ballaststoffe zu sich nehmen und darauf achten, dass der Stuhlgang nicht hart und dadurch schmerzhaft wird. Bewegung regt die Entgiftung und ebenso die Ausscheidungsvorgänge im Körper an. Mit dem Kot

können Sie auch Negativität abgeben – diese Möglichkeit wird durch die umgangssprachliche Redewendung »Sch... darauf!« ausgedrückt. Durch den Akt der Ausscheidung stellt sich wieder das gesunde Gleichgewicht her, und das, was eben noch so wichtig war und drückte, ist nun nach außen befördert worden und kümmert nicht mehr.

- Das Weinen zu guter Letzt ist weniger eine Entgiftung, da durch die Tränenflüssigkeit ja keine Schlacken abtransportiert werden, sondern mehr eine gesunde Entstauung, eine Entfernung von Kummer, der sich festgesetzt hat. Mit den Tränen kann auch der Kummer »entsorgt« werden. Tatsächlich wird durch den Vorgang des Weinens der ganze Organismus aktiviert, der sich nach außen stülpen möchte und durch den Ausdruck der Tränen Befreiung vom inneren Druck sucht. Vielleicht haben die antiken Theaterstücke und Dramen dadurch ihren gesellschaftlichen Wert erhalten – sie sorgten weniger für Unterhaltung als für Katharsis, Reinigung. Immer wenn wir in rührseligen Filmen weinen müssen, erleichtern wir uns nicht nur körperlich, was sich im Papiertaschentücherverbrauch widerspiegelt, sondern befördern seelisch etwas nach außen, was unser Innenleben belastet und bedrückt hat.

Lüftung

Mief ist verbrauchte Luft und auch eine Metapher für eine Atmosphäre, wie sie für abgestandene Verhältnisse typisch ist. Lüften ist ein ritueller Vorgang, der frische Luft, eine kühle Brise, sogar den Zugwind dazu einlädt, »Staub aufzuwirbeln« und neue Verhältnisse zu schaffen. Frische Luft und genügend Sauerstoffzufuhr sind unersetzliche Grundstoffe für den Menschen. Luftverschmutzung, Smog, der bei Inversionslage besonders schlimm auf den menschlichen Organismus einwirkt, und negative Orgonenergie – von Wilhelm Reich *DOR* genannt, den Chinesen als negatives *Chi* oder *Cha* bekannt – werden durch bestimmte Phänomene des Erdmagnetismus geschaffen oder verstärkt. Elektromagnetische Einflüsse können

dazu beitragen, dass sich die energetischen Außeneinflüsse zu krank machenden Faktoren verdichten.
Im Prinzip lässt sich verallgemeinern, dass alles, was zu lange steht und sich staut, eine solche Wirkung entwickelt. Windgöttern und Göttinnen wurde von jeher die besondere Bedeutung zuteil, Überbringer heilender Inspirationen und Eingebungen zu sein. Spiritus, der Hauch, der Geist, ist jener Atem, den Gott seinen Geschöpfen einhauchte, um sie zum Leben zu erwecken. Dem Atem wohnt eine große Heilkraft inne. Achten Sie deshalb darauf, sowohl Ihr Ambiente, in dem Sie leben und arbeiten, stets gut durchlüftet zu halten, als auch im Atmen genügend Frischluft zu sich zu nehmen.
Atmen Sie, als wäre Luft eine kostbare Nahrung – riechen, schmecken, genießen Sie sie und suchen Sie Orte auf, an denen die Luft besonders gut tut. Für manche Menschen ist es die raue Seebrise, für andere die Höhenluft. Die Luft nahe an Wasserfällen ist stark ionisiert und hat einen energetisierenden Effekt auf den ganzen Organismus, weshalb Wasserfälle oft als heilige Plätze galten. Auch die Brandung und die feuchte, mit Gischt vermischte Luft am Meer ist wegen ihrer heilenden und abhärtenden Wirkung so beliebt. Setzen Sie sich einem Reizklima aus, um sich immer wieder einmal so richtig »durchpusten« zu lassen. Sie werden den Unterschied nicht nur an Ihrer körperlichen Kondition, sondern auch an Ihrer seelischen Verfassung wahrnehmen.

Verbrennen

Feuer bewirkt eine irreversible Transformation des Grundstoffes. Sicher lässt sich schmutziges Geld verbrennen, ist aber leider dann nichts mehr wert. Reinigen durch Verbrennen ist für den Körper unbekömmlich. Aber eine Form extremer Erhitzung ist auch im Heilfieber gegeben, das der Körper als Abwehrreaktion entwickelt. Das Schwitzen in der Sauna oder im Dampfbad hilft, die Giftstoffe, die im Blut zirkulieren, durch die Haut abzustoßen und mit Hilfe der Körperflüssigkeit auszuschwemmen. Das Schwitzen ist ursprünglich ein Korrekturmechanis-

mus – wenn sich der Körper zu sehr erhitzt, reguliert sich der Wärmehaushalt durch Entwicklung von Feuchtigkeit, die von den Schweißdrüsen abgesondert wird und durch die Poren austritt. Feuchtigkeit auf der Haut kühlt diese ab.
Die Indianer Nordamerikas haben in ihrer Tradition ein rituelles Schwitzen in so genannten »Schwitzhütten« entwickelt. Dieses Schwitzen bringt den Menschen aufgrund extremer Hitzeentwicklung an den Rand des Bewusstseins und nahe an einen Trancezustand, in dem Inspirationen und Visionen erlebt werden können. Es lässt sich nicht mit einem Saunabesuch in unseren Anstalten vergleichen und verbrennt nicht nur alte Bewusstseinsraster und alltägliche Wahrnehmungsgewohnheiten, sondern transformiert den Menschen auch von Grund auf. Eine solche Erfahrung kann als Initiation in ein neues Leben bzw. Lebensverständnis einführen. Sie sollten sich solchen extremen Erfahrungen jedoch nur mit Vorsicht und aus gutem Grund unterziehen, Neugier oder »Sensationslust« ist kein gutes Motiv für diese Belastung, die Sie Ihrem Körper zumuten. Hingegen ist das Schwitzen an sich, sei es in der Sauna oder durch schweißtreibende Aktivitäten veranlasst, eine gesunde Angelegenheit – einmal am Tag sollte man laut neuesten Gesundheitsratgebern das Herz schneller schlagen und den Schweiß ausbrechen lassen.

Wichtig bei all den genannten Mentalprogrammen ist eines: Aufnahme und Abgabe von Stoffen sollten sich im Gleichgewicht halten. Viele Essstörungen beginnen mit einem suchtartig übertriebenen Bedürfnis nach Reinigung. Erbrechen als Form der Reinigung wird hier zum Mittel, eine unerwünschte Nahrungsaufnahme rückgängig zu machen. Doch der Organismus wird durch solche forcierten Reinigungsprozeduren irreparabel geschwächt und geschädigt. Wenn der Ausscheidungsreflex sich erst einmal verselbstständigt hat und der Organismus weder Nahrung aufnehmen noch bei sich behalten und verwerten kann, ist oft der Tod die Folge. Sollten Sie an sich solche Tendenzen wahrnehmen, nehmen Sie schon im

Vorfeld professionelle Hilfe in Anspruch. Dem Bedürfnis nach Reinigung kann auch auf andere Weise entsprochen werden, ohne sich körperliche Schäden zuzuziehen.

Bauchweisheit

Bei Unausgeglichenheit durch kopflastige Tätigkeiten, bei mangelnder Instinktsicherheit und fehlendem Zugang zum eigenen Unbewussten.

Wussten Sie, dass der griechische Göttervater Zeus, dessen Gemahlin Hera eifersüchtig über sein Tun und Treiben wachte, eigentlich schon einmal verheiratet war? Seine erste Frau hieß Metis, was wörtlich so viel bedeutet wie »Maß«. Metis war die Tochter von Okeanos und Tethys, beides mächtige Meergottheiten, die in der Tiefe des Wassers wohnten. Eine Weissagung prophezeite Zeus, dass Metis eine Tochter gebären würde, die ihm an Weisheit ebenbürtig wäre, der nachfolgende Sohn jedoch ihn stürzen würde. Deshalb lud er die schwangere Metis, die göttliche Verwandlungskünste besaß, zu einem Wettkampf ein und veranlasste sie, sich in eine Fliege zu verwandeln. In dieser Form verschluckte er sie, und fortan lebt sie in seinem Bauch weiter. Von dort aus weissagt sie ihm weiter und verkörpert die berühmte Bauchweisheit, während die Tochter, mit der sie schwanger ging, aus dem Haupte des Zeus in voller Rüstung entsprang. Das war Athene, die Göttin der Klugheit, die mit dem rationalen »Kopfdenken« assoziiert wird.
Wenn im Leben zu viel Rationalität vorherrscht, dann ist es gut, sich auf die Bauchweisheit zu besinnen, denn dort sitzt auch das Gefühl für das richtige Maß. Sie können die folgende Meditation überall und zu jeder Zeit durchführen, denn von außen ist nicht viel mehr zu sehen als das kurze Schließen der Augen. Wenn Sie in dieser Meditation geübt sind, können Sie sie auch bei offenen Augen machen; kein Mensch wird merken, dass Sie sich eben mal kurz von der Rationalität verabschieden und zu Metis, dem Maß, abtauchen, um sich guten Rat zu holen.

Nehmen Sie ein paar tiefe Atemzüge und schließen Sie dann die Augen, während Sie langsam ausatmen. Dabei stellen Sie sich vor, wie Sie Ihre Augen verschlucken, mit einer Schluckbewegung lassen Sie Ihre Aufmerksamkeit nach innen und nach unten wandern; vielleicht müssen Sie ein paar Mal schlucken, um wirklich das Gefühl zu haben, ganz unten angekommen zu sein. Es hilft, den Rücken vor allem im unteren Bereich des Kreuzes und vorn die unteren Bauchmuskeln zu entspannen, so dass Sie wirklich abtauchen in die Tiefen des Meeres, aus denen Metis stammt. Durch die Entspannung im Kreuz und im Bauchbereich bekommen Sie das Gefühl, der Bauch sei ein weiter Raum, in den Sie sich begeben können, indem Sie Ihren Atem dorthin lenken. Werden Sie ganz ruhig und still, um die Stimme der Metis zu vernehmen. Zunächst mag es geschehen, dass Sie sie nicht antreffen, denn sie hat sich bislang von Ihnen nicht angesprochen gefühlt und deshalb keine Form angenommen, in der Sie sie erkennen können. Aber je öfter Sie diesen Kontakt suchen, desto mehr wird sie Ihnen in der Gestalt entgegenkommen, in der Sie ihre Weisheit annehmen können. Das mag in Form von Träumen oder plötzlichen Eingebungen, als Intuition oder auch als Geistesgegenwart und Instinktsicherheit sein. Sie werden ein unbeirrbares Gefühl für das richtige Maß entwickeln, und dieses Gefühl wird auch Ihrer Gesundheit zugute kommen. Vergessen Sie nicht, Metis für ihre Gaben zu danken, wenn Sie wieder auftauchen und in die alltägliche Welt zurückkehren. Beenden Sie diese Meditation, indem Sie sich kurz der Tochter der Metis, Athene, erinnern. In der *Odyssee* werden Athenes strahlend helle Augen gerühmt: Indem Sie jetzt daran denken, lenken Sie Ihre Aufmerksamkeit nach oben, nach außen und nach vorn. Sie sind jetzt bereit, den Herausforderungen des Alltags mit Kopf und Bauch zu begegnen.

Bewegungsstarter

Zur Förderung körperlicher und geistiger Beweglichkeit bei Bewegungsmangel.

Wir wissen, dass ausreichende Bewegung zu einem gesunden Lebensstil gehört. Trotzdem fällt es manchen Menschen schwer, diese Einsicht in die Tat umzusetzen. Es ist, als habe man zwei Wirklichkeiten vor sich – die normale Wirklichkeit der Arbeit, die die meisten Menschen an den Schreibtisch fesselt, und die Bewegungswirklichkeit, in der sich Profis aufhalten. Professionelle Beweglichkeit kann dann im Fernsehen bestaunt werden.
Wir alle wissen, dass wir, sofern wir gesund sind, über die Fähigkeit einer gewissen Beweglichkeit verfügen, diese aber selten herausfordern – aus dem einfachen Grund, weil sie zu nichts »nütze« ist. Und nicht jeder ist so einsichtig, kurzerhand ins nächste Fitnesscenter zu gehen und sich dort gesund zu strampeln. Für manche Menschen ist eine Verbindungsbrücke nötig, die von der einen Welt in die andere führt. Dazu wurde diese Bewegungsimprovisation entworfen, die als mentaler Start für ein Bewegungstraining oder auch als Motivation, sich mehr zu bewegen, dienen kann. Wichtig ist die Reihenfolge der einzelnen Schritte.

Bewegungsstarter in sieben Schritten

Die einzelnen Schritte sind wie Gänge, die Sie einlegen – Sie schalten erst langsam höher, so wie Sie das bei den Gängen Ihres Autos auch tun würden, statt im Kaltstart lossprinten zu wollen.

1. Gang: Stellen Sie sich vor, alles im Kosmos sei Vibration. Der Kosmos tanzt. Atome kreisen ebenso wie Gestirne, und auch Sie sind Teil dieses Kosmos, auch Sie sind voller Bewegung, denn Leben ist Bewegung. Finden Sie einen geeigneten Satz, der diese Vorstellung in Ihnen startet, z. B.: »Alles ist Energie, ist Vibration, und ich spüre diese Vibration

jetzt.« Finden Sie ein geeignetes Bild, das diesen Zustand des Vibrierens wiedergibt, z. B. ein violettes Flutlicht wie in der Disco, das Impulse aussendet und Sie zum Pulsieren bringt. Vielleicht hören Sie nun innerlich eine Musik, die genau dieses Pulsieren und Vibrieren in Ihnen auslöst.

2. Gang: Gehen Sie in die Vorstellung der vibrierenden und pulsierenden Bewegung hinein, baden Sie darin, tauchen Sie unter, lassen Sie sich ganz davon überfluten wie von einem Schauer oder Schauder. Schauer und Schauder sind Worte, die minimale Bewegungen beschreiben. Wie ist das bei Ihnen, wenn Schauer oder Schauder Sie ergreift? Haben Sie heute schon geschauert und geschaudert?
3. Gang: Gehen Sie nun ganz in Ihren Körperinnenraum und spüren Sie auf, wo Sie Schauer und Schauder zuerst spüren würden. Mehr im Unterleib oder im Oberkörper? Mehr links oder rechts? Mehr in der Mitte oder in den Extremitäten? Im Gesicht? Wäre es von außen sichtbar? Und wenn ja, wo würde es sich zuerst zeigen? Woran würde man von außen merken, dass etwas Ungewöhnliches mit Ihnen los ist? Und während Sie Ihre Aufmerksamkeit auf diese Weise fokussieren und nichts anderes Sie bewegt als die minimalen Bewegungsimpulse, kann es sein, dass diese sich zu größeren Bewegungseinheiten ausgewachsen haben und übergegangen sind zu einem Zittern und Zucken. Sie spüren die Impulse, die wie Spitzen aus dem Muster herausragen und Sie zu einer unwillkürlichen Bewegung einladen.
4. Gang: Spüren Sie also diese größeren Bewegungseinheiten auf und erkennen Sie die Bewegungsgestalt, zu der diese Impulse führen könnten. Kitzelt es Sie in der Nase, so dass Sie niesen möchten? Oder kontrahiert Ihr Zwerchfell, so dass Sie meinen, sich erbrechen zu müssen? Oder ist es ein großes Lachen, das sich da vorbereitet und nur darauf wartet, zugelassen zu werden?
5. Gang: Wählen Sie nun eine dieser Bewegungsgestalten, die sich aus minimalen Impulsen unwillkürlicher Bewegungen aufbauen. Wählen Sie diejenige aus, die Ihnen am ange-

nehmsten ist – Erbrechen ist vielleicht nicht so animierend wie Lachen. Aber die Geschmäcker sind verschieden. Es kommt darauf an, dass Sie sich für eine Bewegungsgestalt entscheiden, die in der Vorstellung nicht unbedingt angenehm erscheint, sondern die für Sie ein großes Bewegungspotenzial hat. Sie merken es daran, dass allein schon der Gedanke daran in Ihnen Bewegung auslöst. Stellen Sie sich also diese Bewegungsgestalt, z. B. Lachen, vor, sehen Sie sich selbst lachen – und nun spüren Sie auch, wie es ist, zu lachen. Sie füllen die Bewegungsgestalt mit Bewegung aus. Sie spüren am eigenen Leibe, was die Vorstellung mit Ihnen macht. Achten Sie auf die Minimalvorgänge der unwillkürlichen Bewegungen, die Sie mehr und mehr ergreifen und nach und nach zu der Bewegungsgestalt »Lachen« führen. Lassen Sie nun dieses Lachen den ganzen Körper ausfüllen.

6. Gang: Lassen Sie die von Ihnen gewählte Bewegungsgestalt Ihren ganzen Körper ergreifen, als käme es zu einer regelrechten Besessenheit, einem Veitstanz. Wenn Lachen die Bewegungsgestalt war, dann führt sie Sie nun zu einem »Lachtanz«, in dem sich der Lachkrampf auflöst. Erkennen Sie den spezifischen Rhythmus, der diesem Tanz eigen ist. Beobachten Sie die nächstgrößeren Bewegungseinheiten, die sich aus diesem Tanz ergeben, z. B. ein Schütteln: »sich vor Lachen schütteln« oder »von Lachen geschüttelt werden«. Vielleicht assoziieren Sie damit ein Schäkern, das als feines Schütteln Ihren Körper bewegt. Wählen Sie ein Bewegungsbild, das Ihnen angenehm ist. Wenn Schlackern schon immer ein geheimer Wunsch von Ihnen war, dann wählen Sie Schlackern. Sie können aber auch schlottern, kribbeln und krabbeln, rütteln und schütteln, zappeln, wabbeln, wackeln, kippeln. Meist sind es Bewegungsbilder, die uns in der Kindheit ausgetrieben wurden, ähnlich wie dem Zappelphilipp.
7. Nun wählen Sie eine Bewegung aus, die Sie in Ihrem Alltag ohne weiteren Aufwand ausüben können und die Sie jeden Tag z. B. fünf Minuten machen möchten, um Ihre Kondition

zu steigern. Wählen Sie ein Bewegungsbild aus, z. B. Laufen oder Treppensteigen, und sehen Sie sich selbst laufen oder Treppen steigen. Sehen Sie, wo genau Sie laufen würden, legen Sie Ihre Laufstrecke fest, sehen Sie auch das Treppenhaus vor sich, dessen Treppen Sie erklimmen. Dann füllen Sie dieses Makrobewegungsbild mit den Minimalprozessen der kleinsten unwillkürlichen Bewegungen aus und übertragen die Beweglichkeit, die sich unwillkürlich eingestellt hat, auf die Bewegungsabläufe, die Sie willentlich ausführen. Können Sie sich vorstellen, wie Sie schäkernd zwei, drei, vier oder mehr Stockwerke hinaufsteigen?

Wichtig: Beachten Sie die Maxime des allmählichen Hochschaltens, beginnen Sie immer von vorn, beim »Urzustand« der kosmischen Vibration, bis Sie merken, dass Ihr Körper diesen Urzustand schon verinnerlicht hat. Dann wird es Ihnen von selbst warm, sobald Sie an Laufen und Treppensteigen denken – solange diese Bewegungstätigkeiten nur Pflicht sind, können wir uns nicht dafür erwärmen, mit der Konsequenz, dass wir einen mentalen Kaltstart forcieren. Wichtig ist auch, bei dem Bewegungssoll, das Sie sich selbst auferlegt haben, mit einem Minimum zu beginnen, das Sie aber auch wirklich und kontinuierlich durchführen, statt sich mit großen Vorstellungen und überzogenen Selbstbildern zu überfordern und damit lahm zu legen.

Beziehungsart

Zur Vorbereitung eines heilenden Kontakts, sei es durch Worte oder durch Berührung. Bei Kontakt- und Beziehungsproblemen.

Die Art, wie wir uns auf uns selbst und andere Menschen beziehen, kann sehr verschieden sein, und nicht jede Art ist auch schon eine Kunst (vgl. englisch *art*, Kunst). Diese Visualisation ersetzt nicht, sondern ergänzt ein Kommunikationstraining, eine Paartherapie oder Eheberatung. Sie basiert auf einer Technik, die von Phyllis Crystal entwickelt und von vielen Therapeuten erfolgreich verordnet wurde. Sie hilft, sich von einer heilenden und heilen Beziehung ein Bild zu machen und dann dieses Bild in die Wirklichkeit umzusetzen.

Kontakt und Beziehung geschehen nur selten direkt und spontan, alte Wahrnehmungsmuster lassen uns den anderen Menschen nur in den wenigsten Fällen unvoreingenommen begegnen: Wir schätzen den anderen unwillkürlich ein, vergleichen ihn mit anderen Menschen, denen wir begegnet sind, bilden uns ein Urteil und reagieren mehr auf die Gedanken, die wir uns machen, als auf den Eindruck, den wir im Augenblick haben. Streng genommen regulieren Vorurteile unsere Kommunikation und strukturieren unsere Beziehungen. Durch Einschätzung ordnen wir den anderen ein - ist er uns gut gesonnen oder könnte er uns schaden? Die alte Kampf-oder-Flucht-Reaktion setzt ein. Ist der andere erst einmal eingeschätzt, bewertet und eingeordnet, so verändern sich auch die Erwartungen, die man an ihn stellt, kaum noch. Die Art und Weise, wie man sich auf einen Menschen bezieht, wird nicht jedes Mal neu erarbeitet und überprüft. Auch hier bedeuten Gewohnheiten eine Energieersparnis, so dass nicht immer aufs Neue wieder in Beziehungserfahrungen investiert werden muss. Die Beziehung läuft von selbst. Und dazu gehören auch all jene Selbstläufer, die am Schluss zu den berühmt-berüchtigten »Beziehungskisten« führen. Dann läuft nichts mehr. Alles ist sperrig, die Partner erleben, wie sie anecken, ohne dass etwas Besonderes geschehen wäre. Die Selbstläufer sind hier bestimmte unbewusste Feedbackschleifen, deren negative Wirkung sich ständig verstärkt, ohne dass der eine oder der andere Beteiligte wüsste, woran genau es liegt, dass es auch trotz besten Willens immer schlimmer wird anstatt besser.

Der Systemtheoretiker und Psychotherapeut Paul Watzlawick hat humorvoll beschrieben, wie solche Beziehungskisten zustande kommen und worin die entsprechenden Beziehungsfallen bestehen. Meist sind kleinste Auslöserreize die Ursache für eine Verkettung unglücklicher Umstände, die zu einer Pattsituation führen. Jede Bewegung verstärkt dann die Lähmung, die Räder graben sich noch tiefer in den Schlamm, die Kluft des anfänglichen kleinen Missverständnisses vertieft sich. Die emotionale Reaktion ist Rückzug, der durch das Gefühl von Misstrauen berechtigt erscheint. Kontakt wird nicht mehr als Begegnung und mögliche Vereinigung, sondern als ein Aufeinandertreffen gänzlich voneinander isolierter Individuen, fast als Konfrontation und Konflikt erlebt. Wie kommt das?

Gehen wir davon aus, dass Menschen sowohl geschlossene als auch offene Systeme darstellen. Wenn sie neue Erfahrungen machen, sind sie offen. Wenn sie sich ausschließlich auf alte Erfahrungen beziehen, sind sie »zu«, also geschlossene, selbstreferentielle Systeme. Sie beziehen sich nur mehr auf sich selbst und auf ihre eigenen Erfahrungen, nichts dringt mehr zu ihnen durch. Offenheit gehört ebenso wie Selbstreferenz zum menschlichen Wesen.

Menschen reagieren nicht nur bewusst und bedacht aufeinander, sondern instinktiv und nach bestimmten Schemata, die ihnen selbst unbewusst bleiben. Die Anfangsreaktion, die auf den Anfangsreiz folgt, wird zum Ausgang einer Kausalkette, in der sich die Reaktionen aufschaukeln und einfahren. Oft reicht nur ein Wort, ein Gesichtsausdruck, eine Geste, die als Andeutung verstanden werden, und schon folgt eine Kette von weiteren Deutungen, die erklären sollen und zu weiteren Missverständnissen führen. Kommunikation baut auf Deutung auf und setzt voraus, dass das Wissen um bestimmte Bedeutungen von beiden Partnern geteilt wird. Falsche Deutungen jedoch lenken die Kommunikation in die Richtung jener Regelkreisläufe, bei der sich die Katze in den Schwanz beißt, das System sich stabilisiert und die Situation endgültig verfahren ist.

Eine einzige Frage, ein Innehalten, ein Schock, eine Zäsur könnten den Kreislauf außer Kraft setzen, das System destabilisieren und einen Neuanfang ermöglichen. Aber oft sind alle Beteiligten so in ihrer negativen Beziehungstrance befangen, dass ein hilfreicher Anstoß von außen nötig ist, um die Teufelskreise zu durchbrechen. Mit folgender Beziehungsübung, die Sie allein machen können, unterstützen Sie den Heilungsprozess Ihrer Beziehungen auf nichtverbale und nichtrationale Art, die alle anderen Arten jedoch nicht ausschließt.

1. Schließen Sie die Augen und überlassen Sie sich einer Folge von inneren Bildern, die Sie in sich wachrufen, die aber eine heilende Eigendynamik entwickeln. Begeben Sie sich bewusst in einen »neutralen« Bewusstseinszustand, in dem Sie die Dinge oder Beziehungen »objektiv« betrachten können. Lassen Sie Emotionen, Gedanken oder Gefühle, die während der Übung hochkommen, zu, aber schenken Sie ihnen jetzt keine weitere Aufmerksamkeit. Es geht jetzt nicht um Ihr subjektives Erleben der Verhältnisse, sondern um eine bewusste Ansteuerung eines besseren Gleichgewichts. Schaffen Sie einen Raum für diese Übung. Nehmen Sie sich dafür Zeit und achten Sie darauf, dass Sie während der Übung nicht gestört werden. Später, wenn Sie mit der Übungsabfolge vertraut sind, können Sie sie auch mit offenen Augen und mitten im Alltagsgeschehen machen. Atmen Sie lang und tief aus, während Sie sich erlauben, die Augen zu schließen und den Blick nach innen zu wenden. Beruhigen Sie den Atem, beruhigen Sie Ihr Innenleben, stellen Sie sich eine aufgewühlte Wasseroberfläche vor, die sich glättet, wenn der Wind nachlässt und Ruhe einkehrt. Machen Sie diese Übung im Sitzen, um nicht durch allzu tiefe Entspannung die Konzentration zu verlieren. Sehen Sie sich selbst hier und jetzt da sitzen, bereit, etwas Neues auszuprobieren, das frischen Wind in die abgestandenen Gewässer Ihrer Beziehung bringen könnte. Überlassen Sie sich den Inspirationen, die Sie sich nicht selbst ausdenken müssen, sondern die Ihnen von irgendwo her eingegeben werden.
2. Sie sehen sich selbst als Körpergestalt in einem Kreis sitzen, Sie selbst ziehen den Kreis um sich herum und nehmen sich so viel Platz im Kreis, wie es Ihnen angenehm ist. Wenn er sich als zu eng erweist, wird er sich von selbst erweitern.

Und wenn Sie das Gefühl haben, den Kreis nicht ausfüllen zu können, wird er sich diesem Gefühl anpassen und Sie umgeben wie eine schützende Hülle. Konzentrieren Sie sich jetzt nur auf Ihre aufrechte, aber gelassene Sitzhaltung inmitten dieses Kreises, dessen Mitte Sie sind. Atmen Sie ruhig und tief und beleben Sie durch den Atemfluss Ihren ganzen Körper, füllen Sie ihn aus, dringen Sie in die letzten Ecken und Winkel vor, indem Sie dort hinein atmen, wo Sie sich meist in Ihrem Bewusstsein abwesend fühlen. Konzentrieren Sie sich auf Ihre Präsenz, Ihre körperliche Anwesenheit. Geben Sie dieser Präsenz eine Farbe: Gold. Geben Sie Ihrer Präsenz eine stoffliche Qualität, als könnten Sie sie anfassen und durch den Tastsinn erfahren: weich, fließend, warm, leuchtend, auch kühl, sanft, zart, kräftig und fein, fest und durchlässig, stark und nachgiebig. Finden Sie solche Gegensatzpaare, die Sie in Ihrer Vorstellung miteinander verbinden, so dass Ihre Präsenz nicht auf einen bestimmten Charakterzug oder eine polarisierte Eigenschaft festgelegt ist. Auch die Geschlechter ergänzen sich: Sie sind männlich und weiblich zugleich. Licht und Schatten, Tag und Nacht. Lassen Sie das Gold Ihrer Präsenz nun bis an den Kreisrand dringen und den Kreis ganz ausfüllen. Lassen Sie das Gold erstrahlen über die Körpergrenzen hinaus. Und erst dann, wenn das Gold sich gleichmäßig und nachhaltig ausbreitet, legen Sie einen Ring blauen Lichts um den Kreis, so dass er von außen eingefasst ist. Es ist wie die kostbare Fassung eines Rings, die den Wert des Edelsteins erhöht und seine Stabilität garantiert. Auch dieses Blau ist im Fluss. Sie können sein Schillern, die Fluktuationen, Pulsationen und Vibrationen entdecken, wenn Sie näher hinschauen.

3. Nun richten Sie Ihre Aufmerksamkeit wieder auf den größeren Zusammenhang und sehen sich im Kreis sitzen. Sie werden einen zweiten Kreis einrichten, eine zweite Kreislinie ziehen, die die erste nicht berührt. Während Sie die Kreislinie ziehen und der Kreis sich schließt, entsteht in Ihrer Vor-

stellung ein Raum im Kreis, und es kommt Ihnen jemand in den Sinn, mit dem Sie Ihre Beziehung klären möchten. Es kann jemand sein, der Ihnen sehr nahe steht und zu dem sich die Beziehung in Ihrem Bewusstsein als Problem erwiesen hat. Aber es kann auch jemand sein, an den Sie lange nicht mehr gedacht haben, den Sie vielleicht vergessen haben oder bei dem Sie dachten, die Beziehung sei abgeschlossen. Bitten Sie die Person, die Ihnen in den Sinn kommt, im zweiten Kreis Platz zu nehmen, während Sie weiterhin in Ihrem Kreis sitzen bleiben. Oft beginnt hier schon die Dynamik. Manche Menschen rücken mit ihrem Kreis näher an Sie heran oder wollen die Kreise sich überlappen lassen. Andere rücken von Ihnen ab und setzen sich von Ihnen abgewendet hin. Geben Sie sich selbst und dem Heilungsprozess Zeit, lassen Sie alles zu, wie es kommt, und warten Sie ab. Das Einzige, das Sie kontrollieren und nötigenfalls korrigieren sollten, ist die Unberührbarkeit Ihres eigenen goldenen Rings. Lassen Sie also nicht zu, dass der andere Kreis in dieses Hoheitsgebiet eindringt. Wenn Sie sich auf die Fülle des goldenen Felds um sich herum konzentrieren, wird es Ihnen gelingen, sanft, aber nachdrücklich den anderen auf seinen Platz außerhalb Ihres Kreises zu verweisen. Sollte Ihnen dies nicht gelingen, so brechen Sie die Übung an dieser Stelle ab und üben Sie sich darin, Ihr eigenes Feld auszubreiten – gegen die Interessen, die Ihnen von außen signalisiert werden. Lernen Sie auf diesem Weg Selbstbehauptung.

4. Wenn Sie fortfahren, richten Sie Ihre Aufmerksamkeit nun auf den anderen Kreis und lassen das Gold in dem Raum, der den anderen umgibt, anwachsen, sich verdichten und immer leuchtender werden. Sie füllen also den Kreis ganz mit Gold aus. Dabei lenken Sie Ihre Gedanken in eine Richtung des Wohlwollens und des Mitgefühls, Sie konzentrieren sich auf den anderen weniger als Person, sondern als Mensch, als Seele, als geistiges Wesen, das im Innersten von Liebe und Licht erfüllt ist, wie Sie auch. Sie übertragen be-

wusst Ihre eigenen Gold-Erfahrungen auf diesen Menschen. Dabei tritt die persönliche Beziehung, die Sie mit diesem Menschen haben oder hatten, in den Hintergrund. Gleichzeitig kehren die Bilder, die Sie sich von diesem Menschen machten, die Ängste, Wünsche, Erwartungen, Zweifel, Vorbehalte und Vorurteile, alle Projektionen zu Ihnen zurück als erlöste Energie – sofort spüren Sie den Energiezuwachs, der die Folge Ihres inneren Entschlusses ist, die Beziehung unvoreingenommen zu betrachten und neu erleben zu wollen. Wenn Ihnen dies gelungen ist, legen Sie um den goldenen Kreis einen Ring leuchtenden Blaus, wie Sie es bei Ihrem Ring auch getan haben. Dieses durchlässige, tiefe Blau schützt und versiegelt das Gold. Es hebt die Energie auf eine andere Ebene, auf der Projektionen sich nicht mehr als Formen verdichten und anhaften können. Das heißt nicht, dass sie nicht mehr existieren! Aber in dieser Art des Kontakts und der Kommunikation sind sie belanglos. Über dieses Blau werden Sie nun Kontakt aufnehmen zu dem anderen Kreis. Sie tun dies, indem Sie die beiden Kreise in Ihrer Vorstellung zu einer blauen Acht verbinden, wobei das Blau ständig im Fluss ist. Es fließt entweder mit dem Uhrzeigersinn oder gegen den Uhrzeigersinn, wobei natürlich die beiden Kreise sich in beide Richtungen drehen – setzen Sie aber den Anfangsimpuls in die eine oder andere Richtung und bedenken Sie dabei, dass die Richtung im Uhrzeigersinn eine eher verstärkende Wirkung hat, also eine engere Bindung bewirkt, und die Richtung gegen den Uhrzeigersinn eine eher auflösende Wirkung hat, also eine Befreiung bewirkt. Je nachdem, was Ihr Anliegen ist, können Sie anfänglich in die eine oder andere Richtung gehen – der andere Kreis in der Acht wird dann die andere Richtung mit einschließen. Probieren Sie auch die andere Richtung als Anfangsimpuls aus, wenn Sie sich nicht genau im Klaren sind, was für die Beziehung ansteht.

5. Beenden Sie die Übung bewusst und achtsam, indem Sie sich bei dem anderen bedanken, dass er Ihr Gast gewesen

ist, und machen Sie das Ende der Übung deutlich, indem Sie eine rituelle Bewegung finden, die den Abschluss bildet, z. B. eine Verneigung in Richtung des anderen. Lösen Sie die Bilder im Kopf auf, indem Sie entweder »Flutlicht einschalten« und die ganze Szene auflösen, oder indem Sie einen Vorhang sich über der Bühne senken lassen. Wenn Sie die Augen öffnen, tun Sie dies mit einem Einatmen, mit dem Sie die Augenlider noch einmal entspannt und schwer ruhen lassen, und heben Sie diese mit einem entschlossenen, kräftigen Ausatmen. Sie sind nun ganz wach und schauen in die Welt hinein.

6. Beobachten Sie, ob und wie die Beziehung sich verändert. Lassen Sie sich nicht beirren, wenn der Teufelskreis nicht sofort verschwindet und sich immer wieder neue Versuchungen auftun, an dem Teufelskreis mitzuarbeiten. Auch wenn Sie »in die Falle gehen« und sich von dem Feedbackkreis einholen lassen, geben Sie sich und dem anderen immer wieder die Chance, da herauszukommen. Sie können diese Übung wiederholen, sooft Sie wollen. Sie können Sie auch ausführen, ohne ein Beziehungsproblem zu haben, und auf diese Weise meditieren.

Wichtig: Verwechseln Sie die Ebenen nicht! Auf der einen Ebene sind Menschen miteinander verbunden und durch göttliche Energien vereinigt. Auf der anderen Ebene herrschen Konflikte, die geklärt werden müssen. Bei Konflikten hilft nur, sich darüber auszusprechen.

Biocomputer

Zum besseren Verständnis neurophysiologischer Zusammenhänge.

Kybernetik nennt man jenen Wissensbereich, der sich mit Strukturen, Funktionen, gegenseitigen Beeinflussungen, Querverbindungen und Beziehungen in dynamischen Systemen befasst. Aussteuerung und Selbstregelung gehören zu den Qualitäten bestimmter Systeme, die sich selbst erhalten. Die Gesetzmäßigkeiten der Kybernetik (von griechisch *kybernetike*, Steuermannskunst) wurden im Zuge der Nachrichtenübermittlung und der Computerentwicklung entdeckt, lassen sich aber zum Teil auch auf neurobiologische, neurophysiologische und sogar soziale Zusammenhänge übertragen.

Unter einem Computer versteht man eine programmgesteuerte, elektronische Rechenanlage, die der Datenverarbeitung dient. Im Falle von lebenden Systemen spielen sich ähnliche Prozesse der Selbststeuerung ab, weshalb der Computer und die Gesetze der Datenverarbeitung als Modelle der Elektronik entliehen wurden. Der Biocomputer ist eine Metapher für Prozesse, die in unserem Organismus ablaufen, ohne dass wir uns der Programme je bewusst werden, da sie sich auf autoregulativer und unwillkürlicher, unbewusster Ebene vollziehen. Wir können jedoch ein Bewusstsein dafür entwickeln und zu einem besseren Verständnis der neurophysiologischen Zusammenhänge in unserem Körper gelangen, wenn wir uns mit den autoregulativen Mechanismen innerhalb des lebendigen Systems, das uns als Menschen ausmacht, auseinander setzen.

Besonders in der neueren Gesundheitsforschung spielen solche kybernetischen Erkenntnisse eine große Rolle: Wir können unseren Biocomputer dazu nutzen, das eigene Abwehrsystem zu stärken und Gesundheit als flexibles Gleichgewicht zu erhalten. Dabei müssen wir uns nicht ausführlich mit den Gesetzen der Kybernetik und der Systemtheorie beschäftigen, sondern uns nur einige Punkte veranschaulichen.

Computation und Biocomputer

Ein Computer ist ein Rechner. Das zugrunde liegende englische Wort wurde aus dem lateinischen *computare*, »errechnen«, abgeleitet. Dieses Errechnen ist nicht das Rechnen, das wir in der Schule lernten, weil es im Falle des Biocomputers nichts mit Zahlen zu tun hat. Und doch errechnet der menschliche Organismus ständig neue Ergebnisse, um jenes Gleichgewicht zu wahren, das das System lebendig erhält. Nennen wir es Gesundheit: Gesundheit wird errechnet, und anstelle von Zahlen bedient sich der Biocomputer kleinster Informationsimpulse, die durch die Aktivität der Nerven übermittelt werden.

Datenverarbeitung

Der Biocomputer verarbeitet Daten. Genauso wie beim elektronischen Modell besteht die Datenverarbeitung innerhalb des Organismus aus einem Prozess, bei dem aus Eingangsdaten durch Erfassung, Aufbereitung, Speicherung und Bearbeitung Ausgangsdaten gewonnen werden. Die neurophysiologischen Abläufe im menschlichen System lassen sich dabei durch die elektronischen Abläufe innerhalb eines Computerprogramms abbilden. Viele Funktionen entsprechen einander – z. B. funktioniert das elektronische Speichern ähnlich wie das neurologisch gesteuerte Gedächtnis des Menschen. Auch das Erinnern lässt sich mit dem Abrufen eines solchen gespeicherten Wissens vergleichen.

Energieverbrauch

Wer je mit einem elektronischen Rechner gearbeitet hat, weiß aus eigener Erfahrung, wie sich die Beziehungen zwischen der Grundenergie, den Rechenbefehlen, den einzelnen Rechenoperationen und den Ergebnissen auswirken. Das krasseste Beispiel ist der Stromausfall – kein Strom, keine Information. Für die Informationsverarbeitung wird Energie gebraucht. Tatsächlich verbraucht das Gehirn des Menschen 20 Prozent der Energie – zu viel Denken erschöpft also den Organismus, vor allem wenn dieser schon durch ungesunde Lebensführung geschädigt ist.

Aber nicht nur das Gehirn, sondern der ganze Körper denkt. Alle lebenserhaltenden Regelungsprozesse der Selbststeuerung sind als Denken im Sinne von Informationsverarbeitung zu sehen. Auch hier gilt: Eine gesunde Lebensführung, die ausreichend Energie bereitstellt, unterstützt das Abwehrsystem, die Stoffwechselprozesse und andere neuronale Prozesse der Informationsverarbeitung. Ein geschwächter Organismus hingegen ist anfällig, weil er diesen Aufgaben nicht entsprechend nachkommen kann.

Feedback

Feedback (wörtlich: »Rückfütterung«, im übertragenen Sinn also Rückkoppelung oder Rückmeldung) ist ein wesentlicher Teil kybernetischer Vorgänge. Der Biocomputer informiert sich mittels Feedback, um das gesunde Gleichgewicht zu wahren. Durch Feedback werden neuronale Vorgänge geregelt, indem die Eingangsgröße durch die Änderung der Ausgangsgröße bestimmt wird. Beispiel Hunger: Hunger meldet, dass es Zeit für die Nahrungsaufnahme ist. Wenn der Hunger befriedigt wurde, verschwindet er – er hat sich geändert, und zwar aufgrund der Meldung, dass genügend Nahrung aufgenommen wurde. Feedback kann sehr komplex sein und unterscheidet sich von einfachen Reiz-Reaktionsmustern durch den Faktor Zeit – im Falle des Hungers braucht es Zeit, bis der Magen zu dem Schluss kommt, er habe genügend Nahrung erhalten. Oft sind beim Essen die Augen größer als der Magen, und wir essen mehr, als der Magen durch Feedback uns gemeldet hätte – hätten wir uns die Zeit genommen, auf diese Meldung des Magens zu warten. Der Biocomputer kann durch den bewussten Entschluss, sich mehr Zeit zu lassen, in seinen Funktionen unterstützt werden.

Zeit

Der Faktor Zeit spielt auch in anderen Zusammenhängen eine Rolle, z. B. beim Denken. Gemeint ist jedoch nicht das rationale Denken – Denken geschieht nicht nur auf bewusster, sondern auch auf unbewusster Ebene. Denken auf unbewusster Ebene ist in den veränderten Bewusstseinszuständen der Trance möglich. In Trance finden wir Zugang zu jenem Wissen, das unterhalb der Bewusstseinsschwelle im Unbewussten abgelegt ist. In Trance können wir alte Erfahrungen neu einordnen und dadurch neue Erfahrungen machen. In allen Kulturen gab es Techniken, sich kontrolliert in Trance zu versetzen, um dieses Wissen anzuzapfen und Ekstase zu erleben; erst der Siegeszug des Rationalismus hat diese Art der Informationsbeschaffung verdrängt. Wenn wir Entscheidungen »überdenken«, empfiehlt es sich, dieses unbewusste Denken durch entsprechende Trancetechniken anzuregen. Sich Zeit zu nehmen für Trance ist gut investierte Zeit - auch wenn dies für den Rationalisten nicht nachvollziehbar ist.

Der Biocomputer, der die komplexen Vorgänge im Organismus regelt, ist ein evolutionäres Erbstück, das uns sowohl mit unseren Vorfahren als auch mit anderen Lebewesen verbindet. Lebewesen sind lebende Systeme. Alle dynamischen Systeme aber verfügen über Regelungsmechanismen, die auf Feedback-Regelkreisen beruhen. Bei den meisten Lebewesen sind diese Regelungsprogramme angeboren und müssen nicht mehr gelernt werden; solche autoregulativen Regelkreisläufe mit Feedbackschleifen gehören auch zur angeborenen Ausstattung des Menschen, zu seiner Natur. Doch er kann zusätzlich aus seinen Erfahrungen lernen, wenn er sich darauf einlässt, Erfahrungen als Feedback anzuerkennen und auszuwerten. Was bei den Tieren als Instinkt angelegt ist, wird beim Menschen zur Fähigkeit der Intuition. Intuition beruht ebenfalls auf einer Art komplexer Informationsverarbeitung, wobei das Wissen des Unbewussten, das mit dem Körpergedächtnis in enger Beziehung steht, einen viel größeren Informationsspeicher darstellt als das Bewusstsein, das nur eine relativ geringe Speicherkapazität besitzt.

Biofeedback

Warum und wie Sie Ihren Zustand selbst beeinflussen können.

Biokybernetik ist ein Teilgebiet der Kybernetik. Durch die Analyse von Steuerungsregelungsprozessen in biologischen Systemen und das Aufstellen von Modellen und Systemtheorien soll der Ablauf biologischer Vorgänge geklärt werden. Solche Vorgänge bestimmen den Zustand von Lebewesen, sie erklären, dass Gesundheit die Wahrung eines Gleichgewichts darstellt und dass es zu Störungen dieses Gleichgewichts kommen kann. Feedback ist ein wichtiges Element in diesen Vorgängen. Feedback ist die Rückkoppelung an eine Information, die den nächsten Schritt in einem Kreislauf bestimmt. Diese Information entscheidet darüber, wie es weitergehen soll. In biologischen Kreisläufen haben wir es mit Messwerten zu tun – das System verfügt über die Möglichkeit, bestimmte Zustände zu messen, und reagiert dann auf diese Werte. Eine Feedbackschleife ist eine geschlossene Kette, die Ursache und Wirkung verbindet. Weil etwas Bestimmtes geschieht, kommt es zu einer bestimmten Wirkung, die dann wiederum zur Ursache einer weiteren Auswirkung wird. Beim Feedback wird zwischen zwei Arten unterschieden. Es gibt ein ausgleichendes (englisch *balancing*) und ein verstärkendes (englisch *reinforcing*) Feedback.

Ausgleichendes Feedback

Das ausgleichende Feedback besteht darin, dass Veränderungen im System in einer solchen Weise »beantwortet« werden, dass die ursprüngliche Veränderung in ihrer Auswirkung aufgehoben und der Effekt neutralisiert wird. Ein ausgleichendes Feedback reduziert die Differenz zwischen dem Ist-Zustand und dem Soll-Zustand des Systems. Essen neutralisiert den Bedarf der Nahrungsaufnahme, der durch Hunger signalisiert wurde. Hunger ist also das Feedbacksignal, das das Bedürfnis nach Essen initiiert. Wichtig ist im Zusammenhang von Diäten, dass erst nach einer gewissen Zeitspanne der Magen das Feedback geben kann, ob die Nahrungsaufnahme reicht und das Gefühl von Sättigung eintritt oder nicht. Wenn Sie weniger essen möchten, sollten Sie also langsam essen und nach der Hälfte der Essensportion abwarten, wie sich diese Menge an Nahrung im Magen anfühlt. Achtung: Oft essen wir bei Hungerattacken zwar viel, aber nicht das Richtige. Der Organismus bekommt nicht, was er braucht, und meldet weiterhin Hunger.

Verstärkendes Feedback

Das Verstärkerfeedback besteht darin, dass Veränderungen im System in einer solchen Weise »beantwortet« werden, dass die ursprüngliche Veränderung noch unterstützt, in ihren Auswirkungen vergrößert und somit verstärkt wird. Es ergeben sich weitere Veränderungen, die alle in die gleiche Richtung gehen. Dieses Feedback gibt den Befehl zu Wachstum jeder Art und ist vor allem im Bereich von Selbstmotivation und Erfolgsstrategien wichtig. Je öfter wir uns selbst überwinden, schlechte Gewohnheiten abzulegen und gute Gewohnheiten anzunehmen, desto mehr erwächst in uns ein Selbstbewusstsein, das uns zeigt, dass dies möglich ist. Erste Erfolge bestätigen uns, auf dem richtigen Wege zu sein, und bestärken die Entscheidung, weiterzumachen.

Feedforward

Außerdem gibt es eine Art des Feedback, die nur bei lebenden Systemen mit Bewusstsein vorkommt, das heißt eine typisch menschliche Fähigkeit ist. Das Feedforward (wörtlich: das Vorfüttern oder die Vorkopplung) entspricht der Antizipation. Menschen können vordenken und die Ergebnisse ihrer Entscheidungen vorausberechnend einschätzen. Nur durch Antizipation ist vernünftige Einsicht möglich – und vernünftige Menschen denken, bevor sie handeln.

Das ausgleichende Feedforward besteht in jenen selbst erfüllenden Prophezeiungen, bei denen das System (unwillkürlich) auf antizipierte Veränderungen reagiert und diese ausgleicht. Das System tut alles, um das Ziel zu erreichen, das prophezeit wurde. Jede Veränderung, die sich gegenteilig auswirken würde, wird von vornherein als Abweichung ignoriert und nur die eine Veränderung, die das Ziel ausmacht, angesteuert. Das System hat sich auf das prophezeite Ziel eingestellt. Solche selbst erfüllenden Prophezeiungen können gute und schlechte Auswirkungen haben. Der Placebo-Effekt etwa, der aufgrund von Einbildungskraft dort Heilung bewirkt, wo kein Heilmittel verabreicht wurde, kommt durch diese Art von Feedback zustande, wahrscheinlich auch viele Fälle von Wunderheilungen. Aber auch Verfluchungen funktionieren nach diesem »Rezept«. Beim verstärkenden Feedforward jedoch reagiert das System auf die antizipierte Veränderung mit einer Verstärkung aller Reaktionen, die von dem Ziel ablenken und die Prozesse in die entgegengesetzte Richtung steuern, so etwa nach dem Prinzip des trotzigen »Jetzt erst recht!«. Der sich seiner selbst bewusste menschliche Organismus, der das Denken einbezieht, antwortet auf die Herausforderung, die das Leben an ihn heranträgt, und kommt zu Entscheidungen, die vielleicht ohne die Herausforderungen nie getroffen worden wären, da ihre Notwendigkeit nicht bewusst wurde. Eine lebensgefährliche Krankheit oder ein Unfall kann eine solche Herausforderung, eine Chance zum Umdenken sein.

Während das Feedback innerhalb des Organismus zu autoregulativen »Entscheidungen« führt, ist das Feedforward nur in Verbindung mit Bewusstsein oder auch unbewussten Konditionierungen wirksam. Beim Feedforward wird die Grenze der biologischen Abläufe überschritten, und wir befinden uns im Bereich der Psychologie. Körper und Seele arbeiten hier Hand in Hand – ebenso sollten es Mediziner und Psychotherapeuten oder auch Seelsorger im weitesten Sinne tun.
Als Anfang der siebziger Jahre das Biofeedbackgerät erfunden wurde, jubelte die Psycho-Szene. Endlich konnte der Einfluss des Bewusstseins auf neurophysiologische Vorgänge nicht nur bewiesen, sondern auch für den medizinischen Gebrauch genutzt werden. Dieses Gerät funktionierte ähnlich wie der Elektroenzephalograph oder andere Messgeräte, die neuronale Impulse in einen Aufzeichnungsmodus übersetzen. Dies geschieht aufgrund der Veränderungen, die sich durch den wechselnden Hautwiderstand messen lassen. Der Griff des Geräts, der in die Hand genommen wird, zeichnet die Messwerte des Hautwiderstands auf. So wie das EEG Gehirnwellen aufzeichnet, zeigt das Biofeedbackgerät auf einem Monitor an, wie bestimmte Gedanken und Gefühle neurophy-

siologische Prozesse auslösen und die Verhältnisse im Körper verändern.

Dieses Gerät machte es möglich, eine Wissenschaft der Psychokybernetik zu entwickeln, den Einfluss der Psyche auf den Körper zu verdeutlichen und die psychosomatischen Zusammenhänge nachzuvollziehen. Mit einem solchen Gerät lässt sich herausfinden, welche Informationen als Sinnesdaten verarbeitet werden, welche Emotionen hochkommen, welche Gedanken gedacht und welche Gefühle gefühlt werden müssen, um den Herzschlag zu beschleunigen oder zu verlangsamen, den Sauerstoffverbrauch zu erhöhen oder zu verringern, um das autonome Nervensystem vorwiegend mit Anspannung oder Entspannung reagieren zu lassen und entsprechende Befehle auszusenden, bestimmte Hormone auszustoßen, die Chemie des Körpers zu verändern.

Insofern es sich um die Psyche als Impulsgeber handelt, ist das Gebiet des Biofeedback zwischen Medizin und Psychotherapie angesiedelt, bedarf aber, um zu funktionieren, wie jede Therapie der Kooperation des Patienten – hier allerdings wird dies überdeutlich. Das Biofeedbackgerät zeigt auf, wie psychische Vorgänge direkt in somatische Aktion übersetzt werden. Um zu therapeutischem Gebrauch eingesetzt werden zu können, bedarf das Gerät des guten Willens, der Geduld und der Durchhaltekraft der Person, um deren Körperseelenhaushalt es geht – wem nämlich der eigene Haushalt gleichgültig ist, der wird auch durch ein solches Gerät nicht davon überzeugt werden, dass er sich um die eigenen Verhältnisse zu kümmern hat. Oft aber sind die Verhältnisse nicht durch eigene Verantwortung verschlechtert worden, oft ist Krankheit eben nicht das Ergebnis eigener Entscheidungen, so dass auch beim besten Willen durch psychisches Mitwirken keine Veränderung erkämpft werden könnte.

Und so ist das Biofeedbackgerät vor allem für die Menschen wichtig geworden, die von Haus aus Experten auf diesem Gebiet sind – Gehirnforscher, Bewusstseinsforscher, Bewusstseinsreisende und Meditationskünstler meist asiatischer Herkunft fanden sich zu aufregenden Experimenten zusammen, die uns mit Ergebnissen konfrontieren, welche dem Menschen ein ungeheures Potenzial der Selbstbestimmung bescheinigen. Wie dieses Potenzial in den ganz normalen Arbeitsalltag integriert werden soll, bleibt offen. Im Zusammenhang mit Meditationsschulen und Sekten wurden solche Geräte eingesetzt, allerdings mit fraglicher Absicht. Dies hat den Verdacht der Manipulation geweckt - leider bezieht sich der Verdacht auf alles, was auch nur entfernt mit Bio- und Psychokybernetik zu tun hat. Das Biofeedbackgerät hat nur als Lügendetektor allgemeinen Gebrauch erfahren.

Biopop und Neuropep

Bringen Sie mehr Pfeffer in Ihr Gesundheitswissen!

Pep wirkt wie Pfeffer, würzt die Materie, macht das Langweilige interessant, versieht es mit neuen Reizen: Alte Kleidung lässt sich aufpeppen, aber auch Schulwissen. Pop wiederum leitet sich her vom englischen *popular,* eigentlich von *popular culture.* Die Popkultur als Jugendkultur setzte sich als Sieg eines allgemein verständlichen und allgemein beliebten Wissensschatzes durch, der sich z. B. mit dem Titel des Beatles-Liedes »All you need is love« zusammenfassen lässt. Heilung hat immer irgendwie mit Liebe zu tun. Und wenn Liebe heilt, dann ist eine solche Popkultur heilsam.
Allerdings gibt es für jede Kultur eine Gegenkultur, etwa, dass bei Erwähnung von universeller Liebe die meisten Menschen die Augen verdrehen und sich abwenden. Wenn es jedoch gelingt, heilendes Wissen in eine Form zu verpacken, die allgemein akzeptiert werden kann - und sei es auf der Basis der Popkultur oder peppiger Sinnsprüche -, dann wird dadurch ein neues Verständnis vorbereitet, über das sich zumindest diskutieren lässt. Was früher als esoterisch galt, gelangt nun in ein allgemeines Bewusstsein, das nicht zuletzt auch kommerzieller Art ist und sich über die Nachfrage nach neuen Konsumarti-

keln äußert. In Amerika sind Filme über Wunderheilungen verbreitet: Solche Dinge werden für möglich gehalten, und wer nicht daran glaubt, kann trotzdem an den Vorteilen einer solchen Weltanschauung partizipieren, ohne sich zu ihr bekennen zu müssen. Leider ist die allgemeine Offenheit für Unerklärliches auch in anderer Richtung wirksam, Engel wie Dämonen widersetzen sich einfach der Vernunft.
Im Folgenden einige Stichworte, die Ihr Wissen um neurophysiologische Vorgänge aufpeppen können:

Lob der Komplexität

Unser Körper ist ein hoch komplizierter Organismus, das Nervensystem jedoch übertrifft an Komplexität das Zusammenspiel der übrigen Systeme. Zunächst hört sich ja alles ganz einfach an: Nervenstränge durchziehen den ganzen Körper, sie bilden ein differenziertes Leitungssystem, das Reize wie Informationen weiterreicht. Eine einzelne Nervenzelle ist ein kugeliges Gebilde, Sensoren können Nachrichten aufnehmen und weitersenden. Die Kabel dieses elektrischen Leitungssystems bestehen aus Neuriten, also Faserbündeln, die den ganzen Körper durchlaufen und jeweils an einem Muskel enden, wo sie ihre Impulse als minimale Stromstöße weitergeben. Diese Impulse wiederum werden durch Drüsen, die einen chemischen Stoff absondern, ausgelöst. Ein Kommunikationssystem, das erst in letzter Zeit erforscht wurde, verbindet das Nervensystem, das Immunsystem und das Hormonsystem. Die Botenmoleküle, die diese Informationen weitertransportieren, heißen Neuropeptide. Sie werden im Gehirn, in den Nieren, im Darm und in den Blutzellen produziert. Wie alles zusammenhängt und was sich wie beeinflusst, kann nicht durch einfache Gleichungen ausgedrückt werden: Auch ein vereinfachtes, positives Denken, das die Komplexität der Zusammenhänge und möglichen Reaktionen außer Acht lässt, wird den Verhältnissen nicht gerecht.
Gedanken und Gefühle stimulieren offenbar die Zellen des Immunsystems, diese wiederum reparieren mit Hilfe der Neuro-

peptide Verletzungen und entscheiden, welche Zellen geschützt und welche vernichtet werden müssen, wie etwa die Krebszellen. Gedanken und Gefühle lösen die Produktion von physiologischen Substanzen aus – aus der zunehmenden Erkenntnis dieser Zusammenhänge entwickelte sich das neue Gebiet der Psychoneuroimmunologie. Aber mit einer einseitigen Positivität ist es nicht getan, denn aus Positiv kann schnell Negativ werden, wenn die Erwartungen, die sich mit einem einseitigen Denken verbinden, nicht erfüllt werden. Zu oft erleben Positivdenker ihren negativen Zustand, den sie auch durch intensives Wunschdenken nicht verändern konnten, als Ergebnis eigenen Versagens, was ihrem Allgemeinzustand nicht nützt, sondern erheblich schadet.

Melodie der Energie

Es gab Zeiten, da alle von Vibrationen sprachen; das englische Wort *vibes,* Schwingungen, war ein Kultwort. Ebenso selbstverständlich wurde von Strahlung und Ausstrahlung *(radiating energy)* gesprochen – manche hatten sie, andere nicht. Diese waren nicht »gut drauf« und hatten keine oder schlechte Energie. Solchen Leuten ging man aus dem Weg, denn man wollte sich doch nicht in einem so unergiebigen Strahlungsfeld aufhalten. Gurus hingegen bezauberten durch ihren Strahlungskreis, der andere in den Bann zog: Auch Charisma hat mit Energie und Ausstrahlung zu tun. Was aber verhindert einen solchen sich ausdehnenden Energiefluss, der doch zur menschlichen Natur zu gehören scheint? Blockaden. Und was blockiert? Holoenergetische Entitäten (Wesen), auch Holoformen, Holodyne genannt: Dies sind Muster, die sich aus Überzeugungen, Gedanken und Gefühlen aufbauen, welche ihre eigene Ordnung und Schwingungsfrequenzen haben. Bei negativen Menschen sind es negative Muster, die zu »schlechter Schwingung« führen.

Diese Muster können natürlich auch Harmonie statt Disharmonie bewirken und Blockaden auflösen. Sie nähren sich von der Lebensenergie, sind aber mehr als Energie. Reine Erregung, also reine Energie, kann verschieden wahrgenommen werden, da jede Wahrnehmung schon selektiv und durch Wahrnehmungsgewohnheiten (Filter) bestimmt ist. Die Hormone, die Wut auslösen, steuern auch andere Emotionen wie Angst, Kummer, aber ebenso – und hier wird es knifflig – Freude und Lust. Der Unterschied zwischen den Emotionen liegt also nicht im physiologischen Erregungsmuster, sondern in unserer Wahrnehmung und Interpretation der ursächlichen Ereignisse. Alles ist Musik, je nachdem, wie Geräusche sich zu Melodien formen, und diese Ausformung geschieht im Kopf des Hörers.

Räson der Resonanz

Resonanz ist ein Schwingungsphänomen. Eine Koppelung zweier Strukturen, Muster oder Formen findet dann statt, wenn die eine Form auf der Schwingungsebene der anderen mitvibriert, da sie ebenfalls in Schwingung versetzt wird. Durch resonante Koppelung können Phänomene der Verstärkung auftreten, die weit über die Effekte der isolierten Schwingung hinausgehen. Ein Beispiel: Eine Sängerin trifft beim Singen die natürliche Frequenz eines Kristallglases, das immer stärker schwingt, bis die Glasstruktur der Vibration keinen Widerstand mehr leisten kann und zerspringt.

Ein anderes Phänomen besteht darin, dass die Sende- und Empfängerfrequenzen der beiden Energiefelder sich miteinander verbinden und eins werden: Das eine kann sich nicht bewegen, ohne das andere in Mitleidenschaft zu ziehen. Ein Stückchen im Wackelpudding wackelt mit, sobald dieser angestoßen wird. Aufgrund dieser Schlüsselfaktoren der Resonanz wird nur sehr wenig Bewegung verschwendet. Jede kleinste Bewegung wird weitergegeben und hat eine Wirkung, was bedeutet, dass auf energetischer Ebene ein Maximum an Wandel mit einem Minimum an Energieaufwand stattfinden kann. Das klingt vernünftig – es fragt sich nur, wie wir unsere Isolation aufheben und zu einer solchen systemischen Einheit in Resonanz gelangen können. Die Beatles wussten es: durch Liebe.

Felder, Formen, Dimensionen

Jeder physische Körper besteht aus miteinander in Beziehung stehenden, pulsierenden Energiefeldern und hat seine eigene Schwingungsfrequenz, seine »eigene Musik«. Wer Noten lesen kann, versteht, wie diese Musik klingt, er spricht die Sprache der Frequenzen. In der Musik kennen wir das Phänomen der Obertöne, der harmonischen Oberschwingungen. Solche Phänomene werden für den stofflichen Körper auch angenommen; die »Obertonkörper« werden auch feinstoffliche Körper genannt, denen bestimmte Felder entsprechen. Man unterscheidet zwischen dem bioenergetischen, dem ätherischen, dem emotionalen, dem mentalen und dem intuitiven Feld.

1. Das bioenergetische Feld ist teilweise auf die Energien, die durch Prozesse der Körperzellen freigesetzt werden, zurückzuführen. Es zeigt Wachstum, Stoffwechsel, Absterben und Entstehen neuer Zellen an. Daneben gehören das elektromagnetische, gravitationsakustische und feinstoffliche Feld des physischen Körpers dazu, das auch die Ionisation von Partikeln einbezieht. Der Zustand dieses Feldes spiegelt die körperliche Gesundheit wider. Bei Krankheit schrumpft es und zieht sich zusammen.
2. Das ätherische Feld setzt sich aus den Energiemustern des Körpers zusammen – sowohl denen, die harmonieren, als auch denen, die Disharmonie schaffen. Der Ätherkörper enthält die Schablonen des Lebens, die als Blaupausen die energetische Organisation der Körperseele steuern. Diese verweisen auf den energetischen Ursprung der jetzigen Lebenssituation (z. B. einer Krankheit); im Geistheilen ist dies der Punkt, an dem angesetzt wird.
3. Das emotionale Feld durchdringt den bioenergetischen, den ätherischen und den physischen Körper. Gefühle, Gedanken, Emotionen und Intentionen wirken sich auf das emotionale Feld aus. Gedanken sind mit Gefühlen verbunden, die zum Ausdruck drängen, welcher jedoch oft unterbleibt. Unsere emotionale Gesundheit ist abhängig von unserer Fähigkeit, mit unseren Gedanken, Gefühlen, Emotionen und Inten-

tionen in Kontakt zu sein – auf diese Weise gerät nichts ins Abseits und entwickelt von dort einen störenden Einfluss. Je mehr wir uns selbst erkennen, desto transparenter werden wir für uns selbst und für andere – wir wirken überzeugend und integer.

4. Das mentale Energiefeld steht mit den intellektuellen Funktionen des Bewusstseins in Beziehung. Durch das Zusammenwirken mit anderen Feldern erhalten wir die Möglichkeit zu denken, das heißt zu analysieren, zu kategorisieren, zu rationalisieren, neu zu kombinieren (synthetisieren) und unsere Gedanken in die Wirklichkeit umzusetzen. Das Phänomen des Geistigen kann nicht ausschließlich physisch erklärt werden, denn es besteht auch aus einem nichtmateriellen Substrat, nämlich den Informationen. Das Gehirn wird in manchen Theorien wie ein Radioempfänger dargestellt, die Informationen sind die Radiowellen. Bei der Erklärung des Geistigen reicht das Verständnis für das Funktionieren des Gehirns nicht aus. Es scheint ein komplexes Kommunikationsnetzwerk zu geben, das Informationen zwischen den einzelnen Systemen des Organismus weiterleitet. Der Stoff, aus dem die Gedanken sind, ist also nicht nur in den berühmten grauen Zellen des Kopfes zu finden, sondern überall dort, wohin die Information übertragenden Botenstoffe gelangen. Aber nicht alle Kommunikations- und Erkenntnisprozesse finden in diesem Feld statt.
5. Das intuitive Feld ist eine weitere Bewusstheitsebene. Es wird auch kausales Feld genannt, weil es die Brücke schlägt zwischen dem spirituellen Feld der Seele und der Persönlichkeit mit ihren emotionalen, mentalen Feldern. Auf dieser Ebene wird uns direktes Wissen in Form von Eingebungen, Ideen, Inspirationen und Visionen zuteil, das dann auf die Form von Gedanken und Gefühlen heruntergeschaltet, als solche registriert und in das Bewusstsein integriert wird. Nur auf dieser Ebene können wir also ein Wissen anzapfen, das über das normale, rationale hinausgeht, das heißt dieses transzendiert. Das intuitive Feld bildet den Übergang zur Transzendenz.

Abenteuer des Atems

Der Atem hat Schlüsselaufgaben – nach Laskow neun verschiedene Funktionen, die ihn zu einer wesentlichen Kraft beim Heilen machen.

1. *Ernährung:* Durch Atem werden die Zellen mit dem Leben spendenden Sauerstoff versorgt; so wie Nahrung den physischen Körper ernährt, nährt Atem die energetischen Aspekte der Körperseele.
2. *Aufbau der energetischen Ladung:* Durch die Atmung wird der Körper energetisch aufgeladen. Das macht sie zum Instrument der Übertragung von Heilenergie. Der Heiler atmet in die Bereiche, die geheilt werden sollen, hinein bzw. veranlasst den Atem des Patienten dorthin zu fließen.
3. *Lenkung der Aufmerksamkeit:* Worauf sich die Aufmerksamkeit richtet, dorthin fließt auch Energie. So kann Energie bewusst ausgerichtet werden. Der Heiler lenkt seine Aufmerksamkeit dorthin, wo Heilung Not tut; die heilende Energie folgt.
4. *Informationszugriff:* Durch kontrollierte Trance-Induktionen mit Hilfe der Atmung können die im Unbewussten gespeicherten Informationen abgerufen werden.
5. *Atem als Spiegel der Gefühle und Gedanken:* Durch genaues Beobachten der Atemgewohnheiten werden die Auswirkungen bestimmter Gefühle und Gedanken bewusst.
6. *Transformation von Gedanken und Gefühlen:* Eine Änderung der Atemmuster kann eine Änderung in Gedanken- und Gefühlsmustern und deren Einordnung in größere Zusammenhänge hervorrufen.
7. *Resonanzinduktion:* Der Atem kann die Resonanz mit anderen Energieebenen herstellen bzw. die Kontaktaufnahme auf energetischer Ebene erleichtern. Der Heiler geht in Resonanz mit dem krank machenden Energiemuster, um es in ein gesundes überzuführen.
8. *Verbindungsfunktion:* Der Atem als Bindeglied zwischen Bewusstsein und unbewussten physiologischen Vorgängen.

9. *Bewusstseinserweiterung:* Durch Atemkontrolle können wir Bewusstseinszustände erreichen, die den Rahmen des Normalen sprengen.

Pulsschlag der Liebe

Die Geschichte der Menschheit ist voller Botschaften, die von der Macht liebender Resonanz künden. Offensichtlich ist es jedoch schwer, diese Einsichten auf Dauer in die Wirklichkeit umzusetzen. Wer liebende Resonanz erfährt, lebt im Jetzt. Er fühlt sich weder von den anderen noch von seinen eigenen Handlungen getrennt. Walt Whitman spricht von dem magischen Augenblick, da der Sänger zum Lied wird, und William Butler Yeats von der Einheit, die entsteht, wenn der Tänzer zum Tanz wird. Die ethische Maxime ist, in Resonanz zu kommen und dann aus der bewusst wahrgenommenen Verbindung heraus zu handeln. Dies heißt im Buddhismus Mitgefühl. Auch das christliche Mitleid, das oft missverstanden wurde, wirkt aus diesem Bewusstsein der Verbundenheit heraus. Falsches Mitleid hingegen nährt sich aus dem Denken der Getrenntheit: Hier bin ich, dort bist du, dem ich helfe.

Akzeptanz hat nichts mit Resignation, Schwäche oder feigem Aufgeben zu tun, sondern ist vielmehr die Resonanz mit dem, was ist, so wie es ist, hier und jetzt, also Erkenntnis auf der energetischen Ebene der Resonanz. Der Zustand der Resonanz ist Einssein und Versöhnung. Die Liebe, die auf einer solchen Ebene erlebt wird, stellt keine Bedingungen. Es ist jene bedingungslose Liebe, der durch alle Zeiten hindurch immer schon unbegrenzte Heilkraft zugeschrieben wurde. Die Schwingung der Liebe wird dafür eingesetzt, die krank machenden Muster der Getrenntheit aufzulösen und durch die Ganzheitsmuster der Vereinigung zu ersetzen. Die Liebe hat die Aspekte Bewusstheit, Gefühl und Handlung. Liebe ist die Bewusstheit von der inhärenten Verbindung, die wir mit allem gemeinsam haben; wir erfahren die Verbindung als Gefühl und drücken sie als Handlung aus. Liebe ist das gefühlte Wissen davon, dass wir ein Teil von allem sind, und die Er-

kenntnis, dass jeder einzelne Teil einer großen universellen Ordnung ist.
Wir können uns das Universum als eine Bewusstseinsmatrix vorstellen, entstanden aus dem Nichts. Liebe ist sozusagen der Leim aus dem vereinenden Bewusstsein im Universum, das, was die Welt im Innersten zusammenhält - etwas, das immer da ist, ob uns dies nun gegenwärtig und bewusst ist oder nicht.

Bluterfrischung

Bei Bluterkrankungen, Durchblutungsstörungen, sexuellen Problemen.

Blut ist ein ganz besonderer Saft, sagt Mephisto, als er Faust seinen Pakt vorschlägt: Der Pakt mit dem Teufel kann nur durch Blut besiegelt werden. Blut gilt in älteren Mythologien als der Sitz des Lebens und der Seele. Blut ist dicker als Wasser und bildet starke Verbindungen wie die Blutsbande, die etwa durch die Rituale der Blutsbrüderschaft geschaffen werden.
Wussten Sie übrigens, dass Blut auch als Liebesbote angesehen wird? Das Blut wird nämlich vom Herzen durch den ganzen Körper gepumpt, bei Wohlbehagen strömt es zur Körperoberfläche und lässt den Menschen »sich erwärmen«, wobei aufgrund der guten Durchblutung auch ein Erröten erfolgen kann. Bei erotischer Lust führt das pulsierende Blut zu einer besonders starken Durchblutung der erogenen Zonen - rote Lippen sind wie erotische Signale, die einladend wirken. Das Blut strömt auch vermehrt in die Genitalien - erst so wird eine Erektion möglich. Das Blut also ist es, das Herz, erogene Zonen und Genitalien in einem Kreislauf verbindet, der auch andere lebenswichtige Funktionen erfüllt. Durch das Blut sind Liebe und Sexualität in diesem lebendigen Kreislauf zusammengeschlossen - wer meint, das eine vom anderen trennen zu können, wird auf Dauer eine Minderung oder Störung in Kauf nehmen müssen.
Liebe aber beschränkt sich nicht auf Sexualität. Liebe ist über-

all da zu finden, wo es den Wunsch nach Nähe gibt. Das kann in der Liebe eines Kindes zu seinem Stofftier ebenso der Fall sein wie in der Liebe von Eltern zu ihren Kindern, unter Freunden, zwischen Lehrern und Schülern und anderen Verhältnissen – auch dort, wo Sexualität ausdrücklich tabu ist. Die Tabuisierung der Sexualität hat jedoch oft dazu geführt, dass der Wunsch nach Nähe und Vereinigung nicht körperlich ausgelebt werden durfte und deshalb an körperlicher, sinnlicher Wirklichkeit verliert.
Auch die sexuelle Revolution hat den Bruch zwischen (erlaubter, aber nicht körperlicher) Liebe und (tabuisierter, rein körperlicher) Sexualität nicht aufzulösen vermocht. Das Tabu wurde entfernt, aber die Fähigkeit, Nähe als Atmosphäre zu schaffen und im körperlichen, sinnlichen Kontakt herzustellen, wurde nicht entwickelt. Die Notwendigkeit, Liebe und Sexualität zu verbinden, ist von dem Körpertherapeuten und Begründer der Bioenergetik, Alexander Lowen, immer wieder betont worden. Diese therapeutische Methode schafft vor allem bei Muskelverspannungen durch eine muskelbedingte Panzerung Abhilfe, da jene Verspannungen das freie Strömen des Blutes unterbinden.
Die Bewegung von Blut (und anderen Körperflüssigkeiten) hin zur Körperoberfläche oder weg von ihr stellt die Reaktion eines Menschen auf seine Umgebung dar. Signalisiert die Umgebung, die Welt, in der ein Mensch lebt, dass sie bereit ist, ihn aufzunehmen und willkommen zu heißen, dass sie ihm einen Platz gibt und das Gefühl vermittelt, wertvoll und anerkannt zu sein, ihn bejaht und unterstützt, so drängt das Blut an die Oberfläche, und der Mensch wird selbst Kontakt aufnehmen. Das wiederum führt zu Gefühlen des Wohlbehagens, der Zuneigung, zu Lebensbejahung, Lust, Freude und, bei intensiver Erregung, zu Liebe.
Bei Wohlbehagen dehnt sich das Körpergefühl also aus und will sich über die Körpergrenzen hinaus verströmen. Bei Schmerz hingegen strömt das Blut zur Körpermitte. Auf Angst und Stress reagiert der Mensch mit einer starken Durchblutung

der Muskeln, da diese Reaktion ein rasches Agieren – Kämpfen oder Fliehen – ermöglicht. Durch Handeln wird versucht, die drohende Gefahr abzuwenden, indem das willkürliche Muskelsystem, das dicht unter der Haut liegt, aktiviert wird. Als Vorbereitung auf das Handeln werden die Muskeln mit Blut versorgt und energetisch aufgeladen – sie sind jetzt kampf- oder fluchtbereit. Ob diese unwillkürliche Reaktion, die ein altes genetisches Programm der Säugetiere darstellt, als erfolgreiches Zugehen auf die Welt oder als Frustration und Niederlage erlebt wird, hängt davon ab, ob sich nach der Ausnahmesituation wieder ein normales Gleichgewicht einpendeln kann. So führt Dauerstress zu dauernder Anspannung und somit zu Störungen des Blutkreislaufs. Alle Organe sind davon betroffen, insbesondere aber Herz und Blutkreislauf, auch die Körperflüssigkeiten Wasser und Lymphe, die sich ebenfalls stauen können. Wenn uns schwer ums Herz ist, ist die Funktion sämtlicher Organsysteme herabgesetzt; »Schwerblütigkeit« und »böses Blut« tragen dazu bei, dass aus einem einmaligen Reaktionsverhalten ein Dauerzustand wird.

- Wie wäre es, wenn Ihnen wie durch ein Wunder plötzlich leicht ums Herz würde und Sie wieder frisches, junges Blut in Ihren Adern hätten? Stellen Sie sich vor, Sie erhielten eine geistige Bluttransfusion – durch das Wunder eines unterstützenden, bejahenden Gedankens oder durch eine wunderbare, heilsame Vorstellung gelänge es Ihnen, das böse Blut auszutauschen gegen frisches Blut. Welche inneren Bilder könnten Sie in einen emotionalen Zustand versetzen, der Ihr Herz schneller schlagen und das Blut an die Körperoberfläche drängen ließe? Gäbe es etwas, das Sie aus Ihrem Rückzug erlösen und wieder in die Welt rufen, Sie dazu verleiten könnte, Kontakt zu suchen und Verbindungen mit der Außenwelt aufzunehmen? Was wäre eine solch starke Verlockung? Was wäre ein geeignetes Motiv? Was könnte Sie genügend motivieren, um das böse Blut abzulassen und frisches Blut aufzunehmen?

- Stellen Sie sich vor, es wäre möglich, auf mentalem Wege einen Aderlass herbeizuführen. Früher war der Aderlass das Hilfsmittel, zu dem bei fast allen Gelegenheiten gegriffen wurde. Altes, verbrauchtes, verunreinigtes, schwer fließendes Blut wurde abgezapft, um den Körper dazu anzuregen, neue Blutzellen zu generieren und sich auf diese Weise selbst zu regenerieren. Auch heute noch wird der Aderlass in der Naturheilkunde empfohlen. Wer sich erst mit dem Gedanken vertraut machen will, kann den Aderlass in mentaler Form durchspielen. Lassen Sie alles, was Sie an bösen und kränkenden Erfahrungen als Informationen im Blutstrom mit sich schleppen, herausströmen. Visualisieren Sie, wie Ihr Organismus neues Blut aufbaut und neue Informationen dazu verwendet. Geben Sie Ihrem Körper diese informative, geistige Nahrung, indem Sie dem Leben unvoreingenommen und wie neugeboren, naiv begegnen.
- Vielleicht hilft Ihnen das Wissen, dass viele Völker Rituale entwickelt haben, die wie ein geistiger Aderlass auf die emotionale Verfassung des Menschen wirken. So gibt es bei verschiedenen Indianerstämmen Nordamerikas das so genannte »Give-away«, bei dem freizügig Geschenke gemacht werden und sich die Menschen dadurch von allem Überflüssigen befreien. Was könnten Sie hergeben, das für andere nützlich sein mag, für Sie selbst aber nur eine Belastung darstellt? Oft sind Wohlstand und Luxus auch eine Belastung – dem kann abgeholfen werden. Versuchen Sie es mit einem »Give-away«. Geben Sie weg, was Sie vom unmittelbaren und direkten Austausch mit der Welt abhält oder Sie behindert. Verjüngen Sie sich, bilden Sie frisches Blut in den Adern! Dazu gehört auch, im konkreten und im übertragenen Sinne Schulden zu erlassen. Seien Sie in Ihrem eigenen Interesse nicht mehr nachtragend. Fangen Sie in Ihrer Kontaktaufnahme von vorn an.

Busenphantasien

Bei Schmerzen in den Brüsten, Entzündung der Milchdrüsen, als Prophylaxe für Frauen vor, in und nach dem Klimakterium. Als Kontemplation ebenfalls für Männer geeignet.

Der Busen, ursprünglich eine Bezeichnung für den Meeresbusen, an dem Schiffe sicher ankern konnten, ist in der Phantasie der meisten Menschen ein Ort, an dem sie sich geborgen fühlen. Mit der weiblichen Brust und dem Busen verbindet sich die Vorstellung mütterlicher Zuneigung, bedingungsloser Großzügigkeit, erster Nahrung, vollkommener Sättigung. Im Alten Testament heißt es: »Saugt euch satt an ihren tröstenden Brüsten, trinkt und labt euch an ihrem mütterlichen Reichtum« (Jes 66, 11). Gemeint ist zwar Jerusalem – aber es symbolisiert einen geistigen Ort, an dem es möglich ist, bedingungslose Liebe und Zuflucht vor den Sorgen des Lebens zu finden.

Was jedoch weniger bekannt ist: Der Mensch will nicht nur nehmen, sondern auch geben.

Die Milchdrüsen »sehnen« sich danach, Milch zu produzieren und damit einen wichtigen Beitrag zur Erhaltung des Lebens zu leisten. Eine Brust, die dieser natürlichen Funktion nie nachkommen konnte, ist eine »frustrierte« Brust. Ihr Produkt wurde nicht angenommen. Sie konnte nichts beitragen, nichts geben. In den heutigen Zeiten, da Frauen nicht ausschließlich auf die Rolle der Gebärerin reduziert werden wollen, mehren sich solche Gefühle der psychosomatischen Frustration, auch wenn diese nicht bewusst erlebt wird.

Zurückgewiesen zu werden mit dem, was ein Mensch von Natur aus zu bieten meint, ist ein harter Schlag – auch und vor allem für den Körper. Schmerzen in der Brust können auf solche Erlebnisse der Enttäuschung zurückgehen. Dies betrifft wahrscheinlich nicht nur Frauen in ihrer fruchtbaren Lebensphase, sondern ist zu einer allgemein menschlichen Erfahrung geworden. Könnte es nicht sein, dass auch der ganze Körper, ob männlichen oder weiblichen Geschlechts, seine Frustration über nicht genutzte Chancen in ähnlicher Weise zeigt?

Sie können diese Meditation für sich machen, ob Sie Mann oder Frau sind, ob Sie Kinder haben oder nicht. Es geht darum, Phantasien zu entwickeln, Busenphantasien, die körperliche Zustände hervorrufen und gleichzeitig uns bewusst werden lassen, wo natürliche Bedürfnisse verletzt wurden.
Stellen Sie sich vor, Ihre Brüste sind prall mit Milch, und Säuglinge saugen daran. Auch wenn Sie nie ein Kind gestillt haben, wird Ihr Körper unwillkürlich diese Erfahrung wieder erkennen als etwas sehr Ekstatisches, das mit Hingabe zu tun hat. Auch wenn Sie sich nie hingegeben haben, auch wenn Sie sich überhaupt nicht in dem Sinne »gegeben« haben, weiß Ihr Körper doch, wie sich das anfühlt, wozu es gut ist und dass es einen wichtigen Teil des Lebens darstellt.
Nutzen Sie diese Busenphantasien nun, um etwas in Ihnen wachzurufen, das lange vergessen, verdeckt oder verdrängt war. Erlauben Sie Ihrem Körper, Sie dorthin zu führen, wo unmittelbarer Kontakt mit dem Leben stattfindet. Niemand verpflichtet Sie, Ernst zu machen und die Phantasie in Realität umzusetzen. Es genügt, Kontakt zu finden zu diesen archaischen Bedürfnissen, die Sie sich vielleicht nicht eingestanden haben.

Energiemanagement

Wichtiger Bestandteil jeden Mentaltrainings. Bei Stress oder als Prophylaxe gegen Unausgeglichenheit.

Mit der Lebensenergie gut haushalten zu können ist das A und O jeder weisen Lebensführung. Gerade im modernen Alltag leiden immer mehr Menschen unter Erschöpfungszuständen, die den Geist vernebeln, sich auf die Seele schlagen und die körperliche Verfassung beeinträchtigen. Mit der Lebensenergie, so sagen die Chinesen, ist es ähnlich wie mit anderen Rohstoffen: Es handelt sich um nicht erneuerbare Ressourcen. Sicher können wir durch gesunde Ernährung und heilsame Bewegungsübungen den Organismus darin unterstützen, die

Lebensenergie schonend zu verarbeiten, und somit ein gewisses Maß an Langlebigkeit erwirken (was für die Chinesen ein hoher Wert ist) – aber natürlich können wir den Tod nicht abschaffen.
Das Energiemanagement trägt jedoch dazu bei, ein Bewusstsein für die Kostbarkeit der Lebensenergie zu entwickeln und überlegt mit ihr umzugehen. Sie können im Mikrokosmos Ihres eigenen Lebens ökologische Gesetze kennen lernen und sie dort anwenden, wo sie auch für Sie auf ihre Wirksamkeit überprüfbar sind, nämlich in Ihrem Alltag. Werden Sie Ihr eigener Energieexperte und Energieminister. Vielleicht bekommen Sie ja bald auch Lust, sich für die Ökologie draußen in der Welt zu engagieren. Sicher wird es aber Ihrer Seele gut tun und ihr den viel gerühmten inneren Frieden bringen.
Energie leitet sich vom Altgriechischen ab und wird als »wirkende Kraft« übersetzt. Nur Kraft, die sich auswirkt, kann wahrgenommen werden; potenzielle Kraft zeigt sich nicht. Energie ist also etwas, das sich zeigt, wenn auch nicht direkt. Nur an den Auswirkungen können wir erkennen, mit was für Kräften wir es zu tun haben. Die Lebensenergie ist dafür verantwortlich, dass wir am Leben sind und bleiben. Sie zeigt sich darüber hinaus in verschiedenen Graden und Nuancen, entsprechend den Auswirkungen, die sie auf Körper, Seele und Geist hat. Sie lässt uns nicht nur leben, sondern macht uns darüber hinaus auch lebendig.
Wir kennen Steigerungsmöglichkeiten der Lebendigkeit, der Lebensfreude. Manchmal scheint sie uns abhanden gekommen zu sein, oder sie lässt das Herz im Leibe hüpfen. Je nach dem Zustand der Energie bzw. des Energieflusses verändert sich unsere Befindlichkeit, unsere Stimmung, unser Geisteszustand. Abwesenheit ist ein Phänomen, das sich durch ein Ungleichgewicht bestimmter Verhältnisse erklären lässt. Sind die Verhältnisse geklärt, kehrt die Seele in den Körper zurück und belebt ihn, so dass die Anwesenheit nicht mehr nur eine rein körperliche ist.
Gegenwärtigkeit und Präsenz, eine lebendige Ausstrahlung, die

andere Menschen anspricht, Wärme, Charme, Charisma, Eigenschaften, die sich wohl jeder wünscht – das alles sind energetische Zustände, die sich durch Energiemanagement bewusst herbeiführen lassen, ohne sie zu forcieren. Das hat nichts mit Machbarkeit zu tun. Energie lässt sich nicht machen, sie lässt sich nicht anschieben oder durch mechanische Manipulation erzwingen. »Den Fluss kannst du nicht anschieben«, sagt ein taoistisches Sprichwort. Die Summe taoistischer Weisheit ist das Beobachten des Flusses und all dessen, was fließt. Nur durch Teilnahme an diesem großen Fließen kommen wir selbst in Fluss – und müssen so manches opfern, was wir gern festgehalten hätten. All die Felle, die uns wegschwimmen, wenn wir uns dem Fließen überantworten, sind das, was überflüssig ist. Und so richtet sich das Energiemanagement nach dem Gesetz des Fließens und des Abgebens von Überflüssigem.
Wir kennen drei Arten von Positionen, die wir in Bezug auf unsere Energie einnehmen können:

- Es gibt den Zustand des Verbundenseins: Wir sind im Fluss.
- Es gibt den Zustand des Getrenntseins: Wir stehen am Ufer.
- Es gibt einen Zustand, der weder verbunden noch getrennt ist und trotzdem beide Zustände nutzt: Das ist der Zustand eines Steuermanns, der sein Boot durch die Fluten lenkt.

Das Bild des Steuermanns hat einem ganzen Wissenschaftsbereich seinen Namen gegeben: der Kybernetik (das bedeutet so viel wie »Steuermannskunst«). Auch für den Gesundheitsbereich gibt es kybernetische Gesetze, die sich im Alltag eines jeden umsetzen lassen. Der Steuermann ist ein Experte für Strömungen: Mit seinem Steuer lenkt er gegen die Strömung und richtet seinen Kurs in die Richtung aus, in die er möchte. Außer wenn er absichtslos ins Blaue fährt, hat er meist eine Vorstellung, wohin es gehen soll, und kann sein Ziel ansteuern. Dazu wiederum muss er über Kenntnisse verfügen, die ihm Orientierung geben, und entsprechende Hilfsmittel zur Hand haben wie eine Landkarte, einen Kompass.

Wir kennen viele verschiedene Arten von Energiezuständen, die wir an uns selbst oder bei anderen Menschen erleben:

Positive Zustände der Verbundenheit

Wenn wir uns im Fluss fühlen, so ist dies ein kreativer Zustand, auch Flow-Zustand genannt, in dem wir Zugang haben zu unseren Fähigkeiten und Fertigkeiten - zu allem, was wir gelernt haben, zu allen Informationen, die wir je aufgenommen und verarbeitet haben und die nun, neu kombiniert, zu spontanen Hochleistungen der Kreativität führen. Wir sind verbunden mit unseren Ressourcen, das heißt mit jenen Quellen der Kraft, aus denen wir »schöpfen«, wenn wir schöpferisch werden - also der Macht der Gewohnheit die Kraft der Neuordnung entgegensetzen können. Wir sind in Kontakt mit Teilen von uns selbst, die aus der Tiefe des Unbewussten einen Überblick haben, der neue Orientierung ermöglicht und uns mühelos, fast wie im Traum, handeln lässt, ohne dass wir uns besonders anstrengen müssten.

Wir verwirklichen unsere Begabungen, und auch das, was uns sonst nicht zu liegen scheint, gelingt jetzt fast wie von selbst, eben weil wir im Fluss sind und dieser Fluss uns trägt. Unser Potenzial kann sich nun zeigen und Wirklichkeit werden. Die Energie als wirkende Kraft ist positiv für uns. Flow-Erlebnisse machen glücklich, sie können sogar ekstatische Akzente setzen und als Höhepunkte im Leben ein neues Selbstbewusstsein vermitteln. Solche positiven Zustände werden als »ressourcenreiche« Zustände, als Ressourcenzustände bezeichnet. Jeder Mensch hat solche Erfahrungen gemacht - viele Menschen jedoch vergessen diese Art »unverdienten« Glücks, für das sie nicht hart gearbeitet haben, sondern das ihnen als eine Art Gnade zufällt. Einen solchen Ressourcenzustand erfährt der Embryo im Mutterleib - er ist, soweit er lebensfähig ist, in Verbindung mit allen Ressourcen, die er braucht: Wärme, Nahrung, Schutz, Bewegungsfreiheit, Kontakt mit der Mutter, die durch Impulse einen Dialog aufrechterhält, und eine innere Uhr, die die Entwicklung des Wachstums bemisst, so dass der richtige Zeitpunkt der Geburt »erkannt« wird und eine neue Phase beginnen kann.

Negative Zustände der Verbundenheit

Wir alle kennen sie, jene Zustände, wenn wir nicht wissen, wie uns geschieht, wenn wir wie im Albtraum nicht aufwachen und dem ganzen Schrecken nicht ausweichen können. Wir können nicht eingreifen, fühlen uns wie gelähmt, etwas treibt uns und beherrscht uns, ist stärker als unser Wille und unsere Selbstbestimmung. Wir fühlen uns fremdbestimmt; dennoch können wir nicht aus diesem Strudel heraus.

Diese Zustände, die eine Art negativen Zauber ausüben und uns in Bann schlagen, uns befangen und unfrei machen, können sich manchmal bis zur Besessenheit steigern. Hervorstechendstes Merkmal der Besessenheit ist, die Verbindung nicht abbrechen zu können. Die Verbindung hat eine Eigendynamik entwickelt und entgleitet unserer Kontrolle. Je mehr wir dagegen ankämpfen, desto mehr erschöpfen wir uns, weil wir gegen den Strom anschwimmen müssen – oder wir fordern Widerstand heraus, der eine Eskalation einleitet.

Trennung als Grundelement der menschlichen Existenz

Die Geburt selbst ist die erste Trennung, die ein Mensch erfährt. Natürlich erinnern wir uns nicht daran, denn das Bewusstsein setzt erst viel später ein, um die Erlebnisse bewusst einzuordnen. In vielen Mythen jedoch deutet sich das Wissen über einen solchen paradiesischen Zustand der Verbundenheit und über die Vertreibung aus dem Paradies an.

Die Sehnsucht nach dem Paradies symbolisiert das gefühlsmäßig angelegte Streben des Menschen nach ressourcenreichen Zuständen. Der traumatische Einschnitt der Trennung, mit dem das Leben auf dieser Erde beginnt, bestimmt das Lebensgefühl des sich bewusst werdenden Menschen, der die Unschuld des Tiers verloren hat. Die Erbsünde, die nach christlicher Tradition für diesen Verlust verantwortlich ist, ist aber nicht nur ein hoher Preis und ein unfreiwillig erbrachtes Opfer, sondern auch eine Chance. Die Möglichkeit, bewusst aus dem Fluss der Verbundenheit auszusteigen, wird dann zur Rettung, wenn der Fluss zum Strudel wird und uns zu verschlingen droht. Trennung und der Zustand der Getrenntheit bedingen Bewusstsein. Die völlige Verbundenheit löst das Bewusstsein auf – in der Ekstase »stirbt« das bewusste Ich durch die Verschmelzung mit dem All. Das ozeanische Gefühl bleibt als Urerinnerung an das Aufgehobensein im Mutterleib und bewirkt eine Unbewusstheit der Regression, als solle die Entwicklung wieder aufgehoben und rückgängig gemacht werden.

Bewusstsein hingegen entsteht dann, wenn ein Mensch lernt, sich aus der Verbundenheit mit der Umwelt und der Beziehungsperson zu lösen und auf eigenen Füßen zu stehen, wenn er beginnt, »ich« zu sagen. Im Unterscheiden zwischen Ich und Nicht-Ich lernt der Mensch, Grenzen zu ziehen und sich als getrenntes Wesen, als Individuum (das lateinische *dividere* bedeutet »trennen«) zu begreifen. Das Aufwachen aus dem unbewussten Dahindämmern ist eine Trennung. Das Beenden eines Traumzustandes, der als magisch oder märchenhaft mythisch erlebt wird und der zur normalen Bewusstseinsentwicklung eines Menschen gehört, leitet über zum erwachsenen Wachbewusstsein, das zur Norm wird und deshalb allgemein als normal gilt.

Besonders in unserer westlichen Kultur ist dieses Wachbewusstsein fast ausschließlich durch die Ratio – das so genannte linkshemisphärische Denken – bestimmt. Vernunft gewährleistet Sprachverständnis und logische, das heißt kausal-lineare Denkbewegungen der Informationsverarbeitung. Dies ist ein Denken, das unterscheidet, also trennt, und aufgrund der Unterschiede zu einem analytischen Urteil kommt, welches auf Vergleichen beruht. Scheiden, unterscheiden, teilen und urteilen, vergleichen – all das sind Denkvorgänge, die aufgrund von Trennung und Unterbrechung funktionieren. Das Gegenteil wäre das rechtshemisphärische Denken, ein Denken in Verbindungen, das Denken in Bildern und Gestalten, in Ganzheiten und Gestalten, auch synthetisches Denken genannt.

Das Positive an der Individualität des Menschen

Bewusstsein ist also mit Scheidung im weitesten Sinne verbunden. Und da das Leben ständig Abschiede von uns einfordert, kommt uns diese Fähigkeit sehr zugute, Trennungen nicht nur zu erleben, sondern sie auch bewusst wahrzunehmen, sie im Voraus zu bedenken, sich dafür zu entscheiden (oder auch nicht) und sie dann bewusst zu gestalten, statt sich vom Schicksal überwältigen zu lassen.

Ich kann mich von Orten, von Menschen, von Lebenszusammenhängen trennen, aber ich kann mich auch von bestimmten Gedanken, die sich als schädlich erwiesen haben, trennen. Letztlich vollzieht sich alle Trennung im Bewusstsein und im Denken (auch Gefühle sind Gedanken), da allein das Bewusstsein sich eine Vorstellung davon machen kann, was die Trennung bedeutet. Die Sinne nehmen nur unmittelbar das Fehlen von etwas, den Mangel wahr. Das Schreien des Säuglings oder des Kindes signalisiert, dass etwas fehlt. Aber erst mit Eintreten des Bewusstseins kann genau bezeichnet werden, was es ist, das fehlt. Auch diese Fähigkeit des Bezeichnens beruht auf der Fähigkeit, Trennung nicht nur zu erleben, sondern auch zu deuten.

Negative Zustände des Getrenntseins

Immer wenn wir in unserem Gedächtnis nach einer Information suchen, die eben noch da war, uns deutlich vor Augen stand und nun einfach weg ist, dann erleben wir einen negativen Zustand des Getrenntseins. Vor allem unter Prüfungsstress wirkt sich dieser Zustand negativ aus, denn alles, was wir für die Prüfung gelernt haben, ist uns entfallen. Kaum sind wir aus dem Prüfungszimmer herausgetreten, fällt es uns meist wieder ein. Ebenso ist es mit den passenden Antworten – sie fallen uns erst dann ein, wenn die Gelegenheit zur Äußerung vorbei ist. Mangelndes Selbstwertgefühl vollbringt das Kunststück, alle Fähigkeiten und Fertigkeiten wegzuzaubern, wenn sie eingesetzt werden sollen.

Ein anderes Beispiel negativer Trennung ist jene Entfremdung, die plötzlich, oft aus heiterem Himmel, zwischen uns und andere Menschen tritt oder uns selbst fremd werden lässt. Irgendeine Art von Verbindung, die vielleicht allzu selbstverständlich geworden ist, bricht ab, und wir stehen unverbunden in der Welt. Jeder Versuch, darin eine Bedeutung zu sehen, misslingt, weil der Vergleich fehlt. Wo alles abgetrennt ist, bleibt nichts, das sich vergleichen ließe. So ist die Vorstellung des Nichts entstanden, als ein Abgrund, der den Menschen verschlingt. Die Hölle ist ein solcher negativer Zustand völliger Abtrennung von Gott, der Sinn gibt – die Hölle ist der Ort absoluter Sinnlosigkeit.

Wechsel zwischen Zuständen

Der Wechsel zwischen Verbinden und Trennen ermöglicht uns, sowohl zwischen den einzelnen Zuständen zu unterscheiden als auch sie zu bewerten und gegebenenfalls einen Wechsel herbeizuführen. Darin besteht die Kunst des Energiemanagements.

Dabei gibt es zwei Hauptrichtungen des Wechsels: Einerseits können wir uns darin üben, aus negativen Zuständen der Verbundenheit (negative Selbstbilder und innere Kommentare, Zwangsvorstellungen, Suchtverhalten, Besessenheit) auszusteigen und in positive Zustände der Ressourcenverbundenheit und des Flow-Zustandes einzusteigen. Andererseits können wir negative Zustände des Getrenntseins erkennen (Kontaktmangel, Isolierung, Selbstentfremdung, Weltflucht) und Pläne entwerfen, wie wir unsere Lage verbessern können, statt auf die Launen und Glücksfälle des Schicksals zu warten.

Bewusste Kontaktaufnahme, Gestaltung von Austausch und Begegnung, Bejahung von Kommunikation und Beziehung ist zunächst ein Gedanke, ein Vorsatz, ein Plan, ein Vorhaben. Durch gezielte Kommunikationstechniken lernen wir, Kontakt aufzunehmen, eine Verbindung herzustellen, uns in andere Menschen einzufühlen und ihnen zuzuhören. Voraussetzung für das Energiemanagement ist jedoch die Möglichkeit eines Menschen, sich selbst zu beobachten und den Zustand, in dem er ist, richtig einzuschätzen. Auch dies kann gelernt und geübt werden, z. B. durch Beobachtung von Feedback, das der Körper als Rückmeldung gibt, oder von Feedback, das andere Menschen vermitteln. Feedback bricht den geschlossenen Kreislauf der Selbstbezogenheit auf und regt zum Wechseln an.

Drei Techniken, mit denen Sie im Alltag Ihre Energie managen können

1. Sie sind in einem negativen Zustand, in dem »nichts mehr geht«:
Je mehr Sie sich anstrengen, da herauszukommen, desto mehr verrennen und verwickeln Sie sich.
Tipp: Statt weiter gedanklich darum herum zu kreisen, machen Sie etwas anderes. Steigen Sie völlig aus. Trennen Sie sich. Atmen Sie tief durch und aus. Nehmen Sie eine Beobachterposition ein. Von dort lässt sich besser überblicken, welche Alternativen Sie haben.
Übung: Malen Sie einen Kreis und verbannen Sie alle negativen Dinge der verzwickten Situation, in der Sie stecken, dort hinein, indem Sie sie auf Zettel aufschreiben und in dem Kreis niederlegen. Sie selbst aber verlassen den Kreis. Sie können auch einen bestimmten Stuhl dafür auswählen: Solange Sie in dem Stuhl festsitzen, sind Sie gebannt wie das Kaninchen vor der Schlange. Beschreiben Sie diesen faulen Zauber, dem Sie auf den Leim gegangen sind. Legen Sie die Zettel auf den Stuhl, während Sie aufstehen und ein paar Schritte tun. Machen Sie einen längeren Spaziergang, lassen Sie Ihre Gedanken schweifen, sinnieren Sie, aber wechseln Sie den Ort. Bewegen Sie sich. Mit der Bewegung kommt der Wechsel, und mit dem Wechsel kommt die Wahrnehmung, was es sonst noch gibt auf dieser Welt außer Ihrem Problem. Mit dieser erweiterten Wahrnehmung öffnet sich Ihr Bewusstsein, das nun auch andere Vorschläge des Unbewussten annehmen und beherzigen kann. Folgen Sie dem Impuls Ihres Instinkts, der Stimme Ihrer

Intuition. Und reinigen Sie nach dieser Übung den Stuhl von negativen Energien, indem Sie das Zimmer lüften, die Kissen ausschütteln, den Stuhl leicht verrücken. Alles ist gleich, aber anders. Die Energie hat sich verändert, ist ins Fließen gekommen. Sie sind wieder im Fluss, das Leben hat Sie wieder.

2. Sie haben ein Ziel und wissen nicht, wie Sie es erreichen können:
Bislang blieb es ein Wunschtraum. Machen Sie Ernst mit der Verwirklichung Ihrer Träume, indem Sie Ihre Wunschvorstellungen konkretisieren.
Tipp: Wenn Sie sich Ihr Ziel konkret vorstellen, bleibt es nicht mehr eine abstrakte Idee. Es bekommt mehr Energie, es wird sozusagen unwiderstehlich und zieht Sie durch einen geheimen Magnetismus an.
Übung: Malen Sie sich in allen Einzelheiten aus, wie es wäre, wenn Sie Ihr Ziel schon erreicht hätten. Malen Sie einen Kreis, steigen Sie in diesen Kreis ein und lassen Sie Ihre Phantasie möglichst wirklichkeitsgetreu ein Bild davon erstellen, was konkret alles geschehen würde. Dies entspricht den Vorgängen der Simulation, die man heute dank der künstlichen Intelligenz des Computers errechnen kann. Spüren Sie nun, wie Ihre Energie sich verändert, wenn Sie Ihr Ziel erreicht haben. Wenn es ein Ziel ist, das Ihnen gut tut und Sie motiviert, steigt die Lust und Freude, und Sie haben mehr Energie zur Verfügung. Ist das Ziel nicht verlockend, sinkt die Energie. Sie werden einwenden, dass es Ziele gibt, die nicht um ihrer selbst erreicht werden, sondern als Sprungbrett dienen. Sie können sich selbst motivieren und entsprechend mit Energie versorgen, wenn Sie das Ziel, das hinter dem Ziel steht und Sie anzieht, herausfinden. Nutzen Sie die Energie, die Sie auf diese Weise mobilisiert haben.

3. Sie haben ein Potenzial, das Sie mehr nützen möchten:
Wenn Menschen ihr Potenzial ausschöpfen, sind sie glücklich. Sie sind in einem Zustand des Fließens. Alles kommt zu ihnen,

sie müssen es nicht mühselig suchen oder erkämpfen. Sie sind umgeben von Kräften, die Wirklichkeit schaffen und zur Selbstverwirklichung beitragen, welche Form sie auch annehmen mag. Es können ganz einfache Dinge sein, die Selbstverwirklichung bedeuten: einen Garten anlegen, einen Kuchen backen, ein Faschingskostüm nähen, etwas basteln, im Chor singen. Das Glück bemisst sich nicht an äußeren Maßstäben wie etwa künstlerischer Perfektion. Vielleicht wissen Sie gar nicht, worin Ihr Potenzial besteht und was Sie machen müssten, um es zu verwirklichen.
Tipp: Anstatt sich auf die Inhalte der potenziellen Selbstverwirklichung zu konzentrieren und dabei in ein Leistungsdenken zu verfallen, achten Sie mehr auf die Energie, die Sie erfüllt.
Übung: Ziehen Sie auf dem Fußboden einen Kreis und stellen Sie sich hinein. Oder setzen Sie sich auf einen Stuhl. Dieser Stuhl ist jetzt Ihr »Supermegapotenzstuhl«. Laden Sie ihn mit Energie auf, indem Sie sich an Glücksmomente in Ihrem Leben erinnern. Vielleicht fallen Ihnen zu »banale« Dinge ein. Schieben Sie die wertenden Gedanken an Banalität und Trivialität beiseite und konzentrieren Sie sich wieder auf das Glücksgefühl. Ziehen Sie es an sich heran, binden Sie es an sich. Lassen Sie von allen Ecken und Enden, aus den verborgensten Winkeln Ihres Glücksarchivs jene Eindrücke kommen, von denen Sie wissen, dass sie zu Ihrem persönlichen Glück gehören.
Mit jedem Eindruck, den Sie erinnern und dadurch Gegenwart werden lassen, kommt die gute Energie, die Sie damals erlebten, wieder zu Ihnen zurück. Sie selbst versetzen sich durch diese Vorstellungen in einen optimalen energetischen Zustand, der in sich allein schon heilende Wirkung hat. Und während Sie sich in diesem Zustand aufhalten, erinnern Sie vielleicht auch Bilder oder Körperempfindungen, die zu bestimmten Aktivitäten gehören. Sie sehen sich selbst in einer Landschaft, in der Sie eine Wanderung unternehmen. Sie spüren an den Händen die Erde, die Sie in Ihrem Garten (oder auch in Ihrem Blumentopf) umgraben. Es kann auch gut sein, dass zu Ihrer Selbstverwirk-

lichung keine Aktivität gehört, sondern mehr ein Innehalten und Stillwerden. Auch das können Sie sehen, riechen, schmecken, spüren, so konkret erleben, als wäre es schon Wirklichkeit. Wenn Sie auf diese Weise Kontakt aufnehmen zu den Tiefen und Höhen Ihres Daseins, dann wird Sie eine außerordentliche Energie erfüllen, ganz gleich, ob Sie sie in Taten umsetzen, als Lebensgefühl genießen oder als Erkenntnis bewahren werden.

Wichtig: Verwechseln Sie nicht die Vorstellung mit der Realität. Gerade in der Vorstellung erscheint es manchmal so einfach zu wechseln, Zustände und Energien ab- und anzustellen, als würde ein Knopfdruck genügen. Vorstellungen sind wie Orte und Wege, die ich auf einer inneren Landkarte eintrage. Je besser ich mich in meiner Vorstellung anhand solcher innerer Landkarten orientieren kann, desto besser stehen meine Chancen, auch im realen Leben dorthin zu gelangen, wo ich in meiner Vorstellung sein möchte. Schließlich gewährleistet die genaue Kenntnis der aufgezeichneten Speisen auf einer Speisekarte mit ziemlicher Sicherheit die Erfüllung meiner Wünsche, wenn ich beim Kellner bestelle. Aber die Speisekarte ist nur ein Abbild der bestellten Speisen – machen Sie sich nichts vor, wenn etwas anderes vor Ihnen auf dem Tisch steht.

Manchmal meinen wir, bestimmte Wechsel schon vollzogen zu haben, und sitzen doch im alten »Energieloch« genauso fest wie zuvor. Oder wir sind glücklich – und merken es nicht, weil wir eigentlich Unglück erwartet haben. Nehmen Sie sich immer öfter mitten im Alltag einen Augenblick die Zeit, Ihren Energiezustand einzuschätzen. Wo stehen Sie im Leben? Wie fühlen Sie sich (eigentlich, wirklich)? Verdrängen Sie Erschöpfungszustände nicht, sondern nehmen Sie die ersten Anzeichen rechtzeitig wahr. Und lassen Sie mehr Glück, mehr Lust, mehr Energie in Ihrem Leben zu, auch wenn das Glück zu einem erhöhten Energieniveau führt und zuweilen Turbulenzen schafft.

Bedenken Sie: Jede Erregung, sei es ein »negatives« oder ein »positives« Gefühl (Zorn oder Liebe), ist Energie. Heißen Sie diese Energie willkommen und wechseln Sie die Form des Ausdrucks, aber trennen Sie sich nicht von dem großen Strom der Lebensenergie ab, um an der Oberfläche Ihren kleinen Frieden zu finden. Riskieren Sie mehr im Leben, gehen Sie aufs Ganze, streben Sie die große Zufriedenheit an.

Entstauung

Bei Migräne, Kopfschmerz und Verspannung, bei allgemeinen Gefühlen der Stauung, bei Wasser im Gewebe, aufgedunsenem Aussehen, als Prophylaxe bei Sitztätigkeit und Stress, auch als Atemübung, Visualisierung und Gymnastik bei langen Flügen.

Moderne Berufe verlangen stundenlanges Sitzen – eine Haltung, für die der Mensch nicht geschaffen ist. Die Atmung erschlafft, ebenso die organischen Funktionen, die Körperflüssigkeiten stauen sich. Zusätzlicher Stress in der Arbeit und Anspannung durch Perfektionismus erhöhen die Gefahr von Durchblutungsstörungen mit allen damit verbundenen Konsequenzen. Diese einfachen Übungen regen die Durchblutung wieder an.

1. Schließen Sie die Augen, gehen Sie bewusst in Ihren Körperinnenraum, sehen Sie Ihren Körper einerseits als konturierte Figur, erleben Sie ihn andererseits als Raum. Wie ist die Körperfigur, die Sie vor sich sehen, beschaffen? Wenn Sie sich in einem angespannten Zustand befinden und sich gestaut fühlen, ist die Figur wahrscheinlich eher klein, wie verschrumpelt, zusammengezogen; die Linie der Körpergrenze wahrscheinlich dünn, wie mit einem harten Bleistift von unsicherer Hand gezogen, brüchig gestrichelt, blass. Der Raum fühlt sich meist wie ein Loch an, eine Leere, dunkel, dicht, unbelebt, abgetrennt vom Lebenspuls. Dies ist Ihr Minus-Zustand, von dem Sie ausgehen und den Sie verbessern wollen in Richtung eines körperlich angenehmen Zustandes, den Sie als Plus-Zustand anvisieren. Das innere Bild des Minus-Zustandes wird sich im Lauf der Übung ver-

ändern. Sie können die Veränderungen visualisieren und dadurch den physiologischen Vorgang der Entstauung unterstützen.

2. Bei geschlossenen Augen suchen Sie einen inneren Punkt, einen Hebelpunkt, von dem aus Sie die Veränderung angehen wollen. Meist ist dieser Punkt das Herz, da es – als starker Muskel – Blut durch den Körper pumpen kann. Sie wissen ja, dass bei Anspannung und Stress das Blut sich in der Körpermitte zusammenzieht – dadurch kommt es zu Stauungen im Gewebe. Nun geht es darum, das Blut in die Peripherie bis an die Körpergrenze, bis unter die Haut zu pumpen. Dies wird Sie entspannen sowie das körperliche Wohlgefühl zurückkehren lassen. Sie können den Solarplexus als Zentrum Ihres persönlichen Willens wie eine Sonne strahlen lassen und Ihren Lebenswillen an die Außenfläche senden. Oder Sie machen Ihren Bauch zum Nabel der Welt (siehe »Hara«, S. 114). Wichtig ist immer, dass Sie sich auf eine Mitte konzentrieren und dadurch in einem Punkt sammeln, sich zentrieren.
3. Beobachten Sie Ihren Atemfluss und lassen Sie ihn tiefer, weiter, entspannter werden. Der Ausatem wird länger als der Einatem, mit dem Sie Luft und Kraft schöpfen. Das Ausatmen versetzt Sie in einen Zustand des Strömens, Strahlens, der Ausdehnung. Sie gelangen durch das Ausatmen bis an die Peripherie Ihres Körpers, Sie reisen mit Ihrem Bewusstsein bis unter die Haut – Ihre Körpergrenze ist Ihnen bewusst, Sie beleben Sie, durchatmen Sie, öffnen alle Poren, atmen durch die Poren ein. Denken Sie auch an Ihren Rücken, vor allem Ihr Kreuz, achten Sie darauf, dass das energetische Loch im Hohlkreuz aufgefüllt wird mit Atem und Energie. Legen Sie die Hände aufs Kreuz und atmen Sie in Ihre Hände. Neigen Sie sich im Sitzen leicht vor und bügeln Sie die »Falte«, die im Kreuz entstanden ist, einfach aus.
4. Nun ziehen Sie in Ihrer Vorstellung rote Linien gleich Blutbahnen durch Ihren Körper. Diese Bahnen gehen von der Körpermitte aus und erreichen die Extremitäten; Sie kon-

zentrieren sie auf Hand- und Fußgelenke. Während Sie vom Kreuz aus Energielinien ziehen, die sowohl in die Hände als auch in die Füße führen, strecken Sie die Füße mit den Fersen zuerst aus. Dehnen Sie die Achillessehne, als wollten Sie mit der Ferse nachdrücklich etwas wegschieben oder -treten. Begleiten Sie diese Bewegung des Tretens mit dem Ausatem, der den Nachdruck noch verstärkt. Lassen Sie Ihre Fersen überdimensionale Größe annehmen und ausstrahlen. Stellen Sie sich vor, wie Sie durch das Treten Blut in die Fersen und dadurch in die Füße, in die unteren Extremitäten pumpen. Dehnen Sie genüsslich alle Muskelgruppen, die Waden, den Fußspann und durch eine leichte seitliche Verschiebung des Beckens auch die Oberschenkelmuskeln, indem Sie sich auf Ihrem Sitz räkeln. Spannen Sie die Pomuskeln, entspannen Sie und spüren Sie nach, wie Sie jetzt eine neue Art des entspannten Sitzens entdecken. Der Beckenboden entspannt sich, die Polbacken scheinen zu vibrieren, alles ist voll pulsierender Energie. Lassen Sie Ihre Fußgelenke kreisen und weiter Energie aus der Mitte in die Peripherie nach außen strömen.

5. Nun widmen Sie sich dem Oberkörper, den Sie zunächst dehnen und weiten, indem Sie sich räkeln wie nach dem morgendlichen Aufstehen. Strecken Sie die Finger aus, stellen Sie die Hände auf, als wollten Sie ein Stoppschild aufstellen, strecken Sie die Arme aus und durch, so dass alle Muskelgruppen gedehnt und massiert werden. Lassen Sie nun Ihre Handgelenke kreisen wie im Flamenco oder in asiatischen Tänzen, spreizen Sie die Finger, lassen Sie sie lang werden, sich immer weiter ausdehnen und dabei an geschmeidiger Beweglichkeit zunehmen; strecken Sie Ihre »Antennen« aus, entwickeln Sie Kraft in Ihren Handmuskeln, schieben Sie die Handgelenke nach außen, als wollten Sie jemanden mit aller Energie, die Ihnen zur Verfügung steht, wegschieben. »Entschließen« Sie sich, indem Sie Ihren Lebenswillen aktivieren und dorthin schicken: Schließen Sie alle Schleusen auf und lassen Sie Ihre Kraft zu. Lassen Sie

Ihre Handgelenke kreisen und weiter Energie aus der Körpermitte in die Hände nach außen strömen. Welche Handlungen stehen an? Was möchten Sie aus-drücken?

6. Beenden Sie die Übung, indem Sie noch einige Minuten nach der Bewegung das Kribbeln und Prickeln im ganzen Körper spüren. Wo sind Löcher geblieben? Welche Stellen im Körper wurden nicht erreicht? Malen Sie sich aus, wie dieser verbesserte Zustand im Körper aussieht und wie er sich noch weiter verbessern könnte. Vergleichen Sie den anfänglichen Minus-Zustand mit dem Zustand, den Sie jetzt erreicht haben, und machen Sie Pläne, wie Sie Ihre Durchblutung noch mehr anregen können. Vielleicht sind innere Entscheidungen nötig, um einen Zustand der Entschlossenheit hervorzurufen. Oder gibt es Bedingungen, an die sich Ihr ungehemmter Selbstausdruck knüpft? Was wollen Sie bedenken und beachten? Wie würde es sich anfühlen, hemmungslos und unverschämt aufzutreten, und was spricht dagegen? Erlauben Sie sich, in Ihrer Vorstellung diese inneren Zustände von Hemmungslosigkeit und Unverschämtheit zuzulassen, um sich ein Bild von der entsprechenden körperlichen Verfassung machen zu können. Trennen Sie das gesellschaftliche Verhalten in der Außenwelt von dem inneren Zustand, in den Sie geraten, wenn Sie nur daran denken, und erleben Sie die Vorteile dieses Zustandes – ohne das Verhalten ausagieren zu müssen.

Entzündungsschild

Bei Neigung zu Entzündungen und bei akuten, schmerzhaften Entzündungen.

Entzündungen weisen auf ein funktionierendes Abwehrsystem hin, denn sie sind Alarmsignale. Holen Sie ärztlichen Rat ein und begnügen Sie sich nicht mit dieser Visualisation, denn sie kann nur lindern und den Schmerz verringern, aber nicht die Ursache erkennen oder gar beheben!

»Entzündung« wird hier als Metapher verstanden: Sie weist auf einen feurigen Zustand des Entflammens hin. Eine Neigung zu häufigen Entzündungen kann mit einer psychischen Tendenz zur Irritation, mit einer Neigung zur Überreaktion in Verbindung gebracht werden – als würde der Mensch sich allzu leicht aus seiner Ruhe und seinem Gleichgewicht bringen lassen, sich aufreiben, keine Ruhe geben, es nicht auf sich beruhen lassen, immer wieder daran rühren, kratzen, wo es juckt, an die Stelle gehen, die wund ist, vielleicht um ein Bewusstsein dessen zu erlangen, was es eigentlich ist, das das Gleichgewicht stört. In dieser Visualisation geht es darum zu lernen, sich zurückzuziehen und die Selbstheilungskräfte das Kommando übernehmen zu lassen, sie »machen« zu lassen, es geschehen zu lassen.

Schließen Sie die Augen und gehen Sie in Ihren Körperinnenraum. Genießen Sie den dunklen Raum, die Tiefe, Stille. Finden Sie einen Punkt tief in Ihnen, der unberührt ist vom Lärmen der Welt, von den Irritationen und Verletzungen, von den Kränkungen, die von außen kommen, und verweilen Sie dort. Von diesem Punkt aus erlauben Sie sich nun, von innen an die Grenze Ihres Innenraums zu gehen. Sie sehen die Haut, die Ihre Innenwelt begrenzt, von innen, und wahrscheinlich erscheint auf Ihrer inneren Leinwand der Bilder hellrot und flammend jene Entzündung, die auf der Haut sichtbar geworden ist. Machen Sie sich ein Bild von der Entzündung – ist sie auf einen Punkt beschränkt, überzieht sie eine ganze Fläche? Vielleicht ist es eine Entzündung im Innern Ihres Körpers. Ist es eine einzelne Stelle oder ein ganzer Bereich? Gehen Sie mit Ihrem inneren Auge dorthin und nehmen Sie die Entzündung unter die Lupe. Erkennen Sie Formen und Strukturen der ursprünglichen Verletzung? Worauf reagierte die Entzündung? Worin bestand die Irritation? Atmen Sie tief ein, halten Sie den Atem an, lassen Sie das Bild kommen und atmen Sie aus. Mit dem Ausatmen lassen Sie auch das Bild sich wieder auflösen, als würde jemand über die schmerzende Stelle streichen und mit der leichten Berührung den Schmerz mit sich nehmen.

Schwemmen Sie in Gedanken den Schmerz, die Irritation, die Kränkung, die damit verbundenen Gefühle, die jetzt hochkommen mögen, aus. Lassen Sie alles von innen nach außen gelangen und Ihr System verlassen. Machen Sie im Geist eine ausstreichende Bewegung, unterstreichen Sie das Auskehren, Auswaschen, Auswachsen. Üben Sie sich in Lässigkeit. Erzwingen Sie nichts, denn unter Zwang und Druck verstärkt sich die Entzündung. Hier hilft nur, Abstand zu nehmen, die Aufmerksamkeit des Ich von der entzündeten Stelle wegzunehmen und den Fokus des Bewusstseins wieder auf die ganzheitliche Gestalt des Körpers, auf die Einheit des Systems zu richten. Erst wenn diese Einheit und Ganzheit Ihnen vor Augen steht, so bildhaft und konkret, dass Sie von außen mit dem Finger die Konturen entlangfahren könnten, erst dann visualisieren Sie ein wunderbar kühlendes, linderndes Lindgrün, ein grünblaues Schillern, ein silbernes Gespinst, das sich nun zu einem Schutzschild verdichtet und sich beruhigend auf die Entzündung legt, sei sie sichtbar auf der Haut oder im Körperinneren verborgen. Visualisieren Sie jene Nuancen zwischen Grün, Blau und Silber, die dazu beitragen, sich noch mehr loslassen zu können, den Blick schweifen lassen zu können in eine Ferne, in der der Blick sich nicht mehr festbeißen und einkrallen kann, die jenseits aller Irritationen und akuten Schmerzen liegt. Erlauben Sie auch Ihren Ohren, in diese Ferne zu lauschen, allen Lärm zu überhören. Lassen Sie Ihren Atem gehen. Halten Sie ihn nicht mehr, lassen Sie ihn frei. Lassen Sie ihn aus der Ferne neuen Mut holen.

Erkältungsstopp

Bei geschwächtem Immunsystem, bei Erkältungsgefahr.

Auch wenn Sie selbst sich nicht bei der kleinsten Erkältungsgefahr einen kräftigen Schluck aus der Schnapsflasche genehmigen, kennen Sie sicher solche Bräuche, die besonders in unwirtlichen Berg- und Meeresgegenden verbreitet sind. Und

auch wenn Sie nicht an den Nutzen solcher alt überlieferten Verhaltensweisen glauben, können Sie trotzdem die bloße Vorstellung nutzen, um bei Erkältungsgefahr einen mentalen Erkältungsstopp in Ihrem Organismus zu aktivieren.
Sie wissen vermutlich, dass Kälte einen Rückzug des Blutkreislaufes aus der Körperperipherie bewirkt und Sie sich instinktiv verschließen möchten, wenn Ihnen kalt ist. Durch diesen Rückzug wird der Kälte Tür und Tor geöffnet, sie nimmt langsam Besitz von Ihnen. Dieser Entwicklung schieben Sie jetzt resolut einen Riegel vor.

Sie stellen sich vor, einen Punsch oder Schnaps zu trinken, das Glas auf einen Satz zu leeren, lassen die wohlige Wärme sich ausbreiten und seufzen ein langes genüssliches »Ah« dazu. Schütteln Sie sich wie eine nasse Katze und registrieren Sie, wie das Brennen des scharfen Alkohols in der Kehle sich umwandelt in ein ganzkörperliches Gefühl, als hätte jemand die Heizung angemacht. Besondere Bedeutung kommt dem »Ah« zu – durch das genüssliche Seufzen tragen Sie mit dazu bei, dass die innere Hitze sich wirklich ausbreiten und bis unter die Haut, bis zu den Fingerspitzen vordringen kann. Ob Ekel, Abscheu oder unerwartete Lust – starke Gefühle lassen Sie innerlich heiß werden und setzen der Kälte von außen etwas Ebenbürtiges entgegen. Erst werden Sie schwach, und dann werden Sie stark.

Fettverwerter

Bei nicht organisch bedingtem Übergewicht aufgrund mangelnder Fettverwertung, begleitend zu Diäten.

Fett ist den meisten in seiner unerwünschten Form bekannt, nämlich als lästige Pölsterchen, die die Figur ruinieren. Besonders um die Leibesmitte machen sich Fettablagerungen breit, die auch scherzhaft »Rettungsringe« genannt werden. Nicht ohne Grund: Fett ist ein wichtiges Mittel des Körpers, sich zu

schützen. Fett isoliert vor Kälte und vor Unruhe. »Lasst dicke Männer um mich sein«, pflegte schon Cäsar zu sagen.
Fett packt die Nerven in eine Schutzschicht ein, die vor allzu großer und unverträglicher Störung des inneren Gleichgewichts bewahrt. Fett wird vom Organismus als Reserve angelegt – jede Hungerkur bestätigt daher den Organismus in seiner Annahme, dass er für schlechte Zeiten vorsorgen muss. Der Stoffwechsel verlangsamt sich, der Organismus stellt sich auf Winterschlaf ein.
Eine Diät, die also Fett abbauen will, muss eine andere Strategie wählen. Dem Organismus muss das Gefühl vermittelt werden, es sei Hochsommer und Zeit, sich aktiv zu betätigen – zu jagen, zu lieben oder einfach meilenweit zu laufen. Der Organismus rückt dann den aufgesparten Reserven zu Leibe und verbrennt das Fett, das als potenzielle Energie in Aktivität umgesetzt werden kann: Dazu ist es ja da. Zu jeder erfolgreichen Gewichtsabnahme muss also nicht nur das Kalorienzählen und die Nahrungskontrolle kommen, sondern unbedingt auch ein Bewegungsprogramm, das kontinuierlich aufrechterhalten wird, bis der Organismus sich an die neuen Verhältnisse gewöhnt und seinen Stoffwechsel umgestellt hat.
Sie werden es sofort spüren, wenn es so weit ist: Ihr Lebensgefühl verändert sich, Sie sehen sich selbst von innen anders, als es von außen der Spiegel zeigt. Sie fühlen sich straffer, beweglicher, energiereicher und vor allem motivierter, Ihren Lebensstil zu ändern. Unmerklich und doch entscheidend verändert sich Ihre Identität. Sie sind nicht mehr der behagliche, aber vielleicht auch ein wenig resignierte und müde Mensch, der mit seinem Übergewicht Frieden schloss, weil es nicht anders ging. Nun kommt eine Persönlichkeit zum Vorschein, die die Dinge verändern und sich nicht mehr mit dem Gegebenen abfinden will.
Eine der wichtigsten Funktionen der Leber ist der Auf- und Abbau von Fettdepots. In mageren Zeiten werden die Fettpolster angegriffen und aufgebraucht; die Leber entscheidet darüber, wie das Fett verwaltet wird. Fett ist wie Geld, das auf

einer Bank angelegt wird: Es ruht dort, bis es gebraucht wird. In der traditionellen chinesischen Medizin wird die Leber mit dem Frühling in Verbindung gebracht – das ist jene Zeit nach dem Winterschlaf, da der Organismus wieder zu vollem Leben erwacht und alle seine Vorräte braucht, um sich neu einzurichten. Diese Zeit ist eine Phase des Neuanfangs, zu dem Hoffnung, Mut, Zuversicht und eine gute Portion Organisationstalent nötig sind. In dieser Phase organisiert sich alles neu. Eine Diät sollte diese Frühlingsgefühle erwecken und nicht zum Winterschlaf einladen.

Einige hilfreiche Gedanken als Ergänzung zu Ihrer Diät:

- Stellen Sie sich vor: Sie haben reichlich vorgesorgt und können beruhigt sein. Sehen Sie Fett nicht nur als Hindernis an, das sich der Verwirklichung Ihres Schönheitsideals in den Weg stellt. Sehen Sie vielmehr den Nutzen, den Fett für Sie bedeuten kann, wenn Sie dazu bereit sind, das Depot anzugreifen – sozusagen das angesparte Geld vom Konto abzuheben und sinnvoll auszugeben.
- Gehen Sie in Ihrer Phantasie einen Schritt weiter und überlegen Sie sich, welche Aktivitäten Sie am liebsten ausführen würden. Entwerfen Sie dabei ein Bild von sich, das Sie als tätigen, hoffnungsfrohen und energischen Menschen zeigt. Bestimmt hat es immer wieder in Ihrem Leben solche Phasen der lustvollen Aktivität gegeben. Kramen Sie nun in Ihrer Erinnerung nach solchen Pluspunkten und vergegenwärtigen Sie sich das dazugehörige Körpergefühl.
- Nehmen Sie sich eine körperliche Aktivität für jeden Tag vor und halten Sie sich an Ihren Vorsatz, diese Tätigkeit, und wenn es auch nur für zehn Minuten ist, auszuführen. Das kann ein kurzer Gang oder Lauf um den Häuserblock sein, eine kurze Gymnastikabfolge – selbst ein Programm mit leichten Atemübungen, die sich mit einfachen Bewegungen verbinden, kann schon zu einer entscheidenden Veränderung in Ihrem Selbstbild führen.
- Führen Sie dieses Bewegungsprogramm in dem Bewusstsein

aus, dass Sie nicht nur etwas für Ihre Figur und Ihre Gesundheit tun, sondern dass Sie auf diese Weise auch Pluspunkte für Ihr Selbstbewusstsein sammeln können. Jeder Tag, dem Sie mit dieser neuen Einstellung begegnet sind, ist schon ein Erfolg für sich. Nehmen Sie sich nicht zu viel vor. Planen Sie von Tag zu Tag weiter, indem Sie Ihr Programm einhalten. Es kann gut sein, dass Sie nach einigen Tagen schon das Bedürfnis empfinden, sich mehr bewegen zu wollen, weil der Organismus auf den Geschmack der Beweglichkeit gekommen ist.

- Wiegen Sie sich nicht – die Waage ist nicht dazu geeignet, diese Art von inneren Erfolgen zu messen. Lassen Sie sich auch nicht durch das Maßband beirren. Zunächst geht es darum, nur von innen her ein neues Gleichgewicht aufzubauen. Später werden diese neuen Verhältnisse, die Sie jetzt schaffen, auch von außen sichtbar sein. Konzentrieren Sie sich im Anfangsstadium auf Ihre Gefühle. Denken Sie daran, dass auch ein Keim, der noch in der Erde liegt und Wurzeln schlägt, von außen nicht gesehen werden kann, da er noch nicht an die Oberfläche gelangt ist. Konzentrieren Sie sich jetzt auf diese Kernarbeit.
- Beobachten Sie, wie es sich anfühlt, mehr und mehr Fett abzubauen und stattdessen Muskeln zu entwickeln. Vielleicht stimmt dies nicht mit Ihrem Selbstbild überein. Entwerfen Sie also ein Bild von sich, das Sie als tätigen und kräftigen Menschen auszeichnet. Gehen Sie den Widerständen nach, die Sie gegen dieses Selbstbild aufbauen. Horchen Sie auf die inneren Stimmen, die Ihnen gute Gründe nennen, nicht so zu werden. Seien Sie ehrlich mit sich und notieren Sie das, was Ihrer Meinung nach dafür spricht, dick zu sein und zu bleiben. Halten Sie sich immer die Option offen, wieder dick zu werden, wenn sich dies als besser oder notwendig erweisen sollte.
- Achten Sie darauf, zur Ruhe zu kommen und genügend zu schlafen, damit Ihr Organismus gar nicht erst auf die Idee kommt, er selbst müsse für eine längere Phase des Winter-

schlafs sorgen. Entwickeln Sie kreative Alternativen zu der Fettschicht als Schutzschicht, sei es gegen innere und äußere Kälte, sei es gegen Nervosität.

Fluglust

Zur Prophylaxe und Krisenintervention bei Flugangst.

Es nützt nichts, sich vorzurechnen, wie statistisch sicher das Flugzeug als modernes Transportmittel ist. Viele Menschen sind durch ihre Flugangst in ihren Bewegungsmöglichkeiten so eingeschränkt, dass dies gegebenenfalls Auswirkungen auf ihren Beruf oder ihre Beziehungen haben kann. Deshalb entschließen sich auch immer mehr Menschen dazu, ein Trainingsprogramm gegen Flugangst zu absolvieren, das oft von den Fluggesellschaften selbst angeboten wird. Auf manchen Flügen kann man sogar auf einem der Audiokanäle ein Entspannungsprogramm einschalten, das für »Krisenmanagement« vor Ort sorgt. Flugangst ist zu einem Thema geworden, das im Bereich der Hypnose und Selbsthypnose besondere Aufmerksamkeit verdient.

Eine Flugangst ist nicht wie die andere: Bei manchen Menschen, die nie Angst vor dem Fliegen hatten, tritt Flugangst plötzlich auf und manifestiert sich von da an als körperliches Symptom. Andere Menschen verlieren ihre Angst durch mehrere angenehm verlaufene Flüge. Die Angstgefühle sind wie weggeblasen, und damit auch die körperlichen Reaktionen. Keine Schweißausbrüche mehr, kein Herzrasen, keine Atemnot.

Flugangst ist ähnlich wie ein Schwindelanfall, irgendetwas wird ausgelöst und setzt eine Kettenreaktion in Gang. Zu erkennen, was dieses Etwas genau ist, gehört schon zu den ersten Fortschritten, denn wie auch bei jeder Stressbewältigung kommt es darauf an, den Auslöserreiz zu isolieren, um dann die unwillkürliche Reaktion darauf zu stoppen. Auch tut es der Seele gut, sich in diesem irrationalen Verhalten verstanden zu fühlen – vielleicht hilft es zu wissen, dass Menschen mit Flugangst von Haus aus wenig Bodenhaftung haben, sich vom Leben nicht getragen fühlen und deshalb nicht loslassen können. Solche Menschen sind darauf angewiesen, alles unter Kontrolle zu halten, um den Kontakt mit der Wirklichkeit nicht zu verlieren.

Auch dafür mag es Gründe geben; aber verhaltens- und hypnosetherapeutische Verfahren versprechen schnellere Linderung der Leiden als eine langjährige Psychoanalyse, die sicher zu interessanten Ergebnissen kommt, aber das sofortige Umsetzen in den Alltag nicht garantieren kann. Was nie schadet, ist die Kunst, abschalten und entspannen zu können.

Auch eine Meditation, die dazu erzieht, sich mit unwillkürlich auftauchenden Gedanken nicht zu identifizieren, sich von dem mentalen Geschehen Furcht erregenden Denkens zu distanzieren und sich auf etwas anderes, auf den Atem oder den Körperinnenraum zu konzentrieren, kann helfen. Wenn Sie das Flugproblem aber gezielt angehen wollen, müssen Sie ein maßgeschneidertes Programm zur Verfügung haben. Allgemeine Ratschläge überzeugen vielleicht den Verstand, erreichen aber nicht das Unbewusste und schon gar nicht den Organismus, der auf das Unbewusste hört und nicht auf den Willen, der dem Bewusstsein etwas einreden möchte.

Beachten Sie bei Ihrem individuellen Flugangstprogramm also folgende Punkte:

1. Finden Sie heraus, was die Angst auslöst. Wenn Sie schon so weit gekommen sind, ein Flugzeug zu besteigen, muss es etwas sein, das beim Flug selbst geschieht. Viele Menschen haben gelernt, sich zu entspannen. Noch in der Wartehalle sitzen sie vollkommen entspannt da. Gelassen gehen sie den Korridor entlang und betreten die Maschine. Sie setzen sich auf ihren Platz und harren der Dinge. Und dann passiert etwas, und Panik bricht aus. Auslöserreize können sein: das Schließen der Türen, das Anlassen der Motoren, der leichte Ruck, mit dem das Flugzeug sich in Bewegung setzt, das

Rollen auf der Startbahn, das Beschleunigen, die vielen Geräusche, die als Anzeichen einer Katastrophe gedeutet werden können, weil sie einem nie erklärt wurden (ein Teil des Flugangstprogramms besteht in Aufklärung solcher unerklärlicher Geräusche oder Phänomene), auch das Flugverhalten des Flugzeugs selbst, das von Typ zu Typ variieren kann. Das Ausfahren des Fahrgestells bzw. das Einholen macht ein Geräusch, das verdächtig klingen könnte, wenn man nicht wüsste, dass es zum normalen Ablauf dazugehört. Wenn Sie selbst ein Programm für sich ausarbeiten wollen, müssen Sie darüber informiert sein, was es alles zu hören, zu fühlen, vielleicht auch zu sehen oder zu riechen gibt und was bei einem normalen Flug zu erwarten ist. Wenn Sie selten fliegen, tut es gut, einen Vielflieger an der Seite zu haben, der Sie mit beruhigender Stimme aufklärt oder einfach nur in seine Zeitung vertieft neben Ihnen sitzt und sich offensichtlich keine Sorgen macht. Angst ist ansteckend, Ruhe und Gelassenheit auch.

2. Wenn Sie nun Ihre Auslöserreize kennen, können Sie zum nächsten Schritt der Selbsthypnose übergehen, also zur Entwicklung von posthypnotischen Suggestionen. Solche Suggestionen ersetzen die Angstreaktion auf den Angst auslösenden Reiz und folgen dem Schema »Immer wenn ..., dann ...«. Z.B.: »Immer wenn ich meinen Sitz im Flugzeug eingenommen habe und die Geräusche der sich schließenden Türen meinen Organismus dazu einladen, panisch zu reagieren, winke ich souverän ab und sage innerlich Nein danke, heute nicht. Es ist, wie wenn Sie auf ein bestimmtes Angebot nicht eingehen wollten, einem Vertreter an der Haustür oder am Telefon absagen. Heute habe ich etwas Besseres zu tun, sagen Sie sich und nehmen ein Buch aus der Tasche, das Sie aufschlagen und lesen. Sie lassen sich von dem Buch so sehr fesseln, dass alles andere an Reiz verliert. Ganz bewusst richten Sie Ihre Aufmerksamkeit vom äußeren Geschehen auf das innere Geschehen, das das Lesen des Buches in Ihnen hervorruft. Auch körperliche Reak-

tionen können posthypnotisch einbezogen werden: Immer wenn Sie merken, dass Sie sich verspannen, ballen Sie bewusst die Faust, konzentrieren alle Spannung dort und entspannen sie dann, so dass damit alle Anspannung aus Ihrem Körper weicht. Machen Sie sich eine Liste von Auslöserreizen, die Sie mit entsprechenden Suggestionen beantworten werden. Während Sie dies planen, gehen Sie wahrscheinlich selbst in eine leichte Trance, um sich besser in den Ablauf hineinzuversetzen. »Posthypnotisch« werden diese Suggestionen deshalb genannt, weil sie nicht nur im Augenblick ihres Entstehens, also wenn Sie sie entwickeln, wirken, sondern auch und vor allem dann, wenn es so weit ist und die Angst erregenden Reize auf Sie zukommen. Dabei können Sie auch testen, welche Suggestionen wirksam und somit nützlich waren und welche nicht. Es hilft aber nichts, so zu tun, als würde man sich in ein Buch vertiefen, und dabei jede Sekunde über den Rand hinaus aus dem Fenster zu spähen, um zu sehen, ob das Flugzeug noch in der Luft ist. Es nützt auch nichts, sich selbst vorzusagen, dass es ganz normale Geräusche sind, die man da hört, wenn man sich innerlich schon ein Schreckensszenario des Absturzes mit der entsprechenden Geräuschkulisse ausgemalt hat. Je mehr Sie sich dabei auf die Spur kommen, wie Sie die Flugangst herbeizaubern, desto bessere Chancen haben Sie, den Bann zu brechen.

3. Finden Sie eine Metapher für sich, die Ihnen hilft, das Fliegen nicht nur zu akzeptieren, sondern als etwas Besonderes zu genießen. So könnte aus der Höhenangst ein Höhenflug werden. Die Beschleunigung auf der Rollbahn, die zur ängstlichen Verspannung führte, kann nun als Lust an der Geschwindigkeit erlebt werden und einen Rausch vermitteln. Diejenigen, die den Kontrollverlust scheuen, weil sie alles selbst im Griff haben und die Übersicht behalten möchten, oder auch diejenigen, die sonst im Leben immer alles genau nehmen und entsprechend angestrengt oder überfordert sind, können mit einer anderen Metapher arbeiten, nämlich

der des Überfliegens. Das Überfliegen ist einerseits ein Übergehen von Details, so etwa im geöffneten Buch, dessen Seiten sich überfliegen lassen. Sie müssen nicht jeden Buchstaben lesen, um den Sinn zu erfassen. Überfliegen erfordert Weitsicht und ein Interesse am Wesentlichen. Das Überfliegen ist also andererseits eine Orientierung am Großen und Ganzen, am Horizont oder auch an einem Ziel, das in der Ferne liegt, aber auf das es wirklich ankommt.

Erlauben Sie sich, die einzelnen Schritte Ihres Vorgehens, die Details Ihrer Lebensplanung zu überfliegen – nehmen Sie es mal nicht so genau. Erlauben Sie sich für die Zeitspanne Ihres Fluges, die Reibung mit den Alltagssorgen aufzugeben, erlauben Sie sich, nicht alles ganz genau wissen zu müssen und zu kontrollieren. Gönnen Sie sich eine Pause, eine Auszeit. Erlauben Sie sich, vielleicht gegen Ihre Gewohnheit in die Ferne abzuschweifen und ein angenehmes Fernziel anzuvisieren. Wie wird es sein, wenn Sie an Ihrem Ziel ankommen? Konzentrieren Sie sich auf die Pläne, die Sie sich für diese Reise vorgenommen haben. Malen Sie sich in den schönsten Farben aus, wie sich Ihre Ankunft gestalten wird. Hören Sie die Stimmen, die Sie begrüßen, vielleicht das erste Telefongespräch, die fremde Sprache. Versetzen Sie sich in die Lage, schon angekommen zu sein – wie warm oder kalt wird es am Ankunftsort sein? Vielleicht hat die Luft einen bestimmten Geruch, den Sie besonders lieben. Vielleicht erwecken bestimmte Eindrücke angenehme Erinnerungen in Ihnen. Erlauben Sie sich also, in diese Tagträume zu gehen, und überfliegen Sie für eine Weile die Realität. Sie dürfen sich von der gegenwärtigen Lage distanzieren, Sie dürfen in die Ferne abschweifen.

4. Geben Sie die Kontrolle über das, was Sie nicht kontrollieren können, ab und entwickeln Sie Kontrolle über Ihr eigenes Zeitempfinden. Zeit ist objektiv, wird aber subjektiv erlebt. So können Sie sich aufgrund Ihrer Gedankenkontrolle und Einbildungskraft ein Zifferblatt vorstellen, bei dem Sie die Bewegung der Zeiger beeinflussen, langsamer oder

schneller zu werden. Überfliegen heißt auch, den Fokus auf die ferne Zukunft zu richten, die Zukunft so fern werden zu lassen, dass sie an Realität verliert und zu einem Traum wird. Überfliegen heißt, sich in einen Raum der Zeitlosigkeit zu begeben, einen Ausflug zu machen - im freien Flug, aller Reibungen enthoben -, sich im Schwebezustand zu befinden. Es ist, als ob man eine ganz entfernte Perspektive eingenommen hätte, ja, als käme man von einem anderen Planeten oder wolle dorthin oder sei schon dort angekommen. Eine Stunde auf der Erde erscheint wie ein Augenblick. Es ist wie im Märchen: ganz real.

Focusing

Bei diffusem Unwohlsein und »Problembewusstsein«, dem Gefühl, dass etwas oder man selbst nicht »in Ordnung« ist. Beim Fehlen einer gewissen Perspektive und einer Lösungsorientierung.

Focusing, die von dem amerikanischen Philosophen Eugene Gendlin entwickelte Technik einer sensibilisierten Selbstwahrnehmung, schafft Zugang zu den verborgenen Signalen des Körpers. Focusing lässt auf das Flüstern des Körpers hören, bevor er anfangen muss zu schreien. Die innere Stimme, die sich in Körperwahrnehmungen und Empfindungen ausdrückt, kann uns dabei helfen, die Weisheit des gesamten Selbst - und nicht nur die Gedanken, Ideen, Vorstellungen, Meinungen unseres Kopfes - für unsere persönliche Weiterentwicklung zu nutzen.

Sinn ist mehr als ein Wort - zunächst wird er körperlich gefühlt und erlebt. Gendlin prägte dafür den Begriff des *felt sense*, das heißt des gefühlten Sinnes - im Gegensatz zum Konzept, das Sinn macht, aber eben nur auf einer oberflächlichen, rationalen Ebene, die das Unbewusste und das Körperwissen nicht einbezieht. Auch dem Nichtwissen kommt eine große Bedeutung zu, denn für das Wissen, das als Gefühl aus dem Körper aufsteigt, gibt es oft keine Worte. Die passenden Beschreibungen müssen erst mühsam gefunden und ausprobiert bzw. wie ein Kleid anprobiert werden, ob sie auch wirklich passen.

Es gibt oft Situationen und Befindlichkeiten im Leben, in denen wir spüren, dass irgendetwas nicht stimmt, uns fehlt oder uns belastet. Dann ist es gut, einfach einzuhalten im alltäglichen Tun, sich die Zeit zu nehmen, nach innen zu gehen und hinzuspüren, was es ist, das sich über das körperliche Erleben bemerkbar machen will. Focusing ist ein Prozess, bei dem man seine eigene innere Weisheit respektiert und sich der unterschwelligen Wissensebene, die durch den eigenen Körper spricht, bewusst wird. Focusing beginnt damit, die Aufmerksamkeit, die meist nach außen gerichtet ist, nach innen zu lenken, in den Körper hinein. Besonders der Hals-, Brust- und Bauchraum eignen sich für die Frage nach Körperempfindungen, die dort gefühlt werden können. Erleben wir uns eng oder weit, entspannt oder angespannt, zusammengezogen oder ausgedehnt, dunkel oder hell, schwer oder leicht, verschlossen oder offen, hart oder weich, mit festen oder fließenden Grenzen?

In diesem Innenraum des körperlichen Erlebens können wir auf Gefühle stoßen, die die ganze Zeit über schon da waren und uns unbewusst beeinflusst haben. Jetzt aber erkennen wir sie ganz bewusst und akzeptieren ihr Dasein. Manchmal sind es wohl bekannte Gefühle, die wir wie Freunde begrüßen können, manchmal sind es aber auch diffuse und schwer zu identifizierende Stimmungen, die wir nicht einordnen und nicht in Zusammenhang mit unserer Identität, unserem Leben und unseren Selbstbildern bringen können.

Der Prozess des Focusing ermöglicht es uns, mit uns selbst geduldig zu sein und zunächst all diese Gefühle nur zu betrachten, ohne sie gleich verändern zu müssen. Dabei sind wir nicht in die Gefühle verstrickt, sondern verweilen bei ihnen, als wären sie Gegenstände unserer Betrachtung. Bei der fokussierenden Selbstbetrachtung, die auf einer unvoreingenommenen Wahrnehmung beruht, beziehen wir die Position eines inneren

Beobachters, der zwar mit allem verbunden ist, jedoch auch ein wenig außerhalb des Geschehens steht. Das gibt uns die Freiheit, uns außerhalb der körperlich erlebten Bedrängnisse zu stellen, und schafft oft eine sofort einsetzende Linderung des Drucks oder der seelischen Schmerzen. Die Einstellung, die wir zu uns selbst gewinnen, lässt Interesse und Neugier erwachen – die beste Medizin gegen Selbstmitleid.

Das Focusing fordert uns dazu auf, in der Gegenwart und im Erleben dessen, was jetzt gerade ist, zu bleiben, statt in die Vergangenheit abzuschweifen und sich mit der eigenen Geschichte zu beschäftigen. Statt uns in den Gefühlen zu verlieren, machen wir uns daran, sie besser kennen lernen und gründlich erforschen zu wollen. Wir gehen dabei vor wie Wissenschaftler und experimentieren damit, was das Gefühl verstärkt und was es auflösen könnte. Die Veränderung kommt beim Focusing unmerklich, in kleinen Schritten – nach und nach löst sich etwas in uns auf, das uns einen Augenblick vorher noch wie ein unüberwindliches Hindernis den Ausweg versperrte. Jeder Schritt in die richtige Richtung macht sich als Körpergefühl der Bestätigung bemerkbar – langsam gewinnen wir einen Orientierungssinn, der uns durch die innere Landschaft unserer Seele navigieren lässt.

Dies geschieht nicht durch hektisches Veränderungsbestreben, sondern durch ein unaufdringliches, aber beharrliches Nachfragen oder auch durch die Anerkennung dessen, was da ist. Allein die Anerkennung birgt in sich schon ein heilendes Moment. Die Bedeutung, die die Körpergefühle in sich bergen, sind manchmal an eine bestimmte Erinnerung, eine Überzeugung aus vergangenen Tagen, eine Haltung, ein unbefriedigtes Bedürfnis gekoppelt. Das Gefühl gehört zu einem Teil unserer Persönlichkeit, der bislang keine Aufmerksamkeit erhielt und jetzt angenommen wird.

Manchmal gehören Gefühle auch zu anderen Personen. Es handelt sich um die so genannten »Fremdgefühle«. Doch statt sie krampfhaft abzuweisen und zu verscheuchen, heilt die Erkenntnis, die sich mit der Körperwahrnehmung verbindet, »von selbst« diese Zustände. Das, was als eigen und zur Person gehörend erspürt wird, bleibt, während das Fremde einfach abfließen kann. Es fließt »von selbst« dorthin, wohin es eigentlich gehört. Natürlich lassen sich solche Prozesse auch durch Rituale des Zurückgebens gestalten – aber es reicht auch, sich dessen bewusst zu werden, dass im Körper eine selbst organisierende Weisheit ständig damit beschäftigt ist, Ordnung herzustellen, und wir beruhigt uns diesen vegetativen, autoregulativen Vorgängen anvertrauen dürfen. Dadurch geben wir in uns einer tiefen, umgreifenden und wortlosen Erleichterung Raum. Ein tiefes Durchatmen ist das Zeichen dafür, dass etwas in uns geschehen ist, das eine Veränderung bewirkt hat – Gendlin prägte dafür den Begriff des *felt shift*, das heißt des körperlich spürbar erlebten Veränderungsschubs, der sich auf das Gesamtbefinden auswirkt. Er kann nicht gewollt, geplant, erkauft oder erzwungen werden – er ist tatsächlich so etwas wie eine Gnade.

Der Ablauf des Focusing

1. *Das Einsteigen:* Schalten Sie ab, indem Sie ganz bewusst von außen Ihre Aufmerksamkeit abziehen und sich den innerlichen Vorgängen widmen. Schaffen Sie sich einen Zeitraum, der für diese Erfahrung reserviert ist. Nehmen Sie sich als Programm vor, in der Gegenwart zu bleiben und die Gedanken, sollten sie in die Vergangenheit oder Zukunft abschweifen, immer wieder ins Jetzt des momentanen Erlebens zu bringen.
2. *Das Verhältnis zum eigenen Körper:* Lassen Sie sich auf diese vielleicht ungewohnten Prozesse der Selbsterforschung behutsam ein, lassen Sie sich überraschen, lassen Sie eingefahrene Gedankenmuster, Meinungen und Überzeugungen hinter sich und machen Sie sich auf, als würden Sie Neuland betreten. Üben Sie sich darin, wieder staunen zu können – als wäre es das erste Mal, dass Sie Ihren Körper erforschen.

3. *Fragen Sie sich, was hier und jetzt nach besonderer Aufmerksamkeit verlangt.* Vielleicht bedrückt Sie etwas, oder etwas steht an – eine Aufgabe, eine Chance, eine Herausforderung. Vielleicht gibt es ein Grundgefühl, das Sie sich näher anschauen möchten, wie einen Ausschnitt auf einem Bild, das eine Totale zeigt. Gehen Sie von der übergreifenden Perspektive des großen Überblicks zum Sichten kleiner Details über. Üben Sie sich in Sorgfalt, betrachten Sie jede Falte des großen Gewebes.
4. Angenommen, Sie sollten *beschreiben, wie es Ihnen gerade geht und wie es mit Ihnen wirklich steht* – welche Worte kommen Ihnen in den Sinn? Passen diese Worte wirklich zum Inhalt? Lassen Sie den Körper überprüfen, inwieweit die Worte stimmen bzw. einen stimmigen Ausdruck darstellen. Einer Sache einen Namen zu geben ist eine uralte magische Heilmethode.
5. *Begrüßen Sie Ihre Zustände freundlich wie ein Gastgeber:* So haben Sie die besten Chancen, die Gäste auch wieder verabschieden zu können. Gefühle und Emotionen sind wie vorbeiziehende Wanderer – man weiß nicht genau, woher sie kommen und wohin sie eigentlich wollen. Am besten ist es, sie einfach zu bewirten, sich mit ihnen zu unterhalten und sie ziehen zu lassen, wenn es Zeit ist. Gefühle lassen sich nicht besitzen; eher kommt es vor, dass Gefühle einen Menschen besetzen, besessen machen und beherrschen. Wenn man aber die flüchtige Natur der Emotionen erkennt, fällt es leicht, sie nicht festhalten zu wollen.
6. *Sie selbst spüren, wann es gut ist aufzuhören.* Es ist wie ein Fest, nach dem die Gäste Sie wieder verlassen. Sie können den optimalen Zeitpunkt des Beendens körperlich spüren und die Selbstbetrachtung beenden. Wenn Sie die Augen geschlossen hatten, können Sie sich nun darauf konzentrieren, die Augen blinzelnd zu öffnen und den Übergang zur Außenweltwahrnehmung nicht gewaltsam mit einem Ruck, sondern fließend zu gestalten. Reiben Sie sich die Augen und klatschen Sie in die Hände. Achten Sie darauf, dass Sie

wieder »ganz da«, das heißt ganz mit der Aufmerksamkeit bei dem äußeren Geschehen sind – vor allem wenn Sie sich bestimmte Tätigkeiten, wie Auto fahren, vorgenommen haben!

Gesundheitsbilder

Für alle, die vor Krankheitsbildern keine Gesundheit mehr sehen und sich von der Gesundheit kein Bild machen können. Bei unbewussten Programmen der Selbstzerstörung und bei Suchtstrukturen.

Experten befassen sich mit Krankheitsbildern. Aber für ein Bild von Ihrer Gesundheit sind nur Sie selbst zuständig. Sie sind dafür verantwortlich, Gesundheit so attraktiv und wertvoll in Ihrer Vorstellung erscheinen zu lassen, dass diese Vorstellung weitere Konsequenzen für Ihr Leben hat. Dabei tun Sie keinem anderen einen Gefallen – Sie allein bestimmen, was Gesundheit für Sie sein soll und welchen Wert sie in Ihrem Leben darstellen wird. Nehmen Sie sich Zeit für diese Übung, machen Sie es sich bequem, legen Sie Zettel und Schreibwerkzeug bereit. Verlassen Sie sich auf Ihr Unbewusstes, das Ihnen die Bilder zuspielen wird. Bereiten Sie sich wie auf einen angenehmen Kino- oder Theaterbesuch vor.

1. Lassen Sie den Fokus Ihrer Aufmerksamkeit wie einen Lichtstrahl über die Bühne oder über eine offene Landschaft gleiten. Bitten Sie Ihr Unbewusstes, Ihnen die Krankheitsbilder vorzuführen. Wer begegnet Ihnen als Figur, als Rolle, als Bild? Notieren Sie das Spezifische an dieser Krankheit, von der Sie sich ein Bild gemacht haben. Überlegen Sie auch kurz, welche Verhaltensweisen in Ihrem jetzigen Leben dazu führen könnten, einen solchen Zustand Realität werden zu lassen.
2. Falls Sie über bestimmte krank machende Verhaltensmuster verfügen und zum Beispiel sich das Rauchen abgewöhnen, mit dem Alkoholmissbrauch aufhören oder schlechte Essge-

wohnheiten ablegen wollen, dann suchen Sie in Ihrer Vergangenheit nach dem Moment, als Sie zum ersten Mal diese Verhaltensweise, die damals ja noch keine Gewohnheit war, bewusst erlebten. Vielleicht verbindet sich diese Bewusstwerdung auch mit einer Identifikation, so dass Sie ab einem bestimmten Punkt von sich selbst sagten oder dachten, das Verhalten mache einen Teil Ihrer Persönlichkeit, Ihres Wesens aus. Überlegen Sie kurz, welche Anteile an Faszination und Attraktivität sich mit den angenommenen Rollen für Sie verbinden, und notieren Sie sie.

3. Geben Sie jedem Krankheitsbild, dem Sie auf die Spur gekommen sind, einen Ort – vielleicht legen Sie die entsprechenden Notizen auf jeweils einen Stuhl oder verteilen die Zettel im Raum, so dass zu jedem Bild ein Häufchen Beschreibungen entsteht. Malen Sie die Krankheitsbilder so anschaulich wie nur möglich aus, als wollten Sie Werbung für die Krankheitsbilder machen. Begeben Sie sich an die Orte Ihrer Krankheitsbilder und schwelgen Sie »lüstern« in Ihren Lastern.
4. Das Schwelgen in den Lastern hat einerseits die Funktion, die Lust, die in den Krankheitsbildern gebunden ist, aufzuspüren. Andererseits wird Ihnen bewusst, wie Sie durch diese Laster sich selbst schädigen. Es gibt also zwei Seiten: Sie lernen zu unterscheiden und die Verbindung, die Sie als selbstverständlich und verbindlich anzunehmen gelernt haben (weil Sie daran gewöhnt sind und keine Alternativen kennen), aufzulösen. Nehmen Sie sich jedes Laster einzeln vor. Trennen Sie die Lust von der Last. Machen Sie sich Notizen dazu, indem Sie auf verschiedene Zettel Laster und Gelüste aufschreiben.
5. Richten Sie nun drei Orte ein, an denen Sie sich drei neue Gesundheitsbilder aufbauen. Tragen Sie die lustbesetzten Zettel an die passenden Orte, wo Alternativen zu den lustbesetzten Krankheitsbildern entstehen. Ordnen Sie die Möglichkeiten, wie Sie Lust erfahren können, den Gesundheitsbildern zu. Konzentrieren Sie sich zunächst nur darauf,

die drei Orte mit Lust zu besetzen. Erst wenn diese Orte (Stühle, Kissen auf dem Boden, markierte Stellen auf dem Teppich etc.) wirklich voll mit Lust sind – so dass Sie selbst diese Lust erleben können, wenn Sie diese Orte besuchen und sich in die Gefühle der Lust versetzen –, erst dann kommt der nächste Schritt.

6. Sie haben nun drei neue Gesundheitsbilder aufgebaut, die an drei verschiedenen Orten abgespeichert sind. Es sind »Mini-Kult-Stätten«: Mini, weil sie wenig Platz einnehmen und innere Orte sind, die überall präsent sind; Kult, weil Sie durch diese Übung nichts verdrängen, sondern damit pfleglich umgehen, denn Kultur heißt Pflege; und Stätten, weil jetzt etwas stattfindet, wozu Sie diesen Aufbau brauchen. Gehen Sie an diese drei Stätten und überlegen Sie ganz nüchtern, wie Sie auf Ihre Kosten kommen und trotzdem ein lustvolles Leben führen können. Denken Sie sich Alternativen aus: zum Griff nach der Zigarette, nach der Schnapsflasche, dem Sitzen auf der Couch vor dem Fernseher, der Einkehr in eine Konditorei oder dem Essen an der nächsten Imbissbude oder was auch immer Ihre Gesundheit schädigen könnte.
7. Gehen Sie zwischen den Krankheitsbildern und den Gesundheitsbildern hin und her. Solange die Krankheitsbilder noch Attraktivität für Sie besitzen und deshalb noch immer Attraktoren (Faktoren, die Anziehung besitzen) für Sie sind und Sie in einer schwachen Minute doch auf ihre Seite ziehen können, ist die Übung nicht beendet. Vielleicht müssen Sie sie mehrmals wiederholen und prophylaktisch einmal im Jahr machen.

Der Trick dabei ist, dass Sie – anstatt gute Vorsätze zu fassen – Alternativen finden und diese so attraktiv ausbauen, dass auch in schwachen Minuten, in denen Sie früher mit dem krank machenden Verhalten reagierten, diese neuen Alternativen – die neuen Gesundheitsbilder – zur Verfügung stehen. Statt zu denken, gehen Sie ganz konkret und spezifisch in Ihre persönliche Erfahrung hinein. Sie erleben die Gesundheitsbilder am eigenen Leibe. Nur so wird der Leib sich daran gewöhnen, so dass die neuen Gewohnheiten ihm zur zweiten Natur werden können.

Glücksvermögen

Bei Negativität, Pessimismus, Selbstablehnung und Selbstverachtung.

Reines Glück ist eine fundamentale Eigenschaft des Lebens, so schreibt der indische Ayurveda-Arzt Deepak Chopra. Im Sanskrit heißt diese Art von Glück *ananda*, sie wird mit *bliss* ins Englische und mit *Glückseligkeit* ins Deutsche übersetzt. Ananda ist das Thema vieler Meditationen und ein Ziel des Yoga. Dabei geht es nicht um das Glück, das einem zufällt oder nicht und dessen Gegenteil das Pech ist, sondern um ein Vermögen im doppelten Sinne. Es ist eine Fähigkeit des Menschen, die gefordert und gefördert, entwickelt und genutzt werden kann. Und es ist wie ein Gut, auf das man in den entsprechenden Situationen zurückgreifen kann.

Wie Wärme und Licht sind auch die Erscheinungsformen des Glücks lediglich Endprodukte, in Reinform existiert Glückseligkeit nur im quantenmechanischen Körper (siehe »Quantenkörperbewusstsein«, S. 205) und dringt unter entsprechenden Bedingungen an die Oberfläche. Niemand vermag die zahlreichen Vorgänge in Gehirn und Körper, die zur Erzeugung eines Glücksgefühls koordiniert werden müssen, im Einzelnen nachzuvollziehen – aber da ist es, das unverkennbare Gefühl, reines Glück, das erfahrbar ist und damit beweist, dass es Realität ist.

All unsere Freuden haben ihren Ursprung im Glück. Es ist das helle Licht, in das wir nicht unmittelbar blicken, sondern von dem wir nur einen Abglanz auf kleinere Freuden wahrnehmen; unvermutete Momente, in denen das Leben vollkommen und von Glück erfüllt erscheint. Könnten wir den Zustand des rei-

nen Glücks dauerhaft aufrechterhalten, so hätten wir die Quelle vollkommener Gesundheit erreicht.
Der Ayurveda-Arzt Chopra hat eine spezielle Meditationstechnik entwickelt, die als Bliss-Technik bekannt geworden ist. Es handelt sich um eine psychophysische Integrationstechnik, in der Geist und Körper durch einen feinen mentalen Impuls – in diesem Fall durch einen ausgewählten Klang – zusammengebracht werden. Dieser spezifische Klang hat den Zweck, den Geist wieder in Kontakt mit den Klängen der Glückseligkeit zu bringen, so dass er sich daran erinnern kann. Die Erinnerung allein schon schafft es, alle Zellen des Körpers zu erreichen und zu durchdringen, weil die Botschaft, die dieser Klang überbringt, dem Geist urvertraut ist und sich im Körper verwirklichen möchte. Es ist die Botschaft, dass das Glücksvermögen zum Menschsein gehört.
Im Unterschied zu anderen Meditationen wird hier ein ganz bestimmtes und konkretes Ziel angestrebt. Ziel ist das Auftauchen von bislang verborgenen Glücksempfindungen im Körper. Die Technik ruft ein angenehmes Gefühl der Lust und Freude, der Lebensbejahung hervor, ein Heilprozess setzt auf feinstofflicher Ebene ein. Unterbrochene Bahnen der im Körper angelegten und verwirklichten kosmischen Intelligenz werden repariert, denn solange die Bahnen unterbrochen sind, kann die Glückseligkeit nicht fließen, und das Glücksvermögen ist gestört oder nur teilweise aktiviert.
Ohne näher auf die Prinzipien der Ayurveda-Medizin einzugehen, kann doch so viel zum Ablauf des Heilprozesses gesagt werden: Der feine Impuls, der gesetzt wird – es könnte anstelle eines Klangs auch ein Bild, eine Erinnerung, ein Gedanke sein –, vermittelt im ganzen Nervensystem Freude und verursacht alle zellulären Veränderungen im Körper. Die Fenster der inneren Wahrnehmung werden gereinigt, denn im Normalzustand ist unsere Wahrnehmung nicht gewöhnt und nicht ausreichend darauf gepolt, erkennen zu können, wie viel Glückspotenzial in uns liegt: Deshalb sind Glückserfahrungen so wichtig. Es sind Referenzerfahrungen, auf die wir uns bezie-

hen können, wenn wir unser Glücksvermögen als Potenzial verwirklichen wollen. Alle Gipfelerfahrungen, die sich mit Glückseligkeit verbinden, dienen als gute Beispiele, wirken als Vorbilder und setzen wichtige Akzente in einer allgemeinen Entwicklung, die sich die Verwirklichung von menschlichem Glücksvermögen zum Ziel gesetzt hat.

Sie selbst können dazu beitragen, Glücksvermögen zu entwickeln. Das Glücksvermögen wird Ihnen neues Selbstvertrauen und einen Zuwachs an Kreativität schenken. Ohne eine bewusste Entscheidung für das Glück (im Sinne von Ananda) und ohne eine Disziplin bzw. Technik, mit der Sie das gewöhnliche Niveau Ihres Glücksvermögens überschreiten, bleiben jedoch Glücksmomente Zufallstreffer. Es ist notwendig, dass die Seele den gewöhnlichen Wachzustand überwindet und einen neuen, vielleicht bislang eher ungewohnten Bewusstseinszustand zulässt. Die Seele verbindet sich mit Gedanken der Unsterblichkeit, die Psyche als Körperseele reagiert auf solche Gedanken mit physiologischen Veränderungen.
Das Flow-Erlebnis, in dem alles im Fluss und nichts mehr getrennt ist, alles ineinander übergeht und miteinander verbunden ist, bewirkt eine Verflüssigung – nicht nur des Denkens, Fühlens und Erlebens, sondern auch als körperlicher Vorgang, der sich zunächst auf der feinstofflichen Ebene vollzieht. Das Phänomen tritt in der Meditation auf, sobald der Denkvorgang »abgekühlt« wird. Die Gedanken reiben sich nicht mehr aneinander, erhitzen sich nicht mehr, bieten weniger Widerstand und überlassen sich mehr der Natur des Geistigen – sie werden von den Bedürfnissen der Seele gelenkt. An der Schnittstelle von Körper und Geist gibt es Weichen, die neu gestellt werden können. Gewöhnlich folgen wir den Einstellungen, die wir kennen, die wir als Gewohnheiten übernommen oder durch Gewöhnung entwickelt haben – ohne uns weiter zu fragen, ob es noch andere Möglichkeiten für uns gibt. In der Meditation kommen wir an diese Schnittstellen, die auch Weichenstellen sind.

Wenn ein mentaler Prozess abläuft, reagiert der Körper entsprechend. Diese Reaktionen ermöglichen den Dialog des Geistes mit dem Körper. Ängste, Träume, Hoffnungen, Wünsche, zarteste Regungen von Gefühl und Verlangen hinterlassen in unserer Physiologie Spuren – mentale Vorgänge formen unseren Körper fortwährend, während sie mit ihm »sprechen«, Stress- und Verschleißimpulse überlagern die Wachstums- und Ausdehnungsimpulse. In der Meditation jedoch erfahren wir die Möglichkeit, die Weichen neu zu stellen; wir erleben, dass unser Geist zu Liebe und Kreativität fähig ist, auch wenn unser Körper in seiner Vergänglichkeit begrenzt ist.
Wir im Westen haben uns so sehr mit der Vergänglichkeit des Körpers identifiziert, dass wir unserer Seele nicht mehr erlauben, dem Bedürfnis nach Liebe und Kreativität nachzugehen. Unsere Vorstellungen von Unsterblichkeit sind meist vom Leben abgekoppelt; die Kräfte des Verfalls überholen die Kräfte der Entwicklung. Das heißt Körper und Geist sind nicht optimal aufeinander abgestimmt. Das sind wir zwar gewöhnt, und diese Denkgewohnheit mag vertraut sein, aber die Begegnung mit anderen Kulturen zeigt uns, dass es auch andere Möglichkeiten des Denkens bzw. der spirituellen Erfahrung gibt.
In der Meditation, wie sie in der Tradition des indischen Yoga angeleitet wird, vermittelt sich die Erfahrung des Geistes folgendermaßen: Der Geist entdeckt auf den ruhigeren (»kühleren«) Ebenen des Denkens eine zunehmende Geordnetheit, bis er schließlich in die Nähe der völligen Geordnetheit, in den Bereich der Vollkommenheit reiner Stille gelangt, ohne jedoch ganz hineinzugleiten. Genau an dieser Stelle, an der Quantengrenze des Geistes, ist es noch möglich zu denken und zu handeln, wenn auch nach anderen Regeln. Man erfährt eine mühelose Ausweitung des Geistes, eine »Reibungslosigkeit« und »Leitfähigkeit«, die das Flow-Erlebnis auszeichnet und im normalen Wachzustand nicht wahrgenommen werden kann, weil die Reize zu subtil sind. Aus diesem Ausnahmezustand ergibt sich jedoch eine nie gekannte Freiheit, die gleichzeitig eine Art Kreativität darstellt – sie wird umschrieben als die

Möglichkeit, sich selbst zu bestimmen – indem die Weichen neu gestellt werden – und somit »sich selbst zu erschaffen«. Viele Missverständnisse haben sich hieraus ergeben. Wir können jedoch dieses neue Heilsverständnis insofern nutzen, als wir das Glücksvermögen in unserem Leben öfter bedenken und gegebenenfalls Erfahrungen der Heilung machen, die uns darin bestärken, mehr Freude auszuleben.

Handwerkszeug der Selbsterkenntnis

Selbstmanagement im Dienste der Gesundheit.

Selbsterkenntnis fördert Ihr inneres Gleichgewicht und wirkt sich deshalb förderlich auf Ihre Gesundheit aus. Mangelnde Selbsterkenntnis führt zu Stress – ob Sie sich unterschätzen, überschätzen oder einfach falsch einschätzen, ob Sie einer Illusion nachjagen oder eine Lebenslüge aufrechtzuerhalten versuchen, ob Sie sich selbst oder anderen etwas vormachen, wenn Sie krampfhaft an einer Identität oder einer Weltanschauung festhalten (obwohl Sie und die Lebensumstände sich geändert haben), ob Sie »Balken im Auge« haben oder Ihre Wahrnehmung danach ausrichten, was Sie wahrhaben wollen. Zur Selbsterkenntnis gehören Selbsterkundung, Selbsteinschätzung und Selbstachtung.

Selbsterkundung

Für die Selbsterkundung brauchen Sie das Handwerkszeug der gründlichen Recherche, die objektive Fakten zusammenträgt (etwa in Form von Messwerten, die Sie bei Ihrem Arzt erhalten), und des Gedächtnisses, das Ihre eigenen Erfahrungen bewahrt (etwa in Form eines Tagebuchs, alter Filme und Fotos), so dass Sie Zugang haben zu einer subjektiven Schau in Ihre Vergangenheit.
Außerdem brauchen Sie für eine Selbsterkundung genügend Konzentration und Ausdauer, um bei der Sache zu bleiben, und genügend Zähigkeit, um der Sache auf den Grund zu gehen.

Schlamperei und Nachlässigkeit machen allzu leicht das vergessen, was Sie gern vergessen möchten: Sie übergehen das, was Sie immer schon ausblenden wollten, und sie wiegen Sie in Sicherheit, wo Neugier oder auch Besorgtheit die bessere Einstellung wäre, um mehr über sich selbst zu erfahren.

Zur Selbsterkundung gehört herauszufinden,

1. was mit Ihnen objektiv los ist. Holen Sie sich Feedback von Freunden und lassen Sie sich beschreiben, wie Sie auf sie wirken. Lassen Sie sich genau beschreiben, woran diese Außenstehenden bemerken, in welchem Zustand oder in welcher Verfassung Sie sind. Nehmen Sie an Tests teil, prüfen Sie sich, um die Ergebnisse vor Augen zu haben, holen Sie Befunde bei den Experten ein.
2. wie sich das für Sie subjektiv anfühlt. Vergleichen Sie das Feedback, die Testergebnisse und Befunde mit Ihrem subjektiven Selbstverständnis. Welche objektiven Tatsachen entsprechen den von Ihnen subjektiv erlebten Zuständen, und wo ist eventuell ein Widerspruch zwischen objektiver Realität und innerem Erleben gegeben? Wie gingen Sie bis jetzt mit diesem Widerspruch um?
3. wann, wo, mit wem Sie sich optimal fühlen, maximal Energie zur Verfügung haben und in einem Flow-Zustand sind, in dem alles von selbst läuft und Sie im Fluss sind.
4. wann, wo, mit wem, in welchem Kontext Sie sich vollkommen blockiert fühlen, still stehen, innerlich abgeschnitten sind von allem, was Sie können und was Sie motiviert – von allen Fähigkeiten und Fertigkeiten, die Sie in Ihrem Leben erlernt und entwickelt hatten, von allem Wissen, das Sie eben noch hatten und an das Sie sich jetzt nicht mehr erinnern können.

Selbsteinschätzung

Für die Selbsteinschätzung brauchen Sie Aufrichtigkeit und den Mut, die Dinge so zu nehmen, wie sie sind. Beschönigen Sie nichts, erklären und rechtfertigen Sie nichts, denn diese

Akte der Selbstkommunikation verhelfen Ihnen nicht zu einer neuen, neutralen Sichtweise, durch die Sie sich neu kennen lernen können.
Wenn Sie sich verändern wollen, weil die Einsicht Ihnen gezeigt hat, dass Veränderung die einzig reale Chance für eine positive Zukunft ist, dann gehen Sie die Veränderung an. Setzen Sie ein Ziel und bestimmen Sie dieses Ziel so konkret wie möglich. Sie brauchen das Handwerkszeug der Zielsetzung, der Planung und der Prognose, die Ihnen erlauben, die Chancen und Auswirkungen der angestrebten Veränderung real einzuschätzen. Versetzen Sie sich mittels einer Zeitmaschine in künftige Zeiten, in denen Sie Ihr Ziel erreicht haben, und untersuchen Sie, was besser geworden ist, wie Sie es erreicht haben und wie Sie jetzt, in der Gegenwart, dies in Angriff nehmen sollen.

Zur Selbsteinschätzung gehört zu erkennen,

1. welche Wahrnehmungsraster Sie aufgrund prägender Erfahrungen und übernommener Weltbilder und Lebensanschauungen entwickelt haben. Welche »Brille« tragen Sie am häufigsten, und welche Sichtweise schiebt sich vor Ihren unvoreingenommenen Blick? Sind Sie mehr Optimist und sehen alles rosig oder ein Pessimist und sehen vieles düster? Wofür haben Sie einen Blick, und was übersehen Sie leicht? Auf welchem Ohr hören Sie besonders gut, und auf welchem eher nicht? Was lassen Sie außer Acht? Es gibt verschiedene Wahrnehmungspositionen, verschiedene Arten, die Dinge zu sehen, und je nach Perspektive ändert sich das Bild, das Sie sich machen. Sehen Sie die Dinge vor allem von Ihrer Position aus, oder sind Sie jemand, der sich in andere Menschen hineinversetzt? Machen Sie von der Möglichkeit Gebrauch, die Dinge aus einem gewissen Abstand zu betrachten. Liegt Ihnen etwas an Objektivität, möchten Sie als neutraler Beobachter die Dinge so erfassen, wie sie von außen aussehen oder wie sie einem Außenstehenden erscheinen würden? Vielleicht befinden Sie sich auch stän-

dig in der Beobachterposition und betrachten das Leben eher distanziert. Fällt es Ihnen schwer, sich für etwas zu begeistern, sich zu engagieren?

2. welche Vorlieben und Vorgehensweisen Sie im Laufe Ihres Lebens aufgrund von Lernprozessen entwickelt haben. Wie gehen Sie vor, wenn Sie sich etwas vornehmen? Planen Sie alles bis ins Detail genau durch und haben Schwierigkeiten anzufangen, oder agieren Sie lustig drauflos und lassen sich von Ihrem Aktivismus durch nichts abbringen, auch wenn Sie damit baden gehen? Haben Sie alles im Kopf, tun sich aber schwer, in die Gänge zu kommen? Entscheiden Sie sich spontan oder müssen Sie erst gründlich abchecken, welche anderen Entscheidungsmöglichkeiten noch in Frage kämen? Werfen Sie sich ins Geschehen oder machen Sie sich vorher ein Konzept, legen Sie Landkarten und Reiserouten an, entwerfen Sie Schlachtpläne? Gehören Sie zu denen, die häufig in Gedanken schon in der Zukunft weilen, weil sie mit Plänen und Projekten beschäftigt sind und die Vergangenheit sie wenig interessiert? Oder sind Sie ein Typ, der eher an der Vergangenheit hängt und den die Zukunft nur insofern interessiert, als vergangene Lernerfahrungen in die Zukunft übertragen werden? Denken Sie nach oder vor?
3. wie Sie aus dem Leben lernen, und wie Sie aus dem Gelernten zu neuen kreativen Lösungsmöglichkeiten kommen. Lehnen Sie Kreativität und das damit verbundene Risiko ab, oder sind Sie ein Typ, der nur aus Ideen besteht und es aufgegeben hat, sie zu realisieren? Sind Sie eher durch Angst oder durch Lust motiviert? Streben Sie mehr auf eine positiv vorgestellte Zukunft zu oder setzen Sie alles daran, um von einer negativ besetzten Vergangenheit wegzukommen? Überspringen Sie Lernerfahrungen, wenn Sie unangenehm sind, oder lassen unangenehme Erlebnisse Sie nicht mehr los, so dass das ganze Leben davon beherrscht wird? Neigen Sie dazu, Erfahrungen sofort zu verallgemeinern, oder gelingt es Ihnen, sich auf neue Erfahrungen einzulassen? Sind Sie mehr ein abstrakter Denker oder jemand, der es konkret

und praktisch mag? Suchen Sie beim Austausch mit anderen eher Menschen, die Ihnen gleich oder ähnlich sind, um eine gemeinsame Basis zu finden? Oder reizt Sie das Fremde, das Unbekannte, setzen Sie sich gern Menschen aus, die eine ganz andere Meinung haben als Sie und Sie eventuell auch verunsichern könnten? Schätzen Sie sich als jemand ein, der einen weiten Horizont hat? Sind Sie jemand, der gern dazulernt, oder eher jemand, der sich mit seinem alten Wissen begnügt?

Wenn Sie im Zuge der Selbsteinschätzung darauf gestoßen sind, dass Sie bestimmte Möglichkeiten des Lebens nicht vollständig ausgeschöpft haben, so gilt es von jetzt an, dies zu ändern, indem Sie sich vornehmen, genau das zu tun, was Ihnen bislang ungewohnt und fremd war.

Selbstachtung

Für die Selbstachtung brauchen Sie das Handwerkszeug der grundlegend wertschätzenden Haltung. Sie denken vielleicht, dass diese Haltung auf gemachten Erfahrungen beruht und somit rein emotionaler Natur ist. Falsch gedacht: Sie können *lernen*, den Dingen und Menschen Achtung im doppelten Sinne entgegenzubringen.

Einerseits können Sie die Gefahren, die sich durch unachtsames Verhalten ergeben, einberechnen. Aufgrund dieser Berechnung können Sie öfter »Achtung!« zu sich selbst sagen und Ihr Verhalten verändern. Das Innehalten und das Stoppsignal »Achtung!« unterbrechen Ihnen lieb gewordene Verhaltenssequenzen, die sich gleich Ohrwurm-Melodien immer wieder abspielen möchten. Machen Sie einen klaren Schnitt, stellen Sie den Apparat mit dem Ohrwurm ab.

Andererseits können Sie sich selbst als jemanden achten lernen, der den Signalen der Achtung folgt und sich danach richtet. Lernen Sie, sich selbst zu achten, indem Sie die grundlegende Veränderung Ihrer eigenen Ausrichtung zu achten lernen. Dazu gehört die Achtung Ihrer Bemühungen, die Sie in

Richtung positiver Veränderung unternehmen. Dies schließt alle Fehler ein, die Sie auf Ihrem Weg machen. Auch Rückfälle gehören dazu, da Rückfälle nur dort existieren, wo Fortschritt angestrebt wird.

Zur Selbstachtung gehört zu akzeptieren,

1. dass nicht alles in Ihrer Macht liegt. Nicht alles ist machbar. Es gibt Grenzen der Machbarkeit und Ihres Einflussbereichs. Vieles unterliegt nicht Ihrer Kontrolle und Beherrschung. Es gibt vieles, das Sie nicht verändern können. Wenn Sie dies zu akzeptieren lernen, dann werden Sie sich nicht mehr unnötig stressen, unter Druck setzen, anschuldigen, antreiben, überfordern, sich selbst quälen, geißeln und zerfleischen. Dann werden Sie gelassener.
2. dass so manches sich verändern ließe, wenn Sie darauf verzichten könnten, sich immer nur an das Gewohnte und Bewährte zu halten. Akzeptieren Sie, dass Mut nötig ist, um seines eigenen Glückes Schmied zu werden, und nicht Glück. Warten Sie nicht länger auf den Glücksfall oder die zufällige Gelegenheit, die sich in Zukunft ergeben mag. Werden Sie aktiv. Akzeptieren Sie die Tatsache, dass nichts von selbst geschieht und Sie selbst der Anlass zu einer positiven Entwicklung sind. Werden Sie zur Ursache Ihres Erfolgs, indem Sie Wirkungen schaffen. Erfolg ergibt sich aus einem Tun, das auf Erfolg ausgerichtet ist. Akzeptieren Sie, dass Sie einen eigenen und freien Willen haben und ihn einsetzen können. Beginnen Sie gleich damit, Ihr Schicksal selbst in die Hand zu nehmen. Handeln lässt sich nur in der Gegenwart. Akzeptieren Sie, dass sich dies nur in der Gegenwart bewerkstelligen lässt, kommen Sie ins Hier und Jetzt, werden Sie aktiv, indem Sie Ihre Aktionen bestimmen und nicht durch Reaktionen bestimmt werden. Auch das Unterlassen ist eine Aktivität, selbst wenn sie nicht zu einer Aktion führt. Es kommt auf Ihre Entscheidung an.
3. dass manchmal das eine vom anderen nicht zu unterscheiden ist, oder nicht in dem Augenblick, da Sie im Zugzwang

sind und sich entscheiden müssen, ob Sie eingreifen, handeln, aktiv werden oder nicht. Die antike griechische Tragödie kennt das Motiv des Menschen, der unschuldig schuldig wird. Die Tragödie bot damals den Zuschauern die Möglichkeit, dies zu akzeptieren und eine Reinigung, eine Erleichterung, Katharsis zu erleben – wie einen »Blanko-Freispruch«. Ein solcher Freispruch wird durch religiöse Traditionen oder ein spirituelles Verständnis vermittelt und gibt dort Halt, wo sonst sich Abgründe auftäten.

In Zeiten, da für viele Menschen die althergebrachten Traditionen mit ihren Ritualen und Regeln nicht mehr gelten, ist die Selbstachtung wieder zu etwas geworden, das jeder sich selbst aneignen muss. Sie ist nicht selbstverständlich. Sicher, in der Verfassung wird die Wahrung der Würde dem Einzelnen zugesichert. Aber worin besteht eigentlich diese Menschenwürde? Natürlich muss die Würde des Menschen dort objektiv gesichert werden, wo es um die Regelung gemeinschaftlichen Zusammenlebens geht – aber das Gefühl für die eigene Würde kann nicht von außen geregelt und anerzogen, höchstens gefördert und unterstützt werden.

Sie entsteht aus der Selbstachtung, und sie leitet sich aus dem subjektiven Erleben ab. Selbstachtung ist allerdings nicht das Trostpflaster, das Leiden und Unrecht in der Welt ungeschehen macht oder sich damit abfindet, dass Ausweichmanöver und Rückzugshaltung die beste Art sind, mit Verletzungen oder Kränkungen umzugehen. Auch das beschädigte Selbstbild lässt sich am besten in der ehrlichen Auseinandersetzung mit sich selbst heilen – in diesem Sinne ist Selbsterkenntnis Voraussetzung für Selbstachtung. Umgekehrt ist Achtsamkeit das Fundament, auf dem sich Selbsterkenntnis aufbaut.

Hara

Zur Belebung des Unterleibs. Voraussetzung für die japanische Sitzmeditation. Kombinierbar mit einem mentalen Anti-Stress-Training.

Hara heißt auf Japanisch »Bauch« – wir kennen das Wort im Zusammenhang mit dem Harakiri, dem rituellen Selbstmord. Bei der Meditation stößt man sich natürlich kein Samurai-Schwert in den Bauch, sondern lenkt »nur« die Aufmerksamkeit und den Atem dorthin. Der Ausdruck »Bauch« steht für den ganzen Unterleib, der die Verdauungs- und die Geschlechtsorgane beherbergt.
In der Antike galten die Eingeweide als Sitz der Seele, sie ermöglichten Gefühle des Mitleids, der Barmherzigkeit, der Teilnahme. Hier liegt der Nabel der Welt, der Ausgangspunkt für die östliche Meditation. Hier sollte der Schwerpunkt des Körpers liegen, die Mitte des Menschen. Die Leibmitte entspricht der Erdmitte: Die Gestalt des chinesischen Buddhas wird beleibt dargestellt, er ist der Gott, der den Menschen Freude bringt.

Der Aufbau des Hara-Bewusstseins

1. Wenn Sie ungeübt sind, wählen Sie einen Stuhl, auf dem Sie bequem so sitzen, dass die Beine ungefähr einen rechten Winkel bilden und die Wirbelsäule sich aufrichten kann. Der Bauch liegt entspannt in der Höhle des Beckens und ist frei, durch keine verspannte Sitzhaltung mit verkrampften Beinen eingeengt und auch von keinem Gürtel oder zu engen Hosen eingezwängt. Die enge Taille oder der straffe, eingezogene Bauch, der dem westlichen Schönheitsideal entspricht, bildet ein Hindernis für den Atem, der in den Bauch, in den Unterleib fließen möchte. Um ihn dorthin zu lenken, stellen Sie sich vor, in der Taille würde eine Schleuse, die den Oberleib vom Unterleib trennt, nun geöffnet, so dass die Energien wieder zwischen oben und unten hin und her

fließen. Atem, Aufmerksamkeit und gelenkte Energie können absteigen, Gefühle aus dem Bauch aufsteigen. Dort, wo sich die Taille als Verengung befindet, eröffnet sich nun ein Raum, der mit Atem gefüllt wird.

2. Legen Sie die linke Hand auf den Unterbauch und streichen Sie sanft darüber. Spüren Sie die Wärme, die durch den Kontakt zwischen Handfläche und Körper entsteht. Lassen Sie nun die Hand noch ein wenig weiter nach unten sinken, bis die Handkante auf dem Schambein zu ruhen kommt, so dass in der Schale der geöffneten Hand der ganze Bauch wie eine Kugel ruht. Stellen Sie sich vor, wie der Schwerpunkt dieser warmen Kugel in Ihrer Hand ruht und Ihren Atem magnetisch anzieht. Sie möchten bis dorthin, bis zu diesem untersten Punkt atmen. Lenken Sie Ihren Atem dorthin, als wollten Sie mit jedem Einatem die Bauchdecke heben. Konzentrieren Sie sich auf den Punkt, wo der Bauch zu Ende zu sein scheint, dort, wo die feste Knochenstruktur des Schambeins zu fühlen ist. Achten Sie jedoch darauf, dass Sie dabei nicht gleichzeitig ins Hohlkreuz gehen – schieben Sie sowohl das Kreuz nach hinten als auch den Bauch nach vorn, so dass das Volumen sich erweitert.
3. Zunächst kann es sein, dass diese Weitung Ihnen ungewöhnlich und irgendwie falsch vorkommt, als würde der Atem den Bauch aufblähen. Wenn Sie aber einmal dazu übergegangen sind, die Bauchmuskeln nicht unwillkürlich sofort wieder anzuspannen und hart zu machen, um den Bauch einzuziehen und »wegzustecken«, sondern ihn so sein zu lassen, wie er nun mal ist, und ihm seine Daseinsberechtigung zuzugestehen, dann werden Sie einen seltsamen Zuwachs an Kraft und Ruhe zugleich erleben. Sie ruhen in sich. Nichts kann Sie so leicht aus dem Gleichgewicht bringen und umwerfen. Tatsächlich entspricht diese innere Ruhe einem körperlichen Zustand der Stabilität und Schwere – Hara wird nicht nur in der Meditation eingesetzt, sondern dient auch im Kampfsport als wichtigstes Mittel der Selbstbehauptung. Hara macht wahrhaft unerschütterlich.

Wichtig: Wenn Sie um Ihre gute Figur fürchten, können Sie diese Meditation durch Bauchmuskelübungen ergänzen. So erhalten Sie mehr Gefühl für Ihren Unterleib und können kontrolliert sowohl anspannen als auch entspannen.

Hautbalsam

Bei Hautproblemen, Unreinheiten, Irritationen, aber auch als allgemeine Meditation bei Kontakt- und Beziehungsproblemen. Zur Förderung eines einfühlsamen, sicheren Griffs z. B. bei Kontakt schaffenden Handgriffen (Massage, heilende Berührung, Händedruck bei Begrüßung und Verabschiedung).

Die Haut ist unser größtes Organ. Einerseits umhüllt sie und grenzt ab, andererseits hält sie zusammen und verbindet. Sie ist die Grenze zwischen innen und außen, sie gibt dem Körper seine Kontur. Genauso wie die Körpergestalt sich immer wieder neu herstellt, so regeneriert sich auch die Haut und lässt Verletzungen heilen, offene Risse sich wieder zusammenfügen. Die Körpergestalt bestimmt die Erscheinung des Menschen, die Haut ist jene Oberfläche, die sichtbar wird. So sagt man auch, dass jemand sich in seiner Haut wohl fühlt oder dass man nicht in jemandes Haut stecken möchte. Auch gibt es Situationen, in denen man »aus der Haut fahren« möchte. Es gibt Menschen mit einem dicken Fell oder mit einer dünnen Haut.
Hautprobleme können Störungen des Innenlebens signalisieren, aber vor allem darauf aufmerksam machen, dass etwas an der Grenze zwischen Innenwelt und Außenwelt aus dem gesunden Gleichgewicht geraten ist. Unreine Haut und Hautkrankheiten können abstoßend wirken und einen intimen Kontakt erschweren. Obwohl die meisten Hautkrankheiten (z. B. Ekzeme, Neurodermitis, allergiebedingte Ausschläge) nicht ansteckend sind, wirken sie nicht einladend – eher halten sie auf Distanz. Daraus zu schließen, Menschen mit Hautproblemen wollten unbewusst keinen Kontakt, ist zwar zu kurz gegriffen; der Hinweis auf eine Störung im Aus-

tausch kann jedoch zu tiefer liegenden Ungleichgewichten führen.

Es geht um die heikle Balance von Individuen zwischen Distanz und Verbindung, zwischen Trennung und Vereinigung, zwischen Selbstbehauptung und Hingabe an einen anderen. Tatsächlich können Phänomene der Hauterkrankung kurzfristig auftreten und psychosomatisch bedingt sein. In Zeiten, da der Hofball für junge Mädchen eine gute Möglichkeit war, »unter die Haube« zu kommen, war ein harmloser Pickel an exponierter Stelle im Gesicht eine Tragödie. Auch im Gewerbe der Schauspielerei wird die Haut »zu Markte getragen« und muss dementsprechend einladend wirken. Die Haut spiegelt mehr als alle anderen Organe die offensichtlichen Auswirkungen des Alterungsprozesses wider: Erschlaffendes Gewebe, Rötung durch geplatzte Äderchen und Falten sind die Spuren, die das Leben auf der Haut hinterlässt. Die Kosmetik beschäftigt sich mit den Möglichkeiten, der Natur ein Schnippchen zu schlagen und die Haut so glatt und weich erscheinen zu lassen wie die eines Neugeborenen.

Allerdings scheint die Haut auch ein Spiegel der Seele zu sein, indem der innere Zustand auf den äußeren der Haut einwirkt. In der Erfahrung mit veränderten Bewusstseinszuständen konnte ich immer wieder beobachten, dass Menschen (für eine begrenzte Zeit) sich erstaunlich veränderten – durch positive Trance-Erlebnisse ist eine Verjüngung möglich, die mit kosmetischen Mitteln nicht zu erreichen ist. Ebenso helfen aber alle Mittelchen der Welt nichts gegen einen verhärmten, verbitterten Gesichtsausdruck, der sich über längere Zeit eingräbt. Grimassenschneiden zur Belebung der Gesichtsmuskeln mag helfen, aber noch besser ist es, das Gefühlsleben harmonisch zu gestalten. Zorn verzerrt (rot vor Zorn), Ärger ätzt (sich grün ärgern), Neid (blass vor Neid) und Eifersucht zehren aus, Selbstgefälligkeit verklebt die Poren, die Haut wirkt stumpf und »mehlig«. Resignation und Abkehr lassen dahinwelken, der Rückzug aus der Welt und Trauer, die in lang anhaltende Schwermut umschlägt, macht die Haut blass und unbelebt. Gute Durchblu-

tung ist durch Lachen gewährleistet, Freude und Interesse an der Außenwelt beleben den Ausdruck des Gesichts, das sich der Welt zukehrt. Die Haut signalisiert Offenheit.
In der folgenden Meditation geht es nicht um kosmetische Kunstgriffe, sondern um die Besinnung auf einen inneren Zustand der Harmonie, die sich nach außen fortsetzt und auf andere ausstrahlt. Sie können diese Übung zu jeder Zeit und allein machen. Eine Steigerung der Intensität ist durch das Üben in einer Gruppe oder zu zweit (siehe »Beziehungsart«, S. 39) zu erzielen, da dabei die Erfahrungen ausgetauscht werden und der harmonische Kontakt zu sich und zum anderen sich direkt einüben lässt.

1. Schließen Sie die Augen. Lassen Sie Dunkelheit in Ihren inneren Blick einkehren, lassen Sie es still und leer werden. Finden Sie den tiefsten Punkt in sich, von dem aus es sich nicht tiefer gehen oder auch fallen lässt. Stellen Sie sich vor, Sie sind auf dem tiefsten Punkt eines Strudels angelangt. Sie können sich kontrolliert zurückziehen in diese Tiefe und nun den Raum um Sie herum wahrnehmen. Trotz der Dunkelheit haben Sie den Eindruck samtener Fülle und eines Reichtums, der Sie trägt und unterstützt. Nun nehmen Sie kleine Lichtpunkte wahr, die die Dunkelheit durchsetzen wie Sterne den Nachthimmel. Die Lichtpunkte geben Ihnen das Gefühl einer inneren Weite, die so stofflich und nah ist, als sei sie körperlich fühlbar. Sie nehmen die Qualität dieser Stofflichkeit wahr – sie entpuppt sich als tanzende Bewegung, als Weben von Goldfäden, die einen sehr feinen und gleichmäßig sich zusammenfügenden Stoff aus einzelnen kostbaren Lichtfäden bilden, welche hin und her kreuzen und alles mit allem verbinden. Diese Fäden sind wie Adern, die den schon gewebten Stoff mit immer neuer Leuchtkraft versorgen. Wo der Stoff gerissen ist, fügt sich neues Leben in die Lücke und verwebt sie. Der Stoff ist fließend und wie von unsichtbarer Hand bewegt.
2. Der Stoff nimmt immer mehr die Farbe eines warmen, wei-

chen Goldes an, das sich verschwenden will. Es fließt in Strömen, ist nicht aufzuhalten, es ist freigebig und großzügig. Die Dunkelheit, die zu Gold wird, dehnt sich aus. Sie füllt den ganzen Körperinnenraum aus und stößt an die Grenze zur Außenwelt, berührt die Haut von innen, durchtränkt sie, nährt sie, macht sie weich und geschmeidig wie eine pflegende Milch. Wenn Sie diese Meditation häufiger machen, reicht es, nur an Gold zu denken, und schon stellt sich der körperliche Eindruck von Fülle, innerem Reichtum, von Ordnung ein. Aber es ist nicht die Ordnung, die von außen vorgegeben wird und in die Sie sich fügen müssen. Es ist eine Ordnung, die sich von innen ergibt wie ein Text, ein Muster, ein Gewebe voller kleinster Details und von flächendeckender Größe. Sie können sich in dieses Goldgewebe einhüllen, aber Sie können dieses Gold nicht besitzen. Wenn das Fließen aufhört, stockt der fließende Reichtum. Das Gold ist wie eine Bewegung, ein Tanz. Wenn Sie anhalten, um sich zu vergewissern, woher er kommt, ob er Ihnen gehört und Sie einen Anspruch darauf haben und zu welchem Ausmaß er schon Veränderung bewirkt hat, entzieht er sich, wird dicht und gleichzeitig nichtig. Es ist wie im Märchen – Sie können diesen märchenhaften Zustand kontrolliert hervorrufen, müssen sich aber dann den Gesetzen des Märchens unterwerfen, um das glückliche Ende selbst erleben zu können.

3. Gold ist der Balsam, der von innen heraus entsteht und sich ausbreitet, die ganze Haut von innen her pflegt. Mit jedem Ausatmen tragen Sie den goldenen Strom mehr nach außen, an die Oberfläche, die von dem Gold durchdrungen wird. Sie atmen Gold. Durch Ihren Atemfluss spinnen Sie Gold. Mit jedem Atemzug werden Sie reicher, voller, erfüllter und dadurch selbstständiger – Sie sind nicht mehr so sehr auf das, was Ihnen von außen zukommt, angewiesen. Sie genießen diese Souveränität, die etwas Feierliches, Majestätisches hat. Sie nehmen wahr, wie Ihr Wert steigt. Sie können diesen Selbstwert konkret erleben als ganz bestimmtes Gefühl

einer Sättigung, einer Zufriedenheit, einer vorläufigen Vollkommenheit. Und wenn Sie im Bewusstsein der eigenen Vollkommenheit nun sich selbst von außen betrachten, so sehen Sie sich eingeschränkt durch die Unendlichkeit des Himmelblaus, das Ihnen als letzte sichtbare Grenze am Horizont entgegentritt. Das Blau ist tief und von leuchtender Transparenz. Es legt sich auf Ihre Haut wie ein kühlender Balsam, der alle Reizungen, Verletzungen, Risse, Wunden heilt. Sie atmen das Blau durch Ihre Poren ein. Sie fühlen, wie die Unendlichkeit Sie schützend umhüllt und sich auf Sie legt wie ein dünner, zarter Film. Es bildet sich eine Grenze als Übergang zwischen Blau und Gold, genau wie die Haut als Grenze und Übergang zwischen Außenwelt und Innenwelt die Form wahrt und doch durchlässig ist. Diese Durchlässigkeit ermöglicht Ihnen, zu atmen, zu leben, Austausch zu pflegen, ohne sich selbst zu verlieren, Eindrücke zu sammeln und Ausdruck zu schaffen.

4. Sie atmen Gold aus, Himmelblau ein. Mit dem Ausatmen von Gold gehen Sie an den Rand der Innenwelt, mit dem Einatmen von Himmelblau saugen Sie durch die Poren die Unendlichkeit an, in sich ein. Gold steht für Ihre Lebendigkeit, Himmelblau für die Unendlichkeit, die Sie umgibt. Das Gold wirkt heilend und nährend. Es weiß, was Ihnen fehlt, und findet Ihre wunden Punkte, von denen aus die Heilung sich fortsetzen kann. Das Himmelblau wirkt beruhigend und schützend wie eine durchlässige Versiegelung. Wenn Sie dieses Wissen durch Ihren Händedruck oder Ihre Berührung in Ihre Hände hineinleiten, üben Sie an sich selbst. Die eine Hand, die die »bedürftige« oder »wunde« Hand sein soll, begegnet der anderen Hand, die durch die Berührung mit Gold und Blau schon »gelernt« hat, was Liebe und respektvolle Distanz bedeuten, wie es sich anfühlt und wie im Kontakt beides zugleich zu vermitteln ist. Berühren Sie sich selbst so, wie Sie gern berührt werden möchten. Vermitteln Sie dieses Heilwissen auf eine Art, wie Sie gern selbst damit in Berührung kommen möchten. Stellen Sie sich bei jeder Be-

gegnung vor, dass der Mensch, mit dem Sie es zu tun haben, über eine ähnliche Fähigkeit und ein ähnliches Wissen verfügt, wenn er sein Potenzial verwirklicht. Diese wertschätzende Haltung wird Ihren eigenen Reichtum vermehren und das Potenzial in Ihnen freisetzen.

Herzbewusstsein

Bei allen Herzerkrankungen, allgemein als Prophylaxe, zur Regeneration.

Das Herz wird in der traditionellen chinesischen Medizin mit den Gefühlen von Freude, Liebe, Lust in Verbindung gebracht. Erkrankungen des Herzens können das Liebesleben und die Sexualität beeinflussen. Das Erleben von Lust und somit die Lebenslust wird geschwächt, der Zugang zur Sexualität als spontanster Ausdruck von Lebendigkeit wird beeinträchtigt. Auch umgekehrt kann die Unterdrückung von Sexualität und eine Verminderung der Liebesenergie das Herz gefährden.

Legen Sie die Hand auf Ihr Herz, links unterhalb des Brustbeins. Das Herz ist durch den Brustkasten geschützt, aber Sie können trotzdem den Herzschlag fühlen. Wenn Sie niemals am Herzen erkrankt sind, werden Sie vielleicht kein Bewusstsein für die ungeheure Arbeit, die das Herz leistet, entwickelt haben. Aber sicher kennen Sie Gefühle, die Sie im Herzen spüren, etwa wenn das Herz schneller schlägt, wenn das Herz »für jemanden« schlägt, wenn Sie sich »als ein Herz und eine Seele« mit jemand anders fühlen, und wenn bei Trennung »das Herz entzwei zu springen droht« oder der Schmerz das »Herz zu brechen« scheint. Machen Sie sich diese Gefühle, die Sie mit dem Herzen verbinden, bewusst, indem Sie sich an sie erinnern – sowohl an die positiven als auch an die negativen. Beobachten Sie, wie Ihr Herz reagiert und wie die Gefühle im Körper, im Herzen Gestalt annehmen. Notieren Sie zu jedem Gefühl etwas, das Ihnen jetzt auffällt, und beschreiben Sie Ihr Erleben.

Gehen Sie dabei so vor, dass Sie die Gefühle in sich aufkommen lassen, ähnlich wie ein Wetter aufkommt, sich am Horizont zeigt, herannaht und sich entlädt. Lassen Sie die Gefühle zusammenkommen und sich zeigen, ein Gefühl nach dem anderen. Durchleben Sie auf diese Weise sowohl Liebe, Sehnsucht, sexuelle Erregung als auch Trauer, Schmerz, Enttäuschung, Bitternis. Geben Sie diesen Gefühlen eine Gestalt, bringen Sie diese Gestalt zum Ausdruck. Schreiben, malen, singen, tanzen Sie aus dem Herzen und befreien Sie sich von allem, was Ihr Herz schwer macht und Sie bedrückt. Durch diese Übung können Sie sich jetzt bewusst werden, was Ihnen wesentlich ist. Denn auf dem Grund Ihres Wesens, das durch keine Gefühle verstellt in Ihnen ruht, erkennen Sie jetzt das, was Ihnen wirklich »am Herzen« liegt. Sie sind jetzt in Verbindung mit dem, was im Leben für Sie wertvoll ist.

Herzgeist

Bei Herzschmerzen, bei »verschlossenem, kaltem oder gebrochenem Herzen«, bei psychosomatisch bedingten Herzproblemen.

Das Herz wird in der Fünf-Elemente-Lehre der chinesischen Medizin im Kreislauf der Entwicklungsphasen, die den Jahreszeiten entsprechen, dem Frühsommer zugeordnet. Der frühe Sommer ist die Zeit der Blüte, der Paarung, des Liebeswerbens, der Schönheit. Die Natur schmückt sich in den schönsten Farben, Pflanzen knospen und bilden Blüten, um befruchtet zu werden, die Tiere zeigen Balzverhalten, alles drängt zueinander zur Vereinigung. Dieser Entwicklungsphase entspricht die menschliche Fähigkeit, das Bewusstsein über die Grenzen des eigenen Ich hinaus auszudehnen und den anderen zu erreichen. In der chinesischen Lehre wird dem Herzen *shen*, Geist, zugeordnet. Im Herzen wohnt ein Geist, der nach Vereinigung strebt und alle Trennung, die durch die Individualität entstanden ist, aufheben will. Wir nennen dieses Bedürfnis, das gleichzeitig eine Fähigkeit ist, Liebe.

1. Legen Sie beide Hände in Höhe des Brustbeins auf die Brust, spüren Sie Ihr Herz. Spüren Sie die Tätigkeit des Herzmuskels, der Blut in alle Bereiche des Körpers pumpt und somit jede Stelle Ihres Körpers erreicht. Stellen Sie sich vor, Sie hätten so etwas wie einen Gefühlskörper, in dem die Gefühle verkörpert sind: Auch hier erreicht das Herz jeden noch so entfernten Winkel, alle Ecken und Enden Ihres Selbst. Gehen Sie aus von der chinesischen Vorstellung, die das Herz in Verbindung bringt mit dem Anbruch des Sommers, und rufen Sie Erinnerungen an den Mai in sich wach.
2. Bringen Sie all das, was Sie am Mai so lieben, in Ihr Bewusstsein, und lassen Sie die entsprechenden Gefühle in sich aufkommen. Nehmen Sie die ungebrochenen Eindrücke eines Maientages, wie er etwa in den mittelalterlichen Minneliedern besungen wird, so unmittelbar wahr, als würden Sie sie jetzt gerade erleben. Vielleicht ist es ein bestimmter Geruch von Blüten oder die Wärme der Sonnenstrahlen, das Summen der Bienen, eine bestimmte Art von Lichteinfall durch die blütenübersäten Zweige der Obstbäume. Unter Ihren Händen fängt es an, sich zu regen, Sie verstehen durch Einfühlung, was diese Hochzeit in der Natur auch für die menschliche Natur bedeutet, und wie sie Ihren Körper, Ihr Herz jetzt anregt.
3. Vielleicht hängen Sie mit Ihrem Herzen bestimmten Erinnerungen nach. Lösen Sie sich jetzt bewusst von der Vergangenheit und bringen Sie die Herzgefühle in die Gegenwart. Entwickeln Sie in sich einen Geist, einen geistigen Zustand, der es Ihnen ermöglicht, die Liebesregungen, die Sehnsucht nach Vereinigung auf eine andere Ebene zu übertragen. Auf dieser Ebene sind Sie zwar noch in Kontakt mit den Gefühlen und auch den körperlichen Reaktionen, aber Sie können diese Regungen auch dann erleben, wenn diese nicht ausschließlich auf die sexuelle Betätigung ausgerichtet sind. Es gibt noch etwas anderes: Herzgeist. Herzgeist will sich ausdehnen, will weit werden, weich werden, schmelzen, will alle Blockierungen überwinden, alle Einschnürungen lösen,

alle engen Bedingungen, die sich bislang an die Liebe geknüpft haben, aufheben. Das Herz will teilhaben an der Welt. Das Herz ist leibhaftig dabei – jetzt.

Herzraumeröffnung

Meditation.

Ein chinesisches Sprichwort rät: »Bleib immer im Feuer, und du bleibst ewig jung.« Dem Herzen wird in der chinesischen Medizin das Element Feuer zugeordnet: Dem Herzen entspricht das innere Feuer, das sowohl für die ungezügelten Leidenschaften als auch für die Herzenswärme, die feurige Ausstrahlung, für Engagement, Begeisterungsfähigkeit und Hingabe an eine Aufgabe verantwortlich ist. In den großen Traditionen der Lebensweisheit und Lebenskunst geht es darum, die natürlichen Triebe, die als Leidenschaften das Ich zu überwältigen und zu tyrannisieren drohen, so zu beherrschen, dass ihre Kraft ungebrochen weiterwirken kann, ihre Ausrichtung jedoch verändert wird. Es findet eine Transformation der Energien, eine Wandlung im Menschen statt.

1. Legen Sie beide Hände in Höhe des Brustbeins auf die Brust, spüren Sie den Rhythmus Ihres Herzschlags und den Atem, der Ihre Brust sich heben und senken lässt. Schließen Sie die Augen und überlassen Sie sich ganz diesem Wogen, stellen Sie sich vor, Sie seien am Meer und würden dieses Auf und Ab betrachten. Lassen Sie die Wellen und Wogen Sie wiegen, gehen Sie mit, hinein in das Tal, hinauf auf den Berg, reiten Sie auf der schillernden Wasseroberfläche, auf der sich das Sonnenlicht gleißend widerspiegelt, treiben Sie auf einem Meer von Licht dahin. Dabei wird Ihr Atem tiefer, Ihr ganzer Körper kann sich entspannen und dennoch im Rhythmus der pulsierenden Bewegung bleiben. Das Herz arbeitet beständig, öffnet und schließt sich, reguliert den Strom, der durch Sie hindurchgeht. Das Herz ist die Mitte,

der Kern Ihres Wesens, Ihres Lebenspulses, Ihrer Lebendigkeit. Die Hände auf der Brust vollziehen diese tanzenden Bewegungen voller Anmut nach, der Impuls überträgt sich auf die Arme, die Schultern lockern sich, geben nach, der Oberkörper hebt und senkt sich, die Wirbelsäule kommt ins Rollen und wird dadurch massiert. Mit dem Einatem hebt sich die Brust, erhebt sich über alle Kleinlichkeiten des Alltags, wird großzügig und freigebig. Mit dem Ausatem gibt alles in Ihnen nach, gibt sich hin, geht mit dem Puls des Kosmos mit. Sie erkennen das Muster dieses kosmischen Tanzes, der universellen Melodie, Sie lassen sich davon bewegen und tragen.

2. Die Hände können nun noch immer auf der Brust liegen, der Tanz mag sich nur in Ihrer Vorstellung abgespielt haben. Oder die Hände haben sich gelöst und eröffnen in Höhe des Brustbeins einen Raum vor Ihnen, den Herzraum. Hier haben die großen Lebensbewegungen genügend Platz, um sich auszubreiten. Vielleicht entdecken Sie ganz neue Dimensionen, in denen nicht der »kühle Verstand«, sondern das »flammende Herz« das Sagen hat. Hier entdecken Sie neue Werte, die Sie in Ihrem Leben verwirklichen wollen, oder Sie erkennen etwas wieder, was Sie vergessen zu haben glaubten. Geben Sie Ihrem Herzensfeuertanz die Beweglichkeit, die Anmut und all den Raum, den es braucht, um das Herz wieder im Leben die Führung übernehmen zu lassen.

Herzritual

Meditation, am besten im Anschluss an die »Herzgeist«-Meditation (S. 122) zu machen. Besonders angezeigt bei Gefühlen der Engherzigkeit, des Misstrauens, bei Beziehungsschwierigkeiten, Unentschlossenheit, inneren Konflikten.

1. Legen Sie beide Hände in Höhe des Brustbeins auf die Brust und atmen Sie ein paar Mal tief durch, bis Sie sich im Herzbereich weit und entspannt fühlen. Begleiten Sie Ihren

Atemstrom mit Ihrem Bewusstsein, vergegenwärtigen Sie sich dabei, dass Sie es sind, dass Ihre Person es ist, die Weite und Spielraum erfährt. Identifizieren Sie sich mit Ihrem tiefen Atem, der kommt und geht. Identifizieren Sie sich mit dem Kommen und Gehen, mit dem Geben und Nehmen, mit dem ständigen Austausch und Ausgleich, der in Ihrem Körper geschieht und so das Leben aufrechterhält.

2. Begleiten Sie nun mit beiden Händen diese Bewegung, die von Ihrem Körper ein Stück wegführt und dann wieder zu ihm zurückführt, erleben Sie das Hin und Her oder Weggehen und Zurückgehen als eine Bewegung, die Sie nicht nur körperlich machen, sondern auch mit Bewusstsein füllen und mit entscheidender Bedeutung versehen können. Jede Bewegung ist eine Entscheidung, die Ihr Herz fällt, ohne diese Entscheidung im Kopf bedenken zu müssen. Diese Entscheidungen geschehen auf einer seelischen Ebene, die aufs Engste mit der des Geistes und der des Körpers verbunden ist. Ihre Person beobachtet dies mit Abstand und wird zugleich ein Teil dieses Geschehens. Ihre Person, all das, was Sie im Alltag darstellen und verwirklicht haben, nimmt nun Kontakt auf mit der Seele, die das Gefühl für Ewigkeit vermittelt. Sie müssen nicht genau wissen, was mit dem Wort Seele gemeint ist, und Sie müssen auch nicht daran glauben, dass es eine Ewigkeit gibt. Sie können sich jetzt einfach auf eine nicht-alltägliche Ebene des Bewusstseins begeben, in der andere Spielregeln herrschen als in einem Alltag, der durch Sachzwänge, Notwendigkeiten, durch rationale Überlegungen oder auch Getriebenheiten und Süchte bestimmt ist.
3. Lassen Sie beide Hände wieder zur Brust zurückkehren und mit offenen Handflächen nach unten auf Ihren Schoß gleiten. Die Hände liegen entspannt da und bilden eine weiche, offene Schale. Was ist das, das da in Ihren Händen liegt? Welche Art von Handlungen drängt es Sie vom Herzen aus auszuführen, wonach strebt Ihr Herz? Beobachten Sie minimale Bewegungen, die durch Ihre Finger vielleicht Zeichen zu geben versuchen. Verstärken Sie diese Bewegungen und

lassen Sie die Hände selbst tanzen. Es ist ein Tanz des Gebens und Nehmens, ein Tanz des Austauschs, der Verbundenheit und Abgrenzung, des Einholens und Austeilens. Die Hände finden ihren Weg von selbst. Mal scheint die rechte Hand zu führen, mal die linke. Und auch zwischen rechts und links stellt sich ein rhythmischer, harmonischer Ausgleich ein.

4. Vollführen Sie diesen Tanz, ohne zu denken. Überlassen Sie anstehende Entscheidungen Ihrem Herzen und bleiben Sie in Kontakt mit dem Gefühl von Weite und Spielraum. Ihr Herz wird Ihnen sagen, was richtig ist und wonach Sie sich richten sollten, wenn Sie die Entscheidungen des Herzens »beherzigen« möchten. Lassen Sie die Hände dann wieder in den Schoß zurückkehren und beenden Sie die Meditation mit einer leichten Verneigung.

Kieferentspannung

Bei Muskelverspannungen im Kieferbereich, einer »Verbissenheit«, die durch Zusammenbeißen der Zähne zu Kopfschmerzen und nächtlichem Zähneknirschen führt.

Die »Verbissenheit« (Metapher für eine spezifische Art der Verspannung mit körperlichen Entsprechungen) beschreibt ein Verhaltensmuster, das die Ursache für somatische Symptome sein kann. Dazu gehören schwache oder entzündete Kiefermuskeln, Schmerzen, die vom Kiefer nach oben oder nach hinten ausstrahlen. Solche Schmerzen fühlen sich an, als habe man Ohren- oder Kopfschmerzen, und werden manchmal so schlimm, dass man nicht mehr kauen möchte. Sie werden als Kiefergelenkschmerz oder Bruxismus bezeichnet und sind zunächst, wie alle Schmerzen, ein Alarmsignal.

Die Frage ist: Was lässt einen Menschen die Zähne so stark zusammenbeißen? Woher kommt die Verbissenheit? Wenn das Signal, das der Körper sendet, verstanden wird, hat die Alarmfunktion ihre Aufgabe erfüllt – aber das Verhalten bleibt trotzdem, einfach weil es zu einer Gewohnheit geworden ist. Verändern Sie diese Gewohnheit, um dem Schmerz oder aber auch einer inneren Verbissenheit, die Sie an sich wahrnehmen, Abhilfe zu schaffen. Die folgenden Übungen sind gleichzeitig Mittel, um tiefgreifende Bewusstseinsveränderungen kontrolliert hervorzurufen.

1. Machen Sie sich Ihre Kieferpartie bewusst. Ertasten Sie mit Ring- und Mittelfinger vorsichtig das Gelenk, das die Kiefermobilität gewährleistet. Wenn Sie den Mund öffnen, wird sich an jener Stelle etwas bewegen und sich eine Art Loch ergeben. Wenn Sie fest zusammenbeißen, schließt sich das Loch, alles wird »dicht«. Das »Dichtmachen« verbindet sich mit dem Zusammenbeißen und der Anspannung der Kiefermuskeln, das Öffnen und Offenstehen mit Entspannung. Wie fühlt es sich an, mit diesem Dichtsein zu leben? Und was an Veränderungen in Ihrem Gefühlsleben bewirkt eine Öffnung in diesem Bereich?
2. Nachdem Sie ein Bewusstsein für diese Stelle in Ihrem Körper, in Ihrem Gesicht entwickelt und die entsprechenden Gefühle zugeordnet haben, erlauben Sie sich, bewusst in einen Gefühlszustand zu gehen, der als Zustand des Kontrollverlusts eher tabuisiert ist. Was bedeutet die Redewendung »da fiel ihm der Unterkiefer herunter« eigentlich, und wie fühlt es sich für Sie an, wenn Ihnen der Unterkiefer herunterfällt? Probieren Sie es aus, tun Sie so, als ob – auch wenn Sie ein Mensch sind, der nie die Kontrolle verliert, immer alles (besser) weiß und nie ins Staunen kommt. Erlauben Sie sich zu staunen. Das ist das beste Gegenmittel zur Verbissenheit. Vielleicht denken Sie insgeheim: Staunen dürfen nur Kinder. Dann werden Sie eben zum Kind. Sie wissen, dass es einen Teil in Ihnen gibt, der erwachsen geworden ist und tatsächlich viel weiß. Aber das Kind in Ihnen erinnert Sie daran, dass Sie nicht alles wissen, nicht wissen können, nicht wissen müssen, und dass es Zeiten gibt, in denen Sie sich ganz dem Staunen widmen dürfen.

3. Üben Sie nun mit geschlossenem Mund die Entspannung der Kiefermuskeln, indem Sie den Kiefer »herunterfallen lassen«, »Bauklötze staunen« und sich den somatischen Reaktionen auf diese tiefe Entspannung überlassen. Bei einer solchen tiefen Entspannung stellt sich meist ein Bedürfnis zu gähnen ein. Geben Sie diesem Bedürfnis nach. Es ist ein Ausgleich zu allzu viel Anspannung und Verbissenheit. Das Gähnen ist bei uns ebenfalls ein Tabu, da es Langeweile anzudeuten scheint. Jetzt aber machen Sie eine wahre Gähn-Meditation, die darin gipfelt, auch bei geschlossenem Mund »lauthals« gähnen zu können. Wussten Sie, dass Chaos, ein ursprünglich griechisches Wort, eigentlich »gähnender Abgrund« heißt? Erkunden Sie also das Chaos, indem Sie sich erlauben, diese tiefe Entspannung zuzulassen. Werden Sie zum Chaos-Piloten, indem Sie dem alltäglichen Chaos nicht mit Anspannung und Verbissenheit, sondern mit Entspannung und heiterer Gelassenheit entgegentreten. Stellen Sie sich vor, dass das Gähnen eine uralte Technik der Bewusstseinsveränderung ist und sich möglicherweise aus schamanischen Wurzeln herleitet. Und lassen Sie die somatische Reaktion auf diese Entspannung zu: Oft stellt sich ein Ohrensausen ein, das Ihnen »Hören und Sehen vergehen« lässt. Sie wissen, Sie sind auf dem richtigen Weg, und Sie lassen es zu, dass sich Ihre Seh- und Hörgewohnheiten verändern, nämlich entspannen und erweitern.
4. Zuletzt nutzen Sie eine Erkenntnis der Bioenergetik und der Körpertherapie. Der untere Teil des Gesichts, der Kieferbereich, scheint dem Unterleib zu entsprechen, dem Becken mit all seinem Inhalt, auch jenen Körperteilen, die zum Tabubereich gehören. Entspannung im Kieferbereich bringt eine Entspannung in den Unterleib, die gleichzeitig mit einer für die Gesundheit wichtigen Belebung verbunden ist. Vielleicht wirkt Kaugummikauen deshalb so lässig, mehr noch, so lasziv, und vielleicht ein offener Mund, ein hängender Kiefer deshalb so anzüglich. Es spielt auf die belebende Entspannung im Unterleib und auf die damit verbun-

denen Konsequenzen an. Genießen Sie ohne Reue und verbeißen Sie sich ab jetzt nichts, was gut für Sie ist – Entspannung im Kieferbereich kann Ihnen niemand verwehren, und es ist ein guter Anfang, seine Lebensgewohnheiten radikal, aber unauffällig zu verändern.

Knochengesang

Bei Knochenbrüchen, Knochenverwachsungen.
Zur Heilung des Knochengewebes.

Was vom Menschen sichtbar übrig bleibt, ist sein Skelett. Auf spätmittelalterlichen Totentänzen sieht man die Gerippe fröhlich miteinander tanzen und die Lebenden in ihren rasenden Reigen hineinziehen. Knochen symbolisieren das Dauerhafte und Stabile unseres Körpers, sogar über den Tod hinaus.
Märchen und Mythen verraten die außerordentliche Bedeutung der Knochen: Im Märchen vom Machandelboom der Gebrüder Grimm sammelt die Schwester die Knochen ihres Brüderchens und legt sie unter den heilkräftigen Machandelboom. Da erhebt sich ein Nebel, der sich zu einem flammenden Feuer wandelt; daraus fliegt ein schöner Vogel hervor, der schließlich seine ursprüngliche menschliche Gestalt annimmt. In der germanischen Mythologie schlachtet Thor jeden Abend seine zwei Böcke, von denen er tagsüber begleitet wird, um sie zu verspeisen. Die Knochen müssen sorgsam verwahrt werden, denn am nächsten Morgen sollen sie wieder leben, um am Abend wieder Nahrung werden zu können. In der griechisch-orthodoxen Kirche war es früher üblich, in die Farben, mit denen die Ikonen gemalt wurden, Knochenstaub von Reliquien beizumischen, um die Wirkkraft der Ikonen zu erhöhen. Im Volksglauben vieler Kulturen hat sich die Vorstellung erhalten, die Knochen seien der Sitz jener Kraft, die dem Menschen seine Gestalt gibt; deswegen wurden die Knochen der Verstorbenen sorgsam aufbewahrt und vergraben. Oft wurden sie in eine Stellung gebracht, die für die Wiederauferstehung bedeutsam war – zusammenge-

kauert wie ein Embryo im Mutterleib, um wieder geboren zu werden, oder mit dem Kopf nach Westen gewandt, um von der untergehenden Sonne mitgenommen zu werden und im Osten wieder zurückzukehren. In einem der Grimm'schen Märchen legt der Knochen eines Ermordeten Zeugnis des Verbrechens, das an ihm begangen wurde, ab, indem er davon singt. So wird die verborgene Tat doch noch aufgedeckt.

Man sagt: »Ich spüre es in den Knochen« oder »Es sitzt mir in den Knochen«, und meint besonders tief sitzende Erfahrungen oder ein Wissen, das über das alltägliche hinausgeht. Etwas geht einem durch Mark und Bein. Franz Kafka schrieb einmal: »Ich suche immerzu etwas Nicht-Mitteilbares mitzuteilen, etwas Unerklärliches zu erklären, von etwas zu erzählen, was ich in den Knochen habe und was in diesen Knochen erlebt werden kann.« Eine Körpertherapeutin beschrieb ihre Behandlungspraxis als ein Sprechen mit den Knochen. Eine andere Therapie arbeitet mit Lauten, Tönen und Klängen: Die Knochen werden dabei in Schwingung versetzt. Frühe Heilmethoden bestanden aus dem Ansingen der verletzten Stellen, insbesondere der Knochenbrüche, als könnten die Knochen selbst sich ihrer heilen, ganzen Gestalt erinnern und durch Heilzauber sich wieder zusammenfügen. Goethe erahnte vielleicht diesen Zusammenhang. Er schrieb 1781 in einem Brief an Lavater: »Ich behandle die Knochen als einen Text, woran sich alles Leben und alles Menschliche anhängen lässt.«

Das Experiment des Knochengesangs

Sie können dieses Experiment allein und in Ihrer Vorstellung machen, aber auch in die Tat umsetzen, indem Sie mit einem Partner zusammen üben und die Stellen, an denen die Knochen verletzt oder verkrümmt sind, von einer anderen Person berühren lassen. Die Übung wird hier als Partnerübung beschrieben.

1. A (die Person, um deren Heilung es geht) bringt sich in eine Position, die angenehm ist und bei der die Stelle, die geheilt

werden soll, exponiert ist, so dass B (die Person, durch die die Heilung angeregt wird) sie leicht berühren kann. So empfiehlt es sich bei Problemen im Rücken, im Nacken- und Kreuzbereich, sich leicht zusammengekauert in Embryonalstellung hinzulegen, wobei B am Rücken sitzt. A kann auch auf einer Massagebank liegen und B auf einem Stuhl sitzen.

2. A und B geben sich ein paar Minuten Zeit, um tief durchzuatmen, abzuschalten und nach innen zu gehen. Der Atem kann mit einem tiefen Aufseufzen hörbar gemacht werden und in ein leises Summen übergehen. B nähert seine Hände der verletzten Stelle, ohne sie aufzulegen, und erspürt, wohin die Hände gerufen werden. A konzentriert sich auf die verletzte Stelle und findet zwei Punkte außerhalb des Schmerzbereiches, zwischen denen die heilende Energie fließen soll, um den Bruch zu überbrücken. Sowohl in A als auch in B entstehen Bilder von Punkten als Brückenköpfen, von verbindenden Wegen und Bahnen, in denen Lebensenergie wieder fließen kann, sobald sie von Blockaden befreit, von Verstopfungen gereinigt, sobald die Pfade wieder geklärt und neu gezogen sind. Es werden in der Vorstellung Flussbetten und Brücken geschaffen, die das Energieloch überbrücken oder die Energieschwäche ausgleichen.
3. B legt leicht die Hände auf und wartet auf As Reaktion: Die Hände wissen von selbst, wohin sie gehen sollen. Ihr Gewicht ist kaum zu spüren, der Kontakt zwischen A und B wird durch gegenseitige Einschwingung und Konzentration hergestellt, weniger durch physischen Druck. A vergegenwärtigt sich, dass auch Knochen lebendes Gewebe sind und in der Phase des embryonalen Wachstums als Knorpel formbar waren. Sie formten sich im Laufe des Lebens zu dem aus, was sie heute sind. A ruft sich ins Gedächtnis, wie die Lebensgeschichte als Knochengeschichte verlaufen ist, und geht in der Vorstellung Jahr für Jahr zurück in dieser Geschichte, die aus der Perspektive der Knochen erzählt wird. B spricht die Knochen durch die Haut und Muskeln hindurch an und dringt zu ihrer Geschichte vor. B summt und

singt in die Knochen hinein, erinnert sie an ihre lange Geschichte, an die Entwicklung, die sie erlebt haben, und erinnert sie an ihre Fähigkeit, sich zu einer Gestalt zu ordnen, die als grundlegende Struktur des menschlichen Körpers diesem sein Aussehen verleiht.

4. Diese Phase der heilsamen Erinnerung kann ungefähr zehn Minuten dauern. B bereitet das Ende vor, indem er an die Beendigung des Experiments denkt. Dieser Gedanke wird sich auf A übertragen und seine Zustimmung finden oder das Gefühl rückmelden, es sei noch nicht genug. Die Knochen selbst geben ein Signal, wann das Lebenslied zu einem vorläufigen Ende gefunden und der Energiefluss den Bruch überwunden hat. Jedes Leid hat ein Ende, und die letzte Strophe kündigt an, dass es Zeit ist, wieder ins Alltagsbewusstsein zurückzukehren. B nimmt sehr langsam seine Hände zurück. Es entsteht ganz allmählich ein Abstand zwischen A und B, der erweitert wird, bis der intensive Kontakt zwischen A und B wieder in ein alltägliches Nebeneinander überführt wurde. A liegt noch eine Weile still da, um die Nachwirkung des Experiments zu spüren. A setzt sich langsam auf. Die Übergänge sollten sehr achtsam und mit viel Zeit ausgeführt werden.

Wichtig: Nennen Sie diese Übung ein Experiment, wenn Sie nicht an das Handauflegen glauben. Halten Sie sich an die Märchen und Mythen oder an den Volksglauben, den Sie auch Aberglaube nennen dürfen, denn das ändert nichts an der archetypischen Aufladung dieses Geschehens, sehr wohl aber an Ihrer Einstellung. Lassen Sie sich auf das Experiment ein, als würde es nicht um Sie persönlich gehen, sondern um exotische Rituale, die Sie nachvollziehen möchten.

Kommunikation mit einem Symptom

Kommunikation mit abgelehnten Teilen des eigenen Selbst, mit psychischen und psychosomatischen Symptomen, körperlichen Beschwerden, Dysfunktionen, Störungen, unausgeglichenem Befinden, unangenehmen Stimmungen, destruktiven Emotionen und anderen Problemen, die sich körperlich äußern.

Betrachten Sie Symptome als Signalgeber. Ein Symptom signalisiert eine Störung des gesunden Gleichgewichts. Es kann als Ausdruck eines Persönlichkeitsanteils gesehen und über diesen Teil angesprochen werden. Dabei wird davon ausgegangen, dass jedes Symptom eine Absicht hat. Es ist Ausdruck der Intelligenz und Weisheit des Organismus. Durch die Würdigung dieser Intelligenz und Weisheit ist es leichter, Kontakt mit den eigenen Persönlichkeitsanteilen aufzunehmen – eine grundlegend wertschätzende Haltung auch anderen Personen gegenüber resultiert daraus, sowohl die Personen als auch die Persönlichkeitsanteile müssen nicht um ihre Existenzberechtigung kämpfen. Da heißt es, die Dinge so sein zu lassen, wie sie sind. Nur von dieser Vertrauensbasis und diesem Verständnis aus ist es möglich, Kontakt aufzunehmen und eventuell Veränderungen zu bewirken.
Das Symptom wird als Teil des Selbst angesprochen – das heißt, eigentlich geht es nicht um das Symptom oder die Störung selbst, sondern um den Teil, der dafür verantwortlich ist. Dieser Teil weiß auch, welche Absicht mit der Ausbildung des Symptoms verfolgt wurde und wofür es steht, was es ausdrücken möchte. Der Problemteil wird als gleichwertiger Partner akzeptiert, da er eine wichtige Botschaft hat und Aufmerksamkeit verlangt. Das Symptom wird also zum Dialogpartner erhoben. Dieses Vorgehen setzt einerseits voraus, sich in den eigenen Körper (oder den des anderen) einfühlen und die Verhältnisse wahrnehmen zu können, andererseits Abstand zu nehmen und die Verhältnisse von außen anzuschauen. Es kommt zu einem ständigen Wechseln zwischen Einfühlung (in die Innenwelt) und Distanzierung (des Beobachters von außen).

Der Dialog findet insofern in einer Art Trance statt, als Trance den Kontakt mit dem Unbewussten ermöglicht und allgemein als ein Zustand der Selbstheilung angesehen wird. Ein Beispiel für solche heilenden Trancezustände ist der antike Tempelschlaf: Der Kranke suchte diesen Ort auf, um neue Einsichten zu gewinnen, die ihm im Schlaf bzw. im Heiltraum vermittelt wurden. Die ganze Umgebung des Tempels, seine Einrichtung, seine Priester, die dazugehörigen Rituale – alles signalisierte, dass der Kranke sich in einem besonderen Umfeld befand, das dazu anregte, die bewusste Kontrolle des alltäglichen Denkens aufzugeben, die Einfälle und Träume nicht zu zensieren und das unbewusste Wissen sich ausdrücken zu lassen.
Mit ein wenig Übung können Sie sich selbst in eine solche Heiltrance für den Kontakt mit dem Unbewussten, den Dialog mit dem Symptom versetzen. Bedenken Sie, dass der Zensor, der Ihnen im alltäglichen Wachbewusstsein so manche heilsame Einsicht verwehrt, eine wichtige Funktion hat. Würdigen Sie auch den Zensor. Er steht für unbewusste Kräfte, die das ökologische Gleichgewicht hüten und als Wächter mit in den Austausch einbezogen werden können. Die Zensoren verhüten nämlich, dass Sie Lösungen, die Sie für Ihre Probleme gefunden haben, in die Wirklichkeit umsetzen, ungeachtet der Frage, ob diese Lösungen sich auch in Ihr Weltbild, in Ihre Umwelt, in Ihr Beziehungssystem und Ihre Zukunftsperspektiven integrieren lassen. Zensoren sind Wächter: Sie überwachen ständig die ökologische Verträglichkeit Ihrer bewussten Entscheidungen – sie nicht zu berücksichtigen hieße, die Rechnung ohne den Wirt zu machen.
Besondere Bedeutung erhält in diesem Zusammenhang das tiefere Verständnis für die Entstehung eines Traumas. Ein Trauma ist nämlich der Versuch des Unbewussten, die psychische Integrität eines Menschen zu schützen: durch eine traumatische, das heißt besonders verletzende, kränkende, demütigende, verwirrende, auflösende, zerstörende Erfahrung wird der Mensch von einem Teil seines Erlebens abgespalten. Was nicht integriert werden kann, wird ausgegrenzt, um die bestehende

Integrität des Systems zu schützen. Ein Trauma ist wie ein Puffer zwischen der überwältigenden Erfahrung und dem die Erfahrungen verarbeitenden Bewusstsein. Falls Sie ein Trauma bei sich vermuten, sollten Sie professionelle Hilfe in Anspruch nehmen, da Sie sonst Gefahr laufen, sich selbst zu überfordern und von den auftauchenden Erinnerungen überwältigt zu werden.

Gesundheit ist ein Zustand der flexiblen Balance. Ein Symptom wiederum ist Ausdruck der Störung dieser Balance und wird von unserem Unbewussten erzeugt. Daraus folgt: Die Veränderung und Heilung des Symptoms findet im Kopf statt. Doch oft weiß das Bewusstsein nicht, was benötigt wird, um den verlorenen Gleichgewichtszustand im System wiederherzustellen. Deshalb gehen wir zum Experten. Symptome können jedoch auch als Instrumente eines Frühwarnungssystems genutzt werden, indem wir eine eigene Kompetenz in Sachen Gesundheit aufbauen. Den Sinn von Symptomen zu verstehen heißt, aus ihnen zu lernen. Das Gelernte wird umgesetzt, und das Symptom als Signalgeber verschwindet.

Wenn allerdings sich erst ein chronisches Ungleichgewicht eingependelt hat, dann übernehmen Symptome verschiedene Funktionen im System und sind mit allen anderen Funktionen vernetzt. Hier kommt die Ökologie, das Wissen um die komplexen Zusammenhänge in einem System, ins Spiel. Leider ist es nicht so, dass ein Symptom eine eindeutige Botschaft überbringt, die vom Bewusstsein ohne weiteres gelesen werden kann. Viele umgangssprachliche Redewendungen deuten auf psychophysische Zusammenhänge hin, müssen aber im einzelnen Fall nicht stimmen. Auch in der alternativen Medizin wird auf solche Verbalkonstruktionen geachtet – wirklich wirksam aber ist die Einbindung der bildhaften Sprache erst dann, wenn Heilungsvorschläge verbal übermittelt werden (siehe »Samengedanken«, S. 213).

Um Kontakt mit einem Symptom aufzunehmen und mit dem Organismus zu kommunizieren, empfiehlt es sich schrittweise vorzugehen, ähnlich wie Sie den Besuch eines Gastes vorbereiten würden:

1. Der erste Schritt ist, einen geeigneten Dialogpartner zu finden. Es sollte kein vorübergehendes Leiden oder eine vor kurzem erst aufgetretene Störung sein, sondern etwas, das Sie schon lange an sich kennen, so dass Sie es wie einen alten Bekannten oder ein Familienmitglied begrüßen können. Meist sind es Schwächen, Schwachstellen oder Dispositionen, die man seit der Kindheit kennt und mit denen man sich auf irgendeine Weise arrangiert hat. Wichtig ist dann nicht nur der Bekanntheitsgrad, sondern auch die ganz konkrete körperliche Erfahrung, die dazugehört. Hier geht es also weder um Verhaltensweisen oder Haltungen noch um Glaubenssätze und Selbstbilder, sondern um Eigenheiten, die sich körperlich bemerkbar machen. Falls Sie Süchte zu Ihrem »Bekanntenkreis« zählen, können Sie auch Kontakt mit diesen Süchten aufnehmen, vor allem wenn Sie innerhalb eines Entwöhnungsprogramms wissen möchten, was diese Sucht für Sie erreicht. Achten Sie aber auch hier auf die körperlichen Auswirkungen der Sucht. Beobachten Sie Ihre Körpersprache, die sich mit dem Suchtverhalten verbindet (der Gang zum Zigarettenautomaten, der Zug an der Zigarette, der Einkauf der Alkoholika, der Schluck aus der Flasche, das Öffnen des Eisschranks, das hastige Schlingen beim Essen etc.).
2. Atmen Sie tief ein. Halten Sie den Atem nach dem Einatmen kurz an. Dadurch unterbrechen Sie den normalen Denkprozess und räumen besonderen Erfahrungen, an die Sie jetzt denken wollen, einen Platz ein. Beim Ausatmen denken Sie an das Symptom, mit dem Sie Kontakt aufnehmen wollen. Sie denken an das Bild, das Sie sich von ihm machen, oder an das Wort, das es bezeichnet. Vielleicht haben Sie auch einen Phantasienamen dafür gefunden. Vielleicht ist das Symptom für Sie als ein bestimmtes Körpergefühl gegen-

wärtig. Sie rufen also das Bild, das Gefühl oder das Wort in Ihr Bewusstsein und atmen aus, als würde durch das Ausatmen das Symptom noch mehr Gestalt annehmen. Beschreiben Sie, was Sie dabei erleben. Was spüren Sie? Welche Bilder tauchen auf? Gibt es Erinnerungen, die sich melden? Andere Eindrücke, Erfahrungen des Hörens, Sehens, Schmeckens, Riechens, Fühlens? Vielleicht gibt es bestimmte Verhaltensweisen, Gewohnheitsmuster, Bewegungsabläufe, die Sie jetzt assoziieren? Vielleicht sind es auch Symbole, die Ihnen in den Sinn kommen – fremdartige Zeichen, deren Bedeutung Sie nicht ganz verstehen, oder etwas, das aus fast vergessenen Geschichten stammt, aus Filmen, Märchen, Mythen?

3. Konzentrieren Sie sich auf den Eindruck, sei er ein Bild, ein Geräusch, bestimmte Worte und Sätze, Emotionen, Empfindungen. Es kann auch sein, dass bestimmte Weltanschauungen und Lebenseinstellungen sich damit verbinden. Konzentrieren Sie sich so lange darauf, halten Sie sich den Eindruck so lange vor Augen, bis er sich vervollständigt und eine konkrete, begreifbare Gestalt annimmt. Es ist, als würde sich das Symptom zu erkennen geben und sich vorstellen. Geben Sie dem Symptom die Hand und begrüßen Sie es. Gehen Sie mit ihm in Resonanz, um es zu erfassen. Wenn diese erste Begegnung geschehen ist, atmen Sie tief aus und geben dem Symptom einen Platz außerhalb Ihres Körpers. Sie lassen es zum Beispiel auf dem Stuhl Ihnen gegenüber Platz nehmen, ähnlich wie Sie einen Gast dazu auffordern würden, sich zu setzen. Meist geschieht dieser Vorgang sehr viel leichter und spontaner, als man sich vorstellen würde, wenn man diese Anweisungen liest.
4. Das Verlegen innerer Vorgänge nach außen ist etwas, das wir ständig tun. Das bewusste Heraussetzen (Externalisieren) ist eine Technik aus der Gestalttherapie. Es ermöglicht, einen Dialog mit inneren Gestalten aufzunehmen – und das Symptom, das ja im Kopf entsteht und sich erst dann körperlich auswirkt, indem es sich ausdrückt, gehört dazu. Sie

sind nun mit dem Symptom auf Du und Du. Sie unterhalten sich über alte Geschichten – Herkunft, lieb gewonnene Gewohnheiten, Vorlieben, Abneigungen. Sie fragen das Symptom ein paar Dinge, die Sie immer schon wissen wollten, und lassen es dann zu Wort kommen. Lassen Sie das Symptom darüber berichten. Wann wird es besser? Das heißt: Wann muss das Symptom nicht »arbeiten«, sondern »hat Ferien«? In welchen Situationen fühlt es sich besonders herausgefordert? Wann wird es schlechter, das heißt, wann ist es im vollen Einsatz? Wann wird es größer, wann kleiner? Heller, dunkler? Stärker, schwächer? Lauter, leiser? Wann ist es näher da, wann kann es Abstand nehmen? Hat das Ich der Persönlichkeit ein Wort mitzureden, oder wird es tyrannisiert? Was sind die besonderen Fähigkeiten des Symptoms? Worauf kann es stolz sein? Worin besteht seine Einzigartigkeit, sein besonderer Wert, der durch nichts anderes ersetzt werden kann? Hat es eine eigene Identität als Teilpersönlichkeit, und wenn ja, welche? Für welche Zugehörigkeit sorgt dieser Teil, das heißt zu welchem »Club« gehört die Persönlichkeit aufgrund ihres Symptoms?

5. Sicher gibt es auch noch viele andere Fragen, die Sie stellen könnten. Vielleicht bevorzugen Sie auch einen Stil, der weniger Metaphern aufweist und direkt zum Kern der Sache kommt. Dann fragen Sie: Welche Überzeugungen verbinden sich mit dem Symptom? Was würde geschehen, wenn es plötzlich verschwunden wäre? Welche Entscheidungen haben damals, als das Symptom sich bildete und sich im System der Persönlichkeit und des Organismus etablierte, dazu beigetragen? Finden Sie gemeinsam mit dem Symptom heraus, welche Situation der Auslöser dafür war, eine bestimmte Entscheidung zu treffen, die dann zur Etablierung des Symptoms führt, so dass es heute von sich sagen kann, es sei ein Teil der persönlichen Ganzheit, es gehöre dazu.
6. Nachdem Sie nun einige wichtige Informationen erhalten haben, vergessen Sie nicht, sich bei dem Symptom zu bedanken, das seine Kooperationswilligkeit gezeigt hat.

Schließlich geht es ja bei dem Symptom »um Kopf und Kragen«, und nur mit Einwilligung des Teils, der für das Symptom verantwortlich ist, kann es eine Einigung darüber geben, welcher Körperausdruck die Stelle des Symptoms übernehmen soll. Machen Sie eine Zäsur in dem Gespräch, um die Wahrnehmungspositionen zu wechseln. Sie nehmen eine Position des Beobachters ein, und um einen besseren Überblick zu bekommen, steigen Sie aus Ihrem Körper heraus, schweben nach oben und sitzen auf einer Wolke genau zwischen Ihrem Körper, der immer noch da unten sitzt, und dem Symptom gegenüber. Betrachten Sie die Verhältnisse von oben. Sie können ein körperloses Auge sein, das von oben herabblickt, oder eine Kamera, die von oben filmt oder fotografiert. Aus dieser Beobachterposition stellen Sie weitere Fragen. Was verbindet die beiden? Wie ist die Beziehung zwischen beiden? Was ist ihr geheimes Abkommen? Gibt es einen gemeinsamen Profit? Worüber sind sie sich einig? Wo liegen die Meinungsverschiedenheiten? Wo zeichnen sich Konflikte ab? Wer ist noch beteiligt? Auf welcher Ebene könnte eine Veränderung, eine Verbesserung zum Wohle aller Beteiligten ausgehandelt werden? Welche Auswirkungen hätte die Veränderung auf das ökologische Gleichgewicht, auf die inneren Verhältnisse und auf die Verhältnisse zur Umwelt?

7. Wenn Sie nun die nötigen Informationen aus der Beobachterposition eingeholt haben, schweben Sie wieder herab. Schlüpfen Sie in die Gestalt des Symptoms, werden Sie zum Symptom. Wenden Sie sich nun als Symptom dem Ich der Persönlichkeit zu und stellen Sie ihm folgende Fragen: Wer ist eigentlich dieses Ich, das mir da gegenübersteht? Was tut dieses Ich für mich? Wie geht es mit mir, dem Symptom, um? Was wünsche ich mir als Symptom von diesem Ich? Was soll auf keinen Fall geschehen? Was möchte ich auf alle Fälle verhindern?
8. Gehen Sie nun wieder in die schwebende Beobachterposition und betrachten Sie die beiden da unten. Was ist Ihr Ein-

druck, von oben aus gesehen? Was läuft zwischen den beiden da unten eigentlich ab? Was hat sich verändert durch die Kontaktaufnahme und die Kommunikation? Was wäre noch nötig, um den Kontakt zu stärken und die Kommunikation zu vervollständigen? Was wurde ausgespart und nicht angesprochen? Gibt es Tabus? Greifen Sie nicht ein. Beobachten Sie nur. Schweben Sie nun als Ich in Ihren Körper zurück und lassen Sie das Ichgefühl den Körper ausfüllen. Schauen Sie aus der Ich-Position das Du des Symptoms an. Es kann gut sein, dass während der Kommunikation Veränderungen mit ihm vorgegangen sind. Beobachten Sie diese Veränderungen neutral, sozusagen »ohne Interesse«. Fragen Sie sich: Habe ich ein Interesse, und wenn ja, welches? Um wessen Interesse geht es? Wer oder was ist es, um dessen Interesse es geht? Auf welche Ebene bezieht sich das Interesse? Ist es mehr körperlicher, mehr seelisch emotionaler oder mehr rationaler Art? Wenn es so etwas gäbe wie ein spirituelles Interesse, was könnte es sein? Welches Interesse könnte noch interessanter werden? Was geschieht mit dem alten Interesse, das für das Symptom plädierte?

9. Verabschieden Sie sich von Ihrem Gast, dem Symptom, und bitten Sie es, die Energie, die darin gebunden ist, wieder zu Ihnen zurückfließen zu lassen, während die Form als Ausdruck so im Raum stehen bleiben kann, wie sie ist. Achten Sie darauf, dass Sie zwar die Energie wieder in sich zurücknehmen, nicht aber die Form, in der diese Energie gebunden war. Atmen Sie die Energie ein und weisen Sie mit dem Ausatmen die Energieform von sich. Schieben Sie sie nötigenfalls mit beiden Händen von sich weg. Machen Sie diese Bewegung wie ein Ritual – voller Respekt, aber mit allem Nachdruck.
10. Schließen Sie die Kommunikation ab, indem Sie bewusst Fragen offen lassen. Delegieren Sie an Ihr Unbewusstes und geben Sie ihm den Auftrag, sich neue Verhaltensalternativen auszudenken. Was immer das Symptom beab-

sichtigt, kann auf andere Weise verwirklicht werden. Überlassen Sie es Ihrem Unbewussten, dieses andere, was auch immer es sein mag, in Ihr Bewusstsein aufsteigen zu lassen, wenn die Zeit gekommen ist. Lassen Sie es offen, wohin dieses Interesse, das im Interesse aller ist, führen soll/kann/darf. Bitten Sie Ihr Unbewusstes (oder eine innere Instanz, von der Sie sich eine positive Beeinflussung erhoffen, zum Beispiel Gott, Engel, Schutzmächte, Selbstheilungskräfte) um Zeichen einer inneren Führung, die Ihnen einen neuen Sinn aufzeigt und neue Orientierung schafft. Geben Sie sich selbst die Erlaubnis, sich von diesem (neuen) Interesse führen zu lassen, auch wenn Sie bislang über alles die Kontrolle behielten. Und wenn Ihnen das zu riskant ist, machen Sie einen »Vertrag« über einen bestimmten Zeitraum aus. Diese Zeit lässt dem Unbewussten die Möglichkeit, sich als kreativ zu erweisen und Sie zu überzeugen. Und Ihnen gibt es die Möglichkeit, nach wie vor die Zügel in der Hand zu behalten – schließlich sind Sie es, der das Experiment macht und bestimmt, dass es ein Experiment ist. Mit solchen Abmachungen können Sie verhindern, dass Experimente *mit Ihnen* gemacht werden.

Wichtig: Erlauben Sie dem Symptom, sang- und klanglos zu verschwinden, ohne sich »abmelden« zu müssen.

Kopf los!

Bei durch Nackenverspannung bedingtem Kopfweh, bei Überforderung. Als Ritual kurzen Abschaltens von angestrengter Kopfarbeit am Schreibtisch, am Computer etc.

Als die Seefahrer in der frühen Neuzeit die Neue Welt entdeckten, brachten sie seltsame Kunde von den fernen Ländern mit. Fabelwesen wurden auf den Weltkarten eingezeichnet, meist Tiere, aber auch fremdartige Menschen – darunter finden sich auch menschliche Gestalten, bei denen der Kopf nicht auf den

Schultern sitzt, sondern im Bauch. Die Kopflosigkeit dieser Figuren gibt Rätsel auf: Was hatten die Seefahrer wirklich gesehen? In Legenden finden wir die Vorstellungen von Heiligen, die ihren Kopf unter dem Arm tragen, wieder. Im tibetischen Buddhismus tritt uns eine Göttin entgegen, aus deren durchtrennter Kehle das Blut wie eine Fontäne hervorsprudelt. Könnte es sein, dass eine solche Kopflosigkeit nicht ein Anzeichen von Kontrollverlust und Verwirrung ist, sondern auf einen Ausnahmezustand des Bewusstseins hinweist, in dem die Kontrolle, die vom rationalen Denken ausgeht, aufgehoben ist? Machen Sie das Experiment und erkunden Sie den Zustand einer heilsamen Kopflosigkeit.

Heilsame Kopflosigkeit: Ein Experiment

1. Beginnen Sie damit, dass Sie den Blick senken, an sich herabgleiten lassen, in den Körper sinken lassen. Was finden Sie dort vor, wenn Sie nach einer Ordnung, die die Abläufe in Ihrem Körper regelt, Ausschau halten? Ist es eine Ordnung, die Sie sich ausdenken und durch Denken erfassen können? Oder ist es mehr eine Ordnung, die Sie durch Gefühle bewerten, durch Empfindungen sinnlich erfassen, durch Intuition ganzheitlich begreifen? Und dann bemerken Sie noch eine Ordnung, die ganz anders ist als das, was Sie meist unter Ordnung verstehen: Sie ist immer da, solange Sie leben, auch wenn Sie sich gar nicht »in Ordnung« fühlen. Diese Ordnung ordnet sich von selbst, es ist die Ordnung, die sich auf der Ebene des Organismus von selbst ergibt. Sie ist immer da. Sie können jederzeit daran anknüpfen, Sie können immer Anschluss finden, wann immer Sie wollen und sich dafür entscheiden. Gehen Sie davon aus, dass es mehr Ordnungen gibt, als Sie für möglich halten und erfahren haben. Schließen Sie die Augen und überlassen Sie sich der Überraschung, die auf Sie wartet, wenn Sie die eine, Ihnen bekannte Ordnung verlassen und sich der neuen, Ihnen unbekannten Ordnung anvertrauen. Machen

Sie sich die doppelte Bedeutung des Wortes »verlassen« bewusst: Sie verlassen das eine, um sich auf das andere zu verlassen.

2. Sie lassen den Kopf sinken, um sich auf den Körper zu verlassen. Der Blick senkt sich, der Kopf wird schwer, sinkt, aber der Körper bleibt aufrecht, so dass Sie sich auf ihn verlassen können, wenn Sie von einer Ordnung zur anderen überwechseln. Je mehr der Kopf sinkt, je mehr Sie die Kopfordnung verlassen, desto mehr gewinnen Sie Vertrauen zu Ihrem Körper, der ohne Kopf einer ganz anderen Ordnung überlassen ist. Sie erfahren, wie sich der Körper ohne Kopf, das heißt ohne bewusste Kontrolle, zurechtfindet und wie sich die vielen Vorgänge im Körper ohne Ihr Zutun regeln.
3. Atmen Sie durch, atmen Sie aus, senken Sie den Blick, lassen Sie den Kopf sinken. Bauen Sie den Körper in seiner Geordnetheit auf, indem Sie die vertikale Achse der Aufrichtung spüren und vor allem im Nacken der unendlichen Müdigkeit eines falsch beanspruchten Geistes entgegensetzen. Atmen Sie ein paar Mal tief durch und lassen Sie die beiden Ordnungen der Natur – die Ordnung im Kopf und die Ordnung im Körper – nebeneinander bestehen. Erkennen Sie, dass beide Ordnungen ihre Aufgabengebiete haben, und sehen Sie sich selbst, wie Sie zwischen den Gebieten souverän hin und her wechseln, entsprechend den Herausforderungen, die das Leben an Sie stellt.
4. Kehren Sie erfrischt in die Ordnung des Kopfes zurück, in der die Weisheit des Organismus ihren angemessenen Platz findet.

Kreativität

Zur Prävention von Krankheiten, zur Aktivierung der Selbstheilungskräfte. Mentales Trainingsprogramm vor allem im Rahmen der Suchtentwöhnung.

Wenn Sie meinen, Sie bräuchten Kreativität ausschließlich im Beruf, vielleicht auch mal in Beziehungen, dann haben Sie sich geirrt. Denn gerade in der Veränderung schlechter Gewohnheiten, die als krank machende Suchtstrukturen zu vorzeitiger Alterung und Verschleiß führen, ist Kreativität vonnöten, um Alternativen für die mittlerweile fest eingefahrenen und ritualisierten Verhaltensweisen zu entwickeln. Doch ist dies nicht nur eine Kreativität, die vom Kopf kommt, sondern sie erfordert auch sensibles Eingehen auf die Bedürfnisse, die vom Organismus angemeldet werden, und damit den Kontakt zum eigenen Unbewussten und ein sicheres Gefühl für den eigenen Körper.

Kreativität ist eine Kraft, die den Menschen bestehende Muster verändern und neue Strukturen erschaffen lässt. Diese Kraft bedient sich einer bestimmten Art des Denkens: Im Gegensatz zum konvergenten Denken, das bestehende Strukturen erkennt und eine richtige Lösung in einem vorgegebenen Rahmen findet, stellt das divergente Denken bestehende Strukturen in Frage und entwickelt neue Lösungen jenseits des vorgegebenen Rahmens. Im Unbewussten des Menschen gibt es ein meist ungenutztes Potenzial an Kreativität, das eng mit der Funktion des Träumens verbunden ist. Im Traum kommen wir auf neue Lösungen jenseits des alltäglichen Rahmens, der unsere Realität bestimmt: Der kreative Teil in uns kann als ideenreicher Ratgeber wirken und die Wirklichkeit neu bestimmen. Durch einen guten Kontakt zum eigenen Körper und zum Unbewussten kann wertvolles Wissen – die »Weisheit des Organismus« – aus dem Unbewussten an die Oberfläche des Bewusstseins kommen und neue Entscheidungen im Leben ermöglichen.

Hier finden Sie ein Kreativitätsprogramm, das besonders im

Rahmen der Gesundheitsförderung angewandt werden kann. Sie können diese Übung allein machen; effektiver jedoch ist es, in einer Gruppe (z. B. einer Selbsterfahrungs- oder Selbsthilfegruppe) zu arbeiten, da die einzelnen Ergebnisse ausgetauscht werden und somit das Einflussgebiet der Kreativität auf das Gesundheitsbewusstsein sich vergrößert. Es empfiehlt sich, die Reihenfolge der einzelnen Schritte einzuhalten, weil ein Schritt sich aus dem anderen ergibt. Die Ergebnisse dieser Technik, die Heilung im Schnellverfahren verspricht, sind verblüffend – das liegt an der Kreativität des Unbewussten, das manchmal Lösungen finden kann, die sich das Bewusstsein nicht hätte träumen lassen.

1. Nehmen Sie sich ein bestimmtes unerwünschtes Verhalten oder eine unerwünschte Eigenschaft, die Sie an sich selber stört, vor. Am besten eignen sich suchtbedingte Verhaltensweisen, die Sie ändern möchten – Rauchen, Trinken, Faulheit, die von Bewegung abhält, zu viel Fernsehen etc. Nennen wir es einfach X. Sicher wird es den meisten Menschen leicht fallen, irgendetwas an sich zu finden, das sie grundlegend ablehnen. Oft sprechen wir davon, zu sehr X zu sein (zu dick, zu faul, zu alt ...) – und dann fügen wir im gleichen Atemzug hinzu: »So bin ich eben.« Das heißt: X gehört zu meiner Identität. Wer mich wirklich liebt, nimmt auch X in Kauf. X ist also nicht nur eine Eigenschaft, sondern auch eine unter Umständen lieb gewonnene Eigenheit meines Wesens. Würden wir X ändern, so würden wir auch eine wesentliche Qualität unserer Persönlichkeit aufgeben. Und wer will das schon, sich aufgeben? Wichtig ist hier der Gedanke an ein Experiment – die Veränderung wird zunächst einmal nur experimentell erprobt. Wir können uns unbesorgt um unsere Identität auf das Experiment einlassen und uns die Vorschläge des kreativen Teils unseres Unbewussten anhören. Wir können es offen lassen, ob wir die Vorschläge annehmen und umsetzen oder zunächst nur diese anregende Idee zur Kenntnis nehmen und uns überlegen,

wie es wäre, sie umzusetzen – ohne uns aber festlegen zu müssen.

2. Stellen Sie den Kontakt mit dem Persönlichkeitsanteil her, der für X verantwortlich ist. In diesem Training gehen wir davon aus, dass unser Unbewusstes von einer übergeordneten Intelligenz geleitet ist und in jeder Situation das Beste will und sich das Beste ausdenkt. Die Reaktionsweise, die Ihnen heute vielleicht als dumme Angewohnheit erscheint, hatte damals, in der Zeit ihrer Entstehung, ihren Sinn und guten Grund. Der Organismus kann nicht anders als reagieren, und er reagiert immer in der besten, intelligentesten und angemessensten Weise, die ihm möglich ist. Mit den vielen Reaktionsweisen, die Sie im Laufe Ihres Lebens ausgebildet haben und die in das Repertoire Ihrer Verhaltensweisen eingegangen sind, verbinden Sie verschiedene Seiten oder Aspekte Ihrer Persönlichkeit. Vielleicht gibt es einen Persönlichkeitsanteil, den Sie den Raucher in sich nennen. Oder es gibt eine Trinker-Persönlichkeit, ein Faultier, einen Fernsehgucker, einen Schweinehund – einen Aspekt eben, der Sie zu einem bestimmten Verhalten veranlasst, welches der Rest der Persönlichkeit verurteilt und sich nicht damit identifizieren mag. Geben Sie diesem Teil einen Namen und sprechen Sie ihn mit diesem Namen an. Bedanken Sie sich zunächst bei diesem Teil für seine Umsicht und seine gute Absicht, mit der er dieses Verhalten (das Sie jetzt allerdings stört) ausgebildet hat. Seien Sie freundlich zu sich selbst, auch (oder besonders) wenn Sie sich verändern möchten. Loben Sie sich selbst – das hilft, Altes loszulassen und Neues zuzulassen, ohne sich selbst zu verraten. Alles hat seinen Sinn – nur ist auch dieser Sinn Veränderungen unterworfen. Lassen Sie sich von dem angesprochenen Persönlichkeitsanteil genau schildern, welche gute Absicht er mit dem Verhalten X verfolgte und wie er Ihnen damit zu dienen meinte. Notieren Sie all diese Absichten, guten Gründe und Argumente, die für das Verhalten X sprechen. Erkennen Sie diese Leistung an.

3. Trennen Sie nun das (unerwünschte) Verhalten oder die (unerwünschte) Eigenschaft von der Intention, mit der dieses Verhalten ausgebildet wurde, so dass es zu einer Eigenschaft oder einem Charakterzug wurde. Vergegenwärtigen Sie sich dabei, dass Ihr Charakter oder Ihre Identität eigentlich eine Baustelle ist – ständig wird etwas renoviert oder umgebaut, abgerissen und neu hinzugefügt. Nur die Fassade steht. Hinter der Fassade jedoch sind viele unmerkliche Veränderungsprozesse im Gange. Diese Tatsache können Sie für sich nützen, indem Sie Veränderungen einleiten, ohne die äußere Fassade gleich einreißen zu müssen (auch wenn Sie zum Nichtraucher, zum Antialkoholiker oder zum Fitnessfan werden, heißt das noch lange nicht, dass Sie Ihre Identität und Integrität verloren haben). Identifikationen sind wie Vorlieben – sie können gleich bleiben, radikal abgelehnt werden, wechseln oder auch einfach verblassen und unwesentlich werden. Wir können uns von diesen unseren Identifikationen distanzieren oder sogar trennen. In einer Meditation erleben wir unsere Identität von außen, betrachten die »Fassade«. Das meditative Erleben führt zur Trennung des Verhaltens bzw. der Eigenschaft vom eigentlichen Zweck, der damit verfolgt wird, von dem Sinn, der dahinter liegt, von der Absicht, die am Anfang zur Etablierung des Verhaltens, der Gewohnheit, des Charakterzugs führte. Es sind zwei Paar Stiefel – hier das Verhalten, da die Absicht. Machen Sie sich eine Aufstellung mit zwei Spalten. Tragen Sie in die eine Spalte die Verhaltensmuster ein, die Sie verändern möchten, und in die andere Spalte die Absichten, die dahinter stehen oder standen. Sie können in meditativer Gelassenheit hinter die Absichten und Ziele schauen und sich in neutraler Absichtslosigkeit üben. So fällt es leichter, Abschied zu nehmen von der verfestigten Struktur der Identität und Veränderungen zuzulassen. Durch die Trennung von Verhalten und Intention gelingt eine Sichtweise, die zwischen Vordergrund und Hintergrund unterscheiden und das Verhalten eben als Zwischenergebnis und nicht als Na-

turgesetz einordnen kann. Die Weltansicht verflüssigt sich, es wird erkannt, dass alles im Fluss ist, auch das Verhalten.

4. Versammeln Sie alles, was in Ihrem Körper an Energie an dem alten, unerwünschten Verhalten beteiligt war – alle Wünsche, Triebe, Träume, Impulse, alle Handlungsmotive und Verhaltensgewohnheiten –, in einer Hand, in der rechten Hand. Stellen Sie sich vor, wie aus dem ganzen Körper die Beteiligung an dem alten Verhalten in diese rechte Hand, die oft bei den Handlungen aktiv beteiligt war, hineinfließt und sich in der Faust zusammenballt. Halten Sie diese Energie gut fest. Lassen Sie nichts davon verloren gehen. Begreifen Sie, was diese Handlung im Wesen ausmachte, und behalten Sie diese alte Eigenart im Griff, bis etwas Neues kommt und das Alte ersetzt. Schauen Sie Ihre Faust an. Erkennen Sie diese geballte Ladung an Energie und Entschlossenheit? Lächeln Sie dieser Faust zu. Sie hat es verdient. Lassen Sie die Faust auf Ihrem Schoß liegen, während Sie in der Übung fortschreiten.
5. Nun geht es darum, neue Wege zu finden, um die positiven Intentionen ohne die unerwünschten Nebenwirkungen zu realisieren. Nehmen Sie jetzt Kontakt auf mit Ihrer eigenen Kreativität und legen Sie die linke Hand auf den Bauch. Fühlen Sie die Wärme. Nach der taoistischen Auffassung sitzt die Kreativität (wörtlich die Kraft, etwas Neues hervorzubringen) in den Sexualorganen, also im Unterleib. Die Taoisten glauben, ein Mangel an sexueller Energie führe zu geringerer Kreativität und zum Festhalten an alten, uneffektiven Methoden. Nehmen Sie nun Kontakt auf mit einer physisch erlebbaren Energie, die sich auch psychisch und spirituell manifestieren kann. Nutzen Sie Ihre Kreativität, um neue Alternativen als Ersatz für veraltete Verhaltensweisen zu finden. Bedenken Sie, dass die meisten Süchte in der Jugend entwickelt wurden, damit man für voll genommen und als erwachsen betrachtet wurde. Diese Entscheidungen geschahen in einem unfertigen, unreifen Stadium. Nun, da Sie reif geworden sind und über eine Fülle eigener

Erfahrungen verfügen, sollte es Ihnen aufgrund Ihrer Kreativität gelingen, bessere Verhaltensweisen zu finden und bessere Entscheidungen zu treffen.

6. Machen Sie eine Meditation daraus: Hier geht es weniger darum, etwas zu erfinden, als sich finden zu lassen. Stellen Sie sich vor, dass die Zukunft mit all den zukünftig möglichen Lösungen darum nicht ganz neu und ganz anders erfunden werden muss, weil die Zukunft schon da ist – potenziell. Sie findet uns. Die Zukunft kommt auf uns zu, mit all den Möglichkeiten und Potenzialen, die sich realisieren wollen und so Gegenwart werden. Diese Einsicht, die gleichzeitig ein Ausblick ist, bewirkt ein Gefühl von Leichtigkeit und Freiheit – denn paradoxerweise wird uns immer klarer, dass das Erkennen und Erfahren einer übergeordneten Ordnung es uns ermöglicht, nicht alle Aufgaben selbst lösen zu müssen, sondern sie einer Instanz zu übergeben, die besser damit umgehen kann. Ohne dass wir etwas dazu tun müssen, ordnen sich die Dinge von selbst. Alles findet seinen angemessenen Platz und ordnet sich ein. Es geht nur darum, diesen großen, weiten Rahmen zu setzen und uns in diese größere Ordnung eingliedern zu lassen. Wir können uns in diese Ordnung hineingeben, uns ergeben – aber nicht im üblichen Sinne des Wortes, indem wir aufgeben und dies als eine Niederlage empfinden, sondern als Erleichterung, die auf die Übergabe erfolgt. Dieser größeren Ordnung, von der wir uns vielleicht noch keine richtige Vorstellung machen können, vertrauen wir unseren Erfolg an. Warten wir ab, welche Antworten aus dieser Dimension, die sich wie ein innerer Raum in uns öffnet, uns zukommen. Und welcher Bereich in unserem Körper wäre besser dafür geeignet als der Bauch? Aus dem Bauch kommt die Antwort auf die wesentlichen Fragen, die wir uns im Zusammenhang mit Lebensführung und Gesundheitsförderung stellen. Lächeln Sie Ihrem Bauch zu. Das Lächeln im Verbund mit einer gelösten Sexualenergie gibt Ihnen die Kraft zur Lösung alltäglicher Probleme.

7. Geben Sie Ihrer Kreativität den Auftrag, neue Verhaltensalternativen zu alten, schädlichen und ungesunden Verhaltensweisen zu finden. Räumen Sie Ihrem Unbewussten seine eigene Zeit und seine eigene Vorgehensweise ein und vereinbaren Sie mit sich selbst ein Datum, bis zu dem Ihnen drei Alternativen eingefallen sein sollten. Notieren Sie sich dieses Datum schriftlich, um die Meditation zu wiederholen und die Vorschläge des Unbewussten »abzuholen«. Eine wiederholte Fokussierung des Problems gibt Ihrem Unbewussten Zeit, die Eingabe, die Sie gemacht haben, zu »verdauen« und den Auftrag zu »überschlafen«. Dadurch ist gewährleistet, dass die Vorschläge nicht aus dem Kopf, sondern aus dem Bauch kommen. Sie sind nicht »Hirngespinste«, die sich wahrscheinlich schlecht in die Realität umsetzen lassen, sondern instinktsichere Einfälle, die Ihrem ganzen Wesen, Ihrer Person und vor allem auch Ihrem Organismus entsprechen. Öffnen Sie nun die linke Hand, die auf Ihrem Bauch lag, wie eine Schale, um die geballte Faust der Rechten zu empfangen. Bitten Sie Ihr Unbewusstes, die geballte Energie für die neuen Verhaltensweisen zur Verfügung zu stellen und gleichzeitig die alten Verhaltensmuster in neue zu verwandeln. Vielleicht kommen Ihnen schon jetzt die ersten Einfälle. Vielleicht regen sich in der rechten Hand schon jetzt Impulse zur Veränderung. Sie können die Einfälle notieren, brechen Sie aber deshalb die Meditation nicht vorzeitig ab. Bleiben Sie eine Weile ruhig sitzen, bleiben Sie in Kontakt mit Ihrer Kreativität und Ihrer Energie. Beenden Sie die Meditation, indem Sie sich leicht verneigen und ausatmen. Lösen Sie dann beide Hände und gehen Sie wieder zur Tagesordnung über.

Wichtig: Vergessen Sie die zweite Meditation nicht, um die Ergebnisse abzuholen, die Ihr Unbewusstes zu dem gegebenen Termin vorbereitet hat. Halten Sie sich an Ihre eigenen Abmachungen. Tragen Sie alle Ideen und Einfälle, die Ihnen zu dem Thema gekommen sind, zusammen und wählen Sie drei Alter-

nativen aus. Was werden Sie fortan machen, wenn Sie rauchen wollen? Wenn Sie in einer Bar etwas zu trinken bestellen? Wenn es acht Uhr abends und Ihre Fernsehzeit gekommen ist? Was machen Sie stattdessen? Und wie werden Sie sich dabei fühlen? Wie werden Sie vorgehen, wenn es mal nicht klappt und Sie einen Rückfall erleben? Wie sorgen Sie dafür, dass es bei dem einen Mal bleibt und Sie beim nächsten Mal wieder zu den neuen Verhaltensweisen zurückkehren? Je bildhafter, konkreter und detaillierter Sie sich die neuen Verhaltensszenarien vergegenwärtigen und überprüfen, desto besser stehen die Chancen, dass aus der Phantasie Realität wird.
Noch wichtiger: Setzen Sie Ihre hochfliegenden Pläne mit einem Schmunzeln in die Wirklichkeit um. Beobachten Sie sich aus der Ferne und amüsieren Sie sich darüber, wenn Sie rückfällig werden, ohne deshalb das ganze Vorhaben aufzugeben. Im Gegenteil – je mehr Humor Sie aufbringen, desto besser. Ich kannte eine Therapeutin, die riet, bei Fehlern und Dummheiten immer ein kleines Lied zu singen, sich über sich selbst zu wundern, zu lächeln und dabei den Kopf zu schütteln.

Langhals und Lauthals

Bei schlechter Haltung im Nackenbereich, Verspannung der Nackenmuskeln, psychisch bedingtem häufigem Räuspern, Heiserkeit und belegter Stimme.

Der Hals ist der lebenserhaltende Übergang zwischen Kopf und Rumpf. Durch sieben Halswirbel gestützt, bildet er die schmalste Stelle des Körpers: Nervenbahnen verlaufen hier vom Gehirn aus zu allen Teilen des Körpers, die Luftröhre verbindet die Mundhöhle mit den Lungen und ermöglicht die Sauerstoffaufnahme, die Speiseröhre leitet aufgenommene Nahrung und Flüssigkeit vom Mund in den Magen. Muskelstränge und Blutgefäße gehören zum Hals- und Nackenbereich. Der Hals kann erröten, die Halsschlagader pochen, der Nacken sich verspannen. Der Hals ermöglicht dem Kopf die Dreh- und

Beugebewegung und dadurch das erweiterte Blickfeld. »Halsstarrigkeit« führt zu einer Einschränkung der körperlichen, seelischen und geistigen Beweglichkeit. Im Hals kann etwas sitzen oder stecken bleiben, der Kloß oder Frosch im Hals drückt sich durch eine belegte Stimme aus und führt zu einem Räuspern, das die Blockierung aufzuheben versucht. Daraus entsteht ein Hüsteln und Husten als Körperausdruck der Befangenheit.

Es hilft, sich in die Lage eines Tiers zu versetzen: Ein Tier kennt keine Befangenheit. Wenn etwas seinen Instinkt weckt und seine Neugier erregt, reckt es sich und macht einen langen Hals. Die Bewegung des Aufhorchens und Ausspähens dehnt die Nackenmuskeln, ohne diese willentlich zu bewegen. Alle Sinne sind wach, vor allem die Augen weit offen und die Ohren aufgestellt. Die Wahrnehmung ist geschärft und für den Empfang der Eindrücke von außen bereit. Der Kopf wächst förmlich aus dem Körper heraus.
Sie können das an einer Stelle unterhalb der Schädeldecke, wo der erste Halswirbel den Beginn der Wirbelsäule markiert, besonders gut spüren. Es ist, als wenn dort ein Fenster geöffnet und frische Luft eindringen würde. Wenn Sie gleichsam in sich selbst versunken sind, können Sie dies ändern, indem Sie die Körperhaltung ändern: Machen Sie einen langen Hals, recken Sie sich, spannen Sie die Ohren an (mit den Ohren zu wackeln hat eine erfrischende Wirkung auf den ganzen Körper) und spähen Sie aus. Wenn etwas im Hals Sie daran hindert, sich zu artikulieren und auszudrücken, stellen Sie sich vor (und die Vorstellung allein schon bewirkt Wunder), dass Sie lauthals losbellen, gackern, fauchen oder zischen.

Leber-Gallen-Reinigung

Bei Neigung, sich aufzuregen, »an die Decke zu gehen« und »im Quadrat zu springen«, bei Ärger, Wut, Zorn und häufiger Verstimmung, »wenn einem eine Laus über die Leber gelaufen ist« und bei wiederholter Frustration. Auch bei mangelnder Motivation, Enttäuschung, Verbitterung, Desinteresse und Depression.

Leber und Galle werden in der traditionellen chinesischen Medizin mit den Gefühlen von Ärger, Wut und Zorn, aber auch mit Mut, Motivation und Hoffnung in Verbindung gebracht. Störungen der Leber- und Gallenfunktionen können das Gefühlsleben beeinträchtigen. Der Lebensmut wird geschwächt, der Zugang zur eigenen Lebensplanung und Vision blockiert.

1. Legen Sie die Hand unterhalb des Brustkastens an Ihre rechte Seite. Wenn Sie niemals Beschwerden hatten, werden Sie Ihre Leber und Ihre Galle nicht spüren können und zunächst auch kein Bewusstsein dafür haben, was Ihrer Leber gut tut und was nicht, oder was Ihre Galle reizt und was sie ungestört funktionieren lässt. Fragen Sie sich, welche Laus Ihnen »über die Leber gelaufen« ist und was Ihnen in letzter Zeit widerfahren sein könnte, das Wut, Ärger oder Zorn bei Ihnen (vielleicht unbewusst) auslöste und Sie auf diese Weise kränkte. Sicher fällt Ihnen sofort etwas dazu ein, wenn Sie der Typ sind, der sich leicht aufregt oder frustriert ist. Lassen Sie diese Gefühle nun aufkommen und in Ihrer Hand zusammenströmen.
2. Wenn Sie meinen, ein ganzes Büschel an Energiefäden voller Bitternis, Enttäuschung, Ärger, Wut und Frust in der Hand zu haben, so heben Sie die Hand ein winziges Stück weg von der Körperfläche, um zu spüren, ob die Energiefäden an Ihrer Handfläche kleben bleiben. Ziehen Sie die Hand nun noch ein Stück weiter vom Körper weg und behutsam die kränkenden Gefühle aus sich heraus. Wenn Sie genügend Abstand gewonnen haben, um die andere Hand dazwischenzuschieben, so unterbrechen Sie die Verbindung zwischen Ihnen und den Gefühlen.

3. Durch die zweite Hand, die wie eine Blockade wirkt, schneiden Sie sich bewusst von den Gefühlen ab und bringen sie so ganz nach außen, wo Sie sie ausdrücken, indem Sie sie notieren: Stichwortartig oder als Tiraden bringen Sie sie zum Ausdruck, so dass sie Sie nicht mehr innerlich bedrücken. Da liegen sie nun: anklagende Briefe, wütende Rechtfertigungen, bittere Abrechnungen, zornige Drohungen, Rachepläne – doch die »Steine des Anstoßes« sind nun nicht mehr in Ihnen. Sie werden die Briefe nicht abschicken, die Pläne nicht wahr machen müssen, denn Sie selbst sind jetzt von all dem gereinigt, es betrifft Sie nicht mehr. Wiederholen Sie das reinigende Handauflegen noch zweimal und beenden Sie dann die Reinigung mit einer erfrischenden Aussicht auf einen Neuanfang.

Leberfrühling

Bei einer müden Leber und sinkendem Lebensmut, Resignation, mangelnder Selbstachtung, Hang zur Selbstzerstörung (z. B. durch ungesundes Essen, durch Suchtmittel, insbesondere Alkohol).

Die Leber wird in der Fünf-Elemente-Lehre der chinesischen Medizin im Kreislauf der Entwicklungsphasen, die den Jahreszeiten entsprechen, dem Frühling zugeordnet. Der Frühling ist die Zeit des Aufbruchs, Wachstums, des Austreibens der Keime, die durch den Boden sprießen, der jungen Blätter, die sich entfalten. Dieser Entwicklungsphase entspricht die Bewusstseinsfunktion des Wollens.

Frühlingsmeditation

1. Legen Sie die Hand unterhalb des Brustkastens an Ihre rechte Seite. Wenn Sie niemals Beschwerden hatten, werden Sie Ihre Leber und Ihre Galle nicht spüren können und zunächst auch kein Bewusstsein dafür haben, was Ihrer Leber gut tut

und was nicht. Aber Sie können ein Bewusstsein entwickeln für Ihre Leber und für all das, was Sie dem gut funktionierenden Organ zu verdanken haben. Gehen Sie aus von der chinesischen Vorstellung, die die Leber mit dem Frühling in Verbindung bringt, und wecken Sie Frühlingsgefühle in Ihrer Leber. Bringen Sie all das, was Sie am Frühling so lieben, in Ihr Bewusstsein, wecken Sie die entsprechenden Gefühle, nehmen Sie die Eindrücke eines Frühlingstages so unmittelbar wahr, als würden Sie sie jetzt gerade erleben. Vielleicht gehört für Sie ein bestimmter Geruch in der Luft oder die erste Wärme der Sonnenstrahlen dazu, das wiederkehrende Licht, das Geräusch, das die frischen Tulpenblätter machen, wenn Sie den Strauß in die Vase stellen. Vielleicht ist es ein Knistern, das Sie unter der laubbedeckten Erde zu hören glauben, oder die Freude an dem Grün, das sich überall meldet.
2. Lassen Sie nun all das, was Sie unter »Frühlingsgefühle« verstehen und so lieben, auf Ihre Leber übertragen. Unter Ihrer Hand fängt es an, sich zu regen, zu knistern, zu knacken, die Leber hängt vielleicht ihren Jugenderinnerungen nach und gibt Ihnen zu verstehen, dass sie dazu fähig ist, noch einmal von vorn anzufangen, wenn Sie sie dabei unterstützen. Heben Sie nun die Hand leicht von der Körperoberfläche weg, aber nur so viel, dass Sie noch den Kontakt spüren. Lassen Sie der Leber Raum und füllen Sie diesen Raum mit Frühlingsstimmung, so dass die Leber sich mit jedem Atemzug daran erfreuen und in den Raum hinein ausdehnen kann.
3. Beenden Sie diese Frühlingsmeditation mit einem Dankeschön an die Leber, die es mit Ihnen ausgehalten hat, und versprechen Sie ihr, sie in Zukunft mehr in Ihre Entscheidungen (z. B. bezüglich Essen und Trinken, aber auch in der allgemeinen Lebensplanung) einzubeziehen. Fragen Sie sie öfter, was sie will.

Leib-Seele-Einheit

Zum besseren Verständnis von leib-seelischen Zusammenhängen.

Die Körper-Seele-Geist-Einheit ist von der Antike an als Voraussetzung und Merkmal des menschlichen Lebens anerkannt worden. Damit verband sich die Vorstellung, der Geist sei es, der dem Körper befehle, und die Seele halte die Mittelstellung zwischen Himmel und Erde, Unsterblichkeit und Vergänglichkeit, zwischen Engel und Tier. Die christliche Lehre übernahm die Vorstellungen aus der Antike und veränderte oder ergänzte sie, wo es um das Verhältnis zwischen Gott und Mensch ging. Das Verhältnis zum Körper jedoch blieb überschattet durch die Rolle, die die Leidenschaften und Triebe, Ursprung allen Leidens, im menschlichen Schicksal spielten.

Inwieweit war der Mensch frei? War er Sklave der verführerischen »Frau Welt«, jener mittelalterlichen Gestalt, die vorn gar herrlich geschmückt war, deren Rücken sich aber schon von Würmern zerfressen präsentierte? Totentänze unterstrichen die Hinfälligkeit des weltlichen und damit körperlichen Daseins. Aber erst seit Descartes gibt es ein philosophisch formuliertes Leib-Seele-Problem – und das nur, weil es im Französischen kein Wort gibt, das dem deutschen »Leib« als Bezeichnung für den beseelten Körper entspricht. So konnte der Gegensatz zwischen Geist und Körper, Bewusstsein und Leben extrem polarisiert werden. Die *res extensa*, die ausgedehnte Sache (damit war der Körper gemeint), wurde von der *res cogitans*, der denkenden Sache, dem Bewusstsein, zwar bewohnt, ging aber keine Verbindung mit ihm ein, so dass beide Teile dieser Einheit, die keine Einheit war, nebeneinander existierten.

Erst durch die jüngsten Erkenntnisse aus der Neurochemie und Neurobiologie lässt sich nachweisen, dass Intelligenz nicht ausschließlich eine Angelegenheit der Ratio und des Denkens ist, sondern dass auch das lebende System des Organismus über eine Art von Bewusstsein verfügt. Hier bewährt sich das deutsche Wort »Leib«, das zur selben Wortgruppe gehört wie

die Wörter »Leben« und »Leim«; Leben lässt sich definieren als Fähigkeit, viele Einzelheiten zusammenzuhalten.
Doch wie funktioniert der Informationsaustausch zwischen diesen Bestandteilen des lebenden Systems Mensch? Früher war man davon überzeugt, dass der Geist das Sagen hatte oder haben sollte. In der Antike war das Vorbild dafür der Wagenlenker, der stolz auf seinem Wagen stand und die Pferde, die seinen Wagen zogen, lenkte. Auch Paulus teilte diese Idealvorstellungen, wobei er einräumte, »der Geist sei willig, das Fleisch aber schwach«. Das schwache Fleisch zeigte einen Eigenwillen, der sehr zum Ärgernis der Asketen immer wieder die besten Vorsätze durchbrach. Anscheinend wurden die Befehle des Geistes entweder vom Fleisch nicht beherzigt, oder das Fleisch hatte seine eigenen Motive, die sich gegen die Vorstellungen des Geistes durchsetzen konnten.
Die Vitalisten sprachen von einem *élan vital* (Henri Bergson), der über genug Energie verfügte, die Körperfunktionen aufrechtzuerhalten, und somit als der entscheidende Faktor für das Wesen des Lebendigen bzw. der Lebendigkeit an sich betrachtet wurde. Den Befehlen, die der Geist als Losungen ausgab, standen die Impulse des Lebendigen gegenüber. Mit der tiefenpsychologischen Entdeckung des Unbewussten und dem Mechanismus der Verdrängung geriet der Geist immer mehr ins Hintertreffen, denn er schien mit seinen Ideen nur die Ebene des willigen Bewusstseins (bei Freud zum Über-Ich abgewertet) zu erreichen. Das Unbewusste hingegen hatte anscheinend glänzende Beziehungen zum Körper, der seine Interessen, wie etwa Fortpflanzung durch sexuelle Aktivität, durchsetzte. Dies ließ den Geist in den Hintergrund treten. Könnte es sein, dass die Naturphilosophen doch Recht hatten, indem sie der Natur und damit dem Körper eine eigene Geistigkeit zuordneten?
Ein informationstheoretisches Modell kann hier zur Klärung beitragen. Am Anfang wurde eine Information von einem Sender an einen Empfänger übermittelt: eine Botschaft, die losgeschickt wurde, meist von jemandem, der etwas zu sagen hatte oder zu sagen haben glaubte – der Sender war eindeutig auf

einer höheren Stufe angesiedelt. Er kümmerte sich nicht darum, ob seine Sendung ankam oder so verstanden wurde, wie er sie gemeint hatte. Eine Botschaft ist eine Botschaft – seit den heiligen Propheten mit ihrem Sendungsbewusstsein hatte sich daran nichts geändert, bis im Zuge der modernen Nachrichtentechnik Maschinen der Informationsübermittlung konstruiert wurden, die Mittel zum Zweck waren und einfach nur funktionierten: Eine Botschaft war erst dann eine Botschaft, wenn die Information, die vom Sender gesendet wurde, als solche auch beim Empfänger ankam und von ihm verstanden wurde.

Da im Zweiten Weltkrieg aus militärischen Gründen die Richtigkeit der durch Funk übermittelten und meist verschlüsselten Nachrichten von höchster Wichtigkeit war, entwickelte sich die neue Technologie sehr schnell und stellte ungeachtet der Autorität einer langen abendländischen Tradition ihre eigenen Gesetze auf. Und es stellte sich heraus, dass zwischen Sender und Empfänger die Informationen nicht nur in einer Richtung flossen, also allein vom Sender ausgingen und beim Empfänger endeten, sondern dass der Empfänger einen Einfluss auf den Sender hatte – und zwar indem sich der Sender auf den Empfänger einstellen musste, um sicher zu sein, nicht nur empfangen, sondern auch richtig verstanden zu werden.

Der Informationsfluss läuft also in beide Richtungen – der Sender muss etwas über den Empfänger wissen, um von ihm verstanden zu werden; aber auch der Empfänger ist vom Sender beeinflusst, denn durch seine Erwartungshaltung stellt er sich auf die erwartete Sendung ein; durch diese Haltung beeinflusst er den Gehalt der Botschaft, die nur dann bei ihm ankommt, wenn sie in etwa dem entspricht, was er erwartet – denn nur das, was erwartet oder für möglich gehalten wird, kann erkannt werden. Völlig unerwartete Nachrichten bleiben ohne Sinn, ohne Bedeutung, weil Sinn und Bedeutung genau den Rahmen liefern, innerhalb dessen etwas als Information gelten kann bzw. als unsinnig, als bedeutungslos abgetan wird. Der Rahmen steckt die Grenze ab zwischen dem Gebiet, innerhalb

dessen etwas für möglich gehalten wird und eine sinnvolle Information abgibt, und dem Reich des Unmöglichen, also des Undenkbaren und Unsinnigen, des Bedeutungslosen.
Nehmen wir nun an, dass zwischen Körper, Seele und Geist ein vergleichbarer Informationsaustausch stattfindet. Der Geist befiehlt dem Körper. Tu das! Tu das nicht! Der Geist hat bestimmte Vorstellungen, die er als Botschaften sendet. Der Körper lässt sich vieles sagen, aber auch er sendet Botschaften, indem er dem Geist signalisiert, wie er auf dessen Botschaften reagiert. Beachtet der Geist diese Rückmeldungen? Meist nicht, denn der abendländische Geist denkt gar nicht daran, sich an etwas so Vergängliches zu halten wie an das lebende System Mensch, das durch die Körper-Seele-Geist-Einheit bestimmt ist. Und so kommt es zu jenen komplexen Zusammenhängen, in denen Informationen hin und her gehen und meist nicht dort ankommen, wohin sie adressiert und wie sie ursprünglich gemeint waren.
Was können wir tun? Über die Kommunikation mit unserem intelligenten Organismus können wir erfahren, wie das gesunde Gleichgewicht, das ein lebendes System ausmacht, gestört wird und wie diese Störungen behoben oder sogar verhindert werden können. Dabei helfen uns die Rückmeldungen, die uns unser Körper gibt, indem er reagiert. Reaktion folgt auf Aktion, Reaktionen bilden Muster und nehmen Gestalt an – zum Beispiel in Form von Symptomen, die wiederum als Krankheitsbilder dem Experten ins Auge fallen. Er kann darin lesen wie in einem offenen Buch. Aber das heißt noch nicht, dass der Krankheitsexperte auch Botschaften senden kann, die den Körper darüber informieren, wie er gesund werden soll oder wie er seine Gesundheit aufrechterhalten kann. Nur der Bewohner des Körpers, das Subjekt, das den Körper als seinen eigenen erlebt, kann die Botschaften nicht nur empfangen, sondern auch den verschlüsselten Sinn dechiffrieren. Das letzte Wort hat immer noch das subjektive Verständnis von innen, nicht die objektive Erkenntnis von außen.
Vergegenwärtigen Sie sich: Sie sind das Subjekt. Es geht um

Ihr persönliches und subjektives Verständnis. Nur Sie können die Feedbacks Ihres Körpers als Signale empfangen, denn nur Sie verfügen über eine Wahrnehmung, die solche Feedbacks aufzeichnet – es sei denn, Sie wären Tag und Nacht an ein Biofeedbackgerät angeschlossen. Sie sind Ihr eigener Sensor, Sie verfügen über die nötigen Antennen in Form Ihrer Sinne. Sie wohnen schon so lange in diesem Körper, dass Sie mittlerweile ein Gefühl dafür entwickelt haben, was »los ist«, was »läuft« oder nicht so läuft, wie es sollte. Sie haben ein Gespür für die feinen Unterschiede, Ihre Wahrnehmung ist durch lange Erfahrung geschult worden, Sie haben gelernt zu unterscheiden zwischen der Intuition, dass alles in Ordnung ist und Sie sich in Ordnung fühlen oder dass etwas diese Ordnung stört. Sie haben nicht nur Zugang zu dem Wissen über die lebendige Ordnung, die Ihr Organismus durch sein Funktionieren gewährleistet, sondern auch die Möglichkeit, zukünftige Störungen im Voraus zu berechnen.
Diese Art Feedback wird Feedforward genannt und beruht auf Antizipation. Ein Beispiel: Beim Verzehr bestimmter ungesunder Speisen bekommen Sie ein eindeutiges Feedback von Ihrem Magen, der sauer reagiert. Doch woher wissen Sie, dass auch in Zukunft solche Speisen aller Wahrscheinlichkeit nach unbekömmlich sind? Statt sich zu erinnern, gehen Sie in Ihrer Vorstellung in die Zukunft und erleben das zukünftige Verspeisen so, als wäre es eben geschehen. Wie reagiert Ihr Körper? Wahrscheinlich gibt er Ihnen deutliche Zeichen, dass er nicht noch einmal mit solchen Giften belastet werden möchte. Vielleicht produziert er Übelkeit und Übersäuerung, obwohl er doch gar keinen realen Grund zu dieser Reaktion hat: Die Antizipation allein erbringt schon jenes Feedback, das aus der Zukunft kommt.
Der Körper speichert alle Erfahrungen, die er macht, das Körpergedächtnis ist wie ein Archiv, dessen Informationen untereinander vernetzt sind. Alles, was geschehen ist, wird als Information verarbeitet, und alle Informationen sind miteinander verbunden – sie ergeben neue Informationsmuster,

neue Sinnbilder, neue Formen und Gestalten, die darauf warten, gedeutet und als Botschaften weitergeleitet zu werden. Alles, was nötig ist, um einen Zugang zu der äußerst komplex angelegten Weisheit dieses Wunderwerks zu schaffen, ist: Zeit. Die klassischen Folgerungen der Logik schließen nahtlos einen Satz an den anderen. Aber innerhalb eines lebenden Systems brauchen wir Zeit, um die Reaktionen abzuwarten, bevor wir zur nächsten Schlussfolgerung kommen. Der Körper braucht Zeit, um Feedback zu geben.

Je komplexer die Zusammenhänge, je vielschichtiger das System, desto mehr Zeit brauchen wir, um die Botschaften in ihrer Vieldeutigkeit wahrnehmen und in unsere Überlegungen einbeziehen zu können. Der Biocomputer, der auf unwillkürlicher Ebene zu solchen folgerichtigen Schlüssen kommt, ist jener Geist, der Leben bedingt, aber ebenso vergänglich ist wie das Leben es ist. Ist er nun Geist oder nicht? Dies ist eine philosophische Frage, auf deren Beantwortung wir wohl noch lange warten müssen. Was können wir also tun? Reden wir mit unserem Körper. Er ist – so viel steht fest – intelligent!

Leitlinien

Affirmationen für die Energiearbeit in Verbindung mit einem Ernährungsprogramm nach der traditionellen chinesischen Medizin und/oder der taoistischen Bewegungsmeditation des Tai Chi oder Chi Gong.

In der traditionellen chinesischen Medizin kennt man unsichtbare Linien, entlang derer sich die Lebensenergie im Körper verteilt. Diese Linien, die Meridiane, werden nach Organen benannt, denen sie zugeordnet sind. Jeweils zwei Organe arbeiten zusammen, und jeweils zwei Meridiane sind miteinander energetisch verbunden. Den einzelnen Organen werden bestimmte emotionale Eigenschaften und Gefühlsfunktionen zugeordnet, so dass die chinesische Medizin über eine Psychologie verfügt, die mit der Physiologie des Körpers und den medizinischen Anordnungen eng verknüpft ist. So kann durch Ernährung und Gymnastik nicht nur der körperliche, sondern auch der seelische und geistige Zustand eines Menschen beeinflusst werden. Schlechte Ernährung und Bewegungsmangel sind häufig die Ursachen für Depression, Unausgeglichenheit, Selbstentfremdung. Durch eine chinesische Massage kann somit eine westliche Psychotherapie erheblich unterstützt werden.

Auch ohne etwas von der chinesischen Medizin zu verstehen, können die hier aufgeführten Leitlinien zur Neuorientierung und zum Umdenken beitragen. Oft sind wir in unseren Denkgewohnheiten so gefangen, dass wir gar nicht auf die Idee kommen, dass sich etwas anderes denken ließe als das, was wir zu denken gelernt haben und ständig als inneren Kommentar wiederholen. Den negativen Lernerfahrungen des Lebens sollen hier also Alternativen entgegengestellt werden, die als Leitlinien auf ein positives Lebensgefühl verweisen.

Vielleicht ertappen Sie sich dabei, dass Sie schon beim Lesen allein diese Sätze ablehnen, weil sie Ihnen einfach nicht wahr und realistisch erscheinen. Es geht aber nicht darum, die Illusion einer heilen Welt aufzubauen und für sich in Anspruch zu nehmen, sondern die eigene Empfindlichkeit zu testen (der eine oder andere Satz mag Sie mehr oder weniger berühren, ärgern oder auch wütend machen) und sich zu fragen, welche Erfahrung im eigenen Leben dagegen spricht. Die nächste Frage betrifft dann den »Mangel«, der die »heile« Erfahrung verhindert hat. Was hat Ihnen damals gefehlt? Was hätten Sie damals gut brauchen können oder bitter nötig gehabt? Wenn Sie jetzt das Fehlende herausfinden, dann können Sie es als erwachsener Mensch sich nachträglich aneignen, indem Sie jetzt für sich selber sorgen. Wenn Sie z. B. als Kind zu wenig Zärtlichkeit und Körperkontakt hatten, können Sie jetzt durch Massagen und Körpertherapie diesen Nachholbedarf decken. Sicher ist dies nur der erste Schritt zu einer zwischenmenschlichen Beziehung, in der dies auf andere Weise Ihnen zukommt, aber der erste Schritt ermöglicht Ihnen zu »üben« und sich auf den

»Ernstfall« vorzubereiten. Außerdem befreien Sie sich damit selbst aus der Opferrolle.
Die Affirmationen, die den Meridianen zugeordnet sind, beziehen sich auf zwei mögliche Varianten von Gefühlen, entsprechend der energetischen Ladung der Meridiane. Nach der chinesischen Philosophie ist nämlich das ausgewogene Gleichgewicht das höchste aller Ziele. Zu viel Energie ist genauso schädlich wie zu wenig. Ist der Lebermeridian z. B. energetisch unterversorgt, weil die Energie an anderen Punkten sich staut und dem allgemeinen Energiefluss abgezogen wird, die Verbindungslinien unterbrochen sind und keine Energie dorthin fließt, dann herrscht Mutlosigkeit, Trägheit, Depression.
Ist zu viel Energie da, so kommt es zu einem unverträglichen Energieschub in Form von cholerischen Ausbrüchen und aggressiver Anspruchshaltung – unverträglich auch für den Mitmenschen. Stürmischer Tatendrang wird zudem oft frustriert und verwandelt sich dann in sein Gegenteil – mürrische Enttäuschung und Lustlosigkeit, auch Bitterkeit, die dann in der Galle für Beschwerden sorgt: »Die Galle läuft über.« Galle und Leber bilden ein Paar, die Galle ist das Werkstattorgan, die Leber das Speicherorgan. Die Werkstattorgane gelten als »männlich« (mit Yang-Energie versehen), als aktiv und produktiv, die Speicherorgane als »weiblich« (mit Yin-Energie versehen), als reaktiv und rezeptiv. Yin und Yang als polare Prinzipien spielen zwar ebenfalls eine Rolle, würden jedoch die folgende Übersicht über die einzelnen Meridiane sprengen.

1. Gallenblasen-Meridian

Thema: Neubeginn (Frühling).
Aufgabe: Entscheidungen treffen. Zu viel Energie: Ich treffe Entscheidungen (impulsiv, aus Ärger, Wut, Zorn), die ich danach bereue.
Zu wenig Energie: Ich kann mich nicht entscheiden, mir fehlt die Kraft (der Mut, die Hoffnung, die Motivation, der Ansporn) dazu.

Positive Affirmation: In jedem Augenblick meines Lebens kann ich mich neu entscheiden. Ich habe das Gespür für die richtige Zeit und die Zuversicht, sinnvoll zu handeln.

2. Leber-Meridian

Thema: Transformation (Frühling).
Aufgabe: Veränderungen bejahen.
Zu viel Energie: In einer ständigen Flucht nach vorn stürze ich mich in jede Veränderung, weil ich auf der Flucht vor mir selbst bin.
Zu wenig Energie: Alles bleibt beim Alten. Was kann man schon ausrichten gegen die Macht der Gewohnheit, die Hemmung durch Trägheit und den Sog einer alles verschlingenden, erstickenden Müdigkeit?
Positive Affirmation: Leben ist Bewegung, ist Veränderung, ist Wechsel. Ich bejahe meine Lebendigkeit.

3. Herz-Meridian

Thema: Liebe (Frühsommer).
Aufgabe: Paarung. Eros. Vereinigung des Getrennten.
Zu viel Energie: Ich kenne keine Grenzen, ich verschwende mich, rücksichtslos, wahllos, achtlos.
Zu wenig Energie: Es lohnt sich nicht zu investieren.
Positive Affirmation: Jeden Tag entdecke ich Übungsmöglichkeiten, Freude und Liebe im Leben zu verwirklichen.

4. Dünndarm-Meridian

Thema: Aufnahme von Neuem (Frühsommer).
Aufgabe: Lernen.
Zu viel Energie: Ich kann die Lernerfahrungen im Leben nicht verarbeiten.
Zu wenig Energie: Ich habe genug gelernt und blockiere alle neuen Lernerfahrungen.

Positive Affirmation: Jeden Tag lerne ich etwas dazu, und das hält mich fit. Ich bin in Kontakt mit dem Leben, im Austausch mit der Welt, ich bin aufnahmefähig und lernbereit.

5. Kreislauf-Sexus-Meridian

Thema: Aussöhnung und Hingabe (Frühsommer).
Aufgabe: Sich zeigen.
Zu viel Energie: Ich verliere mich in der Begegnung mit anderen, gebe mich auf, gebe anderen die Schuld, überlasse anderen die Verantwortung.
Zu wenig Energie: Ich kann nicht aus mir herausgehen, ich muss alles allein machen. Wenn ich aus mir herausgehe, verliere ich mich.
Positive Affirmation: Ich werde erwachsen und übernehme die Verantwortung für meine Entwicklung. Ich söhne mich aus mit denen, die sich mir gegenüber schuldig gemacht haben, ich gewähre die Erlassung von Schulden und vertraue darauf, dass auch mir früher oder später meine Schulden erlassen werden. Das Leben ist ein Fluss.

6. Erwärmer-Meridian

Thema: Selbstbejahung und Freude (Frühsommer).
Aufgabe: Feiern.
Zu viel Energie: Ich bewirke Störungen in meiner Umwelt durch übermäßige Selbstsucht (Narzissmus).
Zu wenig Energie: Ich bin mir selbst fremd.
Positive Affirmation: Ich weiß, wer ich bin, ich bin im Einklang mit dem Universum, ich bin im Fluss, mitten im Leben, ich genieße die Momente der bewussten Gegenwart.

7. Magen-Meridian

Thema: Erfüllung (Spätsommer).
Aufgabe: Selbstversorgung.

Zu viel Energie: Gier treibt mich. Genug ist nicht genug. Meine Bedürfnisse können nicht erfüllt werden.
Zu wenig Energie: Ich weiß nicht, was ich will oder was ich brauche. Ich bin angefüllt, ohne Erfüllung zu erfahren.
Positive Affirmation: Ich finde Befriedigung und Erfüllung meiner Bedürfnisse im Leben, ich finde Zufriedenheit und Glück.

8. Milz-Pankreas-Meridian

Thema: Reife (Spätsommer).
Aufgabe: Bewusstwerdung.
Zu viel Energie: Das Leben besteht aus Sorgen.
Zu wenig Energie: Niemand hat sich um mich gesorgt, als ich es brauchte, und nun ist es zu spät.
Positive Affirmation: Ich entspanne mich, nehme von den Sorgen Abstand, finde meine Mitte und handle aus meinem Gleichgewicht heraus.

9. Lungen-Meridian

Thema: Abschied (Herbst).
Aufgabe: Gestaltung.
Zu viel Energie: Ich bin zu stolz, um von anderen etwas anzunehmen. Ich brauche nichts.
Zu wenig Energie: Ich bin über frühe Verluste und Trennungen nie hinweggekommen.
Positive Affirmation: Ich öffne mich der Schönheit und dem Wunder des Lebens.

10. Dickdarm-Meridian

Thema: Loslassen und klären (Herbst).
Aufgabe: Überflüssiges abgeben.
Zu viel Energie: Ich halte fest, ich leiste Widerstand, ich will mich nicht trennen.

Zu wenig Energie: Mir fehlt die Kraft für die bewusste Gestaltung des notwendigen Übergangs. Das Schicksal holt mich ein.
Positive Affirmation: Ich habe aufgrund meines Bewusstseins die Fähigkeit, die notwendigen Veränderungen im Leben vorauszusehen, zu gestalten und zuzulassen, ebenso wie die Möglichkeiten, die sich daraus ergeben, zu erkennen und meine Chancen wahrzunehmen.

11. Blasen-Meridian

Thema: Rückzug und Auszeit (Winter).
Aufgabe: Vertrauen.
Zu viel Energie: Wenn ich mich nicht ständig zusammennehme, werde ich überflutet von meinen Gefühlen.
Zu wenig Energie: Ich fühle mich kontrolliert von Menschen oder Kräften, die stärker sind als ich.
Positive Affirmation: Ich bestimme selbst über mein Leben und stehe über meinen Gefühlen, Gedanken und Stimmungen, ohne sie verdrängen zu müssen.

12. Nieren-Meridian

Thema: Regeneration (Winter)
Aufgabe: Kraft aus der Tiefe schöpfen.
Zu viel Energie: Ich kenne keine Angst. Ich zeige keine Schwäche. Ich gönne mir keine Pause. Ich hasse Unterbrechungen und Pausen.
Zu wenig Energie: Ich fühle mich ausgebrannt und erschöpft, die Batterie meiner Lebenskraft läuft aus.
Positive Affirmation: Ich beachte den Rhythmus des Wechsels zwischen Aktivität und Ruhe, zwischen Spannkraft und Entspannung, zwischen Hochleistungen und Phasen der schöpferischen Pause.

Wichtig: Nutzen Sie die Kraft der positiven Affirmation für sich, indem Sie sich davon zum Umdenken anregen lassen.

Affirmationen, die zunächst nicht mehr sind als Behauptungen, sind keine Diagnose oder gar eine Schuldzuschreibung. Wenn Sie Nierenprobleme haben, heißt das nicht unbedingt, dass Sie Ihre Lebensenergie durch ungesunden Lebenswandel oder Stress erschöpft haben – für Nierenprobleme gibt es viele Ursachen, und dies gilt für alle Erkrankungen. Nehmen Sie die Affirmationen mit Humor, lesen Sie sie wie Tageshoroskope. Betrachten Sie die Organbezeichnungen mehr als Metaphern, das heißt als mögliche Abbilder bestimmter Energiezustände in Ihrem Organismus.

Lungenfreiheit

Zur Raucherentwöhnung. Bei Druck auf der Brust und dem Gefühl, keine Luft zu bekommen, keinen Spielraum zu haben, dem Gefühl der Bedrängnis durch zwischenmenschliche Probleme, der Unfreiheit und des Gefangenseins.

Die Lungen werden in der traditionellen chinesischen Medizin mit dem Gefühl von Freiheit und der Sehnsucht nach Freiheit in Verbindung gebracht. Oft rauchen Menschen, weil sie den »Duft der großen weiten Welt« sich durch den tiefen Zug an der Zigarette hereinzuholen versuchen. So holen sie sich die Luft zum Atmen, die sie im Leben vermissen. Rauchen kann Abstand zum anderen aufbauen und einen eigenen Raum kreieren, indem die Luft mit Rauch »besetzt« wird. Der Rauch setzt Zeichen: Hier bin ich! Lass mich in Ruhe! Lass mich los! Diese Atemübung wird Sie befreien, ob Sie nun Raucher sind, ob Sie sich das Rauchen abgewöhnen wollen oder ob Sie einfach mehr Spielraum und Freiheit in Ihrem Leben verwirklichen wollen.

Legen Sie die Hände nebeneinander – die linke links, die rechte rechts – auf die Brust, so dass die Fingerspitzen des dritten und vierten Fingers das Brustbein berühren; die Daumen liegen an den Achselhöhlen an. Sie stellen sich Ihre Lungen als weiße Flügel vor, die kurz davor sind, zum Flug anzusetzen. Es sind mächtige Flügel, deren Gefieder bis zu den Schulterblättern reicht; Sie können ein leichtes Kitzeln dort spüren. Wenn sich die Brust hebt, um den Einatem einzulassen, dann heben sich die Schulterblätter wie zwei Flügel. Durch den Einatem kommt die ganze Welt zu Ihnen. Die Welt kommt zum Ich, das die Welt empfängt. Durch das starke, ausgiebige und nachdrückliche Ausatmen, das nichts zu verbergen und zurückzuhalten hat, kommt das Ich in die Welt. Lassen Sie den Kiefer sich entspannen, den Atem aus dem halb geöffneten Mund entweichen, und stellen Sie sich vor, Sie sängen in einem russischen Chor mit und schmetterten ein Lied, das von der Weite der Taiga handelt. Dies ist der letzte Ton, in den sich schon der Applaus des Publikums mischt. Sie halten diesen letzten Ton, bis er alle Welt erreicht hat. Das Ich ist in der Welt angekommen. Und nun kommt die Welt erneut zu Ihnen, mit dem nächsten Atemzug. Und so geht es in einem fort, dieser intensive Austausch zwischen Ich und Welt – bis Sie davon überzeugt sind, Ihren Spielraum gefunden und genug Luft und Raum dafür zur Verfügung zu haben.

Lungenzeremoniell

Bei schwachen, anfälligen Lungen, flachem Atem, bei unbewältigter Trauer und unverarbeitetem Abschied. Bei Gefühlen der Stagnation, nicht ans Ziel zu kommen. Bei Verstopfung.

Die Lungen (und der Dickdarm) werden in der Fünf-Elemente-Lehre der chinesischen Medizin im Kreislauf der Entwicklungsphasen, die den Jahreszeiten entsprechen, dem Herbst zugeordnet. Der Herbst ist die Zeit des Abschieds, der Loslösung, das Alte muss losgelassen werden, um dem Neuen Platz zu machen. Das Neue ist jedoch noch nicht in Sicht. Im Herbst beginnt ein Rückzug, der sich im Winter vollenden wird. Der Saft in den Bäumen steigt wieder herab, die Blätter an den Bäumen fallen, die Früchte ebenfalls. Nur so ist es möglich, dass die Früchte von der Erde aufgenommen werden, über den Winter ruhen, um dann im Frühling keimen zu können. Dieser Entwicklungsphase entspricht die Fähigkeit des menschlichen Bewusstseins, Weisheit zu entwickeln – wobei diese Weisheit über das detaillierte Wissen hinausgeht und die großen Zusammenhänge betrachtet. Aus dieser Weisheit ergibt sich Mitgefühl. Wird die Weisheit aber nicht erreicht, dann verdüstert die Trauer über den Abschied das Leben, ein Schatten legt sich auf den Menschen. Es geht darum, Rituale zu finden, die das Loslassen regeln.

Tun Sie ein paar tiefe Atemzüge, füllen Sie Ihre Lungen und lassen Sie die Luft dann wieder ganz aus Ihren Lungen herausströmen. Stellen Sie sich vor, Ihre Lungen seien große weite Räume mit leicht geöffneten Fenstern; eine leichte Brise bewegt die Vorhänge aus weißer Gaze. Es herrscht eine wunderbar gelöste Stimmung bei regem Kommen und Gehen, das sich aber geheimnisvoll-elegant wie ein Tanz vollzieht. Hier sind die Gemächer des weisen Kaisers, der Abgeordnete aus allen Ecken und Enden seines Landes empfängt. Es sind herrliche, geräumige Hallen, die von Licht durchflutet werden. Die Verhandlungen gehen zügig vonstatten, ein Botschafter nach dem anderen tritt vor, um sein Anliegen zu äußern, und zurück, wenn er seine Aufgabe erfüllt hat. Der Austausch zwischen den Verantwortlichen am Hofe und den Stellvertretern der Außenbezirke geht reibungslos vor sich, jeder weiß um seinen Platz und seine Funktion, als handle es sich um ein uraltes Zeremoniell, das diese Vorgänge regelt. Sie sehen diesem Treiben mit Interesse und gleichzeitiger Gelassenheit zu. Nichts ist so wichtig, dass das Zeremoniell gestört werden dürfte. Alles regelt sich von selbst, wenn alles so ablaufen darf, wie es von den weisen Einrichtungen des Kaisers am Hofe vorgesehen ist. Der Kaiser zeichnet sich durch Gerechtigkeit aus, hat aber auch Verständnis für jeden Einzelnen, daher sein Mitgefühl. Er ist tolerant: Nicht umsonst steht er in einer langen Tradition, die sich mit der Weisheit des Kosmos verbunden weiß. Er weiß auch von den großen Zusammenhängen, die Sinn schaffen, wo vorher Unsicherheit und deshalb Verkrampfung herrschte. Er übergibt das Loslassen dem großen Ganzen, das den richtigen Zeitpunkt der Lösung wählt. Lassen Sie das Gefühl von abgeklärter, eleganter und weiser Lebensart sich in Ihrem Körper ausbreiten und vertrauen Sie auf die Auswirkungen der Lösung, die sich ergeben hat, bevor Sie sich dessen bewusst geworden sind.

Magenmeditation

Bei Übersäuerung, Aufstoßen, nervösem Magen, Reizbarkeit, zwanghaftem Denken, Perfektionismus, übertriebenen Zweifeln, Abwehrschwäche, Erschöpfung.

Magen, Bauchspeicheldrüse und Milz werden in der traditionellen chinesischen Medizin der Bewusstseinsfunktion des Denkens zugeordnet. Dazu gehört auch das Grübeln, das Nachdenken, die sorgfältige Berechnung, Vorbereitung und Organisation, aber auch das zermürbende Zweifeln und ein zwanghaftes Anhaften an Gedankensystemen, Theorien und einmal fixierten Ordnungen. Das Denken ist präzise, aber es fehlt oft die Freiheit, neue Gedanken denken zu dürfen. »Magen-Milz-Typen« (es gibt Phasen im Leben, die diesen Typ hervorbringen) neigen zum Wiederkäuen von Dagewesenem und empfinden einen diffusen »Weltschmerz«. Das Leben geht irgendwie an ihnen vorüber, und sie leiden an seiner Vergänglichkeit.
Da das Denken häufig mit beruflichen Aufgaben verbunden ist, liegt die Vermutung nahe, dass zu wenig Auszeiten die Routine unterbrechen und heilsame Anregung in Form von Abwechslung Not täte. Aber gerade dies ist für den Magen-Milz-Typ undenkbar: nämlich jetzt aufzuhören. Und so macht er immer weiter. Störungen der Magen- und Milzfunktionen können den Organismus schwächen und das Gefühlsleben beeinträchtigen. Die Schwermut breitet sich aus, der Zugang zu neuen Möglichkeiten und nötigen Veränderungen ist verbaut.

Legen Sie beide Hände auf den Magen- und Zwerchfellbereich und atmen Sie einige Züge ruhig durch. Lassen Sie Ihren Geist schweifen und gönnen Sie sich einen Moment der Muße. Beobachten Sie gelassen, was Ihr Bewusstsein beschäftigt und welche Gedanken Sie zwingen, sie immer wieder von vorn und von neuem denken zu müssen, als wollten sie Sie besetzen und nichts anderes mehr denken lassen. Lassen Sie alle zwanghaften Gedanken, die Ihnen jetzt in den Sinn kommen, sich dort unter Ihren Händen versammeln und Form annehmen. Sie können sich wie Körner anfühlen oder wie Knoten, die sich bilden, je länger Sie diesen Gedanken Beachtung schenken. Endlich bekommen Sie sie zu fassen, sie werden gepackt und sanft, aber nachdrücklich an unsichtbaren Energiefäden herausgezogen aus dem Magenbereich, bis jeder Druck nachlässt. Durchtrennen Sie die Fäden, die die Verbindung zwischen Ihnen und den Zwangsgedanken aufrechterhalten. Wiederholen Sie diese Meditation, bis Sie sich von allen Zwangsgedanken vorläufig befreit haben. Lassen Sie diese Meditation zu einer Gewohnheit werden und führen Sie sie vor allem nach einer anstrengenden Denkarbeit durch, wenn Sie danach abschalten und sich erholen möchten.

Magensommerlied

Bei Magendruck und Völlegefühl nach dem Essen, gestörten Essgewohnheiten, auch Melancholie und nostalgischer Sehnsucht nach vergangenen Zeiten. Bei Unentschlossenheit und diffuser Bedrückung.

Der Magen (und die Bauchspeicheldrüse) wird in der Fünf-Elemente-Lehre der chinesischen Medizin im Kreislauf der Entwicklungsphasen, die den Jahreszeiten entsprechen, dem Spätsommer zugeordnet. Eigentlich ist es schon ein Nachsommer, die Zeit nach dem Höhepunkt. Das ist die Zeit, in der die Früchte reif werden und ihre besondere Süße entwickeln. Oft herrscht eine Stimmung des Brütens, der Schwere, die Natur scheint sich einzuhüllen in das dunstige Licht, das den Blick unscharf werden lässt und mehr das Ganze umfasst als das Detail. Es entspricht auch dem Lebensalter nach den ekstatischen Höhepunkten sexueller Befriedigung, die Leidenschaften sind in die Ferne gerückt und zu nostalgischen Erinnerungen geworden. Nun ist die Zeit gekommen, die Früchte des Lebens ausreifen zu lassen, so dass sie ihre volle Süße erhalten. Es geht um das Reifen und die Reife im Leben – und es ist möglich, auch dort Reife zu erreichen, wo etwas in der Vergangenheit vernachlässigt, ausgelassen oder übersprungen wurde. Nun kann dies alles nachgeholt und sorgsam bedacht werden.

1. Legen Sie beide Hände dorthin, wo es im Magen drückt. Natürlich kann es auch sein, dass der Druck vom Zwerchfell kommt, das kommt oft vor und wird mit Magendruck verwechselt. Aber in unserem Falle spielt das keine Rolle, denn es geht ganz allgemein um einen Druck, von dem Sie sich mental befreien möchten. Vielleicht haben Sie bislang kein Bewusstsein entwickelt für diesen Druck oder Schmerz oder das Unwohlsein, das von dort ausgeht. Aber bald werden Sie sich bewusst werden, wie dieses Unwohlsein entsteht und wie Sie es von vornherein vermeiden oder zumindest verringern können. Gehen Sie aus von der chinesischen Vorstellung, dass der »Magen« (dazu gehört die Bauchspeicheldrüse) weniger ein medizinisches Objekt und mehr eine psychische Instanz ist und eine Bewusstseinsfunktion hat. Im Magen beginnt die Verdauung, und dies geschieht nicht nur auf physischer, sondern auch auf psychischer und spiritueller Ebene.
2. Legen Sie nun beide Hände beruhigend dorthin, wo Sie sonst vielleicht eine Wärmflasche platziert hätten, und genießen Sie die Wärme, die durch Ihre Hände dorthin geleitet wird. Führen Sie Wärme und Ruhe in den Verdauungsbereich – was vielleicht bei allzu schnellem Essen oder belastenden Gedanken, die unverdaulich sind, schwer fallen mag. Falls der Druck nicht nachlässt, können Sie die Haut, die

sich über Ihrem Magen und Zwerchfell befindet, wie ein Stück Fell greifen und leicht vom Körper wegziehen. Auch wenn sich kein Fett abgelagert hat, sollten sich doch Hautgewebe und Muskeln greifen lassen, ansonsten deutet dies auf eine Verspannung hin.

3. Spüren Sie in diesen Zwischenraum, der sich ergeben hat, atmen Sie dorthin, um den Raum weiter, das Gewebe weicher werden zu lassen. Der Kontakt der Hände mit dem Magen schafft jene Wärme, die Sie brauchen, um nachzureifen, vielleicht nachträglich noch zu verdauen, was als unverdaulich im Magen lag. Stellen Sie sich ein sonnig warmes Gelb vor, das dorthin gelenkt wird und Sie von der Schwermut befreit, stellen Sie sich vor, wie eine milde Sonne die Schwermut austrocknet und Sie leicht und heiter werden lässt. Sie haben alle Zeit der Welt, sich in voller Reife auszubreiten und durch die Kraft Ihrer Lebenshaltung die Süße in sich zu entwickeln, die Sie bisher draußen in der Welt vergeblich gesucht haben.
4. Lassen Sie die Hände ein wenig Abstand von der Körperoberfläche gewinnen, gerade genug, um einen Zwischenraum zu schaffen. Der Magen ist ein Vermittler, und die Stelle der Vermittlung ist nun geöffnet, es geht wieder durch, wieder weiter. Atmen Sie in diesen Zwischenraum, den Sie durch Ihre Phantasie geschaffen haben, und begeben Sie sich hinein – hier ist der Ort, an dem Sie einfach da sein können, ohne etwas Besonderes darstellen oder tun zu müssen.

Mens sana in corpore sano

»In einem gesunden Körper wohnt ein gesunder Geist« – dieses häufig gebrauchte Zitat geht auf den römischen Dichter Juvenal zurück und heißt eigentlich »Orandum est ut sit mens sana in corpore sano«: Es wäre zu wünschen, dass in einem gesunden Körper auch ein gesunder Geist stecken möge. Das klingt doch ganz anders. Juvenal meinte diesen Ausspruch als Kritik, als Satire. Schon damals scheint Körperkult nicht unbedingt mit geistiger Kultur in Einklang gewesen zu sein, wenngleich der griechische Arzt Hippokrates meinte, ein weiser Mensch solle bedenken, dass die Gesundheit sein höchstes Gut sei, und kraft seines eigenen Verstandes lernen, aus einer Krankheit Nutzen zu ziehen. Der Nutzen, von dem hier die Rede ist, betrifft das Lernen, das sich aus der Krankheit ergeben kann. Aber die Vorstellung, Gesundheit als höchstes Gut und Krankheit als Chance zu einer bereichernden Lernerfahrung einzuschätzen, wird vielleicht zunächst befremden, weil Gesundheit und Krankheit in der westlichen (christlichen) Tradition oft als etwas postuliert wird, das ausschließlich durch das Schicksal bestimmt ist.

Mentaltraining

Die Theorie zur Praxis der mentalen Hausapotheke.

Die *mentale Hausapotheke* gibt Ihnen Übungen an die Hand, die auf der Fähigkeit der Vorstellung, der Kombination von Vorstellungen, dem Vergleich und der Unterscheidung zwischen Vorstellungen und der Einschätzung von Auswirkungen von Vorstellungen (Gedanken, Gefühlen) auf den körperlichen Zustand beruhen. Insofern setzen diese Mittel die Lust am Denken voraus. Es sind keine fertigen Rezepte. Sie müssen im Geist erst »angerührt« und hergestellt werden. Dies hat den Vorteil, dass die Mittel dann auch wirklich nach Ihrer Vorstellung sind. Das Wort »mental« leitet sich vom Lateinischen ab, von *mens* (Verstand, Geist, Sinn, Denktätigkeit, Denkart, Gedanke, Vorstellung) und *mentalis* (geistig, in Gedanken, in der Vorstellung vorhanden), und lässt sich auf die indogermanische Wurzel *men-* zurückführen. Diese Wurzel ist im lateinischen *mentiri* enthalten, das ebenso »dichten« wie »lügen« bedeutet (davon stammen unser »Dementi« und »dementieren« ab). Sprache und Denken sind also eng verbunden; selbst die Mentalität als grundlegende Betrachtungsweise der Welt beinhaltet ein ganzes Bündel von Erfahrungen, Gefühlen und Gedanken. So kann man sich jede noch so unbewusste Sinnes- oder Geistesart durch Infragestellen und Nachfragen bewusst machen; dies ist vor allem bei ungeprüft übernommenen Vorurteilen von entscheidender Wichtigkeit: Wir haben uns ein bestimmtes Bild von uns gemacht oder von anderen, z. B. von unseren Eltern, übernommen, und richten unser Leben danach aus.

In der Domäne des Mentalen, des Bewusstseins, findet die Unterscheidung zwischen Gedanken, Meinungen, Wünschen, Erwartungen, Absichten, Erinnerungen, Gefühlen, Stimmungen, Empfindungen statt. Wo unterschieden werden kann, ist es auch möglich, Unterschiede zu vertuschen, darüber hinwegzugehen und sie nicht wahrhaben zu wollen. Die Wahrnehmung ist mental beeinflusst; hier entstehen die Lebenslügen. Der Körper hingegen kann nicht lügen. Im Gegensatz zu den mentalen Phänomenen unterliegen körperliche Erscheinungen wie Herztätigkeit, Stoffwechselvorgänge und andere autonome Funktionen des Organismus nicht unserer direkten Kontrolle, können aber durch ihre Verbindung mit den entsprechenden mentalen Vorlagen der inneren Bilder indirekt beeinflusst werden. Genau hier setzt das mentale Gesundheitstraining an. Je deutlicher Sie sich Ihrer Vorstellungen und inneren Bilder bewusst werden und sie entsprechenden körperlichen Befindlichkeiten zuordnen können, desto mehr Kontrolle erhalten Sie über ebendiese.

Es geht um die Bewusstmachung der Innerlichkeit, die im Sinne eines gesunden Gleichgewichts stabilisiert werden soll. Dieser Innerlichkeit werden Aspekte wie Subjektivität, Privatheit im Gegensatz zu Öffentlichkeit (die eigene Meinung, das eigene Erleben im Gegensatz zur allgemeinen und öffentlichen Meinung) und Intentionalität (dazu gehören Gedanken, Meinungen, Absichten, Wünsche) zugeordnet. Intentionalität bedeutet Zielgerichtetheit des Handelns. Auch Gefühle können auf ein Ziel ausgerichtet sein, wenn sie einen bestimmten Zweck verfolgen und durch diesen Zweck bestimmt sind, so etwa Rachegefühle. Rachegefühle sind darauf ausgerichtet,

Rache auszuüben, und sie haben die Aufgabe, den Menschen immer wieder neu zur Rache zu motivieren. Sie halten die Erinnerung an das, was Grund zu den Rachegelüsten gegeben hat, aufrecht.

Bewusstsein ist immer Bewusstsein von etwas, so gilt es zumindest für die westliche Bewusstseinsstruktur – die der östlichen Einsicht in das Vorhandensein von erlebbarer Leere, von Energie ohne Form, entgegengesetzt ist. Je nachdem, wie das Bewusstsein eingefärbt, wie es intentional ausgerichtet ist, folgt der Körper in seiner Befindlichkeit dem Form gebenden Prinzip der Lebensenergie, die ihren Ausdruck sucht. Während im Osten die Befreiung von solchen Form gebenden Faktoren gesucht wird, geht es im Westen bei der geistigen Heilung um Versöhnung, Vergebung und Erlösung, so dass das Bewusstsein frei wird für neue Inhalte, die den Körper zu gesünderen Ausdrucksmöglichkeiten anregen. Statt Befreiung wird Verwandlung angestrebt. Es geht im Westen insofern immer um Mentalität, als anerkannt wird, dass der Mensch, solange er lebt, im Spielraum seiner mentalen Vorstellungsgebilde bleibt. Intelligent leben heißt, mit den Wahlmöglichkeiten der eigenen Einstellungen so umzugehen, dass diese dem Gesamtwohl (des eigenen Organismus als lebendem System oder auch des Systems, innerhalb dessen ein Mensch lebt) dienen.

Es gibt bestimmte Gefühle und Gedanken, die sich als ungesund erwiesen haben. Hass macht hässlich, Kränkung macht krank. Gesundheit ist auf eine Mentalität angewiesen, die mit Hassgefühlen und Kränkungen so umgeht, dass keine Schäden zurückbleiben. Dabei hilft die Antizipation als Fähigkeit, vorzudenken und mögliche Mentalitäten auf ihre soziale Verträglichkeit hin auszutesten. Phantasie als die Fähigkeit, auch willkürlich Vorstellungen (Einbildungen) zu erzeugen, ist ein Spezialfall der Einbildungskraft, welche ihrerseits nach Kant definiert wird als »das Vermögen der Anschauung auch ohne Gegenwart des Gegenstandes«. Die anthropologische Bedeutung der Phantasie besteht darin, dass sie die strikte Zeitgebundenheit des Menschen in gewissem Sinne aufhebt: In der

Phantasie ist der Mensch nicht mehr ausschließlich an die Welt der jeweiligen Gegenwart und der sich in ihr präsentierenden sinnlichen Realität gebunden; vielmehr erreicht der Intellekt dadurch eine neue Dimension der Freiheit, dass er sich imaginativ seine eigene Vorstellungswelt als Vorstellungsgegenwart erschafft. Nur der Mensch kann so tun, als ob. Wie aber kann er mental zu seiner Gesundheit beitragen?

1. Durch die Wahrnehmung von Feedbacks

Der Mensch erhält genügend Feedback von seinem Organismus, um über seinen körperlichen Zustand informiert zu sein. Es geht nicht um eine Übersensibilisierung oder eine exzessive Selbstbeobachtung, die nichts anderes mehr beachtet als die eigenen Belange. Es geht auch nicht um eine Haltung der Überängstlichkeit oder Besorgtheit. Der Mensch weiß aufgrund seiner Wahrnehmung, was ihm gut tut und was nicht. Zwar hat er die Instinktsicherheit eines Tieres verloren, aber unter allen Stimmen, die seinen inneren Kommentar ausmachen, gibt es mindestens eine, die ihm Rückmeldungen über seine Gesundheit gibt. Er kann auf die Botschaften des Körpers eingehen oder auch nicht. Die Signale des Körpers nicht zu beachten heißt, die menschliche Fähigkeit der Wahrnehmung nicht zu nutzen und sich der Realität zu verschließen. Es kann aber auch heißen, dass ein mentales Programm der Selbstzerstörung am Werk ist und das Interesse an der eigenen Gesundheit überlagert. Die Wahrnehmung ist selektiv und nimmt nur das wahr, was sie wahrhaben will.

2. Durch Antizipation von Feedbacks (Feedforward)

Der Mensch kann sich die Konsequenzen seines Verhaltens ausdenken und darauf antworten, das heißt Verantwortung dafür übernehmen. So kann er sich etwa ein Leben als Alkoholiker (Raucher etc.) ausmalen und ein Gegenbeispiel als Nichtalkoholiker (Nichtraucher etc.) entwerfen. Er kann bestimmte

Richtlinien für sein Trinkverhalten (Raucherverhalten) aufstellen und sich an diese Maßstäbe halten. In seiner Phantasie kann er sich die Folgen dieser grundsätzlichen Entscheidung für die eine oder andere Richtung bildhaft vor Augen führen und die Folgen der Folgen bedenken. Er kann jederzeit aufgrund seiner Entscheidungsfähigkeit und Wahlfreiheit die Karriere wechseln, als würde er einen Beruf wechseln. Er kann aus schon gemachten Erfahrungen lernen und das Gelernte auf die Zukunft übertragen. Oft ist aber die negative Karriere der Selbstzerstörung attraktiver als die des Selbsterhalts, und das ist das eigentlich Krankmachende am Suchtverhalten.

3. Durch Kenntnis von Faktoren und Strukturen

Jedes Verhalten hat seine eigene Struktur. Ein Suchtverhalten z. B. ist gekennzeichnet durch das Zusammenkommen bestimmter Faktoren. Der Mensch kann aufgrund seiner mentalen Fähigkeiten zur Kombination einschätzen, was zum Alkoholismus gehört, welche Elemente zusammenkommen müssen, um ihn in dieser Richtung zu gefährden. Vielleicht gibt es eine genetisch vererbte Disposition, vielleicht ist er in seinem Beruf extremem Stress ausgesetzt, vielleicht lebt er allein und trinkt sich unbemerkt von anderen in die Abhängigkeit hinein. Vielleicht befindet er sich in Krisen oder Phasen, in denen sich Trinken als Lösung der Probleme anbietet. Es gibt genug Informationen darüber, es mangelt nicht an Aufklärung. Die Kenntnis von Gefahrenfaktoren erlaubt es, bestimmten gefährdenden Tendenzen rechtzeitig entgegenzuwirken.

4. Durch Kenntnis von Sequenzen

Jedes Verhalten verläuft als Handlungsabfolge, als ein Nacheinander von einzelnen Schritten. Besonders Gewohnheits- und Suchtverhalten ist gekennzeichnet durch die geradezu rituell streng eingehaltene Ordnung von Zuerst und Später, Vorher und Nachher, Davor und Danach. Der Mensch kann aufgrund seiner mentalen Fähigkeiten einzelne Schritte als Abfolge erinnern und erkennen, wann ein solches Gewohnheits- oder Suchtverhalten aktiviert worden ist bzw. sich in seiner Reihenfolge abzuwickeln droht, wenn nicht durch Gegensteuerung ein Stopp den Richtungswechsel veranlasst.

5. Durch Selbstheilungskräfte

Diese Kräfte allerdings sind nicht direkt an den Willen und die vernünftige Einsicht gekoppelt. Oft stören die mentalen Fähigkeiten eher, als dass sie helfen. Eine Mentalität, die keinen Sinn hat für etwas, das sich rational nicht erklären lässt, tut sich z. B. mit Spontanheilungen schwer. Aber nicht nur seit dem Zeitalter des Rationalismus verhält es sich so – der Placebo-Effekt wurde schon sehr früh eingesetzt, um Heilung ohne Verabreichung konkreter Heilmittel zu bewirken. Bei der Placebogabe wird dem Unbewussten vorgegaukelt, dass die Ursache der Wirkung (Heilung oder zumindest Besserung) außen liegt, nämlich in der Tablette oder Injektion. Das Unbewusste löst dann die erwartete Reaktion aus. Auch der Medizinmann oder Schamane greift zu solchen Strategien: Z. B. saugt er seinem Patienten das Übel, das sich in Form von Kieseln oder Insekten oder anderen »Fremdkörpern« in dessen Körper befindet, ab und spuckt es aus, so dass es für alle sichtbar wird. Der Patient gesundet aufgrund der Suggestion, dass das Übel entfernt wurde. Tatsächlich sind Schamanen großartige Schauspieler, was ihre Leistung nicht vermindert. Sie tun so, als ob sie saugen würden, aber was sie ausspucken, ist das, was sie vorher unbemerkt in den Mund nahmen.

6. Durch die Fähigkeit, Heilung inszenieren zu können

Hier allerdings stoßen wir auf die größten Widerstände, denn ein Placebo wirkt so lange, bis der Patient in Kenntnis gesetzt wird, dass es »nur« seine Einbildungskraft war, die ihn heilte. Durch die Überbetonung einer »objektiven«, nachprüfbaren und rational erklärbaren Wahrheit und die Ausblendung von inneren Wahrheiten, die nur an ihren Auswirkungen überprüft werden können und Privatsache sind, wird die Bedeutung des subjektiven Sinns unterschätzt. Wenn etwa der subjektive Sinn sich durch religiösen Glauben oder eine spirituelle Haltung herstellt, dann kann sich Heilung aufgrund der Kraft des Glaubens allein eher einstellen als bei einer rigorosen Ablehnung alles Subjektiven. Der Sinn, den die Heilung für einen Menschen ausmacht, motiviert ihn, sich den eigenen unbewussten Heilungskräften zu überlassen. Dies setzt voraus, dass für eine Weile sowohl rationales Wissen wie auch der eigene Wille ausgeschaltet wird, und es bewirkt einen veränderten Bewusstseinszustand, der einen außergewöhnlichen Kontakt zum Unbewussten herstellt. Diese positiven Trancezustände werden durch Hypnose oder Selbsthypnose erreicht. Jeder kann lernen, in Trance zu fallen, aber nicht jeder will es.

7. Durch die Nutzung von Sprache für heilende Suggestionen

Sprache beschreibt nicht nur, sondern verzaubert. Sprache kann nicht nur Wirklichkeiten »objektiv« abbilden im Sinne einer wirklichkeitsgetreuen Wiedergabe, sondern auch subjektive Innenwelten erforschen, erfinden oder wiederfinden. Durch Sprache bringen wir uns in Erinnerung, was als Potenzial darauf wartet, aktiviert zu werden. Wir erinnern uns unserer Kräfte und Möglichkeiten. Manche sagen, es sei kein Finden, sondern Erfinden. Im Verbund mit der Gabe der Einbildungskraft können wir Heilung evozieren und provozieren, und zwar durch die Macht der Worte, die eine verzaubernde Wirkung haben. Der Begriff der »semantischen Reaktion« (nach Graf Korzybski) bedeutet, dass alle Worte, soweit sie verstanden werden, unmittelbar und unwiderruflich eine Reaktion auslösen. Sprache setzt Reize – sie kann verletzen, kränken, aber auch heilen. Das Herausfinden von sprachlichen Formulierungen, die die Heilung fördern, ist eine der Hauptaufgaben innerhalb der Selbsthypnose, die mit »Zauberformeln« in Form von posthypnotischen Suggestionen (das heißt suggestiven Anweisungen, die auch nach der Hypnose wirken, nämlich immer dann, wenn ein problematischer Kontext auftaucht) arbeitet. Übrigens ist das Märchenerzählen eine der ältesten Formen der Wissensvermittlung, und es richtet sich nicht nur an Kinder. Umgekehrt lässt sich mit Kindern hypnotisch arbeiten, sobald sie zu sprechen gelernt haben und einen genügend großen Wortschatz besitzen, um heilende Botschaften zu verstehen.

In der *mentalen Hausapotheke* geht es um die Aktivierung eines Heilungspotenzials, das in jedermann schlummert und aktiviert werden kann, und um zwei grundlegende Aktivitäten:

- herausfinden, was gut tut
- bewirken, was gut tut.

Einmal ist man in der Rolle des »Mediums«, das herausfindet, wie es um den Menschen steht und was sich unter der Oberfläche des Sichtbaren abspielt, und das andere Mal ist man in der Rolle des »Magiers«, der die Heilung bewirkt. Bei manchen Menschen ist mehr die eine Seite, bei anderen die andere Seite ausgebildet. Auch hier aber wäre ein Gleichgewicht beider Fähigkeiten und Aktivitäten ideal.

Muskeltest

Zum Testen der eigenen semantischen Reaktion (die Reaktion auf ein bestimmtes Wort oder einen Satz).

Der Muskeltest, der in der alternativen Medizin angewandt wird, um die Wirksamkeit bestimmter Präparate und Mittel (z. B. in der Homöopathie) für einen bestimmten Patienten auszutesten, beruht auf der Idee, dass ein Muskel mehr Kraft aktivieren kann, wenn die betreffende Person an etwas denkt, das »wahr« ist und das sich »gut« für den Gesamtorganismus anfühlt. Es wird davon ausgegangen, dass die Muskelkraft abnimmt, wenn die Person an etwas denkt, das nicht stimmt oder für die Gesundheit nicht förderlich ist. Sie können den Test überprüfen, indem Sie einen falschen Namen nennen und die Widerstandskraft Ihres ausgestreckten Arms vergleichen mit der Kraft, die bei der Nennung Ihres richtigen Namens entwickelt wird.

Wenn Sie einmal ein Gefühl für den Test bzw. die feinen Unterschiede in der Muskelaktivität bekommen haben, können Sie den Test allein machen, später sogar auch ohne den Arm auszustrecken: Allein der Gedanke und die feine Reaktion in der körperlichen Befindlichkeit reichen aus, um Ihnen Aufschluss darüber zu geben, wie etwas auf Sie wirkt. Dieser Test erhält für den Laien seinen Wert durch die Möglichkeit, antizipierende Gedanken – »Wie werde ich mich fühlen, wenn ich dieses Stück Sahnetorte zu Ende esse?« – auf ihre Auswirkung hin zu überprüfen, also die Feedforwards der Antizipation (die antizipierten Feedbacks) nicht nur gedanklich und gefühlsmäßig, sondern konkret körperlich abzurufen. Am Anfang aber ist es besser, mit einem Partner zusammen zu üben. Sie werden erstaunt sein, wie diese simple Vorgehensweise Ihnen das Zwiegespräch mit Ihrem Körper erleichtert und welche einschneidenden Veränderungen in Bezug auf Ihre Lebensgestaltung sich daraus ergeben werden.

Die Anwendung des Tests

- Beginnen Sie mit einer offensichtlichen Lüge. Sagen Sie einen falschen Namen, verpackt in einen kurzen Aussagesatz (einer so genannten Affirmation), also »Ich bin XY«, und testen Sie die Widerstandskraft des ausgestreckten Arms, der von Ihrem Partner sanft heruntergedrückt wird. Um den Unterschied zu erfahren, sagen Sie nun Ihren richtigen Namen, wieder in eine Aussage verpackt, und testen die Kraft, die der Muskel aufbringt, um nicht heruntergedrückt zu werden. Achten Sie jedoch darauf, dass Sie keine zusätzliche Muskelkraft aufwenden. Es geht hier nicht um Krafttraining! Bald werden Sie ein Gespür dafür bekommen, dass es eine Kraft in den Muskeln gibt, die wie pure Energie durch sie hindurchfließt und sie nährt, so dass sie ohne besondere Mühe und Anstrengung in Position bleiben können, während Druck (der von Ihrem Partner ausgeübt wird) von außen auf sie wirkt. Die Kraft der Wahrheit kann eine solche Wirkung erzielen. Was für Sie »Wahrheit« ist, können Sie mit diesem Test ebenfalls herausfinden, indem Sie Ihre subjektive Reaktion testen. Für viele Menschen reicht die Wahrheit des richtigen oder falschen Namens nicht aus, um eine maximale Aktivierung dieser besonderen Kraft herauszufordern.

- Der Name macht unsere äußere, öffentliche Identität aus: Er steht z. B. im Pass. Oft weicht er von dem Namen ab, mit dem wir uns wirklich gemeint fühlen. Kosenamen aus der Kindheit können eine viel größere »Wahrheit« besitzen als die im Pass vermerkten Namen. Wahrheit erweist sich in diesem Zusammenhang als eine subjektive Wirklichkeit, die von der öffentlichen, objektiven durchaus abweichen kann. Innerhalb der medizinischen Behandlung spielt es eine große Rolle, sich einerseits mit den objektiven Ergebnissen der Untersuchung zu konfrontieren und sie nicht zu verdrängen, sie also wahrzunehmen und wahrhaben zu wollen. Andererseits gibt es eine andere Wahrheit, eine andere Wirklichkeit, die nur Sie allein kennen. Auch diese Wahrheit ist wichtig, weil alle subjektiven Empfindungen, basierend auf Reaktionen und dadurch ausgelösten Impulsen, Ihre ganze Subjektivität, Ihre inneren tiefsten Entscheidungen (z. B. gesund zu werden oder gesund zu bleiben), Überzeugungen und Glaubensinhalte, Urteile und Vorurteile, die Grundlage Ihrer Einstellungen und Lebenshaltungen Sie als Subjekt ausmachen, und weil es um Sie als Subjekt geht. In der medizinischen Betreuung sind Sie selbst beteiligt, als Subjekt, nicht als Objekt – obwohl es manchen Ärzten und vielen Patienten immer noch so erscheinen mag. Finden Sie nun etwas, durch das Sie sich als Subjekt erfahren, finden Sie einen Kosenamen, bei dessen Nennung Ihnen warm ums Herz wird. Finden Sie dann einen Namen, mit dessen Nennung Sie unangenehme Erinnerungen verbinden. Für viele ist das der Name, unter dem Sie von einem strengen Lehrer aufgerufen wurden. Testen Sie den Unterschied in der Auswirkung auf Ihren ausgestreckten Arm.

- Testen Sie Worte. Beginnen Sie mit dem Wort Ja. Wie wirkt sich das Jasagen auf Ihre Muskeln aus? Sie werden einwenden, dass es viele Arten gibt, ja zu sagen. Und es gibt viele verschiedene Zusammenhänge, in denen ein Ja sehr unterschiedliche Bedeutungen annehmen kann. Probieren Sie verschiedene Arten und Zusammenhänge aus und notieren Sie die Vielfalt Ihrer Ergebnisse. Bald werden Sie ein Experte für die Komplexität des Ja werden. Dies hilft Ihnen, sich selbst besser kennen zu lernen. Es hilft Ihnen aber auch, andere Menschen zu verstehen. Sie werden durch die Beobachtung Ihrer Muskelverhältnisse einen Blick dafür entwickeln, wann Menschen das Ja wirklich meinen und es aus ganzem Herzen sagen, und wann es halbherzig geschieht, innere Widerstände übergeht oder nur eine gedankenlose Floskel ist. Sie können mit Fragen beginnen, die relativ objektiv zu beantworten sind, so etwa die Frage nach dem Wetter. Gibt es heute blauen Himmel? Sie blicken hinaus, sehen den blauen Himmel, und sagen ja. Scheint die Sonne? Sie blicken hinaus, sehen, dass es regnet, sagen trotzdem ja und testen Ihre Reaktion. So pendeln Sie zwischen Wahrheit und Lüge hin und her und bekommen immer mehr ein Gefühl dafür, wie sich das eine und das andere auf Sie auswirkt. Nun schreiten Sie fort und stellen Fragen, die nur subjektiv beantwortet werden können. Fragen Sie sich, ob Ihnen etwas angenehm ist, und antworten Sie probeweise mit Ja. Wie ist die Reaktion? Kommt sie aus ganzem Herzen oder haben Sie ein leichtes Zögern, Stutzen, ein Zurückhalten bemerkt? Fragen Sie sich, ob eine bestimmte Entscheidung richtig ist. Fragen Sie sich, ob ein bestimmter Plan Erfolg verspricht. Fragen Sie sich, ob Sie einer bestimmten Person vertrauen können. All diese Fragen betreffen noch die Ebene persönlicher Einschätzungen, Vorlieben und Abneigungen, Verhaltensmuster und Gewohnheiten. Es ist die Hülle des Charakters, die den Kern Ihres Wesens umgibt. Nun aber kommen Sie zu wesentlichen Fragen, die Sie möglichst allgemein stellen sollten. Ihr Inneres antwortet auf Ihre Fragen spontan, »naiv« und unvoreingenommen. Stellen Sie nun Fragen, die in der Form von Aussagesätzen (Affirmationen) gefasst sind, z. B. »Ich liebe das Leben« oder »Ich fühle mich in der Welt zu Hause« oder »Gott liebt mich«. Dieser letzte Satz etwa wird monoton vom Vorsänger verschiedener religiöser Gemeinden wiederholt und von der Gemeinde beantwortet mit der Formel: »Ja, so ist es.« Diese monotone Wiederholung des Zwiegesprächs zwischen Prediger und Gemeinde bewirkt eine Steigerung des momentanen Körpergefühls mit einer ungewöhnlichen Intensität, bis hin zu tiefen Trancen und Zuständen der Ekstase. Die körperliche Befindlichkeit der Gläubigen verändert sich drastisch – was für die Zuhörer einer Predigt in unseren Breitengraden wahrscheinlich eher die Ausnahme ist. Aber auch das Amen bedeutet »Ja, so sei es« und drückt eine grundlegende Bejahung aus. Testen Sie an sich selbst, wie das Amen bei Ihnen ankommt. Finden Sie gegebenenfalls eine Alternative zu diesem Wort, finden Sie ein Ja, das dieselbe Bedeutung wie »Amen« hat, aber anders klingt. Finden Sie Ihre eigenen Worte, die eine grundlegende Bejahung des Lebens nicht nur ausdrücken, sondern auch bewirken.

- Erfahren Sie den Kraftstrom des Ja körperlich, indem Sie das Ja als Strom durch Ihre Muskeln fließen lassen. Diese Kraft wird z. B. auch in den östlichen Bewegungs- und Kampfsporttechniken (des Aikido etc.) eingesetzt. Je mehr Sie zu sich selbst ja zu sagen lernen und dabei die tiefste Ebene Ihres Daseins in Resonanz versetzen, desto mehr nähern Sie sich Ihrem Wesen und finden schnell heraus, was im Leben für Sie wesentlich ist. Unwesentliches können Sie dann ebenso schnell ausmustern – dies ist eine wichtige Voraussetzung für die Ausscheidungsvorgänge sowohl in Ihrem

Körper als auch in Ihrem Gefühlsleben und Ihrer Mentalität. Sie lernen, sehr schnell auf den Punkt zu kommen und sehr klar einen Punkt zu machen. Sie durchschauen sich selbst und andere Menschen.

Muskeltoner

Bei Muskelkrämpfen, allgemeiner Neigung zur Verkrampfung, mangelnder Feinmotorik, aber auch bei Antriebsschwäche und Schlaffheit.

Muskeln arbeiten in Gruppen zusammen, wobei das reibungslose Zusammenspiel von Protagonist und Antagonist die Feinabstimmung bewirkt. Die Anmut einer Bewegung ergibt sich aus der Feinmotorik, die nicht nach dem Schema des Entweder-oder funktioniert, sondern aus dem nuancenreichen Übergang eines Zustandes in den anderen besteht. Das Üben dieser Übergänge ist möglich. Hier eine Kurzfassung.
Stellen Sie sich vier Zustände vor, wobei diese Zustände sowohl psychischer als auch physischer Natur sind. Es handelt sich also um Stimmungen und Emotionen und gleichzeitig um bestimmte Zustände, in denen Sie sich körperlich befinden. Diese Zustände lassen sich an dem Grad der Anspannung oder Entspannung der Muskeln messen. Das deutsche Wort »Ton« leitet sich aus dem lateinischen *tonus,* »Spannung«, und dem gleichbedeutenden griechischen *tonos* ab. Stellen Sie sich also vor, Sie hätten vier Grundtöne, mit denen Sie Ihre Muskeln stimmen können wie die Saiten eines Instruments. Verbinden Sie die Vorstellung von Klängen mit Farben und begeben Sie sich kurz in jede dieser Phasen, die als Stimmung vorherrschend ist, während alle anderen Töne mitschwingen.
Beginnen wir im Ruhezustand, der mit dem Bild einer Schale verbunden ist, einen tiefen Grundton und eine dunkle warme Farbe hat, vielleicht ein Nachtblau, das ins Violett übergeht. Stellen Sie sich nun vor, am Nachthimmel kündige sich der Morgen mit einem grüngelben Streifen am Horizont, dann mit

einem flammenden Feuerstreif in Orange an. Ihre Muskeln bekommen Lust darauf, die Aktivität einer zielgerichteten Bewegung (zum Beispiel aus dem Bett zu springen) zu koordinieren, und diese Aktivität bringt die Energie nach vorn, in den »Angriff«. Sie können diese aggressive Energie positiv nutzen, indem Sie die Dinge anpacken, die getan werden müssen. Diese Energie ist jedoch von kurzer Dauer, ähnlich wie beim Sprinten erschöpft sie sich schnell, weil sie auf ein nahes Ziel gerichtet ist.

Nun kommt es darauf an, die Flamme der Begeisterung überzuleiten in das Tageslicht, das die Weite des Himmelsgewölbes ausfüllt. Diese Phase ist bestimmt durch Kontrolle, denn nur durch Kontrolle können Sie die Energie halten und so einen längeren Bewegungsablauf durchhalten. Im klassischen Tanz wäre dies der Spitzentanz – eine meisterliche Leistung, bei der alle Muskeln sich aufeinander abstimmen müssen, um die schwer erkämpfte Leichtigkeit des scheinbaren Schwebens zu gewährleisten. Die Tänzerin muss sich selbst in einen Zustand der Leichtigkeit bringen, sonst wirkt alle Mühe wie ein Krampf und überträgt sich als solcher unangenehm auf die Zuschauer. Ein heller, silbern hoher Klang, ein ungetrübtes strahlendes Himmelblau trägt Sie durch diese Belastung, die auch nur begrenzt ist.

Genauso wichtig wird nämlich nach vollbrachter Leistung das Herunterschalten der Muskeln auf einen Zustand der Entspannung. Lassen Sie die Anspannung an sich abtropfen in Form vieler silbrig glänzender Perlen. Eine Restspannung ist immer vorhanden, denn ähnlich wie die Kohäsionskräfte bei der Formung noch so formloser Elemente – etwa des Wassers – mitspielen und die Gestalt der Tropfen bedingen, so gibt es auch in Ihnen eine Grundspannung, die garantiert, dass Sie nicht auseinander fallen und »aus dem Leim« gehen, wenn Sie sich nun entspannen wollen. Sie können sich gehen lassen, ohne sich zu verlieren. Vielleicht hilft Ihnen die Farbe eines kühlenden Türkis, sich ein wenig von sich selbst zu distanzieren und die Dinge sein zu lassen, wie sie sind. Sie wissen: All diese

Tropfen werden sich wieder sammeln. Dafür steht die Schale, Ihr Ausgangspunkt, bereit. Jede Nacht sammeln Sie sich auf diese Weise, und auch während des Tages gibt es in vielen Momenten die Möglichkeit, kurz abzuschalten, sich eine Auszeit zu nehmen und zu entspannen, um danach wieder ganz da und fit zu sein.

Sie können sich diese Phasen auch als einen ständigen Übergang zwischen Ich-Nähe und Ich-Ferne vergegenwärtigen. Sie bleiben Sie selbst, Sie bewahren sich ein Gefühl für Ihr Ich, aber manchmal sind Sie mehr damit identifiziert und manchmal eher davon entfernt. In den Phasen der Aktivität brauchen Sie das Ich, das den Willen lenkt, auf ein Ziel richtet, etwas erreicht, dann Kontrolle und Verantwortung übernimmt. Sie sind jetzt voll da, ganz gegenwärtig und dabei. Ebenso wichtig ist es, nach diesen Phasen des Elans, der Kontrolle und Verantwortung auch wieder das Zepter abgeben zu können. Dann können Sie sich weit oder sehr weit weg fühlen, in Trance gehen. Sie tanken dabei auf, wenn Sie sich selbst von außen oder aus der Ferne sehen, Sie gewinnen Abstand und dadurch wichtige Einsichten; außerdem hat dies eine beruhigende, lindernde Wirkung.

Nutzen Sie dieses Schema der vier Phasen für den Wechsel zwischen Aktivität und Passivität, zwischen Ausdruckskraft einerseits und Aufnahmebereitschaft andererseits, zwischen Leistungswille und Hingabe. Es ist wichtig, sich immer wieder klarzumachen: Es geht nicht um ein starres Entweder-oder. Es ist wie bei einem Ölgemälde der Impressionisten – alle Farben spielen ineinander; oder wie bei einem virtuosen Klavierspiel: Die einzelnen Töne verschwimmen ineinander. Sie müssen sich also nicht für ein Entweder (Ich bin ganz entspannt) oder sein Gegenteil (Ich bin total konzentriert) entscheiden. Sie müssen nur üben, das Angemessene im richtigen Augenblick zu tun. Lernen Sie durch geduldiges Üben, ein Fingerspitzengefühl für die Dynamik der Übergänge zu entwickeln, so dass Sie auf der Klaviatur Ihrer Stimmungen und Befindlichkeiten spielen können.

Nacken frei!

Bei Nackenverspannungen und Kopfschmerzen.

Sicher kennen Sie das Gefühl: Etwas sitzt Ihnen im Nacken. Schon wenn Sie dies lesen, meldet sich die somatische Reaktion. Sie erkennen dieses Gefühl, weil es weit verbreitet ist und jeden einmal trifft. Aber das Bewusstsein darüber, eine Wahlmöglichkeit zu haben, um diesem unangenehmen Gefühl abzuhelfen, ist weniger verbreitet. Versuchen Sie also dies:

1. Stellen Sie sich vor, in Ihrem Nacken liege ein Geheimnis verborgen. Nur Sie können dieses Geheimnis lüften. Es hilft nicht zu wissen, welcher Muskel verspannt oder welcher Nerv durch welchen Halswirbel gequetscht worden ist – Sie selbst sind des Rätsels Lösung. Und um das Rätsel zu lösen, müssen Sie sich dem Märchen anvertrauen, in dem das Wissen um das Rätsel entstanden ist. Es ist das Rätsel um den »goldenen Blick der Jadekröte«. Laut chinesischen Vorstellungen wohnt die Jadekröte im Nacken.
2. Sie wissen selbst, welchen Druck bestimmte Situationen auf Sie ausüben und wie schwer es ist, bei solchem Druck nicht den Kopf hängen zu lassen oder sich der Illusion hinzugeben, Halsstarrigkeit sei das beste Mittel, diesen Problemen zu begegnen. Sie wissen genau, was Ihnen im Nacken sitzt (oder Sie finden es bald heraus), aber Sie wissen nicht genau, was bei solchen Reaktionen des Körpers zu tun ist.
3. Gestehen Sie sich ein, dass der Druck zu groß ist. Der Nacken bestätigt Ihnen: Irgendetwas ist hier zu viel. Er meldet Überforderung. Der Nacken hat eine wichtige Wächterfunktion. Er bewacht die Passierstelle zwischen Kopf und Rumpf. Nun ist es ihm zu viel geworden, er rebelliert. Halsstarrigkeit ist hier nicht die Lösung, weil der selbst gemachte Druck den äußeren Druck nicht erlöst, sondern verstärkt.
4. Machen Sie folgende Übung: Ziehen Sie die Schultern hoch, als wollten Sie sich schützen, und den Kopf ein, mit dersel-

ben Intention, nämlich der des Schutzes. Mit hochgezogenen Schultern und eingezogenem Kopf können Sie nicht leben, aber sich selbst eine wundervolle Massage angedeihen lassen. Die angespannten Muskeln wirken wie ein Baumstamm, an dem Sie sich wohlig reiben können. Drehen Sie den Kopf kurz nach links und nach rechts, um den Effekt der Massage voll auszunützen. Aber der Effekt wirkt nur für kurze Zeit. Dann gilt es, alles loszulassen, Schultern, Kopf, Nacken – alles.

5. Und nun sehen Sie: Es gibt sie tatsächlich, die märchenhafte Jadekröte. Diese Kröte wird immer wirklicher für Sie, wird ein Teil Ihrer selbst, sie wohnt wirklich in Ihrem Nacken, und Sie können sie spüren. Diese Kröte hat goldene Augen. Aber meistens sind die Augen mit den schweren Augenlidern geschlossen. Nur jetzt, da die Kröte angesprochen wurde, öffnet sie ihre Augen. Wie fühlt es sich an, Augen im Nacken zu haben?
6. Die Kröte verkörpert Weisheit, sie begegnet uns nicht nur in den chinesischen Märchen. Meist sitzt sie mitten auf dem Weg. Sie hat wichtige Botschaften für den, der des Weges kommt, und sie erteilt gute Ratschläge. Während wir unter dem Eindruck des Drucks, der auf uns einwirkt, leiden und am liebsten den Kopf einzögen, und während der einzige Gegendruck, den wir finden, in der Halsstarrigkeit liegt, bietet diese märchenhafte Jadekröte eine andere, eine dritte Lösung an, nämlich den Ausblick. Sie gibt uns den Rat: Setze dem bedrückenden Eindruck nicht den trotzigen Ausdruck entgegen, sondern wähle den Ausblick.
7. Genießen Sie, falls Sie zwischen dem Eindruck der Bedrücktheit (der Sie zusammenschrumpfen und den Kopf einziehen, also den Nacken verkürzen lässt) und dem Ausdruck von Hilflosigkeit (der Sie den Kopf steif auf dem Rumpf tragen lässt) gefangen sind, die dritte Alternative. Stellen Sie sich vor, in Ihrem Nacken wohnte eine Kröte. Kröten sind weise Tiere, aber leider schlafen sie die meiste Zeit über. Nun aber wacht Ihre Kröte auf. Sie öffnet ihre Augen, es ist

ein goldener Blick, der einen wunderbaren goldenen Ausblick gewährt. Der Blick geht nach hinten – dorthin, wohin zu schauen Sie nie für notwendig gehalten hatten, weil aller Druck von vorn kam.

8. Nun aber schauen Sie nach hinten und genießen einen ganz neuen Ausblick. Tun Sie ein paar tiefe Atemzüge, lassen Sie die ganze Rückseite Ihres Körpers weich werden und sich im Blicken verlieren. Genießen Sie diesen Augenblick, der entgegen aller Gewohnheiten nach hinten gerichtet ist. Genießen Sie die Perspektive vollkommen neuer Lebensmöglichkeiten!

Nierenstärkung

Bei Nierenschmerzen, Rückenschmerzen, vor allem im Kreuz. Bei Erschöpfung, Nervosität, Ängstlichkeit. Bei Gefühlen der (kindlichen) Hilflosigkeit, der zermürbenden Ohnmacht, Einsamkeit. Bei starkem Bedürfnis nach Schutz. Auch bei Schlafstörungen und anhaltender Schlaflosigkeit.

Die Nieren werden in der Fünf-Elemente-Lehre der chinesischen Medizin im Kreislauf der Entwicklungsphasen, die den Jahreszeiten entsprechen, dem Winter zugeordnet. Der Winter ist auch in China und Japan eine Zeit des Rückzugs, die Natur scheint erstarrt, wie abgestorben, viele Tiere halten Winterschlaf. Zum Überwintern ist jene Vorbereitung erforderlich, die in der Natur allen Lebewesen als genetische Anlage mitgegeben ist.

Nur der Mensch muss sich um sich sorgen und Vorsorge treffen. Die Chinesen sagen, dass die Lebensenergie, die jedem Menschen mitgegeben wurde, in den Nieren gespeichert ist. Manche Menschen haben von Natur aus mehr davon, andere weniger, aber alle Menschen können etwas dazu tun, vorsorglich und sorgsam mit ihrer Energie umzugehen. Die Bewusstseinsfunktion, die dem Element Winter zugeordnet wird, ist das Glauben – Glauben jedoch nicht als ein Für-wahr-Halten, sondern im ursprünglichen Gebrauch des Wortes als Geloben und Lieben. Damit ist ein bewusstes und verantwortungsvolles Bekenntnis zur eigenen Zukunft gemeint.

1. Legen Sie die Hände mit den Innenseiten auf den Rücken, so dass die Daumen außen auf den Hüften ruhen und die Finger wie ein Fächer sich über die Nierengegend legen. Geben Sie sich selbst Halt, indem Sie diese Haltung einnehmen. Atmen Sie in die Hände hinein, stellen Sie sich vor, wie der Atem dorthin fließt, wohin die Aufmerksamkeit sich selten wendet: nach hinten. Richten Sie den Fokus weniger auf das, was vor Ihnen liegt oder was Ihnen bevorsteht, und mehr auf das, was hinter Ihnen liegt. Fragen Sie sich, wer eigentlich hinter Ihnen steht. Wem können Sie vertrauen? Wer gibt Ihnen Rückendeckung? Lassen Sie in Ihrem Bedürfnis nach Schutz und Halt Gefühle aufsteigen, die damit zu tun haben: Unterdrücken Sie Ihre Angst nicht, sondern geben Sie ihr Ausdruck, indem Sie Ihre Ängste aufschreiben. Geben Sie jedoch auch Ihrer Fähigkeit, sich zu etwas zu bekennen, Vertrauen zu fassen und sich getragen zu fühlen, eine Chance. Und wenn Sie nichts Konkretes oder Spezielles finden und Sie sich auch nicht für eine bestimmte Person entscheiden können, dann atmen Sie in Ihre Hände und spüren Sie, wie das Leben Sie trägt. Lassen Sie Ihren Rücken groß, stark und breit werden. Schicken Sie Wärme in Ihre Hände. Diese Wärme tut den Nieren gut – es kann sein, dass die Nieren die Wärme gierig in sich aufnehmen, als hätten sie schon lange darauf gewartet. Lassen Sie dies ein Signal dafür sein, dass auch Sie nicht ganz unabhängig und abgelöst in der Welt stehen – auch Sie sind verbunden, auch Sie brauchen Verbindungen, brauchen Rückhalt, der durch Ihre Beziehungen in der Welt von Ihnen aufgebaut werden kann. Investieren Sie in eine Welt, die Ihnen zur Heimat werden kann.
2. Spüren Sie dem Unterschied nach: Wie fühlt es sich an, alles selbst machen zu müssen, durchhalten zu müssen? Und

wie wäre es, wenn Sie wüssten: Es geht ums Überleben. Wie würde es sich anfühlen, sich einfach zurückzulehnen? Was wäre anders in Ihrem Leben? Was könnte sich verändern, wenn Sie es wollten?

Nierenlust

Zur allgemeinen Stärkung, vor allem im Winter und bei Erkältung. Auch bei psychischer Belastung, bei Gefühlen der inneren Kälte, der Verlassen- und Verlorenheit. In Krisenzeiten oder Phasen des Übergangs von einer gefestigten Situation zu einer anderen, neuen, unsicheren Situation.

In der traditionellen chinesischen Medizin werden die Nieren dem Winter als Ruhephase, aber auch der Nacht zugeordnet. Beides sind Zeiten, in denen wir angewiesen sind auf die Weisheit unseres Unbewussten und unseres Organismus. Das Unbewusste drückt sich durch Träume aus und der Organismus in der Sprache der Körpergefühle. Jetzt ist es mehr denn je notwendig, sich mit dem inneren Gleichgewicht und einer Stabilität, die von innen kommt, nicht von außen, zu befassen. Auch wenn Sie nächtelang nicht zu schlafen glauben, können Sie doch ruhen. Diese Ruhe kommt sowohl Ihrem Organismus als auch Ihrem Unbewussten zugute.

1. Wenn Sie im Bett liegen und keine Ruhe finden (oder auch, wenn Sie ganz kontrolliert diese Übung für Ihre Gesundheit und Stärkung machen wollen), beginnen Sie damit, sich auf den Kontakt des Rückens mit der Unterlage zu konzentrieren. Wie viel Fläche Ihres Rückens liegt wirklich auf der Unterlage, und welche Teile halten Sie weg oder heraus aus dem Kontakt? Wie viel Gewicht lassen Sie zu? Stellen Sie sich vor, noch schwerer zu werden, ganz schwer, und alles Gewicht ins Spiel zu bringen, nach unten, mit der Schwerkraft, wie schwere Tropfen abtropfen zu lassen, Tropfen für Tropfen sich mehr und mehr zu überlassen.

2. Ziehen Sie nun ein Knie bis zum Bauch an und stellen Sie das andere Bein auf. Spüren Sie nach, wie das Gewicht sich verlagert und in der Kreuzgegend noch mehr Kontakt zur Unterlage hergestellt wird. Wechseln Sie das Knie. Ziehen Sie dann beide Knie zum Bauch und atmen Sie tief in die Kreuzgegend hinein, dorthin, wo das Hohlkreuz oft ein »Loch« hinterlässt und das Körperbewusstsein aussetzt. Entwickeln Sie ein Körpergefühl für den Bereich der Nieren, des Kreuzes, des Rückens und den Kontakt zum Boden. Umfangen Sie mit den Armen Ihre Knie und drücken Sie sie fest an sich, so dass der Rücken und die verkürzten Muskeln sich dehnen können. Beobachten Sie, wie die Verkürzung sich aufhebt. Vielleicht kommen Ihnen Assoziationen dazu, wohin ein Leben führt, das immer nur nach vorn gelebt wird, was die Verkürzung im Kreuz symbolisieren könnte.
3. Legen Sie sich nun auf die Seite, ein Knie angezogen, und wechseln Sie auf die andere Seite. Und wie Sie so auf der Seite liegen, stellen Sie sich vor, dass hinter Ihnen ein Raum sich auftut, der belebt und bewohnt ist. Sie spüren die Gegenwart von Menschen, von Verwandten, Bekannten, Freunden, von guten Geistern, Ahnen, Gruppen, Familien, zu denen Sie sich zugehörig fühlen, ohne genau zu wissen, was es ist, das hinter Ihnen steht und Sie bestärkt, ermuntert, Versöhnung ausstrahlt. Sie spüren die wohltuende Wirkung einer Tradition, in die Sie eingebunden sind, wenn sich Ihre eigene Existenz nach hinten fortsetzt als eine lange Kette anderer Menschen, die irgendwie mit Ihnen verbunden sind. Bezweifeln Sie nichts, beweisen Sie nichts – nehmen Sie diese Vorstellung an wie einen Traum, aus dem Sie aufwachen, und der trotzdem seine heilende Wirkung hat.
4. Legen Sie sich schließlich auf den Bauch. Winkeln Sie ein Knie an und atmen Sie in die entgegengesetzte Niere – stellen Sie sich vor, Sie seien wie ein Fisch in seinem Element, und dieses Element ist der Ozean (den Nieren ist das Element Wasser zugeordnet). Visualisieren Sie einen nachtblauen

Himmel und die schwarz glänzende, ruhig sich spiegelnde Wasseroberfläche des endlosen Meeres, in dem Sie sich nicht verlieren können, weil Sie Teil davon sind. Wechseln Sie die Seite und suchen Sie sich dann die Stellung aus, die Ihnen am stärksten suggeriert, in Verbindung zu sein mit dem Hintergrund und Ursprung, aus dem Sie kommen, dem Sie sich überlassen dürfen, anvertrauen können – wie nach hinten gezogen, in einem weichen Fall, der die ganze Nacht hindurch währt, sicher geborgen und gut aufgehoben.

Pannenhilfe bei Panik

Bei Phobien und Panikanfällen, Angstattacken.

Phobien (von griechisch *phobos*, Angst) sind Ängste, die von Panikanfällen begleitet werden. Auslöser sind bestimmte Eindrücke, die eine phobische Reaktion freisetzen. Phobien beruhen manchmal auf einmaligen traumatischen Erfahrungen, in denen eine bestimmte panische Reaktion »gelernt« wurde und alle anderen Lernerfahrungen rationaler Art überdeckt, weil die Ersterfahrung von größerer Intensität war als alles andere, was darauf folgte. Phobien zählen zu den krankhaften Phänomenen, die in therapeutische Behandlung gehören. Ergänzend ist es jedoch möglich, durch Selbstmanagement und Mentaltraining die Heilung zu unterstützen bzw. sich als Krisenintervention ein »Erste-Hilfe-Set« von Gedanken zurechtzulegen, so dass der erlernten panischen Reaktion andere Reaktionsalternativen gegenüberstehen, wenn der Auslöserreiz wahrgenommen wird oder bestimmte Panik auslösende Situationen durchlebt werden.
Ängste, Panikattacken und Phobien können kräftezehrend sein – wenn man die Ursachen der Angst versteht, heißt es noch nicht, dass die Angst verschwindet und die Kräfte wiederkehren! Deshalb ist es effektiver, an der Überwindung zu arbeiten. So kommt man zu den Erfolgserlebnissen, die weiter motivieren.

Was Sie bei Panik und Phobie selbst tun können

1. Bringen Sie Ihrer Fähigkeit, panisch und phobisch zu reagieren und in kürzester Zeit eine ungeheure Intensität des Erlebens aufzubauen, Achtung entgegen! Pan ist ein alter griechischer Gott, vor dem man in der Antike schon Respekt hatte. Panik ist also eine Form der Begeisterung, der Gottbesessenheit – was auch das Wort »Enthusiasmus« wörtlich bedeutet.
2. Geißeln Sie sich nicht dafür, dass Sie ein überängstlicher Mensch sind und in bestimmten Situationen irrational reagieren. Es mag ja sein, dass im sozialen Kontext ein solches Verhalten Scham bei denen auslöst, die unfreiwillig das ausgegrenzte Irrationale ausleben, weil unsere Gesellschaft die Ratio über alles andere stellt. Aber lassen Sie sich in Ihrem persönlichen Selbstverständnis durch diese gesellschaftliche Einschätzung nicht beirren.
3. Gehen Sie Ihre Ängste behutsam an. Nehmen Sie professionelle Hilfe in Anspruch, bleiben Sie nicht damit allein, wenden Sie sich an Experten. Es gibt heute viele Therapiemethoden, die sich ausschließlich mit phobischem Verhalten, mit traumatischen Erfahrungen und deren Heilung beschäftigen. Nehmen Sie sich die Unterstützung, sie steht Ihnen zu. Ihrer Gesundheit zuliebe sollten Sie darauf achten, dass sich in Ihrem Leben Intensität mit positiven Erlebnissen (so etwa in der Liebe) verbindet und nicht mit negativen Erfahrungen (z. B. Angst) verknüpft ist.
4. Nehmen Sie sich nicht vor, alle Ängste auf einmal bearbeiten zu wollen. Stecken Sie sich Etappenziele. Überfordern Sie sich nicht. Denken Sie daran, wie lange Sie unter Ängsten gelitten haben, weil Sie sie sich vielleicht nicht eingestehen wollten. Und denken Sie daran, dass im Vergleich dazu die Zeit, um die Ängste zu überwinden, verhältnismäßig kurz ist.
5. Achten Sie auf Selbstgespräche und negative Kommentare. Es ist möglich, ängstliche, ja panische Aussagen in selbst-

sichere und zuversichtliche Kommentare umzuwandeln. Sie kennen sicher diese inneren Sätze, die Sie sich selbst sagen, ohne darüber zu reflektieren. Z. B. »Was wäre, wenn jetzt das passieren würde ...« Und noch während Sie dies denken, diese erste Hälfte des Satzes, trifft schon ein, was Sie mit der zweiten Hälfte des Satzes beschreiben wollten. Sie realisieren die Wirkung, indem Sie an den Auslöserreiz denken. Schon passiert es, was Sie befürchten, zwar zunächst nur innerlich, als Gedanke, aber dann verwirklicht sich der Gedanke und wird manifest als körperliche Reaktion. Sie sagen sich vielleicht selbst öfter: »Mir wird angst, wenn ich nur an das denke ...« Und schon denken Sie nicht an nur das Wenn, sondern auch an das Dann. Die Struktur solcher Gedanken ist durch das Wenn-dann gegeben. Erkennen Sie solche Sätze schon im Ansatz. Greifen Sie das Wenn auf und führen Sie es in ein anderes Dann über; ein Satz, der immer funktioniert, wäre also z. B.: »Wenn das und das passiert, dann werde ich es überleben.« Der Satz impliziert: Ich war schon öfter in dieser Situation, und ich habe es noch immer überlebt (sonst würde ich ja diesen Satz nicht denken können).

6. Vergegenwärtigen Sie sich: die Angstreaktion ist körperlicher Natur. Sie ist natürlich. Beobachten Sie sie. Sie geht vorbei. Sie dauert nur ein paar Sekunden oder Minuten. Sie können sich als Zwischenziel setzen, die Reaktion abzukürzen. Setzen Sie der ausgelösten Reaktion eine Alternative entgegen. Lernen Sie körperliche Verhaltensveränderungen, indem Sie die Wenn-dann-Struktur nutzen – z. B. dann ganz besonders tief und ruhig zu atmen, wenn der Atem stoßweise geht. Geben Sie sich Verhaltensalternativen, wenn das Wenn eintritt: Sagen Sie sich »dann durchatmen«, »dann auf den Atem konzentrieren«.
7. Sie können sich desensibilisieren, indem Sie die Verbindung zwischen Reiz und Reaktion schwächen oder auch ganz unterbrechen. Veranschaulichen Sie sich die Schwächung oder Unterbrechung, indem Sie z. B. die Verbindung

knallrot visualisieren wie ein leuchtendes Alarmsignal und dann das Rot in ein sanftes Rosa übergehen lassen. Oder kappen Sie das Verbindungsseil, ziehen Sie die Zugbrücke hoch, stellen Sie ein Stoppschild auf, richten Sie Weichen ein, die Sie umstellen können und die Sie dann in andere Bahnen geleiten. Dazu ist es aber unerlässlich, dass Sie weitere Bahnen durch andere Verhaltensmuster aufgebaut haben. Bedenken Sie: Wenn es nur eine Wahl gibt, gibt es keine Wahl. Schaffen Sie also Wahlmöglichkeiten.

8. Durch die Erweiterung Ihres Verhaltensrepertoires erreichen Sie innere Kontrolle, bauen Selbstvertrauen auf und können Pluspunkte sammeln. Begeben Sie sich, soweit es möglich ist, nicht in Situationen, in denen Sie Minus-Erfahrungen machen und Ihre kostbaren Pluspunkte aufheben. Bauen Sie deshalb Ihre Selbstsicherheit außerhalb des schwierigen Kontextes auf. Gehen Sie schrittweise vor. Üben Sie zunächst in weniger bedrohlichen Situationen, um die panische Reaktion umzuleiten. Stellen Sie sich dabei vor, es ginge um einen Test, um eine Impfung im Dienste Ihrer Immunisierung. Liefern Sie sich (soweit Sie es in der Hand haben) erst dann bedrohlichen Kontexten aus, wenn Sie sich ihnen gewachsen fühlen.
9. Üben Sie, indem Sie in der Vorstellung die Vorgänge, die bei Ihnen Panik auslösten, wie einen Film ablaufen lassen, ohne also darauf angewiesen zu sein, die Situation durchleben zu müssen. Der Vorteil ist: Sie können jederzeit, also auch vorzeitig abbrechen.
10. Üben Sie kontinuierlich. Führen Sie ein Tagebuch, um sich der negativen wie auch positiven Gefühle bewusst zu werden. Der Prozess, Gefühle aus dem Kopf und dem Körper zu isolieren und auf das Papier zu übertragen – zu malen, zu zeichnen, zu beschreiben, in Ton zu modellieren, dramatisch darzustellen –, hat einen zusätzlichen Heileffekt.

Positives Denken

Bei negativen Gedanken, Hang zu Selbstzweifeln und Selbstbehinderung.

Wie positiv ist das positive Denken? Manche schwören darauf. Andere halten es für himmelschreienden Unsinn. In Film- und Fernsehszenen wird die Methode lächerlich gemacht, indem Menschen gezeigt werden, die voller Widerwillen in den Spiegel schauen und zu sich selbst sagen: »Ich bin es wert geliebt zu werden.« Oder man sieht Menschen, die nahe daran sind, vor Angst zusammenzubrechen, und mit letzter Kraft monoton Sätze wiederholen wie: »Ich bin ruhig, voller Zuversicht und ganz gelassen.« Der Widerspruch zwischen der Bedeutung der Sätze, die da aufgesagt werden, und der Wirkung, die sie bei den Sprechern erzielen, ist offensichtlich.

Der Widerspruch sorgt für Unterhaltung. Es ist ein Witz, so etwas von außen zu beobachten. Die Wirkung, die in vielen anderen Fällen eintreffen mag, ist unbekannt, sie wird nicht vermerkt. Die Stimmen, die sich für den Wert des positiven Denkens aussprechen, werden nicht ernst genommen – solche Menschen werden als Spinner, Esoteriker, als abergläubisch und naiv abgetan. Dabei hat das positive Denken im Rahmen von Autosuggestion und Selbsthypnose sicher schon oft eine heilsame Wirkung gezeigt. Aber genau wissen es nur diejenigen, die es anwandten, und sie hätten einen schweren Stand, wenn sie ihre Meinung öffentlich vertreten würden.

Die Grundidee des positiven Denkens ist: Der Gedanke wird zu Energie. Was ich denke, bestimmt, was real geschieht, weil jeder Gedanke eine Ausrichtung nicht nur des Bewusstseinsstroms, sondern auch der Lebensenergie zur Folge hat. Wenn ich an etwas Böses denke, richte ich meine Aufmerksamkeit darauf und habe nur das im Blick, worauf mein »Sucher« eingestellt ist. Ich erkenne nur das, was ich erwarte. So bestimmen meine Erwartungen das, was ich unvoreingenommen vorzufinden meine.

Meine Erkenntnis ist immer schon vorbestimmt. Wenn ich also

einen vorgegebenen Fokus vor meine Wahrnehmung schalte, erreiche ich eine Veränderung des Blicks. Wenn ich einen positiven Fokus vorschalte, erreiche ich eine Sensibilisierung für das Positive, das ich erwarte und somit auch in der Wirklichkeit vorfinde. Warum es dann doch nicht klappt, liegt an der Form, wie ich mich selbst programmiere. Die Technik des positiven Denkens geht mittels einfacher Sätze vor, sie benutzt so genannte Affirmationen. Affirmationen sind Aussagesätze, in denen die Aussage einen Sachverhalt als nicht anzweifelbare Wahrheit hinstellt. Ein Satz wie »Ich bin liebenswert« lässt keine anderen Aussagen zu, die genau dies anzweifeln oder relativieren. Es gibt kein Wenn und Aber. Es wird nicht diskutiert oder argumentiert.

Positives Denken wurde zunächst als Gegenmittel zu negativen Selbstgesprächen eingesetzt. Ein Mensch, der sich innerlich immer wieder sagt, er könne ja gar nicht mit der Liebe anderer Menschen rechnen, weil er sich ja selber als nicht liebenswert erlebt und dementsprechende Reaktionen auf diese Selbsteinschätzung erfährt, versucht es nun mit dem Gegenteil. Er redet sich selbst etwas ein, woran er in den tieferen Schichten seines Unbewussten nicht glaubt, die Umprogrammierung geschieht nur an der Oberfläche. Die tieferen unbewussten Programme der Konditionierung durch Prägung und dann Gewohnheit, die sich im Laufe des Lebens über eine lange Zeit hin gebildet haben und mit dem gewohnten Selbstbild übereinstimmen, sind eben nicht so schnell umzuwandeln. Und meist ruft eine solche Aussage, so positiv sie auch sein mag, Widerstand hervor und bewirkt eine Reaktion, die sich negativ auswirkt: Ich glaube nicht nur nicht an den Satz »Ich bin liebenswert«, sondern verliere auch den Glauben an mich selbst. Ich hasse mich selbst dafür, dass ich mir einreden muss, liebenswert zu sein, und dabei genau weiß, dass ich es nicht bin, weil mein Selbstbild einfach tiefer in mir verankert ist als die positive Aussage, die das Selbstbild auszuradieren versucht. Am Schluss habe ich alles verloren: den Glauben an mich selbst, die positive Wirkung und das Recht auf die negative

Reaktion, die wieder einmal nur beweist, wie unfähig ich bin, mich für das Positive im Leben zu entscheiden und das Beste zu wollen.

Positives Denken könnte ja als harmlos abgetan werden, wenn da nicht der Verdacht wäre, dass alles Negative selbst verschuldet sei, da das Positive nicht genug angestrebt und gewollt wurde. Wer sich also auf der Schattenseite des Lebens befindet, muss sich auch noch den Vorwurf gefallen lassen, er habe es selbst so gewollt: Selber schuld, lautet der Schuldspruch. Und was bedeutet es, wenn jemand positiv ausgerichtet ist und es dennoch nicht schafft, das Positive in seinem Leben umzusetzen? Das kann doch nur auf einen Mangel, einen Fehler hinweisen. Nicht die Theorie ist fehlerhaft, sondern der Anwender verantwortlich für das Versagen. Zu aller Negativität kommt noch das Gefühl hinzu, das Positive verfehlt und damit keine Chance mehr im Leben zu haben.

Ist das positive Denken also abzulehnen und jene Affirmationen, die das Positive aussagen und so herbeizaubern wollen, in den Bereich des Aberglaubens zu verbannen? – Es gibt eine weitere Möglichkeit, mit Affirmationen umzugehen und sie einzusetzen: Wenn solche Affirmationen nicht in Form von Aussagen einen Absolutheitsanspruch stellen, sondern als Fragen formuliert dazu herausfordern, auf sie zu reagieren und dadurch eine neue Wirklichkeit zu eröffnen, dann können sie eine wertvolle Bereicherung darstellen und unseren Bewusstseinshorizont erweitern. Angenommen, die ursprüngliche Affirmation hieß »Ich bin liebenswert« und wird nun mit einem Fragezeichen versehen, dann wirkt der Satz wie eine Sonde: Wie sind die Reaktionen darauf? Und was sagen die Reaktionen aus? Man wird durch diesen Satz zum Nachdenken gezwungen. Wenn es schon nicht so ist, wie es gesagt wird, möchte man doch wissen, warum es nicht so ist und was dagegen spricht. Gefühle werden geweckt. Man würde ja gern glauben, dass es wahr ist, was man sich da einzureden versucht. Aber gibt es gute Gründe, die diesen Glauben verbieten? Was würde geschehen, wenn man probeweise die Wahrheit dieses

Glaubenssatzes annehmen würde? Würde das Leben anders verlaufen? Würden die anderen einem anders begegnen?
Bei einer solchen Verwendung von positiven Glaubenssätzen werden negative Reaktionen nicht ausgeschaltet, sondern ins Bewusstsein gerufen. Dadurch wird die Macht, die sie hatten, weil sie unbewusst blieben, gebrochen, die negative Wirkung entschärft. Und vielleicht ist ja beides zugleich, das Positive und das Negative, wahr – je nach Kontext. Es gibt also Bedingungen, an die das Positive geknüpft ist. Liegt es da nicht nahe, den Kontext, in dem das Positive möglich wird, öfter herbeizuführen bzw. den Kontext, in dem das Negative sich verwirklicht, zu vermeiden und somit mehr Verantwortung für die Gestaltung der Lebenssituation zu übernehmen? Das Zulassen beider Ausrichtungen, der positiven wie der negativen, führt aber vielleicht auch zur Einsicht, dass es mehr gibt als eine ganz bestimmte positive Vorstellung, die durch eine bestimmte Reaktion beantwortet wird.
Vielleicht vermittelt das Erlebnis, dass das Positive und das Negative zusammengehören, eine Einsicht in ganzheitliche Zusammenhänge und lässt sie als Seiten ein und derselben Medaille erscheinen. Beispiel: Plötzlich sieht man ein, dass Liebe und Hass zu einer übergeordneten Ganzheit gehören, die gleichermaßen befangen macht. Daraus ergibt sich vielleicht eine weitere Einsicht, nämlich dass diese Ganzheit nur eine vorläufige Ganzheit ist und es immer neue Ergänzungen geben wird. Beispiel: Wenn bislang Selbstliebe und Selbsthass im Vordergrund standen, kann es nun um etwas ganz anderes gehen und die liebenswerten Eigenschaften, zu denen ein Mensch fähig ist, indirekt aktivieren. So geht es vielleicht »in Wirklichkeit« um die Beziehung zwischen zwei Menschen, und liebenswertes Verhalten ist nur Mittel zum Zweck. Die Beziehung steht im Mittelpunkt, das Verhalten, das früher als Endzweck angestrebt wurde, ist nebensächlich geworden – und trotzdem oder gerade deswegen Wirklichkeit geworden.
Sonden erkunden das Gebiet, in dem sie eingesetzt werden. Aussagen sind wie Sonden, die einem mehr über sich selbst

bewusst werden lassen. Im Zusammenhang mit der eigenen Gesundheit ist es hilfreich, sich darüber bewusst zu werden, wie das Verhältnis zur eigenen Gesundheit beschaffen ist. Erlaubt man sich wirklich, gesund zu bleiben oder gesund zu werden? Traut man sich wirklich zu, Gesundheit anzustreben und für den eigenen Zustand verantwortlich zu sein? Kaufen Sie sich ein Buch mit Affirmationen und benutzen Sie sie als Sonden. Sie werden erstaunt sein, wie Ihr Körperbewusstsein durchleuchtet wird und verdrängte Schattenseiten, negative Einstellungen, uralte Glaubenssätze, die Sie übernommen oder sogar geerbt haben, sich zeigen. Sie erkennen, wie all dies Ihre Gesundheit beeinflusst. Es liegt nun an Ihnen, das Nützliche vom Schädlichen zu unterscheiden und sich so zu entscheiden, wie es zu Ihrem Besten ist.

Quantenkörperbewusstsein

Als Einstiegshilfe in das Verständnis für Gesundheits- und Heilungsmodelle aus anderen Kulturen, die wissenschaftlich nicht erklärbar sind.

Erkenntnisse aus der Quantenphysik sind oft zitiert worden, um den ganzheitlichen Ansatz in einem neuen Verständnis von Gesundheit und Heilung zu veranschaulichen, denn auf der Ebene der Quanten sind Energie und Materie austauschbar. Ein Quant besteht aus unsichtbaren Schwingungen, definiert als die kleinste Einheit, unendlich viel kleiner als das kleinste Atom.

Hier haben wir es mit einer schemenhaften Energie zu tun, die darauf wartet, Form anzunehmen. In der indischen Ayurveda-Lehre besteht auch der Körper zunächst aus intensiven, aber unsichtbaren Schwingungen, Quantenfluktuationen genannt, bevor er sich zu Energieimpulsen und Materieteilchen verdichtet. Der quantenmechanische Körper bildet die eigentliche Grundlage für alles, was wir sind – Gedanken, Gefühle, Eiweißbausteine, Zellen, Organe, für jeden sichtbaren oder unsichtbaren Teil unser selbst. Auf der Ebene der Quanten sendet unser Körper alle möglichen unsichtbaren Signale aus und wartet darauf, dass wir sie wahrnehmen. Unter dem spürbaren Puls pocht ein Quantenpuls, es gibt ein Quantenherz, das ihn hervorbringt. Alle Organe und Vorgänge haben eine Entsprechung auf der Ebene der Quanten. Der physische Körper, so wie wir ihn kennen, ist das Tor zum »quantenmechanischen Körper«.

Ohne sich genau in der Quantenphysik auszukennen, ist es möglich, diese neuen Denkmodelle zu benutzen. Je mehr Verständnis wir aufbringen für die quantenmechanische Wirklichkeit einerseits und andererseits für den physischen Körper, den wir selbst bewohnen, desto besser können wir die Einsichten, die wir in beiden Welten gewinnen, dazu nutzen, in der ganz alltäglichen Gesundheitspraxis heilsame Entscheidungen zu treffen und unser Gesundheitsbewusstsein zu erweitern.

Meditation: Hinter die Maske des stofflichen Körpers blicken

Nehmen Sie sich Zeit für diese Meditation und sorgen Sie dafür, dass Sie während der Meditation nicht gestört werden. Lassen Sie die Augenlider schwer werden, den Blick sich senken und sich schließlich in den Innenraum Ihrer Körperwahrnehmung zurückziehen. Atmen Sie tief durch und reisen Sie mit dem Ausatmen in die Welt Ihres feinstofflichen Daseins.

1. Sie werden jetzt die beständige Aktivität Ihres Alltags überwinden, die das Bewusstsein wie der Lärm eines Radios erfüllt, das sich nicht mehr abstellen lässt. Jenseits dessen liegt ein Bereich der Stille, der so leer erscheint wie das Quantenfeld im Weltraum zwischen den Sternen. Wie dieses birgt jedoch auch unser inneres Feld der Stille reiche Möglichkeiten. Diese Stille ist der Schlüssel zu unserem quantenmechanischen Körper. Keine chaotische, sondern geordnete Stille – sie hat wie unser Körper Gestalt, Zweck und Ziel, und in ihr laufen vielfältige Vorgänge ab.

2. Statt den Körper als eine Ansammlung von Zellen, Gewebe und Organen zu sehen, können wir die Quantenperspektive einnehmen und sehen ihn dann als einen stillen Fluss von Intelligenz, als ein unablässiges Aufperlen von Impulsen, die den stofflichen Körper erzeugen, steuern und letztendlich in ihm aufgehen. Das Bewusstsein ist aufgrund der unvorstellbaren Empfindlichkeit unseres Nervensystems fähig, all die Schwingungen, die auf quantenmechanischer Ebene zwischen Energie und Form oszillieren, aufzunehmen. Sie sehen dieses Oszillieren, wenn Sie in sich hineinschauen. Schalten Sie bewusst um und nehmen Sie die Quantenperspektive ein.
3. Sie wissen es nicht nur, sondern Sie sehen, hören, fühlen, erleben es: Hoch entwickelte Nervenenden leiten Nachrichten an das Gehirn weiter und vermitteln so Informationen; diese Informationen wiederum werden vernetzt mit anderen Informationen. Aus Reizen werden Reaktionen, aus Reaktionsbündeln wird ein einziger Eindruck, aus einer Flut von Informationen heben sich einzelne Formationen hervor und nehmen Formen an, die sich weiter verdichten. Wenn die Formen sich einmal verdichtet haben, ist ein Weg gebahnt, eine Spur gelegt, etwas festgelegt, das sich immer mehr verdichten und verfestigen wird, je mehr es von anderen Informationen bestätigt wird.
4. Nur auf der Quantenebene sind Energie und Form austauschbar. Nur wenn Sie Ihren Körper als Quantenkörper erleben, verstehen Sie, dass selbst die feinsten Signale mit den Sinnen direkt wahrgenommen werden, wenn sie verstärkt werden. Sie wissen es nicht nur, sondern Sie erfahren es auch: Das Lebensgeheimnis auf dieser Ebene ist, dass alles und jedes in unserem Körper auf einen Wink unseres Willens hin verändert werden kann. Die Natur lässt Felsen, Bäume, Milchstraßen entstehen, aber der Mensch ist damit beschäftigt, täglich etwas noch Komplexeres hervorzubringen – seinen Körper, ob er sich dessen bewusst ist oder nicht.

5. In dieser Meditation erfahren Sie, dass Sie auf einer bestimmten feinstofflichen Ebene Verantwortung dafür übernehmen können, wie Ihr Körper beschaffen ist, weil Sie durch die Energie Ihrer Gedanken die Form bestimmen, in der sich die Energie manifestiert. Sie befinden sich jetzt in einem Bewusstseinszustand, in dem Sie intuitiv wissen, was Verantwortung eigentlich bedeutet. Es geht um die Einsicht, wie alles zusammenhängt und Antwort auf Antwort folgt, und diese Einsicht ist Ihnen jetzt möglich. Es ist keine Einsicht, die Sie logisch durchdenken und begrifflich erfassen können. Das Oszillieren zwischen Energie und Form entzieht sich den Begriffen und auch einer Beschreibung in Worten, die einander folgen, denn alles geschieht gleichzeitig. Aber wenn Sie die Quantenperspektive einnehmen, entsteht in Ihnen ein Verständnis für diese Vorgänge.
6. Auf der Quantenebene ist kein Teil des Körpers von den übrigen Teilen getrennt. Alles wird von einem nahtlosen vollkommenen Muster zuverlässig zusammengefügt und zusammengehalten. Ohne den unsichtbaren, uns verborgenen Organismus hätte der sichtbare Organismus keinen Bestand, er käme nie über den Zustand einer zufälligen Teilchenansammlung hinaus. Der Umbau des Körpers ist ein stetig fließender Prozess mit unzählig vielen Chancen. Wir bauen alle ständig unseren Körper neu auf. Das ist das Wunder des Lebens.
7. Intelligenz ist das Grundprinzip, das der gesamten Natur zugrunde liegt. Das Universum ist keine Energiesuppe, kein bloßes Chaos. Das unglaublich exakte Zusammenspiel aller Bestandteile unserer Welt, insbesondere die erstaunliche Existenz von Erbinformationen spricht für das Vorhandensein einer unendlichen Intelligenz in der Natur. Leben ist kein Zufallsprodukt. Und immer mehr werden sich auch in der westlichen Naturwissenschaft Erklärungsmodelle durchsetzen, die die Intelligenz als die konstituierende Kraft des Universums mit einbeziehen.

8. Sie können sich durch dieses Denken inspirieren lassen und durch Inspiration an der kosmischen Intelligenz teilhaben. Denken Sie diesen Gedanken: Der Körper ist ein unablässig sich veränderndes, fließendes Intelligenzmuster. Visualisieren Sie das Fließen, das Zirkulieren der Intelligenz im ganzen Körper. Visualisieren Sie harmonische Muster, die sich immer neu ergeben und immer wieder von neuem ein Gleichgewicht herstellen. Visualisieren Sie diesen Tanz der kosmischen Intelligenz und nehmen Sie daran teil, indem Sie als Beobachter im Beobachteten aufgehen. Erleben Sie, wie die Art und Weise, mit der Sie zu beobachten meinen, in Wirklichkeit das erschafft, von dem Sie sich als Beobachter getrennt fühlen. Es gibt keine Trennung mehr.
9. Kehren Sie aus der Meditation zurück, indem Sie sich bewusst wieder auf die Beobachterposition zurückziehen. Noch sind Sie in der Quantenwirklichkeit und erleben alles aus der Quantenperspektive. Wechseln Sie nun bewusst auf die Ebene der alltäglichen Wahrnehmung, während Sie die Augen langsam öffnen, und machen Sie sich den Unterschied zwischen der einen und der anderen Art von Wirklichkeit bewusst. Lassen Sie die Welt ihre gewohnten Formen annehmen, ohne die Erfahrung der Schwingungsrealität zu vergessen. Lernen Sie, zwischen den Bewusstseinswelten hin und her zu wechseln und beide als Realität zu akzeptieren.

Wichtig: Der westliche Ansatz in den Naturwissenschaften, der enorme technische Fortschritte ermöglicht hat, kann bestimmte Phänomene nicht erklären und auch nicht hervorrufen. Trotzdem lassen sich die Einsichten in das Wesen von Glück, Gesundheit und Heilung, die in anderen Kulturen Bestandteil des anerkannten Wissens sind, auch dann nutzen, wenn sie nicht in das rationale westliche Weltbild passen. Es geht darum, die entsprechenden Mittel angemessen einzusetzen, und es ist besser, mehr Mittel zur Verfügung zu haben, statt auf Mittel zu verzichten, nur weil sie rational nicht erfasst werden können.

Rituale

Bei Entwöhnung von Suchtverhalten.

Menschen brauchen Rituale. Je weniger Rituale einer Gesellschaft Zusammenhalt geben, je weniger Rituale die Lebensgestaltung des Einzelnen begleiten, desto stärker wird das Bedürfnis nach Ritualen durch Konsumverhalten abgedeckt. Und dazu gehören auch jene Konsumgüter, die als »Drogen« zwar legal sind und zum allgemeinen Verständnis von Genuss und Wohlstand gehören, aber nichtsdestotrotz den Organismus auf die Dauer extrem schädigen und schwächen. Die bekanntesten Gifte sind Kaffee, Tee, Alkohol, Zigaretten. Auch Schokolade kann süchtig machen, da ein Stoff in ihr enthalten ist, der die Stimmung aufhellt. Zucker verspricht schnelle Energie, und die Sucht nach Süßigkeiten ist weit verbreitet und allgemein bekannt. Sie kann übrigens Anzeichen eines Mangelzustands sein. Bei all diesen Süchten haben wir nicht das Gefühl, uns außerhalb des gesellschaftlichen Rahmens zu befinden. Der Morgenkaffee oder der Espresso an der Bar, in England der Tee am Nachmittag, Torten in der Konditorei, eine Zigarette beim angeregten Gespräch oder in den Pausen zwischen Arbeitsphasen, Wein zum Essen und ein Schnaps nach einem guten Mahl – all dies gehört sozusagen zum guten Ton und wird von den meisten Menschen als Inbegriff eines bestimmten Lebensstandards verstanden. Aus Gesundheitsgründen darauf verzichten zu müssen bedeutet für viele das Ende ihrer bisherigen Lebensgewohnheiten, die sie mit Qualität und Wohlbehagen verbinden. Nicht nur der »Stoff« selbst fällt weg; auch das Ritual, das sich mit der Einnahme verbindet, fehlt. Wer einmal gefastet hat, weiß, wie viel Zeit plötzlich frei wird. Rituale nehmen Zeit in Anspruch, aber sie strukturieren auch das Leben. Deshalb müssen bei Entwöhnungsprozessen neue Rituale gefunden werden, die die alten auf Dauer ersetzen.

Im Gegensatz zu Symbolen, die in einem Zeichen ihre Bedeutung übermitteln, vollziehen sich Rituale in einem Handlungsablauf. Jeder Ablauf hat seine Regieanweisungen – ob Taufe,

Hochzeit oder Beerdigung, ob offizieller Empfang oder intimes Stelldichein: Entscheidende Ereignisse, die im Nachhinein aus einer einzigen Handlung zu bestehen scheinen, spielen sich nach und nach ab und ereignen sich als Handlungsabfolge. Ähnlich wie beim Theater gibt es den ersten, den zweiten und den letzten Akt. Es gibt einen Höhepunkt, aber Einleitung und Ausklang sind genauso wichtig. Die vielen kleinen Handlungsschritte sind oft vorgezeichnet, vielleicht sogar vorgeschrieben, es gibt Sitten und Gebräuche, Anstandsregeln, geradezu eine Etikette wie früher bei Hofe oder magische Vorstellungen über das Vorher und Nachher, wie in der exotischen Folklore des Aberglaubens. All dies regelt nicht nur die Abläufe und Vorgehensweisen, sondern etabliert sie auch im Bewusstsein. Es ist so, weil es so sein muss – über Alternativen zu solchen altgewohnten Ritualen nachzudenken, grenzt schon an Subversion.

Falls Sie sich dafür entschieden haben, bestimmte Sucht erzeugende und gesundheitsschädigende Rituale (Rauchen, Trinken, Völlerei, wenig Schlaf etc.) aus Ihrem Leben zu verbannen, sollten Sie sich einige Dinge bewusst machen:

- Handelt es sich bei Ihrer Gewohnheit um ein verstecktes Ritual?
- Wenn ja, wie lief dieses Ritual bislang ab?
- Was war der erste Schritt, an dem Sie erkennen konnten, dass »es« wieder anfing?
- Machen Sie sich eine Liste aller Schritte, die zu diesem Ritual gehören.
- Welcher Schritt signalisiert den Höhepunkt des Rituals und macht dessen wesentlichen Kern deutlich?
- Was wird durch das Wesen des Rituals bezweckt bzw. wie würde Ihr Leben verlaufen, wenn es diesen rituellen Höhepunkt nicht mehr gäbe?
- Welche lustvolle Erregung vermittelt Ihnen das Ritual? Welches Gefühl würde Ihnen fehlen, wenn Sie dieses Ritual aus Ihrem Leben verbannen würden?

- Wenn Sie alle Schritte betrachten, vom Anfang bis zum Ende – bei welchem Schritt könnten Sie sich am ehesten vorstellen, innezuhalten und eine Alternative zu diesem Ritual zu suchen?
- Da dieser Selbstzweifel sich meist im Nachhinein meldet, versuchen Sie Folgendes: Verlegen Sie den Selbstzweifel bzw. die Möglichkeit, einen Riss in der rituellen Abfolge entstehen zu lassen, um ein oder zwei Schritte vor. Stellen Sie sich den Selbstzweifel als Fragezeichen vor und machen Sie ein Fragezeichen hinter die Schritte, die vor der üblichen Phase der Reue oder des Zweifels kommen.
- Steigern Sie Ihre subversive Kompetenz, indem Sie die rituelle Handlungsabfolge noch mehr durch Störfaktoren verunsichern und aus den Angeln heben. Finden Sie einen schwachen Punkt innerhalb der Handlungsabfolge, vielleicht schon ganz am Anfang, den Sie als Hebelpunkt benutzen können. Wenn es Ihnen hier gelingt, eine subversive Störung zu verursachen, die die ganze Reihenfolge durcheinander bringt, haben Sie gewonnen.
- Betrachten Sie nun die ersten Schritte, den ersten Schritt des Rituals. Was hindert Sie, hier abzubrechen? Was könnte stattdessen folgen, welche Handlungsschritte, die die ursprüngliche Intention umleiten könnten, fallen Ihnen spontan als Ersatz ein? Beispiel: Statt den Weg einzuschlagen, der an der Konditorei vorbeiführt, machen Sie einen Umweg durch den Park. Statt Zigaretten an der Kasse des Supermarkts einzustecken, nehmen Sie diesmal eine Tageszeitung mit.
- Betrachten Sie nun den Höhepunkt als einen Schritt, der den Regieanweisungen des Sucht-Drehbuchs folgt. Wie könnten Sie diese Anweisungen umschreiben? Beispiel: Statt sich eine Zigarette in den Mund zu stecken, nimmt man andere Dinge her, z. B. Karotten, Selleriestangen, Zahnstocher oder auch Kaugummis.
- Legen Sie sich geeignete Erklärungen zurecht, wenn Außenstehende Sie fragen, warum Sie Ihre Gewohnheiten verän-

dert haben, oder wenn Sie im Lokal etwas anderes bestellen als gewohnt. Mittlerweile wird in der Gesellschaft allgemein gesundes Verhalten akzeptiert und den Umstellungen mit Verständnis begegnet. Sollten Sie aber mit Gruppen zu tun haben, in denen bestimmte gesundheitsschädigende Rituale zum guten Ton gehören und den Gruppenzusammenhalt gewährleisten, dann müssen Sie, wenn Ihnen Ihre Gesundheit wichtiger ist als die Gruppenzugehörigkeit, sich eventuell von dieser Gruppe verabschieden.

- Die meisten Süchte beginnen als gesellschaftliches Ritual. Sie signalisieren den Außenstehenden etwas Bestimmtes – Reife, Kraft, Mut etwa, die als Ausdruck von »Charakter« gelten: Sie bauen eine äußerlich sichtbare Identität und Eigenart auf, an denen ein Mensch leicht zu erkennen und durch die er einzuordnen ist. Es fragt sich, ob sich ein anderer Ausdruck dafür finden lässt, und ob dieser Ersatz von den entsprechenden Adressaten angenommen wird. Bemühen Sie sich deswegen um plausible Erklärungen, die gute Chancen haben, wirklich akzeptiert zu werden, so dass die Gruppenzugehörigkeit aufrechterhalten werden kann, auch wenn die ritualisierten Verhaltensmuster sich verändern.
- Finden Sie für sich selbst die Kraft, die Macht der Rituale zu durchbrechen. Beweisen Sie sich selbst, dass Sie subversiv die herrschende Ordnung der gewohnten Rituale unterlaufen können, wenn Sie wollen, und nutzen Sie Ihren gesunden Trotz, um sich aus den Schlingen der Sucht zu befreien.

Samengedanken

Zur Heilung durch Sprache.

Samengedanken, im Englischen *seedings,* sind Gedanken, die zur Heilung anregen. Meist sind es Angebote von Sinnbildern, Redewendungen oder auch Hinweise auf mögliche übergreifende Zusammenhänge, wie sie bei psychosomatischen Störungen der Fall sein könnten. Bei diesen Samengedanken geht es nicht um handfeste Ratschläge oder medizinische Diagnosen, sie sollten vielmehr in Form von Angeboten, von hilfreichen Hypothesen, spielerischen Theorien vermittelt werden und nicht als der Weisheit letzter Schluss. Es geht darum, den Fokus der Aufmerksamkeit durch Wortspiele und Geschichtenerzählen in eine heilende Richtung zu lenken bzw. abzulenken von einer unheilvollen Stimmung.

Milton Erickson, der Begründer der Hypnotherapie, war ein Meister der Anspielungen, die er sprachlich wunderbar formuliert in seine Trancetexte einfließen ließ. Er erfand scheinbar belanglose Geschichten, in die er die bildhaften Impulsgeber und Anregungen verpackte. Leider beherrschen nur wenige Therapeuten die Kunst dieser Anregung, die nicht belehrend, nicht beherrschend und auch nicht überheblich wirkt. Vieles, was wir uns als sinnvoll zusammendenken, ist nur einer von vielen möglichen Versuchen, einen besseren Kontakt zu uns selbst und zum anderen zu finden.

Wenn Sie sich in dieser Kunst der heilsamen Andeutung üben wollen, empfiehlt es sich, in der Sprache des Alltags, in Sprichwörtern, Spruchweisheiten und Redewendungen nachzuforschen, wo es Ansätze zu einem heilsamen Sinnverständnis gibt. Es hilft auch, wenn man über ein interdisziplinäres Wissen aus den Bereichen der Mythologie, der religiösen und spirituellen Traditionen, des Volksglaubens, der Esoterik, der Ethnologie und Anthropologie, der Kunst und Literatur, der Musik und der Naturwissenschaften verfügt. Außerdem ist es immer gut, viele Witze, Anekdoten, Fabeln und Metaphern zur Hand zu haben.

- Wählen Sie den körperlichen Bereich aus, den Sie ansprechen möchten oder der sich als Thema anbietet. Machen Sie sich Notizen zu möglichen Assoziationen. Beispiel: Es soll um die Qualität des Blutes und den Blutkreislauf bzw. um schlechte Blutwerte, eine notwendige Blutreinigung und um Durchblutungsstörungen gehen.
- Falls Sie medizinische Fragen abklären oder spezifische Ratschläge vermitteln wollen, ohne auf das Expertenwissen Ih-

res Gegenübers zählen zu können, verallgemeinern Sie Ihre Botschaft. Beispiel: Verallgemeinern Sie Ihr Wissen über Krankheitsbilder, die mit Blut und Kreislauf zu tun haben, und fabulieren Sie über Blut im Allgemeinen, über Kreisläufe in der Natur etc.

- Blättern Sie durch Ihre Wörterbücher, Lexika, Sachbücher, durch Ihre Sammlungen von Zitaten und Redewendungen, schmökern Sie in Kunstbüchern und Anthologien fremder Sitten und Bräuche. Informieren Sie sich darüber, wie Menschen zu anderen Zeiten und an anderen Orten unter anderen Bedingungen Heilung erwirkten. Lesen Sie unter einzelnen Stichworten nach und lassen Sie sich von dem einen oder anderen Wort zu Assoziationen anregen. Beispiel: »Blutsbande«, »Blut ist dicker als Wasser«, »Blut schwitzen«, »böses Blut machen«, »kaltes Blut bewahren«, Aderlass als Allheilmittel noch bis in die moderne Zeit.
- Verbinden Sie nun Ihre heilende Botschaft mit den Anspielungen, die sich durch die Redewendungen aufdrängen. Hüten Sie sich davor, durch endgültige Bescheide und Urteile weitere Assoziationsketten und innere Suchprozesse zu beeinträchtigen – gehen Sie immer weiter, lassen Sie sich in freier Assoziation treiben. Falls Sie Ihren Text für einen anderen Menschen sprechen, so merken Sie während des Sprechens an der Resonanz Ihres Gegenübers, welche Angebote aufgenommen wurden, welche nicht verstanden und deshalb nicht aufgenommen wurden und welche Ablehnung hervorrufen. Beispiel: »Ich kann verstehen, dass so etwas böses Blut macht. Und da ist es gut, wenn mal etwas Neues, Frisches kommt und ins Blut geht, wie der frische Rhythmus eines neuen Tanzes oder einer heiteren Musik.« – Hier kann es sein, dass Ihr Gegenüber ein erklärter Tanzmuffel ist und die Assoziation von Rhythmus und Tanz erst recht »böses Blut« macht.
- Sie können diese Übung auch mit sich selbst machen – gehen Sie auf Suche nach Redewendungen und medizinischen Aussagen. Horchen Sie auf die Resonanz, die bestimmte

sprachliche Formulierungen bei Ihnen auslösen. Würden Sie sich so etwas gern sagen lassen? Um auf Nummer sicher zu gehen, sollten Sie die Person, die Sie mit Ihrem Text »besprechen« wollen, vorsichtshalber nicht direkt ansprechen (»du musst ...«), sondern indirekt den Samengedanken in Umlauf bringen (»Neulich hörte ich eine interessante These ... es wurde eine Fallgeschichte vorgetragen ... ich weiß nicht mehr genau, wie alles zusammenhing, aber ich erinnere mich an diesen einen Ausdruck ... bei uns zu Hause nannte man das immer ... etc.). Fällt der Samen auf fruchtbaren Boden?

- Manchmal ergeben sich heilsame Querverbindungen im Denken erst lange Zeit nach der Befruchtung durch den Samengedanken. Geben Sie Ihrem und dem Unbewussten des anderen die Chance, länger oder sehr lange mit diesen Anregungen schwanger zu gehen. Eines Tages kommen uns dann Einsichten, die entscheidend zum Prozess der Gesundung beitragen.

Wichtig: Sprache kann Kontakt schaffen und Resonanz zwischen Menschen herstellen. Aber sie ist nicht das einzige Kontaktmittel, über das Menschen verfügen: Milton Erickson etwa war zeit seines Lebens gelähmt und entwickelte deshalb besonders die Sprache. Manchmal aber ist eine Berührung, ein Blick, eine Haltung oder Bewegung, die auf den anderen eingeht und ihn zum Miteinander auffordert, mehr als tausend Worte. Worte können den Kontakt auch totreden. Es ist schwer, Stille auszuhalten. Umso heilender wird eine solche Präsenz des Mitmenschen erlebt, wenn die Situation danach verlangt zu schweigen.

Samtschwarzsehen

Bei Neigung zu Überforderung, extremen Erwartungen, Ehrgeiz, Perfektionismus.

Wer viel erwartet, läuft Gefahr, ständig enttäuscht zu werden. Überspannte Erwartungen und enttäuschter Ehrgeiz führen dazu, die Welt nur mehr in stumpfen Farben wahrzunehmen, denn nichts entspricht dem Glanz, von dem man sich ein inneres Bild gemacht hat. Das Schwarz, das beim Schwarzsehen gesehen wird, hat diese abgestumpfte, verstaubte, verblichene Qualität, die alles Licht verschluckt. Im Gegensatz dazu ist ein samtenes Schwarz wie eine Einladung, neue Öffnungen zu finden, in unbekannte Räume zu gehen, sich auf geheimnisvolle Prozesse der Umwandlung einzulassen. Dieses Schwarz wird in der Farbsymbolik mit dem bergenden Mutterschoß verglichen, der Urhöhle, aus der alles Leben kommt. In dieses schwarze Loch zurückzukehren kann entscheidende Fortschritte bringen.

Gedankenexperiment und Heilvisualisation

1. Versetzen Sie sich kontrolliert und für eine begrenzte Zeit in einen Bewusstseinszustand, in dem Sie »schwarz sehen«. Visualisieren Sie eine bestimmte Art von stumpfem Schwarz, das Sie bewusst mit einem Zustand der hoffnungslosen Abgeschlossenheit verbinden. Übersetzen Sie alles, was Sie an Aussichtslosigkeit, an Verzweiflung und Angst, »keine Zukunft zu haben«, in Ihrem Leben je erlebten, in dieses Schwarz, stellen Sie sich vor, dass dieses schwarze Loch Ihnen die Negativität ins Bewusstsein bringt und dann mit einer Sogwirkung, wie sie typisch für schwarze Löcher ist, heraussaugt und in sich aufnimmt. Nun ist die Negativität in diesem abgestumpften, verstaubten Schwarz, und Sie können sie dort lassen, können sie dort ablegen. Sie müssen nichts verdrängen – Sie können die Negativität an einem bestimmten geistigen Ort versammeln und verdichten, bis

sie eine extreme Dichte und Kompaktheit erreicht hat. Lenken Sie jetzt bewusst Ihre Aufmerksamkeit davon weg. Machen Sie einen Einschnitt, eine bewusste Zäsur in Ihrer Phantasie, wenden Sie sich anderen möglichen Bewusstseinszuständen zu.

2. Visualisieren Sie jetzt ein anderes Schwarz, das Sie ebenfalls auf einen bestimmten Platz in Ihrem Bewusstsein verweisen. Nennen Sie dieses Schwarz von Anfang an Samtschwarz und verbinden Sie dieses schwarze Loch mit der Bedeutung, eine Öffnung in andere Welten anzuzeigen und das Geheimnisvolle in Ihrem Leben darzustellen. Dieses schwarze Loch zieht Sie an, auch dieses Schwarz übt Faszination auf Sie aus, aber diese Anziehung wirkt ganz anders. Sie fühlen sich inspiriert, überall in Ihrem Leben Möglichkeiten, Geheimnisse, Übergänge zum Unbekannten zu vermuten. Dieses Schwarz hat eine öffnende Wirkung auf Sie. Statt sich dem Leben zu verschließen, möchten Sie weitergehen, Risiken auf sich nehmen, sich auf Abenteuer einlassen. Ihre Phantasien befassen sich nicht mit der Enttäuschung Ihrer Erwartungen, sondern mit den Möglichkeiten, die sich eröffnen, je mehr Sie sich dem Ungewöhnlichen und Undenkbaren nähern. Verbinden Sie jetzt diese Stimmung, in die Sie sich gebracht haben, diese Haltung, die Sie dem Leben gegenüber einnehmen, mit der ganz spezifischen Qualität des Samtschwarz – erleben Sie das Samtschwarz mit einem sinnlichen Tasterlebnis, einem verführerischen Geruch, kommen Sie auf den rätselhaften, aber wohltuenden Geschmack dieses Samtschwarz. Vielleicht verbinden Sie einen Klang mit dem Samtschwarz, vielleicht sehen Sie ein Kunstwerk vor sich, das diese Qualität des Samtschwarz für Sie trifft. Vielleicht kennen Sie auch Zuordnungen in der Farbsymbolik, die dem Samtschwarz eine positive Qualität geben. Wichtig ist, dass diese Symbole für Sie persönlich positiv besetzt sind.
3. Sehen Sie nun die beiden schwarzen Löcher vor sich und stellen Sie Vergleiche an. Lassen Sie Ihren Blick von dem

einen Schwarz zum anderen wandern. Gehen Sie mit Ihrem Bewusstsein zwischen den beiden Zuständen, zwischen dem Zustand der Verschlossenheit und dem Zustand der Öffnung, dem Zustand der negativen Abgeklärtheit und dem Zustand des positiven Nichtwissens und Neuanfangs hin und her, bis Sie sich des entscheidenden Unterschieds sicher sind. Dieser Unterschied kann ein Gefühl sein, ein Gedanke, eine körperliche Empfindung oder auch ein inneres Bild, das Sie sich von Ihrer Erkenntnis machen. Erst wenn Sie die beiden Schwarzqualitäten unterscheiden können, sind Sie fähig, das verschließende Loch mit dem öffnenden Loch zu überdecken, so dass das Nichts, das »Nein-Loch«, durch das Schwarz der Öffnung, durch ein Etwas, durch ein Ja überlagert wird. Geben Sie sich selbst die Weisung, sich von nun an einerseits zu erlauben, schwarz zu sehen, andererseits diese Sichtweise mit der Bedingung zu verknüpfen, das Schwarz in ein Samtschwarz übergehen zu lassen und so von der pessimistischen Verschlossenheit zu einem aufgeschlossenen Optimismus zu gelangen.

Schattenarbeit

Zum besseren Verständnis psychosomatischer Zusammenhänge, als Einstieg in eine Körperpsychotherapie, die krank machende Verdrängungen aufarbeiten möchte. Bei Ablagerungen und Schlacken aller Art, bei Verschlingungen (des Darms), bei Reizungen und Entzündungen von evolutionär überholten Körperteilen wie etwa des Blinddarms.

Licht und Schatten gehören zusammen. In einem Gemälde machen die Schatten die Tiefendimension aus. Wo viel Licht ist, ist nun mal viel Schatten, das weiß jeder Fotograf. Die Konturen kommen durch das Zusammenspiel stärker heraus. Der Vordergrund kann sich vom Hintergrund nur durch eine solche konturierte Schwarzweißzeichnung abheben. Alles, was sich abzeichnet, sich als Zeichen zeigt und als Phänomen er-

lebt wird, weist auf einen Hintergrund hin, der als Rest bestehen bleibt, auch wenn er nicht in Erscheinung tritt.
Schatten werden in der Tiefenpsychologie jene Anteile der Persönlichkeit genannt, die vom Bewusstsein nicht erfasst werden und doch zur Person gehören. Schatten werden vom Bewusstsein nicht wahrgenommen, sie bilden eine Art blinden Fleck im Blickfeld der Eigenwahrnehmung. Schattenseiten hat jeder, zumindest jeder normal Sterbliche, und sogar Gott wird »nachgesagt«, er habe eine verborgene, dunkle Seite. In manchen Anschauungen wird der Teufel nicht nur als Gegenspieler, sondern auch als Schatten Gottes gesehen. Die jüdische Mystik der Kabbala spricht von den Schlacken Gottes, die innerhalb des großen Systems der göttlichen Schöpfung ausgegrenzt wurden. So entstanden die Dämonen. Leider sind die Schatten, die eigentlich ganz normal sind, viel zu oft dämonisiert und so noch weiter vom Bewusstsein verdrängt, abgespalten und ausgegrenzt worden.
In geistigen Heilungsprozessen geht es darum, Integration anzuregen und somit die ursprüngliche Ganzheit («heil« heißt ganz) herzustellen. Die Schattenarbeit ist ein wichtiger Bestandteil jeder Therapie. Schattenarbeit bedeutet zu lernen, mit unseren verdrängten Seiten umzugehen lernen. Und dazu müssen wir sie zunächst erkennen lernen. Dies ist oft nur möglich über den Umweg der Projektion: Ich ordne einem anderen Menschen etwas zu, was eigentlich mein eigener Anteil ist, aber als solcher mir nicht bewusst wird. Diesen Teil lagere ich außerhalb der eigenen Identität ab, so wie man Dinge draußen aufbewahrt, für die man im eigenen Haus keine Verwendung und keinen Platz hat oder die innerhalb der eigenen vier Wände stören.
Aber der Körper und das Unbewusste gehen mit solchen Ablagerungen anders um, sie bringen sie auf ihre Weise zum Ausdruck. Das Unbewusste drückt sich in Träumen, in Projektionen (»projizieren« bedeutet aus sich heraus, vor sich heraus stellen) oder auch so genannten Freud'schen Fehlleistungen aus. Und der Körper, die Körperseele, die psychosomatische

Einheit bringt durch Ablagerungen der konkreten Art das zum Ausdruck, was durch Kreislauf und Stoffwechsel ausgeschwemmt und ausgelagert wurde. Dort draußen wird es dann sichtbar und kann wahrgenommen, also wieder in den Prozess der Integration und des ständigen Austauschs zwischen innen und außen zurückgeholt werden. Wenn Symptome als Feedback (Rückmeldung) erkannt und angenommen werden, ist ein großer Teil der Schattenarbeit geleistet.

Die Schattenarbeit bedarf einiger Zwischenschritte, um richtig zu funktionieren. Vergegenwärtigen Sie sich: Auch Sie haben Schattenseiten, wie jeder andere. Es ist ganz normal, im Laufe der Persönlichkeitsentwicklung Schattenseiten herauszubilden. Es gehört zur menschlichen Natur. Sie können sich das bildhaft veranschaulichen, indem Sie das Zusammenspiel von Licht und Schatten in der Natur oder Kunst betrachten, Sie können es aber auch durch begriffliches Denken nachvollziehen.

Meist ist Ihnen gar nicht bewusst, wie viele Entscheidungen Sie tagtäglich fällen – nämlich jedes Mal, wenn Sie etwas auch noch so »automatisch« tun oder lassen, auch wenn der bewusste Wille keineswegs eingeschaltet ist, Sie über diese vielen kleinen Entscheidungen nicht lange nachdenken müssen und sich deshalb auch nicht direkt dafür verantwortlich fühlen. Jede Information etwa ist eine Entscheidung – die Entscheidung für ja oder nein. Es gibt auf der Informationsebene der Bits nur ja oder nein, nur null oder eins. Bei jeder Entscheidung bleibt also etwas zurück, das Gegenteil, das Nein oder die Null. Leben heißt, sich zu entscheiden und damit Schattenreste zu produzieren. Natürlich können Sie eine Art Schattenhygiene entwickeln und prophylaktisch dafür sorgen, dass die Reste immer wieder aufgegriffen und als Rückmeldungen in den großen Kreislauf des Lebendigen zurückfließen – solche Schattenrituale bilden den Inhalt vieler religiöser Rituale. Aber Sie können nicht verhindern, dass es immer wieder zu Ausgrenzungen kommt. Als Mensch sind wir diesen Begrenzungen unterworfen. Nehmen wir sie also an und gehen wir von dieser menschlichen Bedingtheit, der *conditio humana*, aus. Nur so entwickelt sich ein weiser Umgang mit den Schatten und eine »Schattenkultur«.

Beobachten Sie sich selbst beim Beobachten anderer Menschen: Was fällt Ihnen an anderen Menschen als besonders störend auf? Was erweckt bei Ihnen in besonderem Maße Ihre Ablehnung? Was würden Sie kategorisch verneinen, wenn jemand Ihnen sagen würde, dass auch Sie sich so verhalten und dass dies einfach ganz normal und menschlich sei? Wo würden Sie sagen: »Ich? Das käme mir nie in den Sinn« (was in gewisser Weise stimmt, da Sie sich nicht bewusst sind, dass Sie genau das tun). Bei welchen Beobachtungen bleiben Sie neutral und objektiv, soweit dies überhaupt möglich ist, und wann fühlen Sie sich persönlich involviert, wann reagieren Sie emotional? Achten Sie auch darauf, welche Reaktionen ungewöhnlich stark ausfallen – das ist der beste Hinweis dafür, dass Sie einer Schattenseite auf die Spur gekommen sind. Je mehr Sie sich weigern, diese Seite als Ihre eigene anzunehmen, desto mehr spricht dafür, dass es sich tatsächlich um einen blinden Fleck handelt und Sie den Balken im eigenen Auge nicht wahrnehmen können, obwohl Sie den Splitter bei anderen schon längst entdeckt haben.

Reagieren Sie mit Humor! Nehmen Sie die wunderbaren Möglichkeiten wahr, die sich Ihnen durch den Humor eröffnen. Keiner verlangt von Ihnen, Ihre Fehler öffentlich zu bekennen – die meisten Menschen sind viel zu sehr beschäftigt, die eigenen Schatten zu verdrängen und das Verdrängte im Abseits zu halten. Feiern Sie Ihre neu gewonnenen Selbsterkenntnisse mit einem stillen Schmunzeln und Augenzwinkern. So kommen Sie ganz unauffällig wieder ins Gleichgewicht und genießen das Leben in seiner Fülle.

Wichtig: Vermeiden Sie die Dämonisierung der Schatten. Laden Sie sie als Teil des Lichts ein und danken Sie ihnen dafür, dass sie Ihnen geholfen haben, Ganzheit auf Umwegen erkennen zu können. Danken Sie auch für die Tiefendimension, die Schatten Ihrem Weltbild geben, und für die Aufforderung, über das Bekannte, Gewohnte und die Grenzen des Bewusstseins hinauszugehen.

Schlafwohl

Bei Schlafstörungen akuter oder auch chronischer Art, bei Schlaflosigkeit, bei leichtem, unruhigem Schlaf.

Fast alle Menschen haben zu bestimmten Zeiten in ihrem Leben Probleme mit dem Schlafen. Manche Menschen können nicht einschlafen, andere wieder nicht durchschlafen. Viele wachen morgens auf und sind doch nicht erfrischt und ausgeruht. All dies kann ganz verständliche physische wie auch psychische Gründe haben, die mit der Umgebung, mit zu viel Licht oder Lärm, mit allzu spätem und schwerem Essen, mit Genuss von Kaffee und Alkohol zusammenhängen oder in der Erwartung des Kommenden bzw. in der Verarbeitung des Gewesenen wurzeln. Es häufen sich die Hinweise, dass der Mangel an ausreichendem Schlaf zu schwerwiegenden gesundheitlichen Problemen führen kann. Doch auch Schlafmittel bringen auf Dauer nicht die gewünschte Abhilfe, da sie keine wirklich gute Schlafqualität ermöglichen und außerdem süchtig machen. Es ist also besser, mental an das Schlafproblem heranzugehen.
Der Schlaf wurde schon in der griechischen Mythologie als der Bruder des Todes bezeichnet. Dies beruht auf der Vorstellung, im Schlaf sei unsere Persönlichkeit, unsere Identität, unser Ich ausgelöscht, so als gäbe es kein Bewusstsein im Schlaf. Die Traumforschung hat längst gezeigt, dass dem nicht so ist, aber die Vorstellung von der jähen Trennung zwischen Wach- und Schlafbewusstsein hat sich hartnäckig gehalten, einfach weil wir so wenig über unsere andere Seite wissen. Wer sind wir im Schlaf? Wir kehren uns von der Außenwelt ab und treten in einen Innenraum ein, nehmen jedoch die Tagesreste, die uns

beschäftigen, mit. Der Eintritt in die Welt des Schlafes geschieht meist halbherzig, unentschlossen und unachtsam. Irgendwie schlafen wir dann ein. Hier ergibt sich eine Möglichkeit der Lebensgestaltung, die vielen Menschen in ihrer Wichtigkeit nicht bewusst wird, bis sie von Schlafproblemen heimgesucht werden.

Entwickeln Sie Ihre persönliche Schlafkultur. Erleben Sie den Übergang vom Wachsein zum Schlafen ganz bewusst. Lernen Sie, Ihren Schlaf zu achten. Gestalten Sie durch kleine Rituale das Zubettgehen als eine bedeutsame Handlung, von der Ihre Gesundheit abhängt.

- Das Ritualisieren alltäglicher Handlungen hilft Ihnen, mehr Bewusstsein für die Übergänge zu entwickeln. Beispiel: Putzen Sie nicht nur Ihre Zähne vor dem Zubettgehen, sondern säubern Sie sich auch von dem psychischen Ballast, der sich tagsüber angesammelt hat. Gehen Sie nicht mit einem schlechten Geschmack im Mund ins Bett. Legen Sie mit den Kleidern Stück für Stück die Gedanken, Ängste und Sorgen des Tages ab. Wenn Sie nachts Kleidung tragen, sollten Sie darauf achten, dass diese immer frisch ist. Wenn Sie besonders schlimme Nächte hinter sich gebracht haben, wechseln Sie die Wäsche, um nicht nur dem Tag, sondern auch der Nacht neu zu begegnen. Legen Sie sich nicht in das alte, durchwühlte, verschwitzte Bett – denn wie man sich bettet, so schläft man.
- Erinnern Sie sich an gute Schlaferlebnisse. Solange man keine Probleme hat, kann man einen guten Schlaf gar nicht so recht schätzen. Aber sicher gibt es Morgen in Ihrem Leben, die Ihnen in Erinnerung geblieben sind, weil Sie sich besonders erfrischt, ausgeruht und zuversichtlich fühlten. Natürlich mögen dafür auch andere Gründe als die Qualität des Schlafes verantwortlich sein. Konzentrieren Sie sich jetzt aber nur auf die Qualität des Schlafes – es kann auch ein Mittagsschlaf sein –, die sich von der durchschnittlichen Schlafqualität unterscheidet. Nennen Sie es Ihren Heilschlaf,

Gesundheitsschlaf, Schönheitsschlaf und vergegenwärtigen Sie sich die besondere Eigenschaft dieses Schlafes. Indem Sie sich diese Qualität vergegenwärtigen, erleben Sie sie jetzt wieder, als wäre das Ereignis Gegenwart.

- Danken Sie Ihrem Organismus für die Fähigkeit, ein solches Wunderwerk vollbringen zu können. Damit erkennen Sie an, dass ein gesunder Schlaf außerhalb Ihres Willensbereiches steht und nicht erzwungen werden kann. Damit übergeben Sie diese lebenswichtige Aufgabe Ihrem Unbewussten und Ihrem Organismus – Sie delegieren sie. Erklären Sie Ihren Organismus mit seiner Fähigkeit zur Selbstregulation als zuständig und kompetent. Geben Sie sich selbst die Erlaubnis, einen guten Schlaf zu haben – Sie werden es nicht glauben, aber viele Menschen erlauben sich nicht, die Hälfte ihres Lebens zu verschlafen, weil ihnen der Wert des Schlafes nicht bewusst ist. Ändern Sie diese Einstellung, falls auch Sie dazu gehören. Werten Sie den Schlaf und die Schlafzeit auf.
- Richten Sie einen mentalen Ort ein, an dem Sie besonders gut schlafen. Das kann ein früherer Urlaubsort sein, wo frische Luft, Stille, das Abschalten von der Arbeit, die Unterbrechung von Alltagstrott und Routine Sie im Schlaf aufleben lassen. Es kann aber auch ein Ort in Ihrer Phantasie sein – der Schlaf in einem Heiltempel, wie es in der Antike üblich war, oder der Schlaf als das Ruhen in Morpheus' Armen. Rufen Sie Erinnerungen wach, entwickeln Sie Bilder und Gedanken, die Sie darin unterstützen, Schlaf als unschätzbares Gut zu erleben. Entwerfen Sie im Geist eine Idylle, die für Ihren Schlaf reserviert ist. Konzentrieren Sie sich dabei weniger auf das Einschlafen als passives Warten auf etwas, das von außen kommt und auf das Sie keinen Einfluss haben. Fokussieren Sie vielmehr Ihre Gedankenenergie auf eine Aktivität, die mit aktiver Einwilligung, mit Erlauben, Gewähren, Zulassen, mit Entspannung und Ausruhen zu tun hat. Statt passiv sich ausgeliefert zu fühlen, sind Sie aktiv beteiligt.

- Führen Sie ein Nachtbuch, in dem auch Ihre Träume vermerkt werden. Notieren Sie Gedanken, Erlebnisse und Erinnerungen, die sich als besonders hilfreich und heilsam erwiesen haben.

Schmerzkontrolle

Bei Schmerzen aller Art (akut und chronisch), als Alternative zur (kontinuierlichen) Einnahme von Schmerzmitteln.

Es gibt unterschiedliche Arten von Schmerzen:

- Durch den sensorischen Schmerz spüren wir, dass etwas wehtut. Das ist ein tiefer stechender Schmerz, ein Brennen auf der Haut oder auch ein dumpfes Schmerzgefühl, das sich über einen weiten Bereich erstreckt.
- Durch das Leiden spüren wir Unbehagen. Daraus entsteht das Bedürfnis, diesen Schmerz zu beseitigen und Veränderung zu erwirken.
- Seelenqual umfasst Gefühle von Traurigkeit, Hoffnungslosigkeit, Depression und Frustration; das sind auch Begleiterscheinungen chronischer Schmerzen. Je mehr Zeit vergeht, ohne dass Linderung eintritt, desto intensiver werden die Schmerzen.

Schmerzen sind ein Alarmsignal. Akuter Schmerz signalisiert eine Gewebeverletzung, ähnlich heftig wie eine Sirene. Wenn wir die Ursachen dieses Schmerzes und damit seine Bedeutung erkennen, dann hat der Schmerz seine Aufgabe erfüllt – aber geht dadurch leider nicht weg. Viele Schmerzen sind chronisch: Migräne, Kopfschmerzen, Zahnschmerzen, Rückenschmerzen, Arthritis und Gicht sind nur einige der Beschwerden, unter denen Menschen leiden. Mentale Schmerzkontrolle ermöglicht es uns, überflüssige Schmerzen zu kontrollieren, während unser Alarmsystem weiterhin wachsam bleibt. Es ist bei der Schmerzkontrolle wichtig, nicht den gesamten Schmerz zu eliminieren, sondern selektiv vorzugehen. Überflüssige Schmerzen können kontrolliert werden, während gleichzeitig eine neue Empfindung uns auf ein weiteres Problem oder die Veränderung des existierenden Problems aufmerksam macht. Die Frage ist: Kann Schmerz nur im Kopf stattfinden, als rein mentale Erfahrung? Die Antwort: Schmerz kann zwar im Gehirn interpretiert werden, aber die Reizursache kann überall im Körper liegen. Manche Schmerzen sind psychogen – es gibt keine physische Ursache. Dieser Schmerz entsteht »im Geist«, das heißt der Geist nutzt die Schmerzempfindung als Mittel, um auf ein psychologisches Problem oder eine Disharmonie aufmerksam zu machen. Das Gehirn kann sowohl Schmerzempfindungen auslösen und senden als auch empfangen und interpretieren. Schmerz ist auch ein mentales Phänomen.

Vier Punkte sollten Sie beachten, wenn Sie Schmerz durch eigene Kontrolle bewusst bewältigen möchten:

1. Die Möglichkeit, Ihr Schmerzbewusstsein so zu verändern, dass Sie von überflüssigen Schmerzen abgelenkt werden, aber neue Empfindungen zulassen können, hängt von Ihrem Zugang zu Ihrem Unbewussten ab. Dieses allein ist fähig, Sie an die selbstregulativen Vorgänge im Körper anzuschließen.
2. Ihre Motivation, die Schmerzen bewusst und ohne chemische Mittel zu lindern, wird darüber entscheiden, ob das Unternehmen gelingt oder nicht. Was motiviert Sie eigentlich, auf den Griff zu Medikamenten zu verzichten? Was können Sie dabei gewinnen?
3. Machen Sie sich bewusst, dass Schmerz eine wichtige Funktion hat und dass das Loslassen von Schmerz, so paradox es klingt, zum Problem wird, wenn Sie sich nicht vorher dafür entschieden haben, jene Empfindungen, auf die es ankommt, wahrnehmen zu wollen. Unterscheiden Sie zwischen Überflüssigem (dem, was Sie schon wissen, was also eine redundante Information für Sie darstellt) und dem Notwendigen (dem, was Sie noch nicht wussten und wissen

sollten, also echten Informationen). Erst dann können Sie das Überflüssige loslassen und das Notwendige behalten.

4. Erzeugen und entwickeln Sie ganz bewusst die Überzeugung, Schmerzen kontrollieren zu können und zu dürfen. Machen Sie sich bewusst: Schmerz ist keine externe Empfindung. Schmerz ist eine Information, die unsere Nerven an das Gehirn weiterleiten. Die eigentliche Interpretation der Empfindungen, die wir als Schmerz erleben, wird im Gehirn erstellt. Das heißt wir produzieren das Schmerzgefühl in unserem Gehirn. Schmerz dient unserem Lebenstrieb, und letztendlich haben wir die Kontrolle darüber.

Faktoren, die zur Linderung von Schmerzen beitragen, sind:

- gute Ernährung
- sportliche Betätigung
- soziale Kontakte zu anderen Menschen
- Intensivierung von Arbeit, Sex, Spiel, Lust.

Wichtig: Da die meisten Schmerzbehandlungen von außen vorgenommen werden, können Sie sich vielleicht zunächst nicht vorstellen, dass Sie Ihre Schmerzen von innen kontrollieren können. Wir sind von Jugend an darauf konditioniert worden, dass jemand anders uns die Schmerzen wegnimmt. Da gibt es den elterlichen Trost, den Arzt oder die Mittel, die die Schmerzen wegnehmen. Aber wir haben vielleicht trotzdem bemerkt, dass wir durch uns selbst von einem Schmerzgefühl abgelenkt werden bzw. uns selbst ablenken können. Nun geht es darum, den genauen Mechanismus der Schmerzlinderung zu erkennen und zum eigenen Vorteil zu nutzen.

Gehen Sie systematisch vor:

1. Untersuchen Sie den Schmerz wie ein Phänomen, machen Sie sich damit vertraut. Wo genau tritt er auf? Wann? Gibt es einen Kontext, in dem er besonders häufig auftritt? Sie erkennen solche Zusammenhänge an Ihrer eigenen Beschreibung: »Immer wenn ich das tue/erlebe, dann folgt der

Schmerz.« Entdecken Sie unterschiedliche Schmerzphänomene und/oder Schmerzphasen. Rücken Sie den Schmerz in den Fokus Ihres Interesses, beschreiben Sie den Schmerz gründlich und sinnlich – ist er wie ein heißer Feuerhaken in Ihrem Rücken oder wie heißes Öl? Fühlen Sie Ihr Herzklopfen bis in den Kopf? Oder fühlt es sich an wie Nadelstiche, die sich ausbreiten? Wo liegt der Ursprung?

2. Konzentrieren Sie Ihre Gedanken nur auf die Bilder, die der Schmerz in Ihnen hervorruft. Wählen Sie die Bilder aus, die Ihren Schmerz am bildhaftesten zu »übersetzen« scheinen. Wählen Sie nun ein Bild aus, das den Schmerz ganz allgemein für Sie am besten erfasst.
3. Akzeptieren Sie Ihre Situation; das ändert Ihre Perspektive. Schmerz ist ein unentbehrliches Schutzsystem, ein Alarmsystem, das Verletzungen und Krankheiten meldet. Erkennen Sie den Wert eines solchen Systems an; es führt zu einer richtigen Diagnose und Behandlung des Problems. Und unterscheiden Sie in Ihrem Bewusstsein zwischen Situationen, in denen Sie notwendigen Schmerz hatten, und Situationen, in denen der Schmerz nicht mehr nötig war. Erinnern Sie sich an Zeiten vor dem Schmerz. Vergegenwärtigen Sie sich das Bewusstsein, in dem keine Schmerzen angesagt sind. Falls Sie an chronischen Schmerzen leiden, vergegenwärtigen Sie sich Phasen, in denen der Schmerz erfahrungsgemäß nachlässt bzw. stärker wird. Lassen Sie dann die Schmerzzeiten sich durch Zeitverzerrung wie in einem Film verkürzen und die schmerzfreien Zeiten sich ausdehnen.

Tipp: Der Morgen ist die beste Zeit, um schmerzlindernde Veränderungen im Leben zu schaffen. Sie beseitigen die in der Nacht angestauten Schmerzen und können sich für den anstehenden Tag »vorprogrammieren« – das heißt Sie können Ihren Gewohnheiten am besten morgens entfliehen. Und bedenken Sie: Alle Schmerzen zu beseitigen ist nicht nur unmöglich, sondern vielleicht auch gar nicht so nützlich. Veranschaulichen Sie sich lieber auf einer Skala zwischen eins (kein

Schmerz) und zehn (maximaler Schmerz) die kleinen Zwischenerfolge, die Sie erzielt haben, indem ein Schmerz, der auf der Skala die Position acht einnahm, nun auf sieben oder sogar sechs gesunken ist. Ehren Sie die kleinen Unterschiede, indem Sie auf sie achten.

Sehnensehnen

Bei schwachen, überbeanspruchten Sehnen, bei Neigung zu Sehnenscheidenentzündungen.

Die Aufgabe der Sehnen ist eine durch Feinmotorik bedingte Koordination der Bewegungen, die aufeinander abgestimmt sind. Nicht Kraft bestimmt die Leistung, sondern die stetige Übung eines Bewegungsablaufs, der sich durch das Zusammenspiel von Kräften ergibt. Das will geübt sein - nur unermüdliche Wiederholungen des erwünschten Ablaufs führen ans Ziel. Das Ziel ist Leichtigkeit und Anmut - der Ablauf soll nicht den Eindruck einer hart und mühevoll erkämpften Anstrengung erwecken.

Und so sind u. a. Tänzer und Musiker von der Gefahr der Sehnenscheidenentzündungen besonders betroffen. Die Beherrschung des Körpers oder eines Musikinstruments erfordert eben diesen Fleiß und diese Übung, die mit physischem Verschleiß einhergehen: So setzt das souveräne Spiel des Virtuosen stundenlanges und tägliches Üben voraus.

Sehnenscheidenentzündungen sind äußerst schmerzhaft: Sie können künstlerische Karrieren beenden. Wer nicht lernt, mit der Anstrengung des täglichen Übens umzugehen, ruiniert sich und seine Zukunft. Da war jener Pianist, der als Wunderkind galt. Sein Leben war überschattet von den Schmerzen, die ihn durch häufige Sehnenscheidenentzündungen begleiteten. Dazu kam die Angst: Was tun, wenn eines Tages der Körper versagte? Von Kindheit an hatte er alles auf diese Karte gesetzt, seine Mutter hatte ihn förmlich zum Virtuosen »herangezüchtet«, er sollte seinem Vater, der als genialer Pianist früh verstorben

war, nachfolgen. Er fürchtete, keinen Platz in der Welt, keine Daseinsberechtigung zu haben, wenn er keinen Erfolg vorzuweisen hätte, und so quälte er sich von Konzert zu Konzert.
Die Entzündungen wurden als psychogen, das heißt seelisch bedingt, eingeschätzt, die allopathischen Mittel hatten versagt, da sie über Jahre eingenommen worden waren. Er versuchte es mit Selbsthypnose und lernte, jenen Bewusstseinszustand, der unnötigen Stress verursachte und zu der Entzündung führte, von jenem Bewusstseinszustand zu unterscheiden, der lustvoll besetzt war und keinen Stress bedeutete. In beiden Zuständen war er als virtuoser Pianist aktiv – übte, wiederholte Läufe, bewegte die Finger, nahm dieselbe physische Haltung ein. An der physischen Haltung lag es nicht, aber die emotionale Einstellung gab Aufschluss darüber, wo der »Fehler« zu suchen war: Stellte er sich nämlich vor, dass er als Pianist in einer Bar spielte, so verschwanden die Schmerzen – die sich sofort zurückmeldeten, wenn er den nächsten Konzerttermin ins Auge fasste und die damit verbundene Anstrengung antizipierte.
Nachdem er gelernt hatte, seine Schmerzen verschiedenen inneren Bildern und damit verbundenen verschiedenen Bewusstseinszuständen zuzuordnen, konnte er einerseits seine Motivation als Künstler überprüfen und andererseits sich selbst so motivieren, dass Konzerte nicht mehr mit Schmerzen und Ängsten verbunden sein mussten, um von ihm als »seriös« akzeptiert zu werden. Der entscheidende Unterschied war der Kontext: Eine Bar stimulierte ihn zum souveränen Klavierspiel, das von selbst zu laufen schien. Der Konzertsaal hingegen war ein »rotes Tuch«, das sofort Schmerzen hervorrief. Der Trick war nun, in seiner Vorstellung die Atmosphäre einer Bar in den Konzertsaal hineinzuzaubern und sich selbst in einer anhaltenden Gemütslage der Gelassenheit zu halten.
Auf lange Sicht konnte er sich eingestehen, dass menschliche Kontakte und Geselligkeit für ihn wichtiger waren als der »einsame« Erfolg eines Virtuosen. Er sattelte schließlich um und wurde ein bekannter Musiktherapeut, der mit autistischen Kindern arbeitete.

Diese Geschichte ist typisch: Innere Bilder sind Motive, und Motive können den Körper auf verschiedene Weise, positiv oder negativ, stimulieren. Sehnenscheidenentzündungen geben Aufschluss über die Motivationen, die sich mit bestimmten Anforderungen vor allem im Zusammenhang mit beruflichen Tätigkeiten verbinden. Sehnenscheidenentzündungen sind meist nicht simuliert, aber die Schmerzen treten manchmal noch Jahre nach der vergangenen Anstrengung, allein aufgrund der Erinnerung, auf. Das ist der beste Beweis, dass diese Symptome nicht allein durch konkrete Tätigkeiten, sondern durch den psychischen Anteil von Haltungen und Einstellungen bedingt sind. Und nicht jeder kann eine Gelassenheit herbeizaubern, die er nie zu fühlen und zu entwickeln gelernt hat. Und zum Profi- oder Virtuosentum gehört eben nicht nur, Leistung zu bringen, sondern auch das ganze Leben darum so zu organisieren, dass die Lust daran überwiegt und die zahlreichen Entbehrungen aufwiegt.

Wie Sie mit Sehnenscheidenentzündungen umgehen können:

1. Identifizieren Sie die Tätigkeit, die zu der Entzündung geführt hat.
2. Untersuchen Sie, inwieweit Sie sich bei dieser Tätigkeit unnötig stressen, z. B. durch ungesunden Ehrgeiz, durch unrealistische Erwartungen, Ansprüche und Hoffnungen.
3. Untersuchen Sie die Motivation, die der Ausübung dieser Tätigkeit zugrunde liegt. Blicken Sie hinter die vordergründigen Motive, die Sie dazu bewegen, diese Tätigkeit nicht aufzugeben. Was würde geschehen, wenn Sie aufgrund Ihrer Krankheit diese Tätigkeit nicht mehr ausüben könnten? Was würden Sie verlieren? Was würden Sie gewinnen?
4. Erkennen Sie die Werte, die hinter den Motiven stehen und Sie dazu antreiben, die Tätigkeit weiter auszuüben – selbst um einen hohen Preis, unter größten Opfern. Wie können Sie diese Werte eventuell auch anders in Ihr Leben integrieren (im Fall des Virtuosen ging es um menschlichen Kontakt – er konnte diesen Wert in seine therapeutische Arbeit

besser integrieren als in die Konzertkarriere). Entwerfen Sie ein Zukunftsszenario, in dem Sie einen alternativen Lebensweg vor sich sehen und in Ihrer Vorstellung begehen. Was fehlt dabei? Was spricht dagegen? Identifizieren Sie diese fehlenden Motive.

5. Versetzen Sie sich in einen Bewusstseinszustand der Souveränität, in dem Sie die Wahl haben. Nun können Sie sich bewusst für die bisherige Tätigkeit entscheiden – Sie wissen, was auf dem Spiel steht und welchen Gefahren Sie sich freiwillig aussetzen.
6. Untersuchen Sie nun genau, wann der unnötige Stress auftritt und Ihre Tätigkeit beeinträchtigt bzw. wann bei der Tätigkeit dieser Auslöserreiz Sie dazu antreibt, das Weitermachen zu erzwingen, statt spielerisch leicht die Anmut von selbst sich einstellen zu lassen.
7. Registrieren Sie diese Auslöserreize und finden Sie Reaktionsalternativen. Zum Beispiel: Wenn der Auslöserreiz bedingt ist durch den Gedanken: »Ich habe versprochen, der Erste und Beste zu sein, und ich halte mein Versprechen« – dann führen Sie diesen Satz über in: »... und ab heute habe ich mir selbst versprochen, auf mein Wohlergehen zu achten – ich bin mir selbst der Nächste, ob Erster, Bester oder Letzter.« Oder: »Wenn ich die Sache spielerisch angehe, gebe ich das Beste.«

Sexter Sinn

Alle wollen nur das Eine – fragt sich nur, was dieses Eine ist. Manche sagen, es sei Gott, andere Sex. Sicher ist, dass es sich bei der Suche nach dem Einen um die Sehnsucht nach Vereinigung handelt – in beiden Fällen wird die Ausgangslage als ein Zustand der Getrenntheit erlebt. Im Falle von Sex ist es einfach so, dass der Mensch nur einem der beiden Geschlechter angehören kann, so dass das körperliche Streben nach Vervollkommnung und Erfüllung über die Vereinigung mit dem

anderen Geschlecht herbeizuführen versucht wird. Das evolutionäre Interesse an der Fortpflanzung der Gattung hat die Mittel geschickt gewählt – an Sex kommt kein Mensch vorbei.
Der sechste Sinn als »sexter Sinn« könnte so etwas sein wie ein Sinn für diesen allgemein menschlichen Faktor, der alle Menschen insofern betrifft, als wir alle von dieser natürlichen Bedingtheit ausgehen müssen, wenn wir ein zutreffendes Selbstverständnis entwickeln wollen. Genauso wie der sechste Sinn in den Bereich des Übersinnlichen führt, leitet der sexte Sinn dazu an, die eigene Natur als unvollständig und »halb« zu akzeptieren. Der Mensch, von den Philosophen zwischen Tier und Engel platziert, ist auf der Suche nach dem Einen. Dazu wurde ihm ein Sinn mitgegeben, den er für seine Zwecke einsetzen kann. Alle anderen Sinne unterstehen diesem einen Sinn, der auf der Suche ist.
Worin der Sinn besteht, der durch die Suche gefunden wird, hängt von der Zielgerichtetheit des Menschen ab. Ihm steht die ganze Lebensenergie zur Verfügung, und ob nun Gott oder Sex das Eine ist – diese Energie wird immer über die Grenzen des Individuellen hinausführen. Dieser Sinn lässt sich nicht mit vordergründiger Harmonie abspeisen, er drängt weiter und stellt alle alten Verhältnisse in Frage. Er stört die alte Ordnung, die sich eingespielt hat, zerstört die eingefleischten Gewohnheiten, die sich schon als zweite Natur im Selbstverständnis des Menschen eingenistet haben, hält sich an keine Routine und keine noch so bewährte Selbstverständlichkeit. Einen solchen sexten Sinn auszubilden oder zuzulassen kann für viel Aufregung und Unruhe sorgen. Der sexte Sinn ist ein unbequemer »Schnüffler« auf der Suche nach halben Sachen und unbefriedigenden Lebensverhältnissen, nach Halbwahrheiten, die ausgemerzt werden müssen.
In der traditionellen chinesischen Medizin werden das Herz, aber auch die Organe der Fortpflanzung mit dem Element Feuer in Verbindung gebracht. Dieses innere Feuer schürt nicht nur die Verdauung (dem Feuer werden das Herz und der Dünndarm zugeordnet), sondern bringt auch den Blutkreislauf in

Schwung. Der sexte Sinn lässt das Herz schneller schlagen, die Erregung steigen und das Blut in die Genitalien strömen. Dort sorgt die vermehrte Durchblutung für eine lustvolle Belebung und eine energetische Aufladung des ganzen Unterleibs.
Ein kalter Unterleib wird analog dazu auf Dauer zu einer allgemeinen Schwächung des Körpers führen. Auch wenn sich der Mensch »jenseits von gut und böse«, also in einem Alter befindet, in dem Fruchtbarkeit und Fortpflanzung nicht mehr die Aufgaben des vegetativen Lebens sind, ist er immer noch abhängig von der ganzheitlichen Durchblutung und Belebung seines Leibes. Der sexte Sinn, der auch als sechster Sinn verstanden und so als Übergang vom Sinnlichen zum Übersinnlichen und Mystischen umgedeutet werden könnte, dient also nicht nur den sexuellen Gelüsten, sondern dem ganzen Organismus, dem Erhalt des lebendigen Systems Mensch.
Zu allen Zeiten waren Menschen sich ihrer »Halbheit«, Abhängigkeit und Verwundbarkeit bewusst. Sexualität, die sich mit Liebe verbindet, bringt nicht nur Freude und Lust, sondern auch Leidenschaften und Leid. Die Neigung, sich diesem Risiko bewusst zu verschließen, war immer schon bekannt. Und immer wurde das eine dem anderen vorgezogen – das Wissen, dass das Halbe, so bequem es auch sein mag, doch niemals die Erfüllung durch Begegnung und Vereinigung zu ersetzen vermag, ist Stoff für Märchen, Mythen, Tragödien wie Komödien. Dieses Wissen gehört zum Leben.
In Ritualen wurde dieses Wissen weitergegeben und der Ablauf der notwendigen Prozesse geregelt. Symbole wurden gefunden, um in einem einzigen Bild all die komplexen Zusammenhänge zu erfassen. So etwa wählte Plato das Bild einer Kugel, die in zwei Hälften geteilt worden ist, wobei jeder Mensch eine solche Hälfte verkörpert und nach seiner entsprechenden Gegenhälfte im anderen Geschlecht sucht. Diotima erzählt Plato in dessen Werk *Gastmahl* von einem Mythos, nach dem Eros das Kind von Mangel und Fülle ist, so dass er also beide in sich vereint. Dieses mythische Bild veranschaulicht, wie die extremen Spannungen in der Erotik zustande

kommen: Die Pfeile des Liebesgottes verursachen eine Verwundung, die wiederum zur Heilung, zur Ganzwerdung führt. Im Ritual der Hochzeit wird diese heilende Ganzwerdung gefeiert als Höhepunkt des Lebens, der über die enge Begrenztheit des Individuums triumphiert. Die heilige Hochzeit zwischen Göttin und König, zwischen Königskindern, zwischen besonderen Menschen erfüllte rituell für das ganze Volk diese Aufgabe.
In der Naturwissenschaft haben neue Erkenntnisse in der Neurobiologie den Menschen sowohl als offenes als auch als geschlossenes System enthüllt. Geschlossen ist der Mensch insofern, als sein Organismus durch komplexe Regelkreisläufe und Feedbackschleifen ein relativ stabiles Gleichgewicht bewahrt und sich selbst reguliert. Offen ist das lebende System Mensch insofern, als ein ständiger Austausch zwischen Innenwelt und Außenwelt geschehen muss, um das Überleben zu gewährleisten. Dieses lebende System wird als Vereinigung von Organismus und Umwelt gesehen – ohne die passende Umwelt kann kein Organismus überleben. Die evolutionäre Intelligenz lässt den Organismus sich auf die Umwelt einstellen, sich ihr anpassen, wobei der Anpassungsfähigkeit natürliche Grenzen gesetzt sind. Der sexte Sinn ist auf der Spur dieser evolutionären Anpassungsintelligenz und unterscheidet Umweltbedingungen, die förderlich sind für den Organismus, von solchen, die ihm schaden, ihn unnötig belasten, schwächen oder sogar langsam vergiften.
Der sexte Sinn als Sinn für Heilung durch Annehmen der Verwundung und Suche nach Ganzwerdung kann Ihnen Wege zeigen, die abenteuerlich und manchmal vielleicht auch riskant sind, weil sie nicht zur Norm der gesellschaftlichen Gewohnheiten gehören – aber diese Wege belohnen den Lebensreisenden mit einem Prickeln und Kribbeln, das von Lebenslust und Lebenssinn zeugt.

Folgende Schritte helfen ihnen, gemächlich das ungestüme Drängen reiner Lebensenergie zu erfahren. Schritt für Schritt erschließt sich Ihnen die Chance, Ihr Leben neu zu überdenken:

1. Finden Sie einen Mythos oder ein Märchen für sich, in dem die Liebe siegt und zur Heilung führt. Finden Sie ein inneres Bild oder Symbol, das Ihre Halbheit als Offenheit repräsentiert – vielleicht eine halbierte Kugel, die zur offenen Schale wird. Finden Sie ein Ritual, das Sie im Alltag vollziehen können und das Sie immer wieder mit Ihrer Offenheit in Kontakt bringt – zum Beispiel das Hindurchgehen durch eine bestimmte Tür, das in Ihnen das Gefühl wachruft, dass alles im Leben offen ist.
2. Gehen Sie in Ihrer Vorstellung an die Grenze Ihrer Individualität. Körperlich erleben wir diese Grenze über den Tastsinn der Haut. Betasten Sie zum Beispiel mit einer Hand die andere Hand und machen Sie sich Ihren Tastsinn bewusst. Stellen Sie sich vor, die eine Hand würde der anderen Hand als fremd begegnen. Wie fühlt es sich an, durch das Tasten zu erleben, dass es da draußen noch etwas anderes gibt als das, was ich mein Ich nenne? Wie erfahren Sie die Welt als Nicht-Ich? Machen Sie einige Tasterfahrungen mit unbelebten Objekten, dann mit Pflanzen, Bäumen, Tieren und schließlich mit anderen Menschen. Erleben Sie diesen Kontakt ganz bewusst als Offenheit.
3. Wenn Sie ein Selbstverständnis von sich entwickelt haben, das eine solche Offenheit nicht erlaubt, weil sie zu schmerzvoll, beunruhigend, quälend und störend wäre – wenn Sie also gelernt haben, sich zu bescheiden, dann wird diese Aufgabe Ihnen besonders schwer vorkommen, weil Sie auf etwas verzichten müssen, das Sie sich vielleicht schwer erkämpft haben, und sich zu einem Opfer gedrängt fühlen, dessen Sinn Sie nicht einsehen können. Denn geht es nicht darum, seinen Frieden zu machen und Ruhe zu finden? Nehmen Sie also dieses (alte) Selbstverständnis bewusst wahr, erkennen Sie es an und lassen Sie zu, dass durch diese Übung neue Arten, wie Sie sich selbst begreifen, entstehen können – wenn Sie das wollen. Machen Sie diese Übung in Zeiten, da es Ihnen gut geht, Sie sich im Gleichgewicht fühlen und eine heilsame Erschütterung gut verdauen können.

4. Vielleicht kommen Gefühle der Beunruhigung, der Unruhe, vielleicht auch der Unzufriedenheit hoch. Etwas drängt Sie, die vorläufige Ruhe, die Sie im Leben gefunden haben, aufzugeben und sich auf die Suche zu machen. Diese Gefühle haben körperliche Auswirkungen. Sie werden eine Erregung verspüren, die Ihnen ungewöhnlich und wahrscheinlich auch unnütz vorkommen mag. Wozu die unnötige Aufregung? Beobachten Sie einfach, wie sich Ihr Denken auf den Körper auswirkt, und lenken Sie Ihre Gedanken in eine Richtung, die die Erregung ansteigen lässt. Welche Gedanken erwecken am meisten Erregung bei Ihnen?
5. Lernen Sie, durch Gedanken Ihren körperlichen Zustand zu verändern und sich bewusst in eine Stimmung hineinzuversetzen, in der Sie auf lustvolle Art erleben, dass alles offen, im Fluss ist. Beobachten Sie die Offenheit, das Fließen in Ihrem Körper. In welchen Körperteilen spüren Sie die Erregung zuerst, in welchen Körperteilen ist der Fluss der Lebensenergie blockiert? Lenken Sie ganz bewusst und kontrolliert den Atem in den Unterleib und fördern Sie die Durchblutung auch dort, wo sich blinde Flecken in Ihrem Körperbewusstsein ergeben haben. Genießen Sie diese neue Möglichkeit, durch mentales Training, durch die Kraft Ihrer Gedanken sowohl Ihr Bewusstsein als auch Ihren körperlichen Zustand beeinflussen zu können.

Wichtig: Machen Sie keinen Leistungswettbewerb daraus – das verdirbt den Spaß daran.

Stirnaufklärung

Bei Kopfschmerzen, Verspannungen, Migräne. Zur Beruhigung.

Wussten Sie, dass das deutsche Wort »Stirn« verwandt ist mit dem altenglischen *steornede*, was so viel heißt wie »dreist«? Wir kennen ja auch den Ausdruck »die Stirn bieten« – »Stirn« ist also zunächst im Verständnis der Redewendungen die brei-

te Stirn, die sich dem Widerstand der Welt entgegenwirft und sich stolz niemandem beugt. Eine solche breite Fläche muss einiges aushalten, um der Welt trotzen zu können. Sie muss kompakt sein, sich hart machen, undurchlässig.
Mit der Zeit graben sich bei entschlossenen, tatkräftigen Männern tiefe Falten in die Stirn. Bei Frauen ist das weniger erwünscht – Frauen sollten ja auch nicht die Stirn bieten, sondern nachgeben, das will die Rollenverteilung zwischen den Geschlechtern. Sind eine glatte Stirn und Nachgiebigkeit deshalb »weibisch«? Und ist im Gegensatz dazu die Verspannung der Stirn, die sich eben nicht wie die eines Kindes unter den beruhigenden Berührungen der Mutter glättet, als Zeichen mutigen Trotzes und aufgeklärten Zweifels zu werten?

Machen wir ein Experiment, das unser Bewusstsein grundlegend verändern könnte. Es vollzieht sich in einer Abfolge von Schritten, die durch ein Wechselbad der Gefühl führen. Wichtig ist, dass Sie das Experiment beenden, um nicht in einem dieser Gefühle stecken zu bleiben. Nehmen Sie sich Zeit für dieses Experiment, achten Sie darauf, dass Sie nicht gestört werden, und legen Sie Schreibzeug bereit. Sie können dieses Experiment im Sitzen oder Liegen durchführen: Im Sitzen ist es mehr eine Entspannungsmeditation, im Liegen eine Bewusstseinsreise.

1. Schließen Sie die Augen und richten Sie Ihre Aufmerksamkeit auf die breite Fläche Ihrer Stirn. Machen Sie sich die Knochen bewusst, dann die Beschaffenheit der Haut und zuletzt die Muskeln. Und während Sie ein Bewusstsein für Knochen, Haut und Muskeln Ihrer Stirn entwickeln, vielleicht mit der Hand die Knochen ertasten, die Luft auf der Haut spüren und die Bewegungsmöglichkeiten der Muskeln ausprobieren, lassen Sie sich von Ihrer Stirn erzählen, was sie alles im Laufe des Lebens erlebt hat und wie sich das Leben von ihrer Perspektive aus anfühlt. Was ist das für ein Leben? Mit welchen Problemen hat die Stirn zu tun? Was

fürchtet sie am meisten, was hat sie besonders gern? Was entspannt sie, und wann fühlt sie sich extrem verspannt? Vielleicht gibt es bestimmte Auslöserreize, bestimmte Informationen, die ihr vermittelt werden, auf die sie in einer bestimmten Weise zu reagieren gelernt hat. Bewegen Sie die Stirn in der Weise, wie es Ihren Gewohnheiten entspricht. Vielleicht haben Sie die Angewohnheit, ein ganz bestimmtes Gesicht zu »machen«? Vielleicht machten Sie früher ein solches Gesicht, und andere Menschen sprachen Sie darauf an. Notieren Sie sich eine Reihe solcher Gesichter und geben Sie ihnen Namen – das Montagmorgengesicht, das Feierabendgesicht, das Dumpfbackengesicht, das Trotzgesicht, das Zweiflergesicht etc. Probieren Sie die verschiedenen Gesichter aus und erinnern Sie sich an die Geschichte ihrer Entstehung, der Zeit, da sie »Hochkonjunktur« hatten, und entlassen Sie sie dann wieder in die Vergangenheit, wo sie weiter im Körpergedächtnis aufbewahrt werden. Richten Sie ein Archiv Ihrer persönlichen Masken ein und lassen Sie Ihre Stirn frei werden für Neues.

2. Stellen Sie sich vor, Sie machten nun einen Besuch in einem großen, weltbekannten Museum für Masken. Hier sind aus allen Kulturen und Zeiten Masken versammelt, die die Vielfalt der Bewegungsmöglichkeiten verdeutlichen. Sie gehen von Maske zu Maske und spezialisieren sich auf das Studium der Stirn. Sie beachten die Augen, den Mund, das Kinn nicht, nur die Stirn. Sie machen sich einen Spaß daraus, sich in die jeweilige Stirn einzufühlen und dann erst die Bezeichnung, die unter der Maske steht, zu lesen. Sie sehen viele verschiedene Flächen, die von Falten durchzogen sind, mal hochgezogene, mal zusammengezogene Stirnfalten, mal glatte, mal sich aufwerfende Haut, mal Rötung, mal Blässe – und all das in verschiedenen Kombinationen. Sie lesen die Erklärungen zu den Exponaten, die alle starke Gefühlszustände bezeichnen. Sie wussten vielleicht gar nicht, dass es so viele und so verschiedene Gefühle gibt. Vielleicht ist es Ihnen auch fremd, dass Gefühle sich so zeigen und

dass sie so offen gezeigt werden dürfen. Sie fragen sich, ob Sie etwa zu solchen Gefühlen fähig wären. Sie versuchen, diese Gesichtszüge nachzuvollziehen, und warten auf eine Resonanz in Ihrem Gefühlsleben. Kennen Sie »Jähzorn«, »Verzweiflung«, »Hoffnungs- und Hilflosigkeit«, kennen Sie dieses ironische Lächeln des Mephistopheles, das eine Augenbraue höher als die andere steigen lässt? Und wie fühlt sich das verklärte Lächeln der Engel an? Wie wäre es wohl, ein Engel zu sein? Mit dieser Frage verlassen Sie das Museum.

3. Stellen Sie sich vor, Sie hätten einen Traum. In diesem Traum erleben Sie, wie es ist, Grund zu einem verklärten Lächeln und einer völlig glatten Stirn zu haben. Sie haben den Grund vergessen, aber die Erinnerung an das Erlebnis, das Gefühl dafür bleibt. Etwas Lichtes hat Sie von außen zwischen den Augenbrauen berührt im Schlaf, und Sie atmeten tief und erleichtert auf, wie ein Kind. Sofort breitete sich eine unendliche Entspannung in Ihrem Körper aus, und Sie wussten sogar im Schlaf, dass Sie sich nun nicht mehr widersetzen mussten. Sie mussten keinen Widerstand bieten. Und sofort ebnete und glättete sich die Stirn. Eine kühle Helle breitete sich hinter Ihrer Stirn aus, ein Raum eröffnete sich. Die Helle strahlte bis zum Hinterhaupt aus. Die Schädeldecke wurde von innen und unten angeleuchtet, als hätte man ein Licht dort angeknipst. Das hob das Selbstgefühl. Es war erhebend: Der Kopf wurde so leicht. Im Wachbewusstsein wären Sie vielleicht nie so leichtsinnig, aber im Traum fiel es ganz leicht, den Kopf leicht und die Stirn glatt werden zu lassen, sich keine Sorgen zu machen. Alle Gedanken traten wie auf einer Bühne auf, und dann traten sie wieder ab. Im Traum war es möglich, diese Gedanken nicht so ernst zu nehmen. Es waren ja nur Schauspieler, und sie trugen Masken. Sie stellen sich vor, wie die Schauspieler hinter der Bühne ihre Masken ablegen.
4. Sie wachen auf. Die Masken liegen im Hinterzimmer des Theaters. Sie sind alle da. Die Bühne ist hell erleuchtet, aber

leer. Sie betrachten diese leere Fläche. Es kann sein, dass ein paar Schauspieler sich dorthin verirren, obwohl kein Stück gespielt wird, aber Sie beobachten das Kommen und Gehen mit Gleichmut. Sie genießen die Unterbrechung, um sich dann der Wirkung des immer stärker werdenden Flutlichts hingeben zu können. Es ist ein sanftes Licht, dem Sie keinen Widerstand entgegensetzen möchten. Das Licht durchdringt Sie, und nun breitet es sich nicht nur hinter der Stirn und im Kopf aus, sondern rinnt durch Ihre Kehle, kühlt sie, lässt sie weit und durchlässig werden. Die Kehle kann entspannen, sie muss nicht mit jedem Schluck unterscheiden, ob sie das schlucken will oder nicht. Die Ohren füllen sich mit Licht und weiten sich. Sie lauschen über den Rand des Hörbaren hinaus, bis an die Grenze des Unerhörten. Undenkbar, denken Sie und wundern sich über die neue Qualität Ihres Denkens. Gedanken werden Licht, reisen mit Lichtgeschwindigkeit, verbinden sich mit anderen Gedanken, kehren informiert und inspiriert zu Ihnen zurück. Und dann gibt es Momente, da Sie nicht mehr denken. In dem Augenblick, da Sie denken, dass Sie nicht denken, denken Sie schon wieder – aber es bleibt diese Erinnerung an die Lücken zwischen den Gedanken, diesen Raum der Leere hinter den Gedanken. Und mit dieser Erinnerung kehren Sie zurück in die Alltagsgegenwart.

5. Beenden Sie dieses Experiment, indem Sie die Augen öffnen, blinzeln, sich die Augen reiben. Dann reiben Sie sich auch die Stirn. Massieren Sie sich das ganze Gesicht. Machen Sie ein paar Grimassen. Verziehen Sie das Gesicht. Wackeln Sie mit dem Kopf, mit den Ohren. Dehnen und räkeln Sie sich und klatschen Sie dreimal in die Hände, um sich selbst den angemessenen Beifall zu zollen. Sie sind jetzt ganz wach und wieder in Ihrem Alltagsbewusstsein mit all seinen Sorgen – jedoch bereichert um die Vision, dass Sie auch einmal etwas Neues ausprobieren können.

Spazierengehen

Entspannungsmeditation bei Gefühlen von Enge und Erstickungsgefahr. Bei Stress durch äußere Beengung und Druck, auch Zeitdruck. Zum Abschalten.

Spazierengehen erscheint vielen als Müßiggang. Es ist weder Arbeit noch Sport und scheint irgendwie aus der Mode gekommen zu sein. Man muss sich schon sehr alt oder hinfällig fühlen, um es sich einfach zu leisten, »nur« spazieren zu gehen. Ist Spazierengehen überhaupt gesund? Ist es notwendig? Sollte man nicht lieber joggen, radeln, rudern oder walken, um ordentlich Kalorien zu verbrennen? Ein Spaziergang gehört in eine andere Zeit, als die Leute noch Zeit dazu hatten, nicht immer etwas Nützliches und Funktionales, kurz, auch einmal nichts zu tun. Die Zeiten scheinen vorbei zu sein. Das seit dem 13. Jahrhundert bezeugte Verb »spazieren« ist aus dem italienischen Wort *spaziare* abgeleitet worden und verrät, worum es sich beim Spaziergang handelt. Italienisch *spazio* oder lateinisch *spatium,* der Raum, gibt dem Spaziergang die eigentliche Bedeutung. Sich im Raum ergehen und ihn dadurch entdecken, für sich in Anspruch nehmen, ausfüllen, lustwandelnd einherschreiten, ohne Ziel und Zweck – das ist Spazieren. Sie können diesen Spaziergang auch in Ihrer Vorstellung machen.

Schließen Sie die Augen, treffen Sie bewusst die Entscheidung, für eine Zeit lang abschalten und eine neue Erfahrung machen zu wollen. Schieben Sie alle Gedanken beiseite, die Sie an Sinn und Zweck, an Ziele und Pläne erinnern, wie man einen Vorhang beiseite schiebt, wenn der Morgen gekommen ist. Oder lassen Sie die Gedanken vorbeiziehen wie Schönwetterwolken an einem Tag, an dem sich die Wolken nicht halten und sich bald von selbst auflösen werden. Beruhigen Sie Ihren Atem, genauso wie Sie Ihre Gedanken beruhigen. Manche Gedanken sind wie in einem Knäuel verwickelt, verknotet, verknittert, verknüllt, fest zusammengezurrt oder überspannt. Lassen Sie Ruhe in den Gedankenfluss einkehren, so wie auch Ihr Atem fließend zwischen Ein und Aus schwingt. Es kann sein, dass in einigen Momenten nur das Fließen wahrgenommen wird, das Fließen der Gedanken ohne Gedanken, das Fließen des Atems ohne Anstrengung des Atemholens, und Sie fühlen, es ist alles schon da, die Gedanken, die Luft zum Atmen, der Raum, die Energie – und nun nehmen Sie vor allem den Raum wahr, wie er mit Energie erfüllt ist, mit Energie und sonst nichts, ein Raum aus leuchtender Leere. Sie sind mittendrin. Um Sie herum schwingt es, strömt es. Nun geben Sie diesem Schwingen und Strömen eine Richtung, sich selbst eine neue Ausrichtung: Mit dem Einatmen lassen Sie den Raum vor sich in sich hineinströmen, mit dem Ausatmen benutzen Sie den Schwung, um die Enge und den Druck hinter sich zu lassen. Das Ausatmen hilft Ihnen durch seine Schubkraft, sich fortzubewegen, mühelos, leicht, wie getragen, wie von selbst. Der Sog der leuchtenden Leere zieht Sie an, Sie nutzen die Sogkraft, sich erfüllen zu lassen und Raum in sich zu schaffen. Hinter Ihnen bleibt alles, was Sie beengt und bedrückt hat. Sie nutzen die Enge und den Druck, um sich selbst zu spüren. Sie spüren das Gewicht Ihres Körpers nach unten fließen und die Füße mit der Erde Kontakt aufnehmen. Mit jedem Schritt dieses Spaziergangs verankern Sie sich in der Erde, auf der Sie die Füße abrollen, Fersen und Ballen im Wechsel und mit Nachdruck hinter sich schieben und ein Fortkommen ermöglichen. Es ist, als würde sich der Raum vor Ihnen zu einer Reibungsfläche unter Ihnen verwandeln, ohne dass der Raum sich aufbrauchen könnte. Es gibt immer neue Atemräume, Bewegungsräume, Spielräume – in alle Ewigkeit.

Thymuslächeln

Zur Stärkung der Abwehr- und Selbstheilungskräfte.

Mona Lisa hat es, Buddha hat es: jenes geheimnisvolle Lächeln, das nach innen gerichtet ist. Es wirkt geheimnisvoll auf den Beobachter, der sich fragt, was es da zu lächeln gibt. Aber dieses innere Lächeln ist nicht eine Reaktion auf etwas in der

Wirklichkeit draußen, sondern eine Aktivität, die sich nach innen auswirkt und eine innere Wirklichkeit erschafft. Die Taoisten kennen ein inneres Lächeln, das alle Körperteile, Organe, Drüsen, Muskeln und Nerven erreicht, heilkräftige, positive Energienformen erweckt, »niedrige« (darunter werden negative, kraftraubende Emotionen verstanden) verwandelt und das allgemeine Energieniveau anhebt. Dieses Lächeln überträgt sich auf andere Menschen – vielleicht erinnern Sie sich selbst an die wohltuende Wirkung eines Lächelns, das Ihnen jemand schenkte, als Sie wütend, krank, schwach oder verzweifelt waren. Sie können dieses Lächeln üben, um sich und anderen zu helfen. Sich selber zuzulächeln, so schreibt der chinesische Tao-Lehrer Mantak Chia, wirkt heilsam und verjüngend, als würde man in Liebe baden.

Das innere Lächeln ist besonders im Rahmen der Bewältigung von Stress und im Kampf gegen seine negativen Auswirkungen wirksam. Wenn wir in die Thymus- oder Wachstumsdrüse im Brustraum hineinlächeln, wird diese zu größerer Aktivität angeregt. Bei emotionalen Belastungen hat zuerst die Thymusdrüse darunter zu leiden: Ihr wird die Hauptkontrollfunktion bei der Steuerung Leben spendender, heilender Energien zugeordnet. Sie soll auch entscheidend zur Krebsabwehr beitragen. In der Thymusdrüse wird eine besondere Art von Zellen produziert, die T-Lymphozyten, deren Aufgabe es ist, abnormale Zellen zu erkennen und zu zerstören. Wie allgemein bekannt ist, gibt es unter den Milliarden Zellen, die jeden Tag entstehen, immer wieder einige abnormale, deren Vermehrung zu Krebs führen könnte, wenn das Thymushormon die T-Lymphozyten nicht aktivierte. Das Lächeln aktiviert einen Energieausstoß – die Taoisten sagen, die Organe scheiden eine Art Nektar aus, der den ganzen Körper nährt. Durch das Lächeln dehnen sich die Organe aus, werden weicher und feuchter und arbeiten besser. Bei der Leber kann das dazu führen, dass mehr Nährstoffe gespeichert und mehr Schadstoffe ausgestoßen werden. Die Thymusdrüse, nach dem taoistischen System der Sitz der Lebensenergie, stärkt das Immunsystem. Durch die tägliche Übung des inneren Lächelns können Sie etwas für Ihre Gesundheit tun, für innere Ausgeglichenheit und deshalb größere Belastbarkeit sorgen und zudem Ihre Stimmung verbessern.

1. Schließen Sie die Augen, schalten Sie ab, ziehen Sie sich nach innen zurück und achten Sie darauf, dass Ihr Atem sanft, langsam und gleichmäßig fließt.
2. Lenken Sie Ihre Aufmerksamkeit auf die Zunge, die Sie hinter die oberen Schneidezähne legen.
3. Entspannen Sie die Stirn und stellen Sie sich vor, dass Sie einem lieben Menschen begegnen, der Ihr Herz berührt, indem er Sie warm anlächelt. Sammeln Sie diese lächelnde Energie, die in Ihnen aktiviert wurde, in Ihren Augen.
4. Lassen Sie die lächelnde Energie außerdem in die Stirnmitte zwischen die Augenbrauen fließen und dann in Nase und Wangen. Das Lächeln entspannt die Gesichtshaut, dringt tief in die Gesichtsmuskeln ein und erwärmt das ganze Gesicht von innen.
5. Das Lächeln fließt weiter nach unten zum Mund, dessen Winkel sich unwillkürlich leicht anheben. Und es fließt in die Zunge. Die Zungenspitze hebt sich an den Gaumen und verweilt dort, als würden Sie das Lächeln dort bündeln und halten.
6. Lenken Sie die lächelnde Energie in den Kiefer und spüren Sie, wie durch das Lächeln sich die dort angestauten Verspannungen auflösen, als würden sie dahinschmelzen wie Schnee unter der Sonne.
7. Lächeln Sie in Nacken und Hals, wo sich häufig Spannungen festsetzen – der Kloß im Hals löst sich auf, was im Nacken sitzt, gleitet ab.
8. Lächeln Sie in Ihre Kehle und erreichen Sie mit Ihrem Lächeln die Schilddrüse und die Nebenschilddrüsen, spüren Sie, dass sich die Kehle unter diesem Eindruck öffnet und wie eine Blume aufblüht. Die Kehle löst sich, und damit der Redestrom, der oft blockiert ist. Zu viel muss zurückgehalten und heruntergeschluckt werden.

9. Schließlich fließt das Lächeln nach unten in die Thymusdrüse – es ist, als würden Sie lächelnd an sich herunter auf die Brust und gleichzeitig in sich hinein schauen. Sie spüren, wie die Thymusdrüse sich angesprochen und gemeint fühlt, wie sie reagiert, sich ausdehnt, weich und feucht wird, aufblüht, den Duft warmer, heilender Energie zum Herzen sendet. Verbinden Sie dieses Lächeln mit dem Gedanken, dass dadurch Ihnen selbst und anderen, mit denen Sie in Kontakt kommen, Heilung widerfährt. Diese Heilung wirkt auch schon im Voraus, noch bevor Sie erkranken.

Wichtig: Achten Sie darauf, dass Sie sich nicht zu dieser Übung zwingen. Machen Sie diese Übung nur dann, wenn das Lächeln wirklich von Herzen kommt und Sie selbst von der Wichtigkeit der Überwindung emotionaler Negativität überzeugt sind.

Ursache und Wirkung

Bei falschen Annahmen über Krankheitszusammenhänge.

Wie das Präfix andeutet, ist eine »Ur-Sache« jenseits des gegenwärtig Erkennbaren angesiedelt. Ähnlich wie beim »Ursprung« und der »Urheberschaft« können wir nur Vermutungen darüber anstellen, welches erste Glied der linear in einer Kette miteinander verknüpften Tatsachen die Ursache war. In solchen Kausalketten folgen Ursachen auf Wirkungen, die wiederum Ursachen für weitere Wirkungen darstellen. Was Ursache ist und was die Wirkung, wird durch das Denken des Menschen bestimmt bzw. zu bestimmen versucht – denn ganz gewiss können wir nie sein, wie die Dinge zusammenhängen. Wir können nur Annahmen bilden und hypothetisch in möglichen Zusammenhängen weiterdenken. Manchmal gibt uns die Erfahrung Recht, etwa dann, wenn ein bestimmter Zusammenhang sich wiederholt und eine gewisse Gesetzmäßigkeit aufweist.

Beispiel: Erst in jüngster Zeit wurde entdeckt, dass die »Ursache« von Erkältungen Viren sind. Weitere Forschungen brachten zutage, dass wir, auch wenn wir gesund sind, Viren in uns tragen. Das Vorhandensein von Viren im Organismus kann also nicht allein die Ursache sein – erst wenn das Immunsystem nicht mehr richtig arbeitet, starten die Viren, die immer da sind, ihren Angriff auf das System. Dann stellte sich heraus, dass Stress das Immunsystem beeinträchtigt. Doch ist Stress auch die Ursache? Inzwischen ist bekannt, dass die Angst vor Kontrollverlust den meisten Stress verursacht. Ist Angst also die Ursache? Und so geht es immer weiter, während die kausalen Verbindungen immer komplexer werden.

Alle Wissenschaft ist darauf angewiesen, Kausalzusammenhänge herzustellen und zu prüfen. Aber nicht nur in der Wissenschaft, auch im persönlichen Leben wollen wir Gewissheit und meinen, eine solche Gewissheit durch Kausaldenken herbeizuführen. Das Ergebnis dieses Denkens vermittelt nämlich ein Gefühl von Gewissheit, das uns überzeugt und somit befriedigt, denn wir finden durch das Aufdecken von Zusammenhängen zu einem Sinn. Alles ist leichter zu ertragen, wenn es einen Sinn besitzt. Und dieser Sinn erschließt sich durch die Frage nach dem Warum. Finde ich eine Antwort auf die Frage, so kann ich mir ein Bild machen und besser mit meinen Problemen umgehen.

Das Sinnbild gibt Sicherheit und Halt auf der Suche nach einem Grund, warum zum Beispiel gerade ich etwas erlebe, das ein Problem für mich darstellt oder mich leiden lässt. Gerade im Bereich von Gesundheit und Krankheit wird oft die Frage nach dem Warum gestellt, wobei es häufiger die Krankheit ist, deren Sinn ergründet werden soll, als die Gesundheit, die vielen Menschen als selbstverständliches Gut erscheint. Begründet muss vor allem das werden, was sich vom gewohnten Weltverständnis abhebt. Auch wenn Experten allein in wissenschaftlicher Weise sich konstruktiv mit den Ursachen einer Erkrankung auseinander setzen können, ist das Bedürfnis nach Sinnbildern ein allgemein menschliches. Eine Erkrankung, die

»aus dem Nichts« kommt und als völlig willkürlicher Einbruch in den gewohnten Lauf der Dinge erlebt wird, ist schwerer anzunehmen als ein Ereignis, das kausal begründet werden kann. Das Denken, das nach Sinn sucht, geht dabei folgendermaßen vor: Es werden zwei Tatsachen miteinander verbunden, wobei die eine Tatsache als Grund der anderen angenommen wird. Nach diesem Muster entstehen Sätze wie: »Weil es dort so kalt war, bin ich nun erkältet«, oder: »Weil du mich gekränkt hast, bin ich jetzt tatsächlich krank geworden.«

Dies beinhaltet die Schuldzuweisung: Etwas oder jemand ist schuld. Das Sinnbild, das den Grund für eine Tatsache angibt, verweist auch auf den Schuldigen. Ursachenerkenntnis, Schuldzuweisung und Gegenmaßnahmen, die den Schaden beheben sollen, gehören zu den uralten Vorgängen der Heilung aus der Zeit, bevor sich die wissenschaftliche Medizin durchsetzte. Noch heute ist das Bedürfnis nach erklärenden und begründenden Sinnbildern ungebrochen. Trotz aller Aufklärung und aller rationalen Einschätzungen – das Sinnbild vermag etwas, das keine Ratio schaffen kann. Das Sinnbild ermöglicht die Integration von Vorfällen, die zunächst nicht in Verbindung mit dem eigenen Leben gebracht werden. Wenn die Krankheit, das Symptom oder das Problem Sinn macht, ist man eher motiviert, etwas dagegen zu unternehmen, als wenn die Tatsache als fataler Schicksalsschlag hingenommen werden muss. Sinn motiviert, Sinnlosigkeit bewirkt das Gegenteil – sie kann zu Frustration, Depression, Verzweiflung führen.

Was aber, wenn nicht eine Erkrankung, sondern eine Heilung völlig überraschend kommt? Man sollte annehmen, dass dies kein Nachteil ist. Aber auch hier muss das Geschehen Sinn machen und als Sinnbild in das Bild, das man sich von der Welt und dem Leben macht, integriert werden, sonst kann die Heilung nicht angenommen werden – ähnlich wie ein fremdes Gewebe, das implantiert wurde, nur dann angenommen und nicht abgestoßen wird, wenn es dem Organismus möglich ist, dieses Gewebe als sein eigenes zu erkennen.

Sind Sie bereit, auch die Erfolgserlebnisse und glücklichen Fügungen in Ihrem Leben als sinnvoll anzuerkennen? Dann haben Sie gute Chancen, tatsächlich erfolgreich zu werden und immer öfter Glück zu haben. Wenn nicht, sollten Sie ein Sinnbild kreieren, das Ihnen das Recht gibt, Erfolg, Glück und natürlich Gesundheit anzunehmen. Was könnte dafür in Frage kommen? Kramen Sie in Ihren Kindheitserinnerungen und vergegenwärtigen Sie sich jene Märchen, die davon erzählen, wie es am Schluss doch zum »richtigen«, das heißt zum guten Ende kommt. Vielleicht dachten Sie damals, als Sie noch auf kindliche Weise Sinnbilder erschaffen konnten, dass alles nur deshalb geschieht, weil es in einen großen Sinnzusammenhang passt. Wenn das Sinnbild alle Höhen und Tiefen umfasst, dann ist alles leichter zu ertragen, sei es erfreulich oder niederschmetternd. Die Vision, die am Ende steht, überstrahlt alle dunklen Schatten, die Fragen aufwerfen, sie übertönt alle Missklänge, die von der Melodie ablenken könnten.

Sinnbilder können Probleme lösen, weil sie den Erkrankungs- und Gesundungsprozess in ein anderes Licht rücken und Lösungen ermöglichen, die sonst nicht ins Bild passen würden. Oft käme man gar nicht auf die Idee, dass solche Lösungen möglich sind. Sinnbilder können aber auch Probleme schaffen, weil sie mögliche Lösungen außer Acht lassen oder von vornherein als ungültig erklären und damit als unmöglich erscheinen lassen. Sinnbilder können unsere Sichtweise einschränken und damit den Blick verstellen.

Was ist also zu tun? Ganz auf Sinnbilder zu verzichten, keinen Sinnzusammenhang herzustellen, Zusammenhänge und damit Sinn den Experten zu überlassen? Nein. Es geht nur darum, dem Bedürfnis nach Sinn die Fähigkeit zur Unvoreingenommenheit entgegenzusetzen und damit wieder einen Ausgleich zu schaffen.

Veränderungsprozesse

Stützen und Strukturen für ein mentales Gesundheitsprogramm.

Nichts bleibt gleich, alles verändert sich, alles ist im Fluss: Diese philosophische Einsicht ist so alt wie das menschliche Denken überhaupt. Auch im Rahmen eines Gesundheitsprogramms, sei es als Prophylaxe oder als Rehabilitation, haben wir es mit Veränderungsprozessen zu tun. Um so gesund zu bleiben, wie wir bis jetzt waren, müssen wir etwas tun. Das Leben fordert uns ständig Entscheidungen ab, wenn wir nicht nur reagieren und uns den einmal angenommenen Gewohnheiten überlassen wollen. Gerade um unserer Gesundheit willen können wir jederzeit neue Entscheidungen treffen, die unseren Lebensstil und damit unser Lebensgefühl beeinflussen. Indem wir aktiv werden, haben wir Einfluss auf unser Leben, unser Glück, unsere Gesundheit.

Veränderungsprozesse werden von Menschen auf verschiedene Weise erlebt und angestrebt. Manche Menschen sind auf die Vergangenheit ausgerichtet und wünschen sich, es solle wieder so werden wie damals. Wir nennen diese Ausrichtung konservativ – es geht um die Bewahrung von etwas, das als gut und wertvoll erkannt wurde und deshalb mit in die Gegenwart und in die Zukunft übernommen werden soll. Wer meint, dies ginge von selbst, irrt. Gerade die Konservativen (und jeder von uns hat einen konservativen Anteil in sich, oder sollte ihn haben) sind herausgefordert, nichts als selbstverständlich hinzunehmen und sich damit auseinander zu setzen, was genau den Wert ausmacht und wie er in die Gegenwart übertragen werden kann, um bewahrt zu werden.

Ganz anders sind die »Rebellen«: Sie möchten mit allem Bisherigen brechen, die Brücken hinter sich verbrennen und jede Verbindung zum Gewesenen und zum Gegenwärtigen unterbrechen. Auch diese Ausrichtung auf eine Zukunft, in der alles ganz anders werden soll und kann, hat ihre Berechtigung, denn die Vision von Veränderungsmöglichkeiten motiviert dazu, die dazu erforderlichen Entscheidungen anzugehen, sich

damit zu konfrontieren, Pläne zu machen und zu handeln zu beginnen.
Die Menschen, die eigentlich ganz zufrieden sind mit der Gegenwart, haben es am schwersten, denn es gibt für sie keinen besonderen Anreiz, sich mit Veränderungen zu befassen. Sie sind am meisten gefährdet, die Dinge einfach laufen zu lassen, und werden am ehesten zu Opfern ihrer eigenen oder der kollektiven Gewohnheiten. Sie entwickeln kein Bewusstsein dafür, was eigentlich los ist, was »läuft«. Sie versinken im Allerlei des Alltagstrotts und bemerken nicht, wie doch Veränderungsprozesse sich einschleichen – meist nicht zu ihrem Besten, sondern zu ihrem Schaden.
Meist sind jedoch diese drei Typen der Ausrichtung in einer Person gleichzeitig anzutreffen, denn wir sind alle ein wenig konservativ, ein wenig Rebell und ein wenig Gewohnheitstier. Und wir alle sind gezwungen, in der Gegenwart zu beginnen, denn nur im Jetzt können wir neue Entscheidungen treffen, so konservativ oder rebellisch wir auch gestimmt sein mögen. In der Gegenwart eröffnet sich uns die Chance, aus den Gewohnheiten auszusteigen und die Weichen unserer Lebensbahnen neu zu stellen.
Veränderung gehört zum Leben. Nur im Tod finden wir jene Ruhe, die dem Leben entgegengesetzt ist. Manchmal mögen wir uns diese Grabesruhe vielleicht wünschen, aber dieser Wunsch ist nur Ausdruck einer Überreizung oder Erschöpfung unseres Lebenswillens und betrifft nicht wirklich eine Lebensvision. In der Philosophie kennen wir die Unterscheidung zwischen Sein und Nichts und dem Paradox, dass das Werden eine Verbindung von beidem ist. Das Werden ist das eigentlich Lebendige, und zum Werden gehört das Vergehen – es bedingt jenes Prinzip, das Goethe als »Stirb und werde« bezeichnete.
Das Annehmen des Sterbens führt zur tiefen Einsicht in das, was das lebendige Werden, was das Wesen von Leben und Lebendigkeit ausmacht. In der Natur finden wir ständige Veränderungen, wobei die Beobachtung, dass nichts so bleibt, wie es ist, durch die Theorie des Gleichgewichts veranschaulicht wer-

den kann. Stellen Sie sich einen Ball vor, der auf einem Stab balanciert wird. Vielleicht haben Sie sich selbst schon in solchen Kunststückchen versucht, und vielleicht ist es Ihnen gelungen, den Ball für ein paar Sekunden auf der Spitze des Stabes zu halten. Sie erinnern sich sicher auch an die Anstrengungen, die Sie machen mussten, um das Gleichgewicht zu gewährleisten, an die körperlichen Bewegungen, die nötig waren, um Balance zu schaffen. Nur so war es möglich, das scheinbare Gleichgewicht, das keineswegs in sich stabil war, aufrechtzuerhalten. Kaum hielten Sie den Stab ganz gerade und ganz fest, fiel der Ball herunter. Und das, gerade weil Sie Stabilität anstrebten und nicht flexibel auf die minimalen Schwankungen reagierten. Systeme, vor allem lebendige Systeme wie der menschliche Organismus, brauchen diese Flexibilität, um überleben zu können. Wenn im Hinblick auf einen gesundheitlichen Zustand von Labilität gesprochen wird, wissen wir, es steht schlecht um den Menschen. Wenn er stabilisiert wurde und sein Zustand stabil ist, dann ist er außer Gefahr. Als labiler Mensch wird eine Persönlichkeit ohne Charakter bezeichnet. Labilität als Gegensatz zur Stabilität ist aber nicht dasselbe wie Flexibilität, obwohl sich sowohl Labilität als auch Flexibilität auf das Konzept der Stabilität beziehen. Stabilität ist immer relativ, nie absolut – absolute Stabilität gibt es nur im Tod.

Leben besteht darin, ständig neue Gleichgewichtszustände herbeizuführen. Unser Organismus verfügt über das Wissen und die autoregulative Fähigkeit, immer wieder ein Gleichgewicht herzustellen, was bedeutet, dass das hergestellte Gleichgewicht ständig verloren wird. Dabei gibt es Zustände, die eher gleichgewichtsnah sind, und Zustände, die als gleichgewichtsfern gelten. Gesundheit ist bedingt durch die Fähigkeit des Organismus, sich ständig neu einzustellen, in jedem Moment zwischen gleichgewichtsfernen und gleichgewichtsnahen Zuständen zu vermitteln und ein gesundes Maß, eine angemessene Reaktion zu finden.

Die Weisheit des Organismus besteht in dem unwillkürlichen Wissen darum, was angemessen ist. Diese Angemessenheit bewirkt, dass der lebenswichtige Austausch zwischen dem Organismus und seiner Umgebung funktioniert. So ist es möglich, auch in Hitze und Kälte zu überleben. Hunger und Durst sind lebenswichtige Signale, dass etwas unternommen werden muss, um das Gleichgewicht zu gewährleisten, nämlich Nahrung und Flüssigkeit zu sich zu nehmen. Es lassen sich viele Beispiele für diese Körperweisheit finden: Sie können sie überall entdecken. Machen Sie sich diese Weisheit bewusst, um sich an sie anzuschließen.

Auch in der menschlichen Psyche gibt es so etwas wie das Bedürfnis nach Stabilität. Die Psyche kann als das »Organ« verstanden werden, das auf psychischer Ebene die Innenwelt mit all ihren Eindrücken, Erinnerungen, Stimmungen, Emotionen, Reizen und Trieben »verwaltet«. Das Gefühl der Identität, das für ein Individuum entscheidend ist und mit dem es sich von anderen Individuen abgrenzt – ähnlich wie das Organ der Haut den Körper von anderen Körpern abgrenzt und nur Kontakt ermöglicht –, ist ein solches Gleichgewicht. Identität wird als Kontinuität erlebt: Das Ich bezieht sich auf das Ich, das als gestriges Ich erinnert wird, und auf das Ich, das aller Wahrscheinlichkeit nach morgen als dieses Ich aufwachen wird.

Störungen des Identitätsgefühls unterbrechen die Kontinuität. Vielleicht kann ich mich nicht erinnern und keine Verbindung herstellen zu meiner eigenen vergangenen Identität. Durch eine Bewusstseinstrübung etwa im angetrunkenen Zustand oder gar ein Aussetzen des Bewusstseins, durch einen »Filmriss« wegen Trunkenheit ist die Verbindung unterbrochen. Genauso kann die Verbindung zu dem zukünftigen Ich brüchig sein oder werden. Alle Pläne, die ich mache, alle Ziele, die ich mir setze, alle Wünsche und Vorhaben, die ich verwirklichen möchte, meine ganze Ausrichtung auf mögliche Veränderung zum Besseren in der Zukunft hängt davon ab, ob ich meine Identität kontinuierlich aufrechterhalten kann oder nicht. Diese Identität muss jedoch flexibel sein – und da ergeben sich die meisten Probleme. Wie kann ich mich verändern und doch der bleiben, der ich bin?

Ähnlich wie wir zwischen gleichgewichtsnahen und gleichgewichtsfernen Zuständen des Organismus unterscheiden, können wir uns auch bewusst werden, dass wir innerhalb lebendiger Entwicklungsprozesse es mit identitätsnahen und identitätsfernen psychischen Zuständen zu tun haben. Manchmal fühlen wir uns ganz anders als sonst, oder es wird uns ganz anders – was heißt, dass es uns unheimlich wird. Unheimlich bedeutet ja, dass man sich nicht mehr heimelig wohl fühlt, dass das vertraute Heim der Gewohnheiten verlassen oder verloren wurde. Jede Veränderung birgt einen Teil von Unheimlichkeit. Je besser man mit dieser Unheimlichkeit, dieser Ungeborgenheit umgehen kann, desto mehr kann die Identität gewahrt, die Kontinuität aufrechterhalten, das gesunde Gleichgewicht erhalten werden. Ein chinesisches Sprichwort sagt: »Wer immer mit beiden Füßen fest auf dem Boden steht, kommt keinen Schritt weiter.«

Identität stellt sich durch Identifikation her. Wenn es einem gelingt, Ich zu sagen zu den Erlebnissen, die einem in der Vergangenheit widerfahren sind (anstatt sie zu verdrängen), und wenn es möglich ist, angestrebte Veränderungen als Erweiterung des eigenen Ichgefühls anzunehmen, das heißt sich damit zu identifizieren, was man werden will, dann können die Veränderungen, die im Lauf der Dinge eintreten, an die eigene Identität angebunden werden. So stellt sich jene psychische Kontinuität her und führt zu einer Stabilität, die durch Flexibilität gegeben ist bzw. die sich auf diese Weise immer wieder neu bewähren muss. Bewahrung des Gleichgewichts geschieht durch Bewährung. Das Ich bewährt sich und bewahrt seine Immunität. Eine Immunitätsschwäche auf psychischer Ebene kann oft zu einer Immunitätsschwäche körperlicher Art führen. Identität, Immunität, Abwehrkraft, Wahrung eines gesunden Innenmilieus, das die ständig möglichen Faktoren der Störung und damit Erkrankung (z. B. durch Viren, Krebszellen etc.) ausgleicht und ein gesundes Gleichgewicht schafft – all dies hängt eng miteinander zusammen und ist ausschlaggebend für unsere Gesundheit.

Es ergibt sich daraus die Frage: Wie kann Veränderung wahrgenommen werden – so dass sie an die Identität angebunden bleibt oder immer wieder durch Identifikation eine neue Identität schafft, die im Kontinuum der Selbstwahrnehmungen ein Bewusstsein dafür schafft, was »ich« ist und was nicht? Viele Menschen beharren darauf, von ihrem Partner so angenommen zu werden, wie sie »sind«. Sie sagen: »Ich bin eben so!«, und fordern von der Umwelt jene Flexibilität ein, die aufzubringen sie selbst nicht in der Lage oder eigentlich nicht willens sind. Dies bringt Störungen mit sich, denn das gesunde Gleichgewicht beruht auf Austausch, Ausgleich und Integration. Es erfordert ein Zusammenspielen aller Beteiligten. Wenn einer sich herausnimmt und von den anderen erwartet, sie sollten das Gleichgewicht allein herstellen, etwa indem sie den Ausgleich schaffen, dann geht das auf Dauer nicht gut.

Dasselbe gilt auch für die Selbstgespräche, die die meisten von uns ständig führen. Wie oft sagen wir uns selbst: »Ich bin eben so!«, und beharren auf einer einmal gefassten Selbstwahrnehmung, mit der wir uns identifiziert haben. Wir glauben, uns mit uns selbst zu identifizieren, und identifizieren uns in Wahrheit nur mit einem Bild, das wir uns von uns selbst einmal gemacht haben. Oder wir übernehmen solche Bilder, die sich andere Menschen von uns gemacht haben. Eltern neigen dazu, sich Bilder zu machen, und auch Partner. Für eine gesunde Beziehung ist es jedoch unerlässlich, ebensolche Bilder nicht zu fixieren. Das Selbstbild kann sich immer wieder neu herstellen, und es muss sich sogar ständig erneuern, da Veränderung zum Leben gehört. Nur als Tote werden wir zu fixen Ideen, fixierten Vorstellungen, zu stabilen Bildern, die sich nicht mehr verändern – so etwa im Andenken anderer Menschen. Eine solche Fixierung kann aber nicht Sinn und Zweck einer gesunden, lebendigen Beziehung sein. Ein fixiertes Bild, das ich mir von einem anderen Menschen oder auch von mir selbst mache, ist vielmehr Ausdruck einer grundlegenden Störung, die weitere Störungen und Probleme nach sich zieht. Wie wäre es also, zu sagen »Ich bin eben so« und anzufügen »Und

ich kann auch anders«? Das ließe sich auf Situationen und Lebenszusammenhänge übertragen. Dann hieße es: »Es ist eben so, wie es ist. Aber es könnte auch anders werden.«
Menschen nehmen Veränderungen auf zweierlei Weise wahr: »analog« und »digital«. Die Ausdrücke »analog« und »digital« entstammen der Informationstheorie. Im Alltag kennen wir Digitalanzeigen, die bei Uhren oder Thermometern die klassische analoge Anzeige durch Ziffern ersetzt haben. Während die analoge Messanzeige sich graduell verschiebt, nämlich auf die gleiche Weise (analog) wie das Gemessene sich verändert – während also die Zeiger einer Uhr oder die Quecksilbersäule eines Thermometers sich bewegen und die Unterschiede zwischen den einzelnen Veränderungsschritten für das Bewusstsein nicht genau wahrzunehmen sind –, gibt die digitale Anzeige genaue Messwerte an.
Durch Zahlenwerte wird das Gemessene übersetzt in eine Zeichensprache, die nur Entweder-oder kennt. Entweder ist es 12.00 Uhr oder nicht; entweder es ist 5 Grad kalt oder nicht. Dem entspricht die Aussage: »Man kann nicht ein bisschen schwanger sein.« Der Schwangerschaftstest unterscheidet zwischen Ja oder Nein. Man kann zu tief ins Glas geschaut haben oder ein notorischer Schluckspecht genannt werden, aber ob man alkoholkrank ist oder nicht, entscheiden Werte, die sich medizinisch feststellen lassen. Bei einem Alkoholtest entscheiden die gemessenen Werte darüber, ob man straffällig wurde oder nicht. Mit digitalen Messungen und Einordnungen in eine bestimmte Kategorie oder zu einen Typus verbinden sich meist Verbalkonstruktionen, die für den Laien nicht durchschaubar sind. Diagnosen strotzen von solchen Werten, die für den, der sie nicht versteht, wertlos sind.
Hingegen entscheidet das Selbstbild zunächst darüber, ob wir uns zu einem bestimmten Typ rechnen oder nicht. Kollektive Bilder geben die Vorlagen ab, was zu einem Typ gehört und ihn ausmacht. Abweichungen werden nicht beachtet. Gerade das macht ja den Wert einer Typisierung aus: Man weiß, woran man ist. Geringe Unterschiede können dieses Wissen nicht

erschüttern. Das bringt Seelenruhe in die Aufregung des Alltags. Aber der Nachteil ist, dass aus geringen Unterschieden entscheidende Unterschiede werden, ohne vom Selbstbewusstsein bemerkt zu werden: Ich bin noch immer der, der ich war. Mit den Unterschieden muss ich mich nicht identifizieren, weil ich es gar nicht kann – da ich sie ja nicht einmal bemerkt habe. Beruhigt kann ich mich auf die faule Haut legen. Bis eines Tages die Bescherung kommt: Ich kann nicht mehr anders als wahrzunehmen, dass ich nicht mehr der bin, der ich war und der zu sein ich noch immer glaubte.
Die häufigste Gelegenheit zu einer solchen Selbstwahrnehmung, die auf Korrektur des Selbstbildes beruht, bietet der fortschreitende Alterungsprozess, der sich zwar kontinuierlich vollzieht, aber meist abrupt zutage tritt. Welche Konsequenzen werden aus dieser Einsicht gezogen? Was bedeuten sie für das weitere Leben, die Selbsteinschätzung, den Selbstwert, die gesellschaftliche Position? Die wichtigste Frage ist, ob man sich mit der Veränderung identifizieren können wird. Geschieht eine solche Identifikation nicht, so klafft eine Differenz auf zwischen dem Ist-Zustand und dem (idealisierten) Selbstbild, das man von sich hegt, zwischen Real-Ich und Ideal-Ich. Ist das Ziel oder Ideal zu hoch gesteckt, so wirkt sich die Differenz zwischen Ist-Zustand und Soll-Zustand als Stress aus. Übermäßiger Ehrgeiz und Selbstüberforderung, die auf Selbstüberschätzung beruht, sind die häufigsten Faktoren für seelische Belastung, die auch für die Gesundheit einen Risikofaktor darstellen.

Die bewusste Gestaltung von Veränderungsprozessen ist ein wichtiger Teil von Gesundheitsprogrammen, die Veränderungen zum Besseren bewirken wollen. Diese Programme sollten alle Schritte im Voraus planen, um Pannen und Rückfällen umso besser begegnen zu können. Beginnen wir bei einem Zustand der völligen Ignoranz und nehmen wir uns vor, uns so weit zu bessern, dass sich unsere Idee von einem besseren Zustand zu verwirklichen beginnt. Dann sind wir auf dem richtigen Weg. Alles Weitere ergibt sich aus der Absicht, uns selbst ernst zu nehmen und Ernst zu machen mit unseren Wünschen.

1. Ausgangslage, die wenig Anhaltspunkte für Veränderung gibt: Das Selbstbild ist fixiert und hat sich in bestimmte Vorstellungen eingefahren. Ich behaupte mich selbst anderen Ansprüchen gegenüber mit dem Satz: »Ich bin eben so!« Das heißt: Die Umwelt hat sich mir anzupassen – mehr noch: Die Wirklichkeit hat sich meinen Vorstellungen anzupassen, sonst breche ich eben den Kontakt ab – zur Umwelt, zum Partner, zur Wirklichkeit, zu mir selbst.
2. Eines Tages kommt das böse Erwachen. Obwohl es ein Schock ist, ist es die Chance, ja die Pflicht, mich zu verändern. Ein Teil von mir wehrt sich noch gegen die Notwendigkeit, aber ein anderer Teil ist einsichtig und macht Pläne. Dies ist der Zustand, in dem radikale Veränderungen beschlossen, hohe Ansprüche gestellt und die besten Vorsätze gefasst werden. Das Ideal einer absoluten Veränderung soll die unangenehme Einsicht in Mängel, Fehler, Unvollkommenheiten, die ganze Misere wettmachen. Je miserabler wir uns fühlen, desto hehrer sind die Ideale – und desto unwahrscheinlicher die tatsächliche Veränderung zum angestrebten Ziel hin. »Der Weg zur Hölle ist mit guten Vorsätzen gepflastert«: Darum scheitern die meisten noch so gut gemeinten Veränderungsprogramme schon im Ansatz.
3. Dieser Ansatz ist nicht angemessen, denn er setzt dort an, wo keine Hoffnung mehr ist, dort, wo das Selbstbild sich so negativ, so hoffnungslos präsentiert, dass nur eine (irreale) Hoffnung vorläufige Abhilfe schaffen kann – die irrationale Hoffnung auf radikale Veränderung im Sinne von »Morgen wird alles anders« oder »Morgen wache ich auf und mache alles anders« bzw. »Morgen wache ich auf und bin einfach ganz anders«. Diese Hoffnung verschließt sich dem Weg der kleinen Schritte, der vielfältigen Vorgehensweisen, der komplexen, manchmal paradoxen Einsichten, die einen damit konfrontieren, dass man sich umso weiter von seinem Ziel entfernt, je verkrampfter man es erreichen will.

4. Der angemessene Ansatz ist gekennzeichnet durch sechs Einsichten:
   - *Ich muss mich verändern.*
     Positives Problembewusstsein: Es gibt Probleme, und ich muss sie angehen. Anstelle von negativem Problembewusstsein: Ich bin so, wie ich bin, und das ist problematisch, aber da kann man nichts machen.
   - *Ich kann mich verändern.*
     Positive Aussichten: Es gibt Probleme, und ich finde Wege und Mittel, sie anzugehen.
     Anstelle von negativen Aussichten: Es gibt Probleme, aber ich bin hilflos.
   - *Ich identifiziere mich mit den Veränderungen, die auch Abweichungen, Pannen und Rückfälle einschließen.* Ich identifiziere mich mit meinem Vorhaben und identifiziere mich mit den Möglichkeiten, die sich unterwegs erschließen. Es ist mir bewusst, dass mir auf meinem Weg auch unerwünschte Schattenseiten begegnen können, und meine Identität ist so flexibel, dass sie auch diese verdrängten Seiten aufnehmen, verarbeiten und integrieren kann. Durch diesen Prozess der Selbstintegration gewinne ich mehr Kraft und Energie, die ich dann wieder in meine Unternehmen investieren kann.
   - *Ich bemerke sowohl die großen Unterschiede* (digitaler Art), die mir signalisieren, dass ich Erfolg habe, *als auch die kleinen Unterschiede,* die zwar keinen sichtbaren Erfolg ausmachen, aber mir dennoch Rückmeldung darüber geben, dass ich mein Ziel anstrebe und »dabei bin«, Veränderung als Prozess – und nicht als vollendete Tatsache – zu erleben.
   - *Ich weiß, dass ich manchmal mehr mit meinen Problemen und manchmal mehr mit den möglichen Lösungen in Kontakt bin.* Eine positive Veränderung zeigt sich dadurch an, dass ich immer mehr die Lösungen im Auge habe und trotzdem den Problemen nicht aus dem Weg gehe. Diese Entwicklung baut in mir ein Bewusstsein auf, das ange-

messen auf die jeweiligen Herausforderungen reagieren kann, also instinktiv und intuitiv auf Flexibilität eingestellt ist, während die große Linie meines Veränderungsprogramms von mir aktive Teilnahme, Entschlossenheit, Durchhaltekraft, Entscheidungsfreudigkeit und Kreativität verlangt. Es ist mir selbst ein Verlangen, diesem Verlangen nachzukommen. Ich lasse es nicht mehr darauf ankommen – ich bin für die Veränderung bereit.
- Die Veränderung ist da, das Ziel erreicht. Ich kann mich mit dieser neuen Situation identifizieren, sie wird Teil meines Selbstbildes, ich kann das einmal Erreichte halten, indem ich mir ein Bild davon mache, wie das neue Gleichgewicht sich flexibel stabilisiert.

5. Das angemessene Vorgehen zeichnet sich aus durch Geduld (Kontinuität), ständige Integration und neue Identifikation (Flexibilität) und Vertrauen in die autoregulativen Funktionen sowohl des Organismus als auch des Unbewussten (relative Stabilität, die ein angemessenes Gleichgewicht »ausrechnet«). Dies bedeutet für mich, mich auf die Fähigkeiten meines Biocomputers verlassen zu können und eine grundlegende Gesundheit an Körper, Seele und Geist voraussetzen zu dürfen. Dieses Vertrauen wird auch als Gnade erlebt – aber um Gnade erleben zu können, muss ich Gnade erkennen, anerkennen und nutzen.

Verdauungsrhapsodie

Bei Verdauungsstörungen, Darmträgheit, Blähungen, aber auch Reizungen, Neigung zu Entzündungen, Reizdarm. Bei erlahmtem Stoffwechsel und verminderter Verbrennung.

Haben Sie schon einmal bedacht, was für eine Leistung die alltägliche Verdauung ist? Die zerkaute Speise wird vom Magen aufgenommen, wo von Drüsen produzierte Säfte zusammen mit rühriger Muskelaktivität den Speisebrei zerkleinern, durchmischen, durch den Magenpförtner schieben, an den

Zwölffingerdarm weiterreichen, so dass Säfte der Leber und der Bauchspeicheldrüse ihre Arbeit tun können. Letztere liefert die Fermente, um die Stärkemoleküle aufzubrechen und in Glukose umzuwandeln. Kohlenhydrate und Fett werden abgebaut. Im Dünndarm wird durch die Zotten der Darmwand die Nahrungssuppe aufgesogen und dem weiteren Prozess des Aufbaus körpereigener Stoffe zugeführt. Zuletzt gelangen die unverdauten Reste in den Dickdarm, wo sie durch Mikroben bearbeitet und für die Ausscheidung vorbereitet werden. Und das alles geschieht »von selbst«. Es ist uns so selbstverständlich geworden, dass erst eine Störung dieser Funktionen uns darauf aufmerksam macht, welches Wunderwerk an Teamarbeit tagtäglich sich in unserem Inneren abspielt.
Der Darm besteht aus Dünndarm und Dickdarm. Während der Dickdarm bereits im »Lungenzeremoniell« (siehe S. 170) in Bezug auf seine Funktion der Verabschiedung zur Sprache kam, ist es von entscheidender Bedeutung, den Dünndarm gemäß der traditionellen chinesischen Medizin als dem Herzen und dem Element Feuer zugeordnet zu erfassen. Es ist Feuer nötig, um verdauen zu können. Das Feuer das durch die Entwicklungsstufen der Evolution hindurch Leben ermöglichte und Formen des lebendigen Austauschs hervorbrachte, ist auch in unserer Verdauung wirksam. Ein unterkühlter Bauch und kalte Speisen schwächen dieses Feuer statt es anzufachen. Westliche Diätvorschriften tragen zur inneren Kälte und Übersäuerung im Körper bei, oft ist das Ergebnis ein völliges Erlahmen der Stoffwechsel- und Verbrennungsfunktionen. Blähungen sind ein Zeichen für die Überforderung des Darms. Aber auch Überreizungen können die Folge falscher Ernährung und eines krank machenden Essverhaltens sein – ebenso abträglich ist ein Lebensstil, der allzu wenig Bewegung und Begeisterung in den routinierten Alltag bringt.
Der Darm ist ein langer Trakt unwillkürlicher Muskelschichten; die Muskelbewegung des Darms, die Peristaltik, vollführt normalerweise einen wahren Tanz, der der Fortbewegung eines Wurms ähnelt. Abgesehen von einem entsprechenden Er-

nährungsverhalten, wie es die indische oder chinesische Medizin empfiehlt, können wir das innere Feuer und den inneren Tanz durch Phantasie und einfache Bewegungsabläufe unterstützen. Können Sie sich vorstellen, dass Leidenschaft zum Verdauen nötig ist? Können Sie diese Leidenschaft, von der Sie wissen, dass sie die Stoffe anpacken und verarbeiten lässt, durch die Kraft Ihrer Phantasie in sich wachrufen? Vielleicht weckt ja die Vorstellung eines Wurms in Ihrem Innern keine Lust am Tanzen – aber wie wäre es mit einer Schlange, die sich kraftvoll windet und wendet und in faszinierenden Bewegungsmustern ihren Körper dahingleiten lässt? Vielleicht können Sie dieser Vorstellung sogar etwas Erotisches abgewinnen? Stellen Sie sich vor, dass Sie durch die Anspannung und Entspannung Ihrer Bauchmuskeln dazu beitragen, die Schlange in sich zu erwecken.

Beginnen Sie mit den untersten Bauchmuskeln, als wollten Sie den Unterbauch oberhalb des Schambereichs durch die Kraft bestimmter Muskeln einziehen. Dann wandert die Bewegung des Einziehens und Einsaugens Stück für Stück nach oben, bis Sie im Bereich des Solarplexus angelangt sind. Der ganze Bauch zieht sich zusammen, entspannt, zieht sich zusammen, entspannt; Hitze entsteht. Die Schlangenbewegung verselbständigt sich. Vielleicht erinnert sie Sie an unwillkürliche Bewegungsmuster, die sich mit starken emotionalen Regungen verbanden, als Sie so gerührt oder erregt waren, dass sich alles in Ihnen zusammenzog. Und Sie können die Intensität der inneren Bewegung kontrolliert wieder hervorrufen, die damit verbundenen Emotionen erinnern, Reaktionen zulassen, die Sie damals unterdrücken mussten. Sie können jetzt die Bewegung im Bauch genießen – diese Rührung, als wollten Sie weinen, schreien oder aus sich herausgehen, sich ausdrücken, tanzen. Sie können diese kleine Bauchmuskelübung, die die Darmtätigkeit anregt und die Bauchmuskulatur kräftigt, zu einem kosmischen Tanz werden lassen. Der Körper erinnert sich an das Feuer, das er braucht, um zu funktionieren. Das Feuer entzündet sich durch Reibung, breitet sich aus als Wärme, wird bewusst als leidenschaftlicher Lebenswille und regt zu weiterer Bewegung an, auf die Entspannung folgt. Der Bauch wird als warmer Raum empfunden, in den der Atem bis nach unten durchschwingen kann. Feuchte Hitze in Form von heißen Wickeln kann zusätzlich dabei helfen, innerlich »heiß« zu werden.

Erleben Sie diese inneren Vorgänge als eine Rhapsodie, die sich in ihrer Dramatik aufbaut, alles mit sich reißt, entbrennen lässt, sich einverleibt, verschlingt, das Verlangen stillt, um schließlich dann zu einer tiefen Ruhe zu kommen.

Verflüssigung

Bei der Fixierung des Bewusstseins auf Krankheitsbilder.

Verflüssigung nennt sich in der Hypnotherapie nach Milton Erickson jener Vorgang, der sprachliche Verfestigung wieder überführt in das Bewusstsein, dass Worte eigentlich Namen sind, die wir den Dingen geben, die Dinge selbst aber in einem ständigen Fluss sind, wie wir selbst auch. Verfestigung ist an und für sich nichts Schlechtes – wie sollten wir uns denn sonst verständigen? Worte sind Allgemeinbegriffe – und sei es noch so konkret, was sie bezeichnen –, einfach schon aus dem Grund, weil eine Allgemeinheit dazu nötig ist, ein bestimmtes Wort mit Bedeutung zu füllen und so innerhalb einer Sprachgemeinschaft gebrauchen zu können. In der medizinischen Betreuung ist es unerlässlich, Diagnosen zu stellen und diese in Worten auszudrücken.
Doch eine unheilvolle Verfestigung findet dann statt, wenn wir vergessen, dass hinter allen Worten eine Wirklichkeitskonstruktion steckt, auf die wir uns um der Verständigung willen geeinigt haben, die aber keine vollständige Wirklichkeitsabbildung darstellt, weil in dieser Abbildung die Wirklichkeit nie vollständig erfasst werden kann. Der Prozesscharakter der Wirklichkeit, die nicht fest, sondern immer im Werden begrif-

fen ist, geht im Zuge der Zeichenbildung ganz verloren. Und so kann eine Diagnose manchmal wie ein festgelegtes Todesurteil sein, weil sie als solches verstanden wird.

Aber im Gegensatz zu den juristischen Urteilen wird keineswegs durch die Diagnose entschieden, wie das Schicksal sich entwickeln wird. Auch wenn viele Gründe dafür sprechen, dass der Prozess in eine bestimmte Richtung führen mag, gibt es nie eine letzte Sicherheit. Eine Erkrankung, die diagnostiziert wird, muss nicht zu der Krankheit führen, auch wenn dies mehr als wahrscheinlich ist. Es bleibt immer ein Rest, der nicht bestimmt, nicht vorhergesagt werden kann. Gerade in diesem Rest liegt die Hoffnung (oder die Angst), dass sich die Dinge anders entwickeln. Hier ist die eigene Deutung ausschlaggebend. Wenn ich die Diagnose als feststehend und fix annehme, werde ich sie wie eine Prophezeiung zu erfüllen suchen, damit sie Sinn macht. Kann ich aber eine andere Prophezeiung dagegensetzen oder die Dinge offen lassen, so habe ich bessere Chancen, eine Veränderung einzuleiten, die mir selbst mehr Wahlmöglichkeiten gibt und Alternativen aufzeigt.

Um keine Missverständnisse entstehen zu lassen, möchte ich betonen, dass dieses Offenlassen nichts zu tun hat mit der Verdrängung von Symptomen oder der Nichtbeachtung einer ärztlichen Diagnose oder sogar dem Verzicht auf den Arztbesuch. Auch geht es bei den selbst erfüllenden Prophezeiungen nicht darum, sich unsinnige und unbegründete Hoffnungen zu machen und eine Vogel-Strauß-Taktik zu betreiben. Krankheiten gehen meist nicht vorbei, indem man sie negiert und einfach so weitermacht wie eh und je. Krankheiten können einschneidende Lebensveränderungen mit sich bringen. Für die meisten ist es Schicksal. Aber für manche, die gelernt haben, aus allem das Beste zu machen, kann es die Chance sein umzudenken, das Leben durch eigene Entscheidungen so zu verändern, dass die Lebensqualität gesteigert wird. Beten, in diesem Sinne verstanden, ist eine Hinwendung zu einer übergeordneten Instanz – Gott –, die das Beste will und das Beste weiß.

Wann ist Verflüssigung vonnöten, um Heilung zu ermöglichen, zu beschleunigen oder zu integrieren? Stellen Sie sich vor, Sie haben jahrelang mit einem festen Faktor im Leben gerechnet, Ihrer Krankheit. Und nun wird Ihnen diese »genommen«. Sie würden ins Schleudern kommen. Verflüssigung ist also nicht ohne weiteres zu realisieren.

1. Bevor Sie mit der Verflüssigung im großen Stil beginnen und riskieren, dass Ihnen alle Felle wegschwimmen, nehmen Sie sich einen kleinen Teilbereich vor, auf den Sie nicht gerade fixiert sind, der aber aufgrund der Macht der Gewohnheit eine störende Präsenz in Ihrem Körperseelenhaushalt entwickelt hat. Das kann eine schlechte, ungesunde Angewohnheit sein, die Sie sich bislang als Kavaliersdelikt durchgehen ließen (alle Süchte beginnen so), oder ein bestimmtes Krankheitsbild, das häufig wiederkehrt und mit dem Sie sich abgefunden haben (häufige Verschleimung, die Sie auf die Nebenhöhlen schieben und sich damit solidarisieren: »So sind sie eben, meine Nebenhöhlen.«).
2. Sagen Sie sich: »Ich bin eben so.« Und fahren Sie dann fort: »Und ich kann auch anders.« Denken Sie sich Verhaltensalternativen aus, die die schlechte Angewohnheit ersetzen. Informieren Sie sich darüber, was Sie aufgrund Ihrer Ernährung und anderer Verhaltensmaßnahmen dagegen tun können, z. B. dem Phänomen der Verschleimung zu Leibe zu rücken. Und probieren Sie aus, was Besserung bewirkt. Entscheiden Sie sich dafür, die Dinge nicht so zu lassen, wie sie eben sind oder wie sie immer gelaufen sind, sondern bestimmen Sie ihren Lauf. Fassen Sie einen Prozess der Verbesserung ins Auge. Nehmen Sie sich etwas vor und tun Sie es.
3. Gehen Sie achtsam mit dem besitzanzeigenden Wörtchen »mein« um. Niemand verpflichtet Sie dazu, etwas als Ihren Besitz anzunehmen, das Sie nicht besitzen möchten. Sie müssen nicht besitzen, Sie müssen auch nicht in Besitz genommen werden. Entscheiden Sie, womit Sie sich bewusst identifizieren und wozu Sie »mein« sagen möchten. Ent-

scheiden Sie sich bewusst für Ihre Identifikationen, denn diese Entscheidungen bestimmen Ihre Identität. Identifikationen tragen dazu bei, die Identität zu verfestigen und zu fixieren. Sie können auf eine Rolle fixiert werden, aber Sie müssen sie nicht annehmen. Sie werden sehen, dass die innere Einstellung der Nichtidentifikation oder Distanzierung dazu beiträgt, dass auch von außen Ihnen nicht mehr so häufig und nicht mehr so leicht Rollen angetragen werden, die Ihnen nicht passen (im doppelten Sinn). Sie werden sich im Laufe der Verflüssigung immer weniger mit den Problemen und immer mehr mit den möglichen Lösungen identifizieren. Sie gewinnen an Spielraum und Bewegungsfreiheit.

4. Bauen Sie in sich eine Beobachterposition auf, die ihnen erlaubt, immer wieder mitten im Alltag aus den gewohnten Identifikationen auszusteigen und Ihre Identität bewusst neu zu definieren. Das stärkt Ihr gesundes Ichgefühl, das neue Erfahrungen verarbeiten kann, ohne von alten Erfahrungen hypnotisiert zu werden. Ihre Identität wird vollständiger, sie kann mehr Neues aufnehmen und sich auf neue Gegebenheiten einstellen. Sie müssen weniger ausgrenzen und verdrängen, weil es nicht in das alte Welt- oder Selbstbild passt. Dadurch wird auch Ihre Integrität gestärkt. Sie selbst durchschauen, was zu Ihnen gehört und was nicht, und werden sich selbst besser erkennen. Selbsterkenntnis ist eine wichtige Voraussetzung für bewusste Selbstverbesserung und damit Heilung.

Verneigung

Haltungsmeditation.

Hier finden Sie die Alternative zur Selbstaufblähung, zu geschwellter Brust, die sich ständig brüsten muss und mit dem Preis eines schmerzenden Kreuzes dafür bezahlt – und ebenso die Alternative zur Katzbuckelei und zum Duckmäusertum. Die aufrechte Haltung pendelt sich in der Mitte zwischen diesen

Extremen ein und gewährleistet die bestmögliche Druckverteilung, die geringste Belastung für die Wirbelsäule. Durch die entspannte, aber aufrechte Haltung kann Ihr Atem sich vertiefen und infolgedessen eine Beruhigung Ihrer Innenwelt bewirken. Sie ruhen in sich, nichts kann Sie aus der Ruhe bringen. Trotzdem reagieren Sie angemessen auf jede Situation und bleiben dabei gelassen. Die Haltungsmeditation, die Sie als Morgengymnastik machen können, um sich auf die Anforderungen des Tages einzustimmen, lässt sich auch auf minimale und unauffällige Bewegungsabläufe reduzieren – am Ende werden Sie nur daran denken müssen und schon die körperlichen Auswirkungen spüren können.

1. Üben Sie im Sitzen und suchen Sie sich dazu einen Stuhl aus, der nicht zu tief ist und in dem Sie nicht versinken (also kein Fernsehsessel). Ihre Beine sollten einen rechten Winkel bilden, die Fußsohlen fest auf dem Boden aufliegen (also auch keinen Barhocker verwenden). Nehmen Sie die Königshaltung ein – stellen Sie sich vor, Sie seien ein König und säßen auf Ihrem Thron. Sie verkörpern eine souveräne Gestalt.
2. Damit sich die aufrechte, aber gelassene Haltung ganz von selbst einfinden kann, drücken Sie zunächst die Brust übertrieben vor, als wollten Sie sich stolz »in die Brust werfen«. Dabei straffen sich auch die Rückenmuskeln im oberen Bereich der Schulterblätter. Halten Sie den Atem kurz an. Dann stellen Sie sich vor, dass in der Mitte der geschwellten Brust ein Stöpsel herausgezogen würde, und lassen alle überflüssige Anstrengung und Anspannung herausfließen, während Sie tief ausatmen. Die Spannung des Schultergürtelbereichs jedoch bleibt und gibt Ihnen neuen Halt.
3. Nun runden Sie leicht den Rücken, um das Hohlkreuz auszugleichen und im unteren Bereich die Verspannung der meist verkrampften Rückenmuskeln aufzulösen. Lassen Sie die Brust leicht nachgeben, ohne die Atmung zu behindern. Verlagern Sie also das ganze Gewicht ein wenig nach vorn,

wobei der Atem unwillkürlich in die unteren Regionen des Rückens fließen und bis in den Beckenboden vordringen kann. Der Atem belebt das Steißbein: Sie fühlen ein leichtes Kribbeln, das dort ansetzt, wo bei unseren Vorfahren noch der Schwanz saß. Auch das Hohlkreuz kann aufatmen und sich mit neuem Atem füllen, der sich auf die rückwärtigen Partien vom Becken über den Mittelbereich der Nieren bis hin zu den Schulterblättern und dem Nacken verteilt.

4. Lassen Sie nun die königliche Verbeugung als ein bewusstes Verneigen und Nachgeben ganz unten anfangen, wo auch die Wirbelsäule beginnt, nämlich am Steißbein. Spüren Sie in diesen Bereich hinein, erkunden Sie auch den Raum zwischen den Beinen und stellen Sie sich vor, Sie würden dort den Atem einsaugen. Lassen Sie den Einatem den ganzen Rücken hinaufsteigen, wie die Fontäne eines Springbrunnens. Der weite gelassene Atem, der weht, wo er will, sorgt für das Hoheitsgefühl des Herrschers, der sich vor Höherem verbeugt. Das, was oft in den Hintergrund der Betrachtung geriet, hat nun die Möglichkeit vorzutreten. Das, was sich bislang in den Vordergrund drängte, tritt zurück, neue Informationen kommen aus dem Hintergrund, eine allgemeine Bereicherung findet statt.
5. Beenden Sie die Übung mit dem Gefühl der Bereicherung und Erweiterung. Wenn Sie sich nun wieder aufrichten und sich in der senkrechten Achse einpendeln, um die beste Haltung der Aufrichtigkeit für sich herauszufinden, lassen Sie den Einatem hinten aufsteigen und die neu gewonnene Energie mit dem Ausatem als Schauer vorn wieder an sich herunterrieseln. Wiederholen Sie ein paar Atemzüge mit dieser Vorstellung: Einatmen – eine Fontäne von Kraft steigt über den leicht gerundeten Rücken hoch – ausatmen – ein erquickender Schauer der Entspannung rieselt vorn herunter, alle Anspannung ist von Ihnen gewichen.
6. Sie sitzen aufrecht da. Sie schauen aufmerksam, aber gelassen aus den Augen, erfassen im Blickfeld vor Ihnen den Alltag mit seinen Herausforderungen – und gehen diese an.

Versöhnungsphysiologie

Bei Unruhe, Unzufriedenheit mit sich selbst und mit anderen, mit dem Leben. Bei Gefühlen der Zerrissenheit, Unentschlossenheit, bei Überwältigung durch innere und äußere Konflikte.

Versöhnungsphysiologie (ein Begriff des Therapeuten Thies Stahl, der die Methoden des Neurolinguistischen Programmierens aus den USA nach Deutschland einführte) wird in der Psychotherapie ein ganz bestimmter Zustand genannt, der dann eintritt, wenn eine Versöhnung erreicht wurde. Diese Versöhnung kann sich auf innere oder äußere Konflikte beziehen. Der Zustand der Versöhnung ist nichts, was rein ausgedacht werden kann, es handelt sich nicht um ein Konzept. Der Zustand ist bei jedem Menschen ein wenig anders, aber in allen Fällen hat er eine Wirkung auf den ganzen Menschen, auf sein Erleben der Gegenwart, auf seine körperlichen Funktionen, auf seine »Chemie«. Der Versöhnungszustand ist von innen her klar von anderen Zuständen zu unterscheiden; er ist auch von außen (zum Beispiel für den Therapeuten) sichtbar. Durch Versöhnung tritt eine entscheidende Wende im therapeutischen Prozess ein.

Versöhnung als ein innerer und äußerlich sichtbarer Zustand ist ganz eindeutig ein Zustand des Danach: Nach der Austragung von Streitigkeiten und Konflikten, nach der Klärung tritt Klarheit, kehrt innere Ruhe und Frieden ein. Harmonie ist das Wort, das früher benutzt wurde, aber allzu leicht signalisiert es, dass dieser Zustand von vornherein natürlich gegeben und sozusagen ein Geburtsrecht des Menschen ist. Sicherlich kennen Sie diesen Zustand aus eigener Erfahrung. Erinnern Sie sich daran, wie Sie das letzte Mal einen Konflikt gelöst haben (oder der Konflikt sich von selbst löste bzw. von außen gelöst wurde) und wie Sie sich dabei fühlten? Woran merkten Sie überhaupt, dass Versöhnung eingetreten war?

1. Versetzen Sie sich in einen Zustand, den Sie Ihren persönlichen Zustand der Versöhnung nennen. Erleben Sie am eige-

nen Leibe diesen Zustand, als würde er jetzt gerade eintreten und Gegenwart werden. Vergegenwärtigen Sie sich diesen Zustand sinnspezifisch, indem Sie sich fragen, was Ihre Sinne wahrnehmen, wenn Sie sich in diesen Zustand begeben.

2. Woran merken Sie, dass Sie diesen Zustand wirklich erreicht haben? Lenken Sie Ihre Aufmerksamkeit nun nach innen. Wie erleben Sie sich innerlich? Beobachten Sie Emotionen, Gefühle, die Gedanken, die Ihnen durch den Kopf gehen. Notieren Sie sie innerlich, aber lassen Sie sie weiterziehen wie Wolken am Himmel und konzentrieren Sie sich wieder ganz auf den körperlichen Zustand, auf die Chemie, die Physiologie. Wie geht Ihr Atem, wie fühlt sich Ihre Körpergrenze an, empfinden Sie sich innerlich eher als groß oder klein, leicht oder schwer, hell oder dunkel, strahlend oder trüb, sind die Grenzen eher klar oder verschwommen? Gibt es bestimmte Farben, die jetzt vorherrschen? Verbinden Sie bestimmte Klänge oder Geräusche mit dieser Erfahrung? Gibt es einen Geschmack, einen Geruch? Notieren Sie Ihre Beobachtungen auf einem Zettel.
3. Richten Sie einen inneren Ort ein, den Sie als Kultstätte oder Tempel der Versöhnung benutzen wollen. Immer wenn Sie der Versöhnung im Leben huldigen wollen, orientieren Sie sich an diesem Ort. Dort ist Ihr Wissen über Versöhnung gespeichert. Sie wissen nun, dass dieser Ort als Ecke in Ihrem Haus oder als Bezugspunkt und Wert in Ihrem Bewusstsein tatsächlich existiert. Sie waren dort. Sie können immer wieder dorthin gehen.
4. Nun aber verlassen Sie diesen Ort und erinnern sich daran, wie es sich das letzte Mal anfühlte, bevor Sie etwas geklärt hatten. Wie fühlte sich der Zustand des Davor an? Geben Sie auch diesem Zustand eine Heimat, richten Sie einen inneren Ort ein, den Sie den »Ort des Davor« nennen. Wenn Sie sich an diesem Ort aufhalten, kann es gut sein, dass sich sofort somatische Reaktionen einstellen. Sie erkennen sie wieder – vielleicht Druck im Bauch oder im Kopf, Brennen

im Magen, Ausschlag auf der Haut, Rückenschmerzen etc. Halten Sie sich also gerade lange genug an diesem Ort auf, um die Symptome, die Ihr Körper als Signale produziert, wahrnehmen und wieder erkennen zu können. Sobald Sie die Symptome identifiziert haben, gehen Sie wieder an einen neutralen Ort.

5. Sie wissen nun, wie sich Konflikte auf Sie körperlich auswirken. Es lohnt sich, die Konflikte zu bewältigen. Nehmen Sie sich selbst ernst und machen Sie den ersten Schritt.
6. Worin besteht der Konflikt? Lernen Sie Konflikte erkennen. Es kann ein lang andauernder Konflikt sein, den Sie jetzt angehen wollen, oder auch ein Konflikt, der sich gerade ergeben hat oder sich anbahnt. Sie erkennen Konflikte an ihrer Struktur des Entweder-oder bzw. des Einerseits-andererseits: »Einerseits möchte ich ... andererseits sollte ich«, »Entweder ich bin ein guter Mensch, komme aber nicht auf meine Kosten, oder ich komme auf meine Kosten, bin aber dann ein selbstsüchtiger, also schlechter Mensch.« Hier sind jede Menge »logischer« Schlüsse verborgen: Sie wissen selbst, dass diese so nicht stimmen, aber Sie sind gefangen in Ihrer eigenen Logik. Treten Sie also heraus. Gehen Sie von der Ebene des Denkens auf die Ebene des Fühlens.
7. Was brauchen Sie, um Konflikte erfolgreich bewältigen zu können? Konzentrieren Sie sich auf die Gefühle, auf die körperlichen Empfindungen, die Sinneseindrücke, Stimmungen. Beispiel: Mut. Wie fühlt sich »Mut« für Sie an, woran erkennen Sie, dass Sie jetzt gerade in einem Zustand von Mut sind? Vergegenwärtigen Sie sich diesen Zustand so, als würden Sie ihn gerade erleben. Vielleicht wünschen Sie sich auch Gelassenheit. Versetzen Sie sich in den Zustand von Gelassenheit. Wie fühlt sich »Gelassenheit« an? Notieren Sie Ihre Beobachtungen, legen Sie so allmählich einen Vorrat mit »Ressourcen« (also mit Zuständen, die Sie aufbauen und die Ihnen helfen) an. Gehen Sie mit diesen Ressourcen wieder in den Zustand des Davor. Was fehlt Ihnen noch? Sammeln Sie weiter. Sammeln Sie so lange Ressourcen an, bis

Sie sich dem Konflikt gewachsen fühlen (die Betonung liegt auf »fühlen«, nicht »denken«).

8. Was spricht dagegen, den Konflikt zu lösen? Geben Sie Ihren Bedenken eine Chance, wahrgenommen zu werden. Notieren Sie, was dagegen spricht, den Konflikt zu lösen. Machen Sie eine Liste. Sammeln Sie alle Gründe, die Sie finden können, und legen Sie sie an einem Ort nieder, so dass Sie die Bedenken, die immer wieder in Ihrem Bewusstsein aufkreuzen und Sie vom Prozess der Konfliktbewältigung abhalten wollen, zuordnen können.
9. Was muss getan werden, um den Konflikt zu lösen? Machen Sie eine Liste mit Aufgaben, die zum Ziel der Konfliktbewältigung Schritt für Schritt erledigt werden müssen. Sie unterteilen das Unternehmen, das Sie sich zum Ziel gemacht haben, in Zwischenschritte. An diesen Etappenzielen können Sie abmessen, ob der Weg, den Sie eingeschlagen haben, erfolgreich ist. Um sich diesen Prozess der Konfliktbewältigung besser vorstellen zu können, ziehen Sie nun eine Verbindungslinie zwischen den beiden Orten, dem Ort des Davor und dem Ort des Danach. Gehen Sie diese Verbindungslinie ab, als hätten Sie schon den Konflikt gelöst oder wären gerade dabei. Vielleicht fällt Ihnen noch vieles ein, was Sie berücksichtigen müssen, um Ihrem Ziel näher zu kommen. Vielleicht ist die Verbindungslinie keineswegs so gerade oder so kurz, wie Sie sich dies vorgestellt haben oder dies wünschen.
10. Wie auch immer dieser Prozess verlaufen mag und wohin auch immer Sie durch ihn gelangen: Achten Sie darauf, dass diese Übung in einem guten Zustand endet, das heißt beenden Sie die Übung, indem Sie zum Schluss in Ihren Tempel der Versöhnung gehen und sich Versöhnung vergegenwärtigen.

Wichtig: Konzentrieren Sie sich auf die Erfahrung am eigenen Leibe, statt zu grübeln, wie Sie Harmonie erlangen können oder warum Sie bislang so wenig Harmonie verwirklichen

konnten. Das Leben wird Ihnen noch genügend Gelegenheiten dazu bieten, sobald Sie sich dazu entschlossen haben, Konflikte der inneren und äußeren Art mutig anzugehen und Versöhnung zu erwirken.
Beachten Sie auch, dass nicht alle Konflikte sich aus eigener Anstrengung oder durch eigenen Willen – und sei er noch so stark – lösen lassen. Es geht darum, die lösbaren Konflikte anzugehen und mit den unlösbaren leben zu lernen. Auch bei unlösbaren Konflikten kann es gelingen, innere Harmonie zu erlangen. Aber auch hier gilt: Versöhnung ist ein Prozess der Reifung, der sich in der Auseinandersetzung vollzieht.

Violett

Heilmeditation.

Violett gilt als Farbe der Heilung. Es ist die Farbe mit der schnellsten Frequenz und liegt im Farbspektrum des Prismas gegenüber dem langsam schwingenden Rot. Während Experimente zeigten, dass Rotlicht das Wachstum von Pflanzen hemmt, bescheinigen Geistheiler und Hellseher dem Violett eine heilende Funktion in Heilungsprozessen. Die wohltuende Wirkung der Vorstellung, in violettem Licht zu baden, muss nicht als objektive Tatsache anerkannt sein oder wissenschaftlich verstanden werden, um subjektiv als Erfahrung am eigenen Leibe nachvollziehbar zu sein.
Das Betreten des violetten Raums wird bestimmten Meditationsphasen innerhalb der hinduistischen Tradition zugeordnet – es weist auf die Öffnung des dritten Auges hin, das als Organ des Übersinnlichen feinstoffliche ätherische Energien und Schwingungen wahrnehmen kann. Auch im Rahmen von Rückführungen in den pränatalen Zustand des Fötus (z. B. durch Trance-Induktion und Intensivatmung der Transpersonalen Psychotherapie) wird davon berichtet, dass man den Embryozustand in den allerersten Tagen nach der Empfängnis als ein Baden in violettem Licht erlebt. Offenbar umgibt der

violette Raum den Embryo wie ein Meer. Dieser ist winzig, und der Raum, das Meer wird als ungeheuer weit empfunden. Für den Embryo ist dieser violette Raum außerhalb und überall. Doch für den erwachsenen Menschen, der sich an diesen Zustand erinnert, ist der violette Raum innen.

Um uns in diesen Raum hineinzubegeben, müssen wir uns nach innen zurückziehen und eine Art Innenschau (des dritten Auges) entwickeln. In den indischen *Upanishaden* wird der Mensch mit einer Stadt verglichen, die zehn Tore besitzt. Neun dieser Tore führen nach außen und nur eines führt nach innen. Die neun Tore sind die beiden Augen, die beiden Ohren, beide Nasenlöcher, Mund, Anus und Geschlechtsöffnung. Das zehnte Tor ist das dritte Auge, das keinen Zugang zur äußeren Welt bietet, sondern nur in den inneren Raum führt.

Das Erinnern an das Bad in violettem Licht mag einerseits eine heilende Erinnerung an unsere Herkunft sein, andererseits die Fähigkeit verstärken, nach innen zu gehen und übersinnliche Fähigkeiten der feinstofflichen Wahrnehmung zu entwickeln. Was für den Embryo außen war, ist für uns jetzt innen zu finden, wenn wir es finden. Während der Embryonalentwicklung hat also eine Verinnerlichung stattgefunden. Sie betrifft einen Raum, der nur auf feinstofflicher, auf astraler Ebene existiert. Wenn wir diesen Beschreibungen folgen wollen, so haben wir es hier mit einer Umkehrung zu tun, durch die das Außen zum Innen wird. Im Augenblick des Todes soll sich dann wieder das Gegenteil ereignen: Das Individuum gibt seine Individualität, das heißt seine Getrenntheit auf und kehrt in den violetten Raum zurück, in den es integriert wird.

Doch die Umkehrung findet auch noch in anderer Weise statt: Die Kopfüber-Position des Babys in der Gebärmutter kehrt sich um, sobald es aus dem Bauch der Mutter herauskommt und lernt, den Kopf hochzuhalten und auf eigenen Füßen zu stehen. Diese Umkehrung entspricht dem Übergang vom astralen in das physische Dasein, das wir Existenz nennen. Existenz auf diese Weise verstanden ist ein »Herausstehen« im wörtlichen und doppelten Sinne: Das Individuum steht aus dem

Raum heraus und befindet sich außerhalb des Raumes, aus dem es gekommen ist und in den es zurückkehren wird. Es steht aufrecht auf den Füßen und verankert sich in der Erde.
Die Rückkehr in den astralen Raum während einer Trance ist begleitet von Gefühlen des schwerelosen Schwebens. Es ist ein Hineinhängen oder Gehaltenwerden, das die Schwerkraft aufhebt, und es fühlt sich an, als würde man zu einem Purzelbaum animiert. Der Nacken wird lang gezogen, der Kopf gebeugt, als wolle sich der ganze Körper einrollen und in die embryonale Haltung begeben. Das Einrollen geschieht ganz von selbst, wie ein Reflex. Das Wiedererleben des violetten Raums ist die Erinnerung an Herkunft und Bestimmung, Anfang und Ende des Individuums. Das Eintauchen in das violette Licht beruhigt, entspannt, tröstet und erleichtert. Es verstärkt das Bewusstsein für die ursprüngliche Einheit und hilft, wieder ganz und heil zu werden, auch oder gerade im Zustand der individuellen Existenz. Geistheiler visualisieren violettes Licht, wenn sie mit den tiefsten Schichten eines Patienten arbeiten. Paradoxerweise bewirkt die Verbindung mit dem violetten Raum der Transzendenz eine innere Freiheit, die es dem Menschen ermöglicht, mit beiden Beinen fest auf dem Boden der diesseitigen Welt zu stehen und sich darin zu verwirklichen.

Die Violett-Meditation

1. Nehmen Sie sich Zeit für diese Meditation und achten Sie darauf, dass Sie nicht gestört werden. Legen Sie vorher einen Zeitrahmen fest (maximal acht bis zehn Minuten) und stellen Sie sich einen Wecker. Sie können diese Meditation im Sitzen oder Liegen machen, je nachdem, ob Sie einen angeregten oder einen entspannten Zustand anstreben. Im Liegen können Sie die Embryonalstellung einnehmen, indem Sie sich auf die Seite legen und die Knie und den Kopf an die Brust ziehen.
2. Schließen Sie die Augen mit einem langen und tiefen Aus-

atem, als würden Sie alles, was Sie jetzt an dieser Meditation hindern könnte, ausatmen. Lassen Sie die Lider schwer werden, als würde sich eine warme, schwere Decke über Sie legen und Ihnen erlauben, völlig abzuschalten. Die Decke schirmt Sie jetzt von allen Störungen ab, so dass Sie sich ganz darauf konzentrieren können, in einen nichtalltäglichen und außergewöhnlichen Bewusstseinszustand überzuwechseln. Es ist die Decke des Vergessens. Für eine Zeit lang vergessen Sie alles, was im Alltag wichtig war, und richten Ihre Aufmerksamkeit nach innen. Wenn Sie sitzen, erlauben Sie dem Kopf nachzugeben und auf die Brust zu sinken. Wenn Sie liegen, verstärkt sich das Gefühl der Dehnung im Nacken. Es ist, als wüchsen Sie in die Unendlichkeit hinein. Aber statt mit dem Kopf aus dem Körper herauszuwachsen, zieht sich der Kopf in den Körperinnenraum zurück. Dort entdeckt Ihr inneres Auge einen weiten Raum, in dem zunächst samtene Dunkelheit herrscht. Auf der Netzhaut erscheinen, durch Nervenimpulse hervorgerufen, Muster aus Reflexen, Lichtpunkten und Lichtfäden, die verschiedene Farbnuancen annehmen können. Oft sind sie goldfarben oder leuchtend orange, vor allem, wenn Sie vorher in ein helles Licht oder in die Sonne geschaut haben. Je mehr Sie jedoch den Kopf in den Körper hineinziehen und den Nacken lang werden lassen, desto weiter breitet sich eine Decke des Vergessens über diese lebendigen Sonnenreflexe und macht Platz für ein violettes Licht, das aus einer anderen Welt zu kommen scheint.

3. Achten Sie darauf, dass Sie in Ihrer Vorstellung den richtigen Farbton treffen: Das Violett ist tief, klar und leuchtend. Es ist transparent und trägt keine Spur einer deckenden Farbe in sich. Obwohl das Violett durchscheinend ist, scheint es aus sich selbst heraus zu leuchten, ähnlich wie eine Neonröhre. Aber dieses Licht hat nichts Künstliches an sich. Obwohl es nirgends in der Natur vorkommt, besitzt es eine unverwechselbare Qualität, die Sie sofort erkennen werden, weil Sie die Auswirkung auf Ihren Organismus unmittelbar

erleben können. Dieses Violett bringt alles in Ihnen zum Vibrieren; es ist ein sehr fein gesponnenes Vibrationsnetz, in dem Sie sich jetzt befinden. Die Vibrationen durchdringen Sie, durchdringen jede Zelle in Ihnen und haben einen seltsam eindringlichen Massageeffekt, als würde jede Zelle umgewendet und gedreht. Die Zellen beginnen zu tanzen, zu surren, zu summen, zu singen. Vielleicht spüren Sie ein leichtes Kribbeln. Sie können in diesem Violettlicht baden – es ist ein Bad, das Ihr Innerstes ergreift und einbezieht. Das Violettlicht löst die Grenze zwischen innen und außen auf, es entwickelt eine Tiefenwirkung. Es ist, als würde das Innerste nach außen gedreht, das Außen nach innen gestülpt. Vielleicht kommt es Ihnen so vor, als würden Sie von einem Wirbelsturm hinweggetragen oder in der Mitte eines Strudels umhergeschleudert. Atmen Sie tief und entspannt weiter. Vergegenwärtigen Sie sich den Zeitrahmen, den Sie sich gesetzt haben, als Begrenzung eines Bewusstseinsraumes.

4. Dieses Bewusstsein existiert neben Ihrem Alltagsbewusstsein. Das Jenseits ist in der Vorstellung vom Diesseits schon enthalten. Es ist ganz natürlich, jenseits des Bekannten Ideen und Vorstellungen zu entwickeln. Sie befinden sich jetzt in einer Wirklichkeit, die nur einen Schritt von der Alltagswirklichkeit entfernt und dennoch von dieser grundverschieden ist. Das Gesetz der Schwerkraft ist aufgehoben, auch die Zeit scheint nicht in der Weise zu vergehen, wie sie im Alltag vergeht. Der Körper fühlt sich anders an, weniger begrenzt und kompakt. Der Schwerpunkt verlagert sich, er scheint außerhalb des Körpers zu liegen. Auch der Fokus Ihrer Aufmerksamkeit hat sich verändert. Sie legen das Gewicht auf etwas anderes, ohne dieses andere benennen zu können – die alltäglichen Gewichtungen sind seltsam verändert oder sogar aufgehoben, so wie die Schwerkraft aufgehoben ist. Sie befinden sich in einem ungewohnt ausgeglichenen, gleichmütigen Bewusstseinszustand. Sie können gelassen beobachten, Zeuge sein. Aus der Beobachterposition, aus dem Zeugenstand sehen Sie Ihr Leben in einem

größeren Rahmen. Es ist nicht mehr das zufällige Stückwerk von einzelnen Erfahrungen, Erinnerungen, Gedankengebilden und Vorstellungseinheiten. Es fügt sich zu einer großen, umfassenden Einheit zusammen, und jenseits dieser Einheit gibt es weitere Einheiten, größere Ganzheiten, die Ihrer Lebenseinheit einen Rahmen setzen.

5. Atmen Sie tief und entspannt weiter, während Sie dem Violettlicht erlauben, das Stückwerk Ihres Lebens neu zu ordnen. Das Puzzle wird neu zusammengesetzt, die Stückchen, die Sie in einer Ihnen gewohnten Ordnung zusammenfügten, erhalten jetzt eine andere Fügung, und diese Fügung, die sich nicht zu einem einzigen Bild verdichten kann, wird als Gefühl des Sichordnens und Geordnetseins wahrgenommen. Es ist ein sehr konkretes körperliches Gefühl, als wären Sie in Ihre Einzelteile zerlegt und dann wieder wie durch ein Wunder zusammengesetzt und neu geboren worden. Ihr altes Körperbild, Ihre alte Selbsteinschätzung ist überholt, wie eine veraltete Fahrkarte, mit der Sie nicht mehr fahren können, oder wie die Münze einer ungültigen Währung. Sie passt nicht mehr, eine neue Ordnung kündigt sich an. Bleiben Sie entspannt und atmen Sie ruhig und tief weiter, vertrauen Sie diesen tiefgreifenden Prozessen der Verwandlung, ohne sie rational erklären zu müssen. Stellen Sie sich vor, Sie träumten einen sehr wichtigen, magischen Traum, der Sie in eine unbekannte Welt entführt.
6. Nun ist die Zeit der Rückkehr gekommen. Der Wecker weist Sie darauf hin, dass die Zeit um ist. Bereiten Sie die Rückkehr vor. Richten Sie nun Ihre Aufmerksamkeit auf Ihre Füße. Stellen Sie sich die Konturen Ihres Körpers so vor, als wären es die Umrisslinien einer Gestalt, die auf Papier aufgezeichnet ist. Füllen Sie nun diese Körperfigur von den Füßen ausgehend, von unten nach oben sich vorarbeitend, aus, schraffieren Sie bedachtsam die leeren Flächen in der leeren Figur, wobei Sie den Füßen ein dunkles Rot geben, dem Unterleib Rot, das sich nach oben hin zu Orange wandelt, im Zwerchfell sonnengelb wird, im Herzen ein Sma-

ragdgrün zeigt, die Kehle türkis zeichnet, die Stirn nachtblau – so dass sich jetzt nur noch im Scheitelbereich das Violett, das Sie völlig umgeben hatte, halten kann. Gleichzeitig suchen die Füße die Erde, um wieder »Fuß zu fassen« und »in den Tritt kommen«. Es ist ähnlich, wie wenn Sie aus einem schwerelosen Fall wieder in die Atmosphäre eintreten, die Schwerkraft spüren, sich orientieren, wo oben und unten ist, und den Fall nach unten so steuern, dass Sie mit den Füßen zuerst aufkommen. Der Körper polt sich um, die Füße werden schwer und warm und ziehen wie ein Senkblei nach unten. Der Kopf ist leicht und frei. Der Körper kommt ins Lot. Die Decke des Vergessens lüftet sich, die Augenlider wollen sich heben.

7. Beenden Sie die Meditation, indem Sie mit einem kräftigen Ausatmen die Augen öffnen und wieder in die Welt nach außen schauen.

Anmerkung: Sollten Sie sich im Besitz einer Sanduhr befinden, so kann diese den Wecker ersetzen. Der Vorteil liegt darin, dass kein schrilles Weckgeräusch Sie aus der Meditation reißt. Machen Sie dann die Meditation mit halb offenen, entspannten Augen und stellen Sie die Sanduhr vor sich in Ihr Blickfeld. Der fließende Fall des Sandes ist eine geeignete Metapher für fließende Übergänge: Die beiden kugeligen Behälter, bei denen mal der eine, mal der andere mit Sand gefüllt ist, welcher durch die Verengung in der Mitte nach unten rieselt, versinnbildlichen die beiden Wirklichkeiten, die durch einen engen Bewusstseinskanal miteinander verbunden sind.

Wichtig: Verzichten Sie nicht auf den Zeitrahmen! Er gewährleistet, dass Sie auch in der Phase des gezielten Tagträumens die Kontrolle wahren und die Übersicht behalten.

Vorkehr als Abwehr

Mentaler Impfvorgang, bei Neigung zu Anfällen und allgemeiner Anfälligkeit, spezifisch für Asthma- und Allergiepatienten, zur allgemeinen Stärkung des Immunsystems.

Das deutsche Wort »Vorkehrung« beschreibt anschaulich, um was es geht: Bestimmte Entwicklungen eines Geschehens werden vorausgesehen und eine Abwehr im Voraus geplant. Dies führt zu einer Kehrtwendung und schließlich einer alternativen Entwicklung. Eine Kehrtwendung kann blitzschnell geschehen. Der Einsicht, dies hier sei der falsche Weg, auf dem man sich befinde, folgt die Tat: Umkehr. Effektive Vorkehrungen vermeiden entweder die unerwünschte Entwicklung oder bereiten, wenn dies nicht möglich ist, ein alternatives Entwicklungsprogramm vor. Dieses wird ausgelöst, sobald ein bestimmter Punkt erreicht ist, in dem normalerweise die Dinge ihren unerwünschten Gang nehmen würden. Solche Entwicklungen sind bei Anfällen von Asthma und Allergien gegeben.
Die hier geschilderte Krisenintervention ersetzt nicht den Besuch beim Arzt oder das Einnehmen bestimmter Präparate, aber sie ermöglicht dem Betroffenen, wenigstens zum Teil sein Schicksal selbst in die Hand zu nehmen. Sie stärkt zudem das Selbstvertrauen durch das Gefühl, über manche Bereiche des Lebens Kontrolle zu haben bzw. zu bewahren. Das Selbstbewusstsein nährt sich aus der Einsicht, dass man selbst daran mitwirkt, was mit einem geschieht. Zunehmende Kontrolle, die sich mit zunehmender Übung einstellt, bestätigt dieses Lebensgefühl. Natürlich gibt es Fälle, in denen sich nichts machen lässt, und auch dies muss hingenommen werden, ohne sich dabei die Schuld zu geben oder sich als Versager hinzustellen. Dies gilt für alle selbsthypnotischen Trainingsprogramme.
Sie können nur gewinnen, es kann nur besser werden. Sie haben nichts zu verlieren – außer Sie wollen es so und steigern sich unnötig in ein Schuld- und Versagerbewusstsein hinein. Selbsthypnose basiert auch nicht auf positivem Denken oder irgendwelchen Affirmationen, die Sie sich einreden sollen.

Ausgangspunkt des Trainings hingegen ist die genaue Beobachtung der Abfolge, mit der ein Anfall oder eine Erkrankung erfolgt. Haben Sie einmal das Muster der Sequenz verstanden, so können Sie vorzeitig eingreifen und eine andere Entwicklung als Alternative ansteuern.
Allergische Reaktionen können von einer laufenden Nase oder tränenden Augen bis zu Wasserspeicherung im Gewebe (aufgedunsener Körper) und Nesselausschlag auf weiten Teilen der Körperoberfläche reichen. Bei Asthmatikern umfassen die Symptome Atemnot und ein Gefühl der Enge in der Brust. Das macht Angst. Bei einem Anfall können die Symptome sich lebensbedrohlich auswirken, die Gefahr des Erstickens ist gegeben. Auch Allergien können tödlich sein – immer wieder werden Fälle gemeldet, bei denen ein Mensch durch einen Bienenstich oder ein unverträgliches Medikament getötet wird. Sowohl Allergien als auch Asthma sind also nicht auf die leichte Schulter zu nehmen. Dennoch können Sie, falls Sie unter diesen Symptomen leiden oder sich auch nur in Ihrer Immunabwehr geschwächt und anfällig fühlen, von einem mentalen Training profitieren.

Hier einige Tipps und Tricks, wie Sie Vorkehrungen treffen und Ihrer Anfälligkeit ein Schnippchen schlagen:

- Grundsätzlich gilt: Betrachten Sie alte Probleme unter einem neuen Blickwinkel. Tun Sie so, als ob die Gründe für Ihre Probleme nicht in einer grundsätzlichen Disposition lägen – nach dem Motto: einmal krank, immer krank –, sondern führen Sie Ihre Erkrankung auf äußere Gründe zurück. Beobachten Sie, wann die Anfälle sich häufen, und bilden Sie Hypothesen darüber, was die äußeren Gründe dafür sein könnten. Beobachten Sie also, wann und in welchem Zusammenhang sich die Anfälle ereignen. Führen Sie ein Tagebuch über Ihre Beobachtungen. Unterscheiden Sie zwischen Ihren Erfahrungen, zwischen den einzelnen Anfällen, die Sie erlebt haben, und sichern Sie die Spuren, als seien Sie ein findiger Detektiv. Decken Sie die Wahrheit auf! Demontieren Sie die üblichen Interpretationen, demaskieren Sie die herrschenden Vorurteile.

- Durch die Unterscheidung zwischen einem Anfall und dem anderen sind Sie vielleicht bestimmten Faktoren und Auslöserreizen auf die Spur gekommen. Vielleicht haben Sie durch gründliche Recherche bemerkt, dass manchmal nur der Gedanke an Katzen reicht, um eine Katzenhaarallergie auszulösen. Manchmal reicht nur das Gefühl, in die Enge getrieben und vereinnahmt zu werden, um eine asthmatische Reaktion einzuleiten. Untersuchen Sie nun im Detail, wann genau und wie konkret der Anfall sich anmeldet. Stellen Sie sich vor, es gäbe so etwas wie ein Frühwarnsystem, vergleichbar einem Seismographen, der Erderschütterungen misst und so Erdbeben und Flutwellen voraussagen kann. Beschäftigen Sie sich hier nicht mit der Frage, was ein echter Anfall und was nur eingebildet, hysterisch oder simuliert ist.
- Werden Sie nun zum Magier. Ein Magier verwandelt die Welt. Ein Magier bezweckt etwas – meist steht sein eigenes Interesse im Vordergrund, und deshalb werden Magier meist gefürchtet. Sie haben Macht, und sie können ihre Interessen durchsetzen. Aber wenn Sie in Ihrem eigenen Interesse Magier werden und die Welt in einer Weise verwandeln, die Ihnen nützt – ohne dass Sie auf längere Sicht den Realitätsbezug verlieren –, dann schaden Sie niemandem und helfen sich selbst. Geben Sie sich also die Erlaubnis zu magischen Experimenten zu Ihrem eigenen Wohl und versprechen Sie sich selbst, sich nach beendetem Experiment wieder in der Wirklichkeit einzufinden, die auch von anderen als solche betrachtet wird. Kommen Sie also wieder auf den Boden der allgemeinen und »objektiven« Tatsachen zurück. Lernen Sie, in zwei Welten gleichzeitig zu leben: in der äußeren und öffentlichen Realität, die Sie mit anderen Menschen teilen, und in der subjektiv erlebten Innenwelt, die Sie vielleicht einigen Menschen zugänglich machen möchten, aber in der Sie letztlich allein und sich selbst überlassen sind.
- Finden Sie Bilder, Vorstellungen, Symbole und andere Mit-

tel der Vergegenwärtigung positiver Gedanken. Beispiel: Wenn Sie Asthmatiker sind und die Enge in der Brust sich ankündigt, denken Sie an Bilder und Erfahrungen, die mit Offenheit und Weite zu tun haben. Diese Offenheit und Weite spüren Sie in Ihren Lungen und in Ihrer Kehle. Vielleicht wird das Licht am Ende des Tunnels zu einem Symbol der Öffnung, die auf die Verengung folgt. Oder Sie erinnern sich an eine Tür, die aus einem stickigen Raum herausführte. Sie erinnern sich an den ersten befreiten Atemzug, den Sie in der frischen Luft taten. Sie erinnern sich an Spaziergänge in einer Landschaft, deren Weite die Enge weit hinter sich ließ. Die Enge liegt hinter Ihnen. Vor Ihnen ist Weite. In welchem Zusammenhang machen Sie täglich die Erfahrung von Enge und Weite, die Erfahrung von Öffnung und Weitung? Diese Bilder können dann zum Symbol dafür werden, wie Ihr Brustkorb und Ihre Kehle sich öffnen. Weite Öffnungen gibt es auch in Flaschen, Eimern und Kübeln, mit denen wir alle einmal zu tun hatten. Das Ausfließen kann ein Übergang von Enge in Weite sein. Allein der Gedanke daran schafft eine Linderung des Drucks. Hauptsache ist, Sie sehen etwas vor sich, das positive Veränderung bewirkt. Es ist wie eine Verheißung, die Sie motiviert, weiterzugehen und nicht in der Enge stecken zu bleiben. Beispiel: Wenn Sie Allergiker sind, stellen Sie sich vor, wie Ihre juckenden und tränenden Augen trocken werden. Finden Sie eine Metapher, die Ihnen hilft, diesen Vorgang mit anderen Vorgängen, welche Sie erleben, in Verbindung zu bringen, etwa: »Auf einen feuchten Frühling folgt ein trockener Sommer«, das feuchte Land wird trockengelegt, die feuchte Mauer ausgetrocknet. Was ist nötig, um den Vorgang der Trockenlegung zu veranlassen? Ist »Drainage« ein gutes Bild dafür, wie Sie selbst sich »trockenlegen« können? Stellen Sie sich vor, was genau bei einer Drainage passieren muss, damit sie funktioniert. Stellen Sie sich das Anlegen einer Drainage vor, wobei Sie kleine Drainagewege bahnen und so ermöglichen, die überschüssige Flüssigkeit abfließen zu lassen.

- Finden Sie ein Ritual, das es Ihnen erlaubt, einen bestimmten Auslöserreiz anders als bisher zu beantworten. Beispiel: »Wenn ich das Gefühl habe, dass ein Anfall kommt, nehme ich einen tiefen Atemzug und balle meine Faust. Ich kann die Veränderungen in mir spüren, denn ich weiß genau, was sich in mir abspielt, wenn ein Anfall kommt. Ich aber öffne meine geballte Faust, während ich gleichzeitig meine Lungen und meine Kehle öffne.« Rituale, die sich auf solche direkten Auslöser beziehen, antworten mit anderen Reaktionen. Bei der Etablierung solcher Reaktionsalternativen verwenden Sie Metaphern. Beispiel: So wie das Auto Luft anzieht, wenn ich den Motor hochjage, so kann meine Lunge Luft aufnehmen in einer ihr angemessenen Art, die für mich richtig ist und sich deshalb leicht und angenehm für mich anfühlt. Für den Fall, dass etwa Gedanken an Katzen Sie schon allergisch reagieren lassen: Entscheiden Sie sich, künftig anders auf solche Gedanken, Ahnungen und inneren Bilder zu reagieren. Machen Sie sich bewusst, dass eine komplexe Inszenierung des inneren Dramas »Katzenallergie« nötig ist, um eine allergische Reaktion auszulösen. Schließlich sind es die Katzen im Kopf, die die Allergie auslösen – was haben die Katzen draußen damit zu tun? Unterbrechen Sie die Verbindung, die Sie bislang aufrechterhalten haben, gemäß der Devise: »Da sind Katzen. Und gleich kommt meine allergische Reaktion. Genau, da ist sie schon. Ich bin eben auf Katzen allergisch.« Warten Sie nicht auf die Reaktion. Distanzieren Sie sich von der Katzenallergie, statt sie als Identifikationsvorlage einlösen zu müssen. Distanzieren Sie sich von Ihrer allergischen Identität. Sagen Sie sich: »Katzen, na und?«, oder: »Das sind keine Katzen. Das sind feline Wesen, das erinnert an *felix*, das lateinische Wort für ›glücklich‹. Das sind zwar Katzen, aber einstmals wurden sie als göttlich verehrt, und meine Begegnung mit dem Göttlichen wird doch nicht banales Niesen auslösen.« Oder Sie konzentrieren sich einfach auf die Decke, auf der die Katzen liegen und die Katzenhaare sich befinden, und rücken ihre molligweiche Stoffqualität in den Vordergrund Ihres Bewusstseins, statt das Kratzen der Katzenhaare zu antizipieren.

- Eine solche Bewusstseinsverschiebung findet auch dann statt, wenn Sie sich etwa im Falle einer Katzenhaarallergie sagen: »Merkwürdig, immer wenn ich eine Katze sehe, fällt mir auf, wie unterschiedlich Katzen gemustert sind. Genau betrachtet gibt es tatsächlich selten zwei Katzen, die genau gleich aussehen. Sie unterscheiden sich in Farbe, Größe und Musterung.« Damit ist Ihre Aufmerksamkeit von der möglichen Reaktion auf die Katzenhaare zu den tatsächlichen Unterschieden zwischen Katzen gewandert.
- Fügen Sie diesem Ablenkungsmanöver noch eine Reaktionsalternative hinzu, indem Sie sich sagen: »Und genauso, wie Katzen ganz verschieden gemustert sein können, genauso verschieden kann meine Reaktion auf sie sein. Ich bemerke, dass sich meine Reaktionen auf Katzen verändern und mir überhaupt weniger auffallen (weil sie weniger oft eintreten), je öfter ich die Vielfalt der Katzen registriere.«
- Nutzen Sie Ihre Vorstellungskraft und Ihre Suggestionen, mit deren Hilfe Sie die allergieauslösenden Substanzen und Eindrücke einfach anders wahrnehmen. Von jetzt an nehmen Sie einfach langhaarige Katzen, auf die Sie bislang besonders allergisch reagiert haben, als kurzhaarig wahr. Sie verwandeln Erdbeeren (auf die Sie allergisch sind) in Karotten. Stellen Sie sich zunächst einmal nette kleine Kaninchen vor, die an ihren Karotten knabbern. Aber eigentlich schauen diese Karotten wie Erdbeeren aus. Suggerieren Sie sich nun, dass auch Sie diese Art von Karotten, die wie Erdbeeren aussehen, essen könnten, ohne allergisch zu reagieren. Vielleicht gibt es bestimmte Blumen oder Gräser, deren Anblick Sie schon zum Weinen bringt. Stellen Sie sich vor, diese Pflanzen seien ästhetische Gebinde aus Papier oder Seide und zur Zier aufgestellt. Falls Sie unter mehreren reizauslösenden Stoffen leiden, sollten Sie den magischen Verwandlungsprozess mit jeder einzelnen Substanz durchführen. Gehen Sie gründlich vor und desensibilisieren Sie sich Schritt

für Schritt. Irgendwann kann es sein, dass Ihr Organismus den Desensibilisierungsmechanismen auf die Schliche gekommen ist, indem er den gemeinsamen Nenner aller dieser Strategien entdeckt und diese Zauberstücke nicht mehr braucht, weil er gelernt hat, die Effekte selbst zu produzieren.

- Nutzen Sie Ihre Willenskraft, indem Sie eine bewusste und klare Entscheidung treffen. Wenn Ihre Desensibilisierungskünste so weit gediehen sind, dass Sie alle einzelnen allergieauslösenden Reize durchgespielt haben, verstärken Sie Ihren ganz allgemein gefassten Wunsch nach Veränderung und bestätigen sich selbst Ihre Entscheidung, auf das allergische Theater nicht mehr »scharf« zu sein. Sie werden dann auch nicht mehr scharf reagieren: Jetzt sind Sie immun. Ihre Vorstellung hat genügend Antikörper entwickelt, um einer allergieauslösenden Idee trotzen zu können.
- Geben Sie nicht auf! Wahrscheinlich haben Sie schon lange an einer Allergie oder an Asthma gelitten. Sie investieren jetzt in eine Langzeitheilung. Je länger Sie schon gelitten haben, desto tiefer haben sich die Sensibilitätsmuster eingeprägt, als gehörten sie zu Ihrer Natur. Dabei sind es nur Gewohnheiten, die zur Natur geworden sind. Sie können diese Entwicklung rückgängig machen – aber nur, wenn Sie Geduld haben: Es braucht Zeit, um die Muster aus dem System zu eliminieren und endgültig zu beseitigen. Aber es ist möglich.

Warzentrumpf

Bei Warzen.

Warzen werden durch kräftige Viren verursacht. Doch wie bei allen Krankheiten, die durch Viren verursacht werden, gilt auch hier: Die Tatsache, dass jemand Kontakt mit dem Virus hat, bedeutet noch nicht, dass unbedingt Warzen entstehen müssen. Es wurde jedoch festgestellt, dass vor allem Stress der

emotionalen Art die Entstehung, Ausbreitung und Verschlimmerung von Warzen bedingen kann. Bei vielen Menschen, die ein Leben lang mit Warzen zu tun haben und schon seit frühester Kindheit davon geplagt waren, lässt sich eine psychische Entwicklung, die durch Brüche gekennzeichnet ist, feststellen. Solche Brüche in einer gesunden Entwicklung sind jähe Ungleichgewichte, die durch Trennungen, Umstellungen, Ablehnung und Enttäuschungen entstehen. Warzen sind Ausbrüche der Haut, die diese Brüche ausdrücken.
Warzen gehören aber auch zum Erscheinungsbild des Alterns. Eine andere Theorie will in den Warzen Hinweise auf eine nicht mehr ausreichend funktionierende Entgiftung im Organismus sehen. Auch bei schlechter Ernährung, exzessivem Alkoholgenuss, Kettenrauchen etc. kann das vermehrte Auftauchen von Warzen ein Alarmsignal sein. Ebenso wurde beobachtet, dass bei Entgiftungs- und Fastenkuren die Warzen sich zurückbildeten, als würden sie »ausgehungert«. Sie schrumpften förmlich vor sich hin und verließen ihren Wirt, der ihnen nichts mehr zu bieten hatte. Sowohl bei Warzen, die sich aufgrund von emotionalen Verstörungen gebildet haben, als auch bei einer schleichenden Vergiftung des Körpers schaffen »irrationale« Vorgehensweisen, von vielen als Aberglaube belächelt, rasche und gründliche Abhilfe.
Die chemische Behandlung von Warzen ist langwierig, eine Operation schmerzhaft und meist umsonst, da die Warzen wieder nachwachsen. Warzen sind also der beste Vorwand, um sich mit irrationalen Behandlungsweisen auseinander zu setzen. Das bekannteste Mittel ist das Besprechen von Warzen. Diese Erfahrung, die ich am eigenen Leibe gemacht habe, hat mich von meinen Vorurteilen bezüglich psychosomatischer Zusammenhänge kuriert. In der Hypnotherapie sind Warzen ein beliebtes Übungsfeld – aber das Besprechen, das durch eine andere Person erfolgt, ist durch keine Hypnose und Selbsthypnose zu ersetzen.

Hier einige Anregungen, wie Sie mit Ihren Warzen umgehen können:

1. Angenommen, die Warzen als »Ausbrüche« der Haut sind Hinweise auf Brüche in Ihrem Gefühlsleben – dann können Sie selbst für sich sorgen, indem Sie durch ausgewogene Ernährung sich selbst das geben, was Ihnen von außen vorenthalten wurde. Sie selbst füttern sich, pflegen sich, geben sich selbst die liebevolle Zuwendung, die die Brüche wieder heilen und die Ausbrüche der Haut verschwinden lassen wird.
2. Angenommen, die Warzen sind eine Vorwarnung, die Ihnen signalisiert, dass irgendetwas mit Ihren Stoffwechsel- und Entgiftungsfunktionen nicht stimmt, sich verlangsamt hat, erschlafft ist, so dass eine innere Trägheit sich in äußeren Symptomen der Schlackenbildung widerspiegelt – dann entwerfen Sie ein Gegenprogramm, das Sie wieder mit Ihrem inneren Feuer in Kontakt bringt und die Schlacken abträgt. Stellen Sie sich vor, wie ein träger Fluss, der viele Nebenströme und Sandbänke entwickelt hat, plötzlich neuen Zufluss bekommt und die Sandbänke abträgt. Der Sand wird weggeschwemmt.
3. Angenommen, Warzen haben tatsächlich mit der Durchblutung zu tun, so haben sich zwei Suggestionen als nützlich erwiesen. Einerseits entsteht durch mangelnde Durchblutung ein kühlender Effekt, der die Warzen und mit ihnen den emotionalen Grund »auf Eis legt«. Gleichzeitig trägt aber eine vermehrte Durchblutung zum Ankurbeln der Stoffwechselfunktionen bei und unterstützt die Entgiftungsvorgänge im Körper. Sie können sich vorstellen, Gifte und Belastungen abzugeben, auszuschwemmen und auszuschwitzen. Die Devise lautet also einerseits: Kein Blut den Warzen! Und andererseits: Alles Blut im Fluss! Dadurch wird der lokale Bereich um die Warzen isoliert, die allgemeine Durchblutung hingegen angeregt. Sie können sich Ihren Körper als Figur vorstellen, durch die das Blut fließt. Nur die Warzen ragen wie Inseln aus dem Fluss heraus. Ih-

nen wird »der Boden entzogen«. Auf diese Weise geschieht eine emotionale Relativierung der Probleme. Sicher, es gibt Warzen, und es gibt emotionale Probleme. Aber sie sind lokalisierbar und müssen nicht den ganzen Organismus beeinträchtigen. Nicht der ganze Mensch muss sich »auf Eis legen«, nur der Problembereich kann ein wenig distanziert und mit kühlem Kopf betrachtet werden.

4. Angenommen, es haben sich ganze Warzenkolonien gebildet: Fordern Sie nicht die Ausrottung aller Warzen sofort und gleichzeitig. Beobachten Sie mit Interesse, welche Warzen zuerst weggehen und welche noch ein wenig bleiben. Sprechen Sie mit Ihren Warzen und geben Sie ihnen zu verstehen, dass sie nicht mehr gebraucht werden. Doch Vorsicht: Warzen sind »empfindlich«. Wenn Sie nicht wirklich meinen, was Sie da sagen, dann »glauben« sie Ihnen nicht – und bleiben. Sie müssen sich also in einen Bewusstseinszustand versetzen, in dem Sie willens sind, für die Wiederherstellung des inneren Gleichgewichts zu sorgen und die Entgiftung kontrolliert zu übernehmen.
5. Dieser Wille, etwas zu unternehmen, ist der eigentliche heilende Impuls. In den irrationalen Vorgehensweisen (z. B. des Warzenbesprechens) wird er hervorgerufen durch die Hoffnung, die sich mit den entsprechenden Inhalten des Glaubens bzw. Aberglaubens verbindet. Hätten Sie keine Hoffnung, so wären Sie nicht zum Heiler, Gesundbeter, zur Kräuterfrau gegangen. Sie setzen Ihre (letzte) Hoffnung in etwas, das nach rationalen Überlegungen nicht funktionieren kann. Sie setzen also auf die irrationalen Dinge im Leben, zu denen Sie rational keinen Zugang haben. Erlauben Sie sich Irrationalität. Ihre Warzen werden es Ihnen danken.

Wirbelwelten

Bei Rückenschmerzen, Bandscheibenschäden, Unbeweglichkeit und Unbelebtheit der Wirbelsäule, Energieblockaden, kaltem Gesäß, Unterleibsbeschwerden.

In den indischen *Upanishaden* wird das »Brahman« als unsterblich und unvergänglich beschrieben. Das mythische Bild für das Brahman ist die Weltsäule, wie sie der Berg Meru umgeben vom Ozean in der Welt präsentiert. Die Achse in der Mitte der Welt trägt und verbindet die drei Dimensionen des ganzen Kosmos, den Himmel, die Erde und die Untere Welt. Diese Achse befindet sich aber auch im Körper jedes einzelnen Menschen. Die Wirbelsäule soll in der Yoga-Meditation als Berg Meru visualisiert werden, wobei die sieben Bereiche der kreisenden Krafträder, in denen die Lebensenergie pulsiert, sowohl Zentren als auch Verbindungspunkte des Energieflusses darstellen. Nur so kann die Energie wirksam werden. Die Wirbelsäule wird der Stab Brahmas genannt; das Bild des Stabes steht für die Verhältnisse sowohl im Mikrokosmos des Menschen als auch im Makrokosmos der Umwelt. Die Wirkkraft ist sowohl physiologisch-energetischer als auch personal-psychischer und spirituell-kosmischer Natur.

Am untersten Punkt der Wirbelsäule ruht die Urkraft, die alles ermöglicht und den Ausgangspunkt aller Entwicklung bedeutet. Hier schläft die Kundalini-Energie, die sich aus ihrem zusammengerollten Zustand herauswickeln und aufrichten kann. Sie durcheilt alle Energiezentren und erinnert das Bewusstsein an alle Formen kosmischer Intelligenz, alle Arten lebendigen Daseins, die der Mensch im Laufe der Evolution durchlaufen hat. Ist die Verbindung unterbrochen, so kann sich die Erinnerung an die ursprüngliche Ganzheit nicht herstellen. Die Dimensionen des Lebens bleiben voneinander getrennt, wie Länder, die nicht durch eine einheitliche Landkarte miteinander verbunden sind, nach der sie bereist werden könnten. Das Körpergefühl des Menschen spiegelt die Zerrissenheit, die sich auf psychischer und spiritueller Ebene wiederholt.

Um die Wirbel als verbundene Teile einer Leiter zu erleben, können wir auf die indische Mythologie zurückgreifen, die übrigens ihre Entsprechung auch in den westlichen Mythen und Märchen findet. Die Achse der Welt ist der Baum des Lebens; Wurzeln und Krone reichen in die Tiefe der Erde und die Weite des Himmels. Der Schamane als Vermittler zwischen den Welten klettert auf diesen Baum, um alle Dimensionen zu erreichen. Auch in den Märchen erreicht man den Himmel durch Klettern, wobei der Baum mitwächst, in den Himmel wächst. Ebenso reichen die Wurzeln in jene unterirdischen Höhlen, wo die Schätze der Welt lagern und von mächtigen Wesen bewacht werden. Dies liefert eine wichtige Metapher für die Aufgabe unserer Seele, sowohl zum »Himmel« als auch zur »Hölle« bzw. der Unteren Welt, zum Überbewusstsein und Unterbewusstsein eine Verbindung herzustellen und zu halten. Wer diese Verbindung nicht halten kann, verliert die Orientierung im Leben.

Der Rücken gibt Rückhalt und Rückendeckung, er trägt durch das Leben. Ein Mensch ohne Rückgrat gilt als jemand ohne Charakter, eben ohne innere Orientierung und ohne Werte. Die Wirbelsäule besteht nicht aus einem Stück, sondern aus vielen Wirbeln. Diese gewährleisten Beweglichkeit, die Knorpelscheiben dazwischen puffern die Stöße ab, Muskeln betten die Wirbelsäule ein. Die Nervenstränge werden durch die Muskeln geschützt, so dass sie wie in einem starken, sicheren Flussbett entlang der senkrechten Achse des Rückgrats die Verbindung zwischen oben und unten gewährleisten und die Informationen, die aus allen Teilen des Körpers kommen, zur großen Schaltzentrale des Gehirns weiterleiten.

Es geht in der Bewusstmachung des Rückgrats um das Herstellen der Verbindung zwischen oben und unten durch die schwingende, ausgleichende S-Form der Wirbelsäule. Ebenso wichtig ist das organische und symmetrische Verhältnis von rechts und links, das Schwingen von rechts nach links in der Bewegung, das ausgewogene und immer neu sich ausgleichende Verhältnis der beiden Körperhälften auch im Sitzen und Liegen. Das Verhältnis schwingt sich immer wieder neu ein.

Nichts ist festgelegt und festgeschraubt, auch wenn es sich so anfühlt. Die Beweglichkeit des Rückens beginnt mit einem Gefühl für die Bewegungsmöglichkeiten, die wir durch Wirbelsäule, Muskeln, Sehnen und Nerven haben. Stellen Sie sich vor, Ihr Rücken sei der Stamm eines Baumes. Dieser Baum ist lebendig, Säfte fließen durch seinen Stamm, steigen auf oder ab – je nach Jahreszeit –, verteilen sich von den großen Ästen auf die kleineren Zweige und dringen bis in die feinsten Blattgewebe. Trotz der mächtigen und einheitlichen Form des Baums fühlen Sie das Leben darin pulsieren, wie in Ihrem Körper auch, von den Zehenspitzen bis in die Haarspitzen.

Der indische Weltenberg steht mitten im Weltenmeer; wie so oft in den Mythen streiten sich die Götter und Dämonen, denn beide Seiten wollen die Weltherrschaft, ziehen und zerren an der Weltenschlange. Dadurch entsteht Bewegung, das »Quirlen des Weltenmeeres«. Aus diesem Quirlen der Weltenwasser wiederum entsteht zweierlei: Nektar und Gift. Ersterer, Amrita, Speise der Götter, ist eine Art Milch, die das Leben verlängert, ja Unsterblichkeit verleiht. Das Gift wiederum wird von dem gnädigen Gott Shiva aufgefangen und bleibt in seiner Kehle stecken, die sich blau verfärbt. Shiva, der Schöpfer, aber auch Zerstörer der Welt, verwandelt die Gifte, er ist der blaue Gott. Die weißliche Flüssigkeit des Amrita hingegen badet die Welt in einer Nährlösung und lässt ihr all das zukommen, was ihr fehlt. Es ist eine Art göttlicher Muttermilch, ein flüssiges Gnadenelixier.

Die Vorstellung von göttlich pflegender Muttermilch, in der die Knochen und insbesondere die Wirbel und Bandscheiben gebadet werden, bietet eine geeignete Metapher für das Pulsieren von Lebensenergie entlang unserer Wirbelsäule. Das Bad weicht das auf, was sich verfestigt hat, reinigt, wo Blockaden entstanden sind, und baut auf, wo altersbedingter Verschleiß eine Degeneration bewirkt hat. Dieses Bad entspricht unserer Vorstellung von einem Jungbrunnen. Stellen Sie sich vor, dass ein Springbrunnen an Ihrem Rücken von unten nach oben seine Heilkräfte aufsteigen lässt und alle Wirbel, jeden einzelnen, umspült; wie das milchige Weiß die Knochensubstanz verwöhnt und streichelt. Machen Sie es sich zur Gewohnheit, öfter in Ihren Rücken hineinzuspüren, die schwachen Stellen kennen zu lernen, mit ihnen Kontakt aufzunehmen, in sich hineinzuhorchen und zu erfassen, was der Rücken braucht, um sich wieder jung, geschmeidig und lebendig zu fühlen.

Dies ist ein leichtes Bewegungsprogramm für Ihren Rücken, Ihre Wirbelsäule, Ihre Bandscheiben. Entscheidend sind die Verknüpfungen mit heilenden Bildern, die Sie sich dazu machen. Ihre Einbildungskraft ist genauso herausgefordert wie Ihre Disziplin.

1. Bringen Sie sich in eine bequeme Sitzposition, quälen Sie sich nicht mit Meditationshaltungen, die für Sie ungewohnt sind und keinen Nutzen bringen. Achten Sie darauf, dass der Bauch frei ist und nicht von den angespannten Oberschenkelmuskeln eingezwängt wird. Fußgelenke und Kniegelenke sollten einen rechten Winkel bilden, der Stuhl oder Hocker sollte weder zu hoch noch zu niedrig sein und eine gerade, harte Sitzfläche besitzen. Stellen Sie sich vor, Sie seien ein König oder eine Königin, und strahlen Sie Souveränität aus. Können Sie sich eine Hoheit vorstellen, die verkrampft auf ihrem Thron kauert? Nehmen Sie ein paar tiefe Atemzüge und lassen Sie allen Stress, alle Belastung des Alltags mit dem Ausatem aus Ihnen herausfließen, und zwar von oben nach unten, als würde die Verspannung von Ihnen einfach abtropfen. Gleichzeitig perlt neue Energie in Ihnen hoch, wie der neue Saft in einem Baum aufsteigt. Um das Becken noch mehr entspannen zu können, stellen Sie sich vor, es sei ein Auffangbecken, in das meist die Verspannung des Alltags hineinfließt und dort versackt, weil es keinen Abfluss gibt. Erleben Sie nun, wie der Energiefluss vom Becken über die Oberschenkel weitergeleitet wird – durch die Knie hindurch, durch die Fußgelenke hindurch, hinein in die Füße, wo aller Druck und alle Last an den Boden abgegeben werden kann. Unterstützen Sie diese Vor-

stellung durch Abstreichen der Hände vom Becken über die Oberschenkel hin zu den Knien. Lassen Sie die Hände auf den Knien ruhen und atmen Sie in Ihre Hände.

2. Beugen Sie sich nun ein wenig vor, so dass Sie die Hände möglichst weit zu den Füßen bringen. Die Hände ruhen auf dem Schienbein oder umfassen die Fußgelenke oder berühren den Fußspann, die Zehen. Atmen Sie in Ihre Hände. Ihr Bauchraum ist zwar nun vorübergehend gestaut, umso mehr aber kann der Atem in die ganze Länge Ihres Rückens fließen und auch das Becken, den Beckenboden, die Sitzfläche, mit der Sie Kontakt haben, einbeziehen. Lenken Sie Ihren Atem dorthin, als würden Sie zunächst nur das Becken mit Atem füllen wollen. Stellen Sie sich vor, das Becken mit Atem aufzublasen wie einen Luftballon und dann, wenn er gefüllt ist, sich darauf zu setzen, indem Sie sich wieder aufrichten und das Gewicht wieder auf die ganze Sitzfläche verteilen. Nun spüren Sie vielleicht Ihre Sitzknochen, Sie spüren den Raum zwischen den Beinen, zwischen rechts und links und zwischen vorn und hinten.
3. Richten Sie sich auf, ohne sich zu verspannen. Entdecken Sie Verhaltensmuster, die sich mit der Vorstellung der Aufrichtung verbinden und eine angestrengte Verspannung einzelner Muskelgruppen bewirken. Spüren Sie jeden einzelnen Wirbel, wie sie alle aufeinander aufbauen und eine Senkrechte bilden. Spüren Sie die Elastizität, die sich mit Stabilität verbindet, dieses Wunderwerk lebendiger Architektur. Beugen Sie sich einmal leicht nach rechts und dehnen Sie die linke Seite Ihres Rückens, dann dehnen Sie die rechte Seite, indem Sie sich nach links beugen. Beachten Sie bei dieser Beugung, dass sie die ganze Achse erfasst und nicht in der Mitte abknickt. Stellen Sie sich einen Stab vor, der aus seiner aufrechten Mittelposition in eine leichte Schräge gebracht wird. Der Stab ruht in der Schale aufgrund komplexer Balanceakte. Kein Augenblick ist wie der andere, die Balance stellt sich jeden Augenblick neu her. Lassen Sie den Stab zurückschwingen in seine aufrechte Position. Pen-

deln Sie nun hin und her, vor und zurück und achten Sie darauf, dass der Rücken wie ein Stab aus einem Stück, getragen von der Schale des Beckens, sich ausbalanciert. Kein Knick, kein Zusammenfallen und Wegsacken stört die aufgerichtete Wirbelsäure, die als Einheit in eine pendelnde Bewegung gerät. Machen Sie diese Bewegung sehr klein – von außen ist diese Bewegung vielleicht gar nicht zu sehen. Es geht nur darum, dass Sie innerlich diese Bewegung sehen und sich ein Bild davon machen können. Sie spüren sofort die Wirkung dieser Übung, wenn Sie sie richtig machen, als eine ganzkörperliche Belebung, die sich nicht nur auf den Rücken beschränkt. Der knorrige Baumstamm erinnert sich an seine Lebendigkeit, die sich von den Wurzeln bis in die höchsten Spitzen seiner Krone erstreckt.

4. Nutzen Sie diese Übung auch dazu, chronisch verspannte Rückenmuskeln im Kreuzbereich zu dehnen. Vor allem bei schlechter Haltung und Hohlkreuz können Sie mit Hilfe von lösenden Bildern die zusammengezurrten und verkürzten Muskeln dehnen – arbeiten Sie z. B. mit der Vorstellung, dort im Bereich des Hohlkreuzes einen zu kurz geratenen Abnäher aufzutrennen und mehr Stoff herauszulassen. Nun fühlt sich der Rücken glatt an. Wenn Sie für diese glatte Oberfläche gesorgt haben, können die reinigenden Tropfen, die Ballast und Druck des Alltags mit sich nehmen, besser von oben nach unten abfließen, Sie können besser loslassen. Das Becken als Schale bietet eine breite Basis. Das Sitzen ist die ideale Position, sich dieser Basis bewusst zu werden, sich ihr anzuvertrauen und sich dort niederzulassen, um das Gefühl, auf diese Weise in sich ruhen zu können, richtig auszukosten.
5. Von dieser Basis aus kann die verlorene Beweglichkeit des Körpers wiederhergestellt werden. Durch Übungen der Haltungsgymnastik und der Rückenschule, die hier nicht aufgezählt werden sollen, werden Sie Stück für Stück, Wirbel für Wirbel Ihren Rücken neu entdecken. Begleiten Sie diese aufregenden Neuentdeckungen mit einem angemessenen

Bewusstsein, einem neuen Selbstverständnis, einem neuen Verhältnis zu sich selbst: Sehen Sie sich selbst als einen Körper, in dem eine Wirbelwelt enthalten ist, nein, viele Wirbelwelten sich ineinander drehen und ausstrahlen. Angefangen bei der Basis hören Sie vielleicht den tiefen Ton, der von dieser Wirbelwelt an der Basis der Wirbelsäule ausgeht. Je höher Sie aufsteigen, Wirbel für Wirbel, desto höher und feiner wird der Ton, der von den entsprechenden Wirbelwelten ausgesendet und empfangen wird. In der Krone ist es dann ein mächtiges Rauschen. Die Wurzeln liegen in unendlicher Dunkelheit und Stille, aus der Sie Kraft schöpfen.

Wortfeldertechnik

Zur Selbstdiagnose psychosomatischer Zusammenhänge. Eine Technik, die als Meditation anwendbar ist und einen emotionalen Ausgleich schafft. Bei Unklarheit, emotionaler Belastung und Verstimmung.

Viele somatische Beschwerden lassen sich auf emotionale Unausgeglichenheit zurückführen. Ein solches Ungleichgewicht entsteht durch Überbetonung eines bestimmten emotionalen Aspekts – bzw. durch Ausblendung des gesamten emotionalen Seelenhaushalts, in dem viele verschiedene Emotionsmuster und Verhaltensmöglichkeiten gespeichert sind, jedoch nicht zur Verfügung stehen, weil der Blick sich zur Tunnelvision verengt hat und auf eine emotionale Reaktion fixiert ist. Sie können diese Fixierungen auflösen, indem Sie ein Gegengewicht auswählen und sich damit »impfen«. Wann immer in Ihrem Alltag die eingefahrene Emotion sich meldet, haben Sie so das passende Mentalmittel zur Hand.
Da diese Übung auf mentaler Ebene erfolgt, bedient sie sich der Worte. Im Gegensatz zu anderen Meditationstechniken sollten Sie deshalb einen Schreibblock und einen Bleistift bereitlegen. Die Wortfeldertechnik bietet Ihnen eine Liste be-

stimmter Auslöserreizworte an, die durch »Gegenworte« ausgeglichen werden können. Sowohl Auslöserreizworte als auch Gegenworte sind individuell verschieden; Sie sollten selbst eine solche Liste aufstellen, können aber die hier aufgezeichnete zum Einstieg benutzen.

Die Wortfelder sind polar angeordnet. Auf der rechten Seite finden Sie die »negativen« Emotionen, das heißt Gefühle und Gedanken, die sich negativ auf Sie auswirken. Wenn z. B. »Ärger« dasteht, dann heißt das nicht, dass Ärger an sich negativ ist. Im Gegenteil, sobald Ärger bewusst geworden ist, kann er sich positiv auswirken, indem er Sie dazu stimuliert, etwas in Ihrem Leben zu verändern. Solange aber Ärger unbewusst vor sich hin brodelt, produziert er mentales Gift, mit dem sich Ihr Körper auseinander setzen muss. Da sich diese Auseinandersetzung auf der unbewussten Ebene vollzieht, können Sie nicht bewusst eingreifen: Sie haben keine Wahl. Sinn und Zweck dieser Übung ist es jedoch, negative Zustände, an denen Sie leiden, ins Bewusstsein zu heben und somit einen bewussten Umgang mit Problemen und Konflikten zu ermöglichen. Solange Sie keine Wahl haben, agiert Ihr Körper »blind« aus, was ihm an Impulsen angeboten wird: Er re-agiert.

Durch diese Übung lernen Sie, immer weitere Bereiche Ihres Lebens aktiv zu gestalten. Wenn Sie nun auf der rechten Seite ein Wort finden, das Sie besonders reizt, Sie trifft und berührt, dann heißt das nicht, dass Sie mit dem »positiven« Gegenwort das Negative durch Positives ersetzen sollen. Es ist lediglich ein Angebot, eine Anregung zum Nachspüren. Stellen Sie sich zwei Waagschalen vor: In der einen Waagschale ist das »Negative«, das alles Gewicht bekommt, wenn kein Gegengewicht in die andere Waagschale geworfen wird. Die Gegengewichte in Form von Worten können nun experimentell in die andere Waagschale geworfen werden. Das Experiment wird zeigen, ob das richtige Gegengewicht gefunden wurde. Wenn nicht, versuchen Sie es mit anderen Worten. Wenn ja, denken Sie darüber nach, wie Sie die Bedeutung des Gegenwortes bzw. dessen Inhalt (z. B. Gelassenheit) in Ihrem Leben aktivieren und

diese besondere Qualität sowohl in Ihre Identität als auch in Ihren Lebensstil integrieren können.
Außerdem sind die Wortfelder in drei übereinander geordnete Bereiche eingeteilt:

1. Mentaler Bereich

Hier haben Sie aufgrund Ihrer Einsicht und Ihres Willens die Möglichkeit, etwas direkt zu verändern. Sie erkennen z. B., dass Sie Widerstand leisten und in ein infantiles Trotzverhalten verfallen. Aufgrund dieser Erkenntnis gleichen Sie den kindlichen Trotz aus, indem Sie es mit Gelassenheit und einer reiflich überlegten Akzeptanz versuchen. Den Ursachen Ihres Trotzes können Sie dennoch nachgehen und diese gegebenenfalls aufarbeiten.

2. Psychischer Bereich

Hier haben Sie trotz besten Willens und tiefster Einsicht keine direkte Möglichkeit der Einflussnahme. Sie wissen zwar, dass Ihre Gefühle, z. B. Schuldgefühle, keinen realen Grund haben, aber Sie können diese Gefühle nicht einfach abstellen. Zunächst müssen Sie sich damit abfinden, dass es so ist und dass es vielleicht gute Gründe dafür gibt. Diese Anerkennung schafft eine neue Realität, in der auch »irreale« und »irrationale« Gefühle ihren Platz haben. Nun bieten Sie Ihrem Unbewussten, in dem diese guten Gründe und die früher einmal getroffenen Entscheidungen aufbewahrt werden, andere Gefühle an, ohne das Unbewusste »bekehren« oder ihm etwas »beweisen« zu wollen. Das Unbewusste ist ein wenig wie ein Kind: Es liebt spannende Geschichten und lässt sich durch diese leicht beeinflussen. Wählen Sie also links ein Wort und spinnen Sie darum eine spannende Geschichte, die negative Geschichten in Ihrem Leben aufwiegen kann.

3. Physischer Bereich

Innerhalb der Gefühle gibt es solche, die eher mental ausgerichtet sind und somit »gedachte« Gefühle sind. Und es gibt Gefühle, die unmittelbar auf die körperliche Befindlichkeit einwirken, die also erlebt werden, noch bevor sie durch einen Gedanken Gestalt finden. Emotionen sind Kräfte, die etwas in Bewegung setzen. Sie verlangen danach, zum Ausdruck zu kommen. Motion ist die Bewegung, und Emotion die Gemütsbewegung, die herauswill aus dem stummen Erleben. Emotionen haben einen starken Ausdruckswillen und benützen den Körper als ihr Arbeitsfeld. Bieten Sie also Ihren Emotionen ein anderes Gebiet an, wo sie sich austoben können, z. B. indem Sie malen, singen, tanzen oder Theater spielen. Wählen Sie das rechte Reizwort und sehen Sie auf der linken Seite nach, welches Gegenwort dort steht. Dieses Gegenwort wird dann die Losung für den angestrebten Ausdruck sein. Sollten Sie z. B. eine tiefe existenzielle Gleichgültigkeit empfinden, so gleichen Sie diese aus, indem Sie z. B. einen schöpferischen Ausdruck dagegensetzen. Sie können auch beginnen, vorgegebene Ausdrucksformen zu übernehmen – z. B. Mandalas zu malen –, und sich dadurch in eine meditative Stimmung der kosmischen Geborgenheit versetzen. Besonders hier ist es wichtig, sich zu nichts zu zwingen und alles experimentell auszuprobieren. Bedenken Sie: Sowohl das Unbewusste als auch der Organismus hören nicht auf Argumente, sondern reagieren auf anschauliche Angebote, die unmittelbar Wohlbefinden auslösen. Es gibt nicht Richtig oder Falsch, sondern nur Lustvoll und Lustlos. Sie bewirken also das größte Maß an Veränderung, wenn Sie die Lust als Verbündete haben. Bedenken Sie auch, dass durch diese Gegenmaßnahmen Ihre frühen Konditionierungen, die Sie körperlich erlebt haben und die sich nun auch auf körperlicher Ebene ausdrücken, nicht verdrängt werden. Wenn Sie sie z. B. durch eine Psychoanalyse oder eine andere Psychotherapie bearbeiten wollen, kann die Wortfeldertechnik eine wunderbare Begleitung sein.

Die Übung besteht darin, zunächst den Blick wie absichtslos über die rechte Seite gleiten zu lassen. Hier sind die Auslöserreizworte zu lesen, und vielleicht bleibt Ihr Auge an dem einen oder anderen hängen. Nehmen Sie dieses Interesse, das in Ihnen aufkommt, nicht als Diagnose eines Problems auf, sondern als Anregung, es mit dem Experiment des Ausgleichs versuchen zu wollen. Vor allem wenn Sie in dem unteren Bereich des Physischen gewichtige existenzielle Befindlichkeiten feststellen, müssen Sie nicht zu dem Schluss kommen, mit Ihnen »stimme« von Grund auf etwas nicht. Existenzielle Probleme haben alle Menschen und leben meist ganz gut damit: Diese Probleme sind also eher die Norm. Trotzdem müssen wir z. B. Gefühle der Isolierung oder der inneren Leere nicht schicksalsergeben übernehmen – wir können darüber meditieren, ob es Hilfe gibt und wie sie zu finden ist.
Wenn Sie nun ein Gegenwort gefunden haben, schreiben Sie es auf einen Zettel. Ebenso verfahren Sie mit dem Auslöserreizwort. Zeichnen Sie nun auf zwei große Blätter Papier je einen Kreis, in dem mindestens ein Fuß Platz hat. Legen Sie die Kreise vor sich auf den Boden und die zwei Zettel in jeweils einen Kreis. Nun bauen Sie den positiven Kreis aus. Gehen Sie von dem einen Wort aus und schreiben Sie auf andere Zettel alles, was Ihnen in den Sinn kommt und was die positive Qualität, die Sie Ihrer Negativität entgegensetzen möchten, veranschaulichen könnte. Dabei verwenden Sie Farben, Klänge, Natureindrücke, gute Erinnerungen, vielleicht ein Motto oder ein Motiv, ein Symbol. Wenn Ihr positiver Kreis (den Sie auch Ressourcenkreis nennen können, weil er voller Ressourcen ist, aus denen Sie schöpfen können) gut gefüllt ist, dann stellen Sie sich mit beiden Füßen hinein und nehmen die Ressourcen durch die Füße in sich auf, ähnlich wie ein Baum durch seine Wurzeln die Nährstoffe aus der Erde aufnimmt. Treten Sie wieder aus dem Kreis heraus und meditieren Sie über den Kreis der negativen Erfahrungen.
Bedenken Sie, dass es Lernerfahrungen waren, die Sie zu bestimmten körperlichen Befindlichkeiten, mentalen Einstellun-

gen und psychisch bedingten Verhaltensmustern geführt haben. Bedenken Sie auch, dass Sie im Leben immer eine zweite Chance bekommen – wann wird die nächste Chance sein? Denken Sie nun darüber nach, wo, wann, in welcher Situation und in welchem Zusammenhang die negativen Gefühle am ehesten hochkommen. Wählen Sie eine der Situationen aus und stellen Sie sie sich konkret vor. Machen Sie sich Notizen darüber, welche Details zu dieser negativen Erfahrung gehören, und zwar auf einzelne Zettel, die Sie in den negativ aufgeladenen Kreis legen. Dann lenken Sie Ihre Aufmerksamkeit wieder zu Ihren Ressourcen, stellen sich in den Ressourcenkreis und verlagern Ihr Gewicht auf ein Bein. Das ist Ihr Standbein, es steht fest gegründet in Ihren Ressourcen. Mit dem Spielbein berühren Sie nun probeweise den anderen Kreis. Wie würde es sich anfühlen, mit beiden Beinen in beiden Kreisen zu stehen? Probieren Sie es aus, indem Sie mit dem Spielbein den Kontakt suchen – diesen aber abbrechen, sobald Sie spüren, dass die Ressourcen nicht ausreichen, um die Negativität auszugleichen. Dann müssen Sie die Ressourcen noch mehr verstärken. Ansonsten ist die Übung damit beendet, dass ein vorläufiges Gleichgewicht hergestellt wurde. Bei der nächsten Gelegenheit werden Sie dann erleben können, ob die negativ aufgeladene Situation sich entschärft und Sie nun Ihre Chance wahrgenommen haben.

Wortfeldertabelle

Mentaler Bereich:

WERTSCHÄTZUNG	WIDERSTAND
Optimismus, Aufgeschlossenheit	Pessimismus, Verschlossenheit
Zukunft haben und planen	Keine Zukunft haben, nichts planen
Alternativen bedenken, frei sein	Schicksalsergebenheit, unfrei sein
Wählen können, sich entscheiden	Keine Wahl haben, unentschlossen sein

REIFE	TROTZ
Erwachsen, unabhängig sein	Kindlich, abhängig sein
Selbstbestimmung	Opferrolle
Anpassung als intelligente Leistung schätzen	Anpassung verachten
Realistische Selbsteinschätzung	Kindliche Selbstbilder, Ansprüche
OFFENHEIT	RESSENTIMENT
In der Gegenwart leben	In der Vergangenheit leben
Sich jeweils in der Situation entscheiden	Entscheidungen vorwegnehmen
Sich von Gefühlen distanzieren können	Sich mit Gefühlen identifizieren

Psychischer Bereich:

SYMPATHIE	ANTIPATHIE
Mitschwingen, ohne sich zu verlieren	Abblocken fremder Einflüsse
Sich in die Lage anderer versetzen	Selbstbezogenheit
Sich erweichen lassen	Verhärtet beharren
VERTRAUEN	MISSTRAUEN
Sich motivieren lassen	Sich fremden Ideen verschließen
Lernerfahrungen bejahen	Nichts Neues lernen wollen
Selbstsicher sein	Sich leicht verunsichern lassen
SOUVERÄNITÄT	SCHULDGEFÜHL
Unter einem höheren Schutz stehen	Schutzlos ausgeliefert sein
Wert haben, einen Platz haben	Sich wertlos und am falschen Platz fühlen
Chancen der Kooperation sehen	Überall Konkurrenz wittern
Sich den Aufgaben gewachsen fühlen	Überfordert oder unterfordert sein
Verständigung auf gleicher Ebene	Machtgefälle schaffen

Physischer Bereich:

PARTIZIPATION	ISOLIERUNG
Mit sich selbst im Einklang	Fremd in der Welt sein
Einbezogen in ein größeres Ganzes	Zerstreut und innerlich zerrissen sein
Begeisterungsfähigkeit	Innere Stumpf- und Dumpfheit
Mut haben, sich ein Herz fassen	Gebrochenheit, Mutlosigkeit

EINHEIT	GETRENNTSEIN
Sich selbst lieben, für sich sorgen	Sich vernachlässigen
Achtsame Selbstwahrnehmung	Achtlosigkeit, Verwahrlosung
Erfüllt und ganz sein	Unwichtig, defizitär, leer sein

Wunder

Bei Engstirnigkeit – wenn das Denken so eng geworden ist, dass es nichts mehr für möglich hält, dessen Bedingungen es nicht genau kennt und berechnen kann, und wenn die Orientierung ausschließlich auf das Problem (das Krankheitsbild) fixiert ist, so dass die Lösung (das Gesundheitsbild, die heilende Vorstellung) von vornherein ausgegrenzt wird.

Sie glauben nicht an Wunder? Das müssen Sie auch nicht. Sie werden jetzt eine Erfahrung kennen lernen, die fast so wunderbar ist wie das Wunder selbst.

Machen Sie einen kleinen Spaziergang, und wenn es auch nur in Ihrer Vorstellung ist. Hauptsache ist, Sie sind und bleiben in Bewegung, denn es wird jetzt um geistige Beweglichkeit gehen. Schlendern Sie also durch einen herrlichen Garten oder Park oder auch durch Ihre Wunschlandschaft, einen Wald, über eine Sommerwiese, an einem stillen See entlang, streifen Sie durch die Berge, wandern Sie am Strand eines gleißenden Meeres. Versetzen Sie sich in dieses wunderbare Gefühl der Bewegungsfreiheit, bis das Gefühl Ihnen so gegenwärtig ist, dass Sie es jetzt erleben. Genießen Sie die Freiheit, den Standort wechseln zu können, vom Fleck zu kommen, Strecken hinter sich zu lassen und auf neue Ziele zuzugehen. Und während Sie auf diese Weise in Bewegung kommen, erreichen Ihr Geist und Ihr Gemüt einen Zustand der Flexibilität. Sie werden geschmeidig, Sie bewegen sich elegant, tänzerisch, Sie geraten spielerisch in einen Zustand des kindlichen Staunens, Sie wundern sich und genießen es, dass es etwas gibt, über das Sie sich wundern können. Plötzlich halten Sie vieles für möglich, was bis dahin zu denken ausgeschlossen und unmöglich war. Vielleicht kommt Ihnen eine Melodie in den Sinn und Sie pfeifen dazu. Oder Sie möchten trällern. Es macht nichts, dass Sie sich selten so kennen gelernt haben, es ist nie zu spät dazu.

1. Sie sind jetzt in Bewegung gekommen, in Fahrt, bereit weiterzugehen, über die Grenzen Ihres bekannten Gebietes hinaus. Sie sind voller Abenteuerlust. Sie lassen das alte Denken, mit dem Sie sich eingeschränkt hatten, hinter sich. Sie wissen, es ist ja nur ein Spiel, und Sie gönnen sich dieses Spiel.
2. Könnte es sein, dass es Wunder gibt? Sie müssen nicht wissen, ob es Wunder gibt. Aber Sie dürfen sich fragen, ob es möglich wäre. Sie müssen diese Frage nicht beantworten. Diese Frage ist rein rhetorisch, ins Blaue hinein gestellt, sie umspielt Sie wie eine Brise, fächelt Ihnen Kühlung zu, wenn Sie sich erhitzt haben, und gibt Ihnen Wärme, wenn Sie unter der Kälte leiden.
3. Sie spielen mit der Frage und bemerken, wie diese Frage mit Ihnen spielt. Im Spiel verändert sich Ihr Bewusstsein. Es könnte vieles geben, wovon Sie nichts wussten, nichts wissen konnten, weil es außerhalb Ihres Wissensgebietes lag. Sie erlauben sich, kein Experte zu sein, nicht alles ganz genau zu wissen und beweisen zu können. Sie müssen nicht Recht haben, nicht jetzt.
4. Es gibt einen Ort, an dem Sie als ganz normaler Mensch mit all Ihrem Nichtwissen willkommen sind. Sie betreten diesen Ort – vielleicht ist es ein zierlicher Pavillon oder eine urige Bar am Strand oder ein Teehaus im japanischen Stil. Viel-

leicht ist dieser Ort sehr fremd und exotisch – oder sehr bekannt und vertraut, ein Ort, den Sie aus Ihrer Kindheit kennen, vielleicht Ihr Lieblingsversteck. An diesem Ort erlauben Sie sich, wieder Kind zu sein und alle Fragen der Welt stellen zu dürfen.

5. Sie fragen sich: Angenommen, es würde ein Wunder geschehen, woran würde ich es eigentlich merken? Welchen Unterschied würde es überhaupt machen? Stellen Sie sich vor, über Nacht passiert ein Wunder, und Sie wissen nicht, welches Wunder, aber Sie wissen: Es ist ein Wunder geschehen. Sie sind davon überzeugt – gerade Sie, obwohl Sie bislang so viele Möglichkeiten für unmöglich gehalten haben, sind überzeugt, dass das Wunder geschehen ist, denn plötzlich sind die Probleme gelöst, die Krankheiten geheilt.
6. Und Sie müssen nicht genau wissen, welche Probleme es waren, die gelöst wurden, welche Krankheiten es waren (vergangene, die nie erkannt wurden, oder zukünftige, die sich im Verborgenen anbahnen), die geheilt wurden – Sie erlauben sich, sich ganz dem Gefühl des Gelöstseins, des Geheiltseins zu überlassen. Es ist ja ein Wunder. Dafür haben Sie keine Erklärung, darüber haben Sie keine Kontrolle, denn Wunder setzen alle Konditionen außer Kraft. Überlassen Sie sich einfach dem Gefühl, baden Sie darin und lassen Sie nach und nach die kleinen entscheidenden Details, die den Unterschied ausmachen, in Ihren Sinn kommen, so dass Sie sie notieren können.
7. Nun laden Sie Menschen, die Ihnen nahe stehen und von denen Sie wollen, dass auch sie an Ihrem Glück teilnehmen, an diesen Ort des Wunderbaren ein. Heißen Sie sie willkommen, geben Sie ihnen die Gelegenheit, sich mit dieser Atmosphäre, diesen neuen Gegebenheiten vertraut zu machen. Fragen Sie sie nun, welchen Unterschied sie wahrnehmen. Was ist anders? Was an Ihrem Verhalten und als Antwort darauf in ihrem eigenen Verhalten ist entscheidend verändert? Notieren Sie die Botschaften, die Sie auf diese Weise erhalten.

8. Verlassen Sie nun voller Dankbarkeit den Ort des Wunderbaren und suchen Sie einen anderen Ort auf, der Ihrem Alltag ein wenig näher liegt – vielleicht ist es das Gasthaus um die Ecke, in dem Sie essen, wenn Sie nicht zu Hause kochen, oder ein Café, in dem Sie öfter Freunde treffen, oder ein Ort im Freien, den Sie oft aufsuchen. An diesem Ort sind Sie Ihrem Alltagsbewusstsein näher, aber Sie tragen die wichtigen Erfahrungen bei sich, die Sie am Ort des Wunderbaren gemacht haben, die wertvollen Botschaften, die Sie über das informiert haben, was alles möglich wäre, wenn es Wunder gäbe. Das alles bringen Sie mit. Und Sie merken schon, dass die Grenzen sich verwischen. Wenn Sie es einem Dritten erzählen würden, was in Ihnen bzw. zwischen Ihnen und der Ihnen nahen Person, die Sie eingeladen haben, vorgegangen ist, dann wäre es wahrscheinlich nicht von vornherein klar, was Sie meinen, wenn Sie sagen: »Das gibt es nur, wenn es Wunder gibt« oder »Das gibt es dann, wenn ich es für möglich halte« oder »Das gibt es auf keinen Fall, weil ich mir gar nicht vorstellen könnte, dass es so etwas gibt – außer, es gäbe Wunder«. Dieser Dritte wäre ziemlich verwirrt und würde denken, Sie selber wüssten nicht genau, was Sie eigentlich wollen.
9. Aber Sie wissen es: Sie wollen Wunder. Und während Sie an Wunder denken, erweitert sich Ihr Bewusstsein und hält vieles für möglich, was geschehen kann, auch wenn kein Wunder geschieht. Sie verschreiben sich selbst ein Verhalten, als sei ein Wunder geschehen. Dadurch ermöglichen Sie sich selbst neue Verhaltensweisen, an die Sie bislang nicht einmal im Traum gedacht hätten. Nun aber denken Sie sich diese Verhaltensweisen im Wachbewusstsein aus und setzen sie in die Tat um. Lassen Sie sich überraschen, wie die Menschen um Sie herum darauf reagieren. Ungläubig? Wahrscheinlich nicht. Sie werden sich eher fragen, warum Sie sich nicht schon längst so verhalten haben – ist doch besser so. Einfacher, natürlicher ... einfach wunderbar.

Wichtig: Machen Sie dieses Experiment wirklich spielerisch, ohne jemandem etwas beweisen zu wollen – vor allem nicht das Gegenteil, indem Sie sich selbst endgültig die Chance nehmen, das Wunderbare für möglich zu halten und es zu genießen, noch bevor es sich ganz in die Wirklichkeit umgesetzt hat. Verzichten Sie stattdessen auf Endgültigkeit. Finden Sie etwas anderes, das für Sie gilt – Sie müssen nicht genau wissen, was es ist, weil Sie es niemandem erklären oder beweisen sollen. Es bleibt Ihr Geheimnis.

Wunschfigur

Bei nicht organisch bedingtem Übergewicht.

Falls Sie Übergewicht haben und darunter leiden, haben Sie sicher schon abzunehmen versucht und wissen alles über Diäten bzw. Ernährungsvorschriften. Sicher wissen Sie auch, dass es im Alter zunehmend schwieriger wird, den Stoffwechsel anzukurbeln und Fett zu verbrennen, und dass es wichtig ist, durch ausreichende Bewegung dafür zu sorgen. Aber was Sie vielleicht bis heute nicht beachtet haben, ist die Tatsache, dass Ihre Wunschfigur von Ihren Wunschgedanken abhängt. Sie werden sagen, dass niemand vom Wunschdenken allein schon abnimmt, und da haben Sie auch Recht. Aber es gibt eine bestimmte Art des Denkens, die es erleichtert, die richtige »Stimmung« zu entwickeln und allein schon durch die erhöhte Motivation dem Ziel näher zu kommen, während eine andere Art des Denkens Sie vom Ziel entfernt, ohne dass dies Ihnen bewusst wird. Vielleicht gehören Sie zu den Menschen, die bis jetzt ein Wunschbild von sich gepflegt haben und dieses unbewegte Wunschbild, das sich in Zentimetern messen und in Pfunden wiegen lässt, als Zielvorstellung anstrebten. Das neue Wunschdenken ist anders geartet. Probieren Sie es doch einmal aus und machen Sie es davon abhängig, ob Sie sich in Ihren Wünschen umstellen wollen oder nicht.

Zaubern Sie Ihre Wunschfigur herbei und lassen Sie sie lebendig werden, indem Sie hineinschlüpfen. Haben Sie schon einmal versucht, sich in Ihrer Wunschfigur zu bewegen? Wie werden Sie sich darin fühlen, wie darin bewegen? Sehen Sie die Bewegungen vor sich, als sähen Sie eine Figur im Film? Hören Sie, wie andere Menschen ihre Kommentare abgeben über das gewünschte »Gardemaß«? Oder – und hier liegt der Unterschied – versuchen Sie doch einmal, sich ganz auf die neue Beweglichkeit zu konzentrieren, als würden Sie sie jetzt real erleben, und lassen Sie bewusst die Kommentare außer Acht. Weisen Sie sie zurück, sagen Sie sich: Ich werde mich später damit befassen, aber nicht jetzt. Nehmen Sie sich vor: Jetzt befasse ich mich nur mit dem Erleben der Beweglichkeit, die mir die Wunschfigur ermöglicht. Stellen Sie das körperliche Bewegungsgefühl in den Mittelpunkt Ihrer Gedanken. Eigentlich ist es mehr ein Fühlen als ein Denken: Sie gehen in Fühlung mit der Wunschfigur, die sich zu einem Wunscherlebnis verwandelt. Sie erleben sich selbst von innen heraus, als würden Sie schon in der neuen Figur stecken und sich damit identifizieren. Wählen Sie Bewegungen, die Sie besonders faszinieren. Falls Ihnen im Kino das Herz aufgeht, wenn stolze Reiter über die Leinwand galoppieren, dann stellen Sie sich vor, Sie würden reiten. Versetzen Sie sich ganz in die Bewegung des Reitens, des Trabens, des Galoppierens hinein, halten Sie sich so stolz, wie Sie es auf der Leinwand gern sehen. Und wenn Ihr Herz beim Flamenco höher schlägt, dann versetzen Sie sich in die Bewegung dieses Tanzes. Sie werden einwenden, dass es aussichtslos ist, sich so etwas vorzustellen, weil Sie schon seit der Kindheit Angst vor Pferden haben oder hoffnungslos ungelenk sind. Und jetzt noch mit dem Gewicht ... Stopp! Halten Sie hier ein und unterbrechen Sie die Kette Ihrer Begründungen. Sie wissen auf einer tieferen Ebene selbst, dass es Ausflüchte sind. Wenn Sie andererseits sich erlauben, diesem neuen Wunschdenken nachzugeben, spüren Sie sehr bald, dass die vorgestellte Bewegung schon Wirkung zu zeigen beginnt. Die Stimmung, in die Sie sich selbst anhand der Bewegungsphantasien versetzen, bestimmt Ihr Körpergefühl, und dieses Körpergefühl leitet über zu dem Ziel, Ihren Körper in einer bestimmten Weise zu verändern.

Das Wunschprogramm in sieben Schritten

1. Vergegenwärtigen Sie sich Ihr Wunschbild. Sicher haben Sie eine Vorstellung davon, wie viel Sie wiegen möchten. Und wahrscheinlich haben Sie auch eine klare Vorstellung davon, in welche Kleidergröße Sie passen möchten. Vielleicht gibt es eine Jeans, die Sie aufgehoben haben aus Ihren schlankeren Tagen, und Sie haben sich darauf versteift, genau diese Jeans wieder tragen zu können. Nun gehen Sie einen Schritt weiter und heben diese »Versteifung« auf, als wäre es ein Bann, der Ihre Wunschfigur verzaubert hat. Erleben Sie, was geschieht, wenn die Wunschfigur zu leben beginnt und sich bewegen möchte.
2. Beobachten Sie, welche Bewegung die Wunschfigur annimmt – Ihr Unbewusstes hat lange auf diesen Augenblick der Befreiung gewartet und ergreift die Gelegenheit, die sich ergibt, beim Schopf. Sie erteilen Ihrem Unbewussten bewusst die Erlaubnis, Ihnen eine Bewegung zu zeigen, die genau zu Ihrer Wunschfigur passt. Argumentieren Sie nicht mit Ihrem Unbewussten darüber, was Sie wollen sollen und was überhaupt nicht geht. Lassen Sie sich von der Vielfalt der Angebote überraschen und wählen Sie drei Bewegungen (oder Tätigkeiten) aus.
3. Geben Sie diesen drei Möglichkeiten, die Sie ausgewählt haben, jeweils einen getrennten Raum und vermischen Sie die einzelnen Rollen nicht miteinander. Entwickeln Sie unabhängig voneinander Wunschpersönlichkeiten, die diese Bewegungen perfekt beherrschen. Und argumentieren Sie auch hier nicht, dass Sie weder die schlaksigen Beine für den Stepptanz, die geschmeidigen Knie für das Wedeln auf der Buckelpiste noch die trainierten Beckenmuskeln für das Reiten haben.
4. Lassen Sie sich stattdessen von Ihrem Unbewussten dazu

verführen, die neuen Wunschträume, die Sie entwickeln, mit größter Lust zu träumen. Sie verpassen nichts in der Wirklichkeit, denn dies hier ist schon ein Teil der Wirklichkeit. Sie spüren es, fühlen es, Sie sind schon mittendrin. Und wenn nicht, lassen Sie Ihr Unbewusstes weiterhin an dem Wunschtraum arbeiten, so dass dieser Traum so lebendig wird, als wäre er das Leben. Gehen Sie dazu in das Gefühl hinein. Statt sich von außen zu sehen, erleben Sie sich in der Rolle, die zu einem Teil Ihrer selbst wird. Sagen Sie »ich« dazu, sagen Sie sich: »Ich erlebe das, ich bin das, was ich erlebe.« Statt sich wie auf einem Foto als Bild zu sehen, erleben Sie sich jetzt in einem Film, in dem Sie mitspielen. Sie erleben die Bewegung und sagen »Ich« dazu, Sie sagen sich: »Ich bin das, was ich erlebe, ich bin der Körper, den ich fühle, ich bin die Bewegung, die ich fühle.«

5. Schon allein durch diese Phantasien mag es Ihnen heiß geworden sein. Aber machen Sie nun nicht den Fehler, gleich auf der Waage zu überprüfen, ob Sie schon Fett verbrannt haben. Und zerren Sie die vergrabene Jeans, in der Sie eben noch (in der Phantasie) Rock 'n' Roll getanzt haben, nicht hervor, um zu überprüfen, ob der Reißverschluss schon zugeht – wahrscheinlich nicht. Körperliche Veränderungen brauchen ein wenig länger als die, die Sie sich herbeiträumen und -wünschen. Aber das heißt nicht, dass keine Veränderung passiert. Denn zu den Wunschpersönlichkeiten mit den entsprechenden Wunschbewegungen und dem gewünschten Bewegungsverhalten gehört ein bestimmtes Essverhalten. Viele Sportler und Tänzer müssen sich fast dazu zwingen zu essen, so sehr schätzen sie den ekstatischen Effekt, den leidenschaftliche Bewegung auf den Menschen hat. Und umso mehr fürchten Sie, zu viel zu essen, weil es Sie davon abhält, gleich wieder loszuspringen und Ihre Bewegungswünsche umzusetzen.
6. Finden Sie geeignete Sätze, die Sie sich dann sagen, sobald Sie in Ihr altes Essverhalten zurückfallen. Lernen Sie erkennen, wo und wie genau die »Esssucht« Sie überfällt. Begrü-

ßen Sie sie als alten Freund, aber geben Sie ihr zu verstehen, dass neue Zeiten angebrochen sind. Sollten die neuen Verhaltensweisen jedoch nichts nutzen, können Sie auf die alten zurückgreifen, denn auch diese haben ihren Sinn und Zweck. Indem Sie die Intelligenz Ihrer unbewussten Entscheidungen (z. B. zu essen) anerkennen und den Rückfall als Ausdruck eines ebenfalls intelligenten Verhaltens schon einplanen, geben Sie Ihrem Unbewussten zu verstehen, dass Sie sich selbst lieben und achten, und können durch diese Selbstliebe, diese Selbstachtung sich noch besser in die gewünschte Richtung bewegen. Ihre Sätze können dann z. B. lauten: »Ich genieße das Essen«, »Ich lasse mir Zeit beim Essen«, »Ich schmecke jeden Bissen«. Entspannen Sie sich beim Essen. Nach einer bestimmten Portion, die in Ihrer Wunschvorstellung ausreichend sein sollte, um Sie gerade zu sättigen, halten Sie ein und geben Ihrem Magen die Chance zu einer Rückmeldung. Dazu braucht er Zeit. Hunger kann ein Gefühl sein oder nur eine Idee. Lernen Sie, das eine vom anderen zu unterscheiden, und folgen Sie Ihren Gefühlen.

7. Sollten Sie nun Lust auf Bewegung bekommen, so steht Ihnen nichts im Wege, sich tatsächlich zu bewegen. Sie wissen ja, dass Bewegung den Stoffwechsel ankurbelt und das Fett verbrennt. Achten Sie jedoch darauf, immer bei Ihrem Gefühl zu bleiben, und verkneifen Sie es sich, Konzepte zu entwickeln. Die Ideen und auch die vielen guten Vorsätze mögen ja ihren Wert an sich haben – aber dort, wo es um das Erleben geht, lenken sie nur vom Wesentlichen ab. Lassen Sie sich also nicht ablenken.

Zeitgenerator

Bei Hektik und dem Gefühl, nicht mehr zu sich selbst zu kommen, keine Zeit für sich zu haben.

Wir haben so viel Zeit, wie wir uns nehmen. Aber wie schaffen wir es, die Zeit, die uns zu entfliehen scheint, wieder an uns, an unseren Organismus, unser Gefühl und unseren Atem anzubinden?

1. Nehmen Sie drei tiefe Atemzüge. Ziehen Sie entspannt das Kinn in Richtung Brust und lassen Sie den Nacken frei werden, so dass er ebenfalls aufatmen kann. Schauen Sie schräg nach unten vor sich hin, lassen Sie den Blick weit werden und stellen Sie sich vor, wie sich vor Ihnen ein Raum eröffnet. Dies ist der Raum der Gegenwart.
2. Links von Ihnen liegt die Vergangenheit. Sie wenden sich der Vergangenheit zu, drehen den Kopf nach links und schlürfen mit dem Einatem alles ein, was an Zeit und Kraft in der Vergangenheit gebunden ist, alles, was Sie von der Gegenwart abhält: Erinnerungen, Gedanken an früher, was Sie damals hätten anders oder besser machen können, verpasste Gelegenheiten, längst vergangene Entscheidungen, verlorene Zeit usw. – und Sie bringen es mit dem Ausatem und einer Drehung des Kopfes zurück in die Mitte der Gegenwart. Lassen Sie es hörbar werden, wenn Sie ausatmen, geben Sie sich selbst ein Zeichen, dass Sie jetzt in die Gegenwart zurückgekehrt sind: Ein »Ha!« oder »Ja!« oder einen Summton (auch Schreien, Bellen, Fauchen, Singen sind geeignet, jedoch nur, wenn es die Situation erlaubt).
3. Rechts von Ihnen liegt die Zukunft. Sie wenden sich der Zukunft zu, drehen den Kopf nach rechts und schlürfen mit dem Einatem alles ein, was an Zeit und Kraft in der Zukunft gebunden ist, alles, was Sie von der Gegenwart abhält: Pläne, Wünsche, Hoffnungen und Ängste, Sorgen, quälende Zweifel, ob Sie das alles schaffen werden, Unsicherheit, ob Sie sich richtig entscheiden werden können, ob alles so sein wird, wie Sie es sich vorgestellt haben usw. – und Sie brin-

gen es mit dem Ausatem und einer Drehung des Kopfes zurück in die Mitte der Gegenwart. Lassen Sie es hörbar werden, wenn Sie ausatmen, geben Sie sich selbst ein Zeichen, dass Sie jetzt in die Gegenwart zurückgekehrt sind. Ein »Ha!« oder »Ja!« oder einen Summton (auch Schreien, Bellen, Fauchen, Singen sind geeignet, jedoch nur, wenn es die Situation erlaubt).
4. Tun Sie zum Schluss der Übung drei weitere tiefe Atemzüge und stellen Sie sich vor, wie der Raum in der Mitte vor Ihnen sich ausdehnt, weit wird wie Ihr Bewusstsein, Ihr Lebensgefühl, Ihr Körper, Ihr Geist.

Zeitmeer

Bei Stress, der durch Zeitdruck und besonders durch Termindruck gegeben ist.

Stress entsteht meist dann, wenn wir das Gefühl haben, die Kontrolle zu verlieren. Die Zeit läuft uns davon. Erbarmungslos rücken die Zeiger auf dem Zifferblatt vor, gehen die Tage im Terminkalender vorbei, so dass Sie ein Kalenderblatt nach dem anderen abreißen, ohne das Gefühl zu haben, zu den wichtigen Dingen des Lebens, zum Eigentlichen und Wesentlichen zu kommen. Durch Sachzwang unter Druck gesetzt, gehorchen Sie fast wie ein Automat den Befehlen, die die vorrangigsten Notwendigkeiten erteilen. Die Zeit flieht. Sie fühlen sich auf der Flucht. Je mehr Sie sich die Begrenztheit der Zeit veranschaulichen, desto mehr wächst der Druck, den Sie sich selbst machen. Helfen Sie sich durch eine Gegenstrategie. Immer wenn sich Zeitdruck anmeldet und die ersten Symptome von Stress sich zeigen, wenden Sie folgende Übung an.

1. Stellen Sie sich vor, Sie sehen die Zeit als Fluss vor sich. Sie erinnern sich vielleicht daran, irgendwann einmal an einem großen Fluss gesessen und traumverloren in die Strömung

des gleißenden Wassers geschaut zu haben. Sie erinnern diesen Augenblick, in dem Ihnen bewusst wurde, dass die Zeit wie ein Fluss ist: Sie fließt an uns vorbei, und manchmal ist es so, als würden wir uns selbst von außen dabei zusehen. Sie kennen sicher auch den Gedanken, das Leben ginge an einem vorbei, und man selbst sei nur ein Beobachter. Sie wissen aber auch, dass dieses Gefühl sich verändert, sobald Sie in der Mitte des Geschehens sind, denn manchmal werden Sie in den Strom hineingeworfen und kämpfen mit den Strudeln, die Sie zu überrollen drohen. Dann ist keine Zeit, über Zeit nachzudenken. Und so ist Ihnen sicher auch die Idee gekommen, kontrolliert zwischen den beiden Bewusstseinszuständen hin und her wechseln zu können. In einem Falle schauen Sie auf den Fluss und stehen am Ufer. Im anderen Fall sind Sie mittendrin und wissen nicht, ob dies ein Fluss, ein See oder gar das Meer ist. Sie sind von Wasser umgeben und müssen sich mit diesem Element auseinander setzen. Das verändert Ihr Bewusstsein.

2. Um eine weitere Veränderung zu bewirken, können Sie sich vorstellen, eine Kahnfahrt zu machen. Sie treiben auf der Strömung dahin (verwenden Sie dieses Bild nur dann, wenn es sich für Sie mit einem angenehmen Eindruck und einer guten Erinnerung verbindet). Vielleicht gibt es einen bestimmten Geruch, der Sie darin bestätigt, sich einfach tragen, einfach treiben zu lassen – der Geruch nach Firnis etwa, mit dem die Bootsplanken gestrichen sind. Sie spüren die warme Sonne im Rücken, es ist ein Sommernachmittag, und Sie haben sich frei genommen. Vielleicht gibt es Geräusche, das Glucksen der Wellen, durch die sich der Bug des Boots bahnt. Und dann ist die Bootsfahrt zu Ende, und Sie befinden sich als Beobachter wieder am Ufer. Hat sich etwas in Ihrer Beobachtung verändert? Wie erscheint Ihnen jetzt die Strömung? Macht es für Sie einen Unterschied, ob Sie Kontrolle über die Strömung haben oder nicht? Und wie sehr sind Sie davon abhängig, das Steuer zu übernehmen und Ihr Boot selbst zu lenken?

3. Zimmern Sie sich in Ihrer Phantasie nun ein Ihren Bedürfnissen angemessenes Fahrzeug, mit dem Sie sich gern in den Fluss der Zeit hineinbegeben. Vertäuen Sie Ihr Fahrzeug und begeben Sie sich wieder in Ihre Beobachterposition am Ufer. Sie schauen nach vorn, Sie haben den Fluss im Blick. Aber allmählich lassen Sie das Bewusstsein zu, rundherum von Wasser umgeben zu sein. Was vor Ihnen wie ein weiter Fluss ist, dessen jenseitiges Ufer im Dunst versinkt, erweist sich als großer See oder vielleicht sogar als Meer. Auch hinter sich können Sie nun das Meer fühlen. Überall ist Wasser, nur Sie befinden sich auf einer Insel. Das ist die Insel Ihres Zeitbewusstseins, und Sie wissen, dass Sie wechseln können zwischen dem Bewusstsein einer linearen Zeit, deren Gestaltung Sie kontrollieren, und dem Bewusstsein eines Zeitozeans, der alle Zeitflüsse speist, aber nicht in seiner Weite bewusst erfasst werden kann. Sie ahnen diese Weite hinter sich, vielleicht riechen Sie den Tanggeruch, hören die Brandung. Rufen Sie sich ein angenehmes Bild in Ihr Bewusstsein, das das Meer (oder einen großen See) in bester, angenehmster Weise erscheinen lässt.
4. Und dann, wenn das Meer wirklich einladend geworden ist und Sie an nichts anderes mehr denken können als daran, wie schön es wäre, jetzt baden zu gehen, dann folgen Sie der Einladung und gehen rückwärts, Schritt für Schritt, ins Wasser hinein. Lassen Sie den Strand sanft abfallen und das Wasser angenehm warm sein, so dass sich in Ihnen der Eindruck verstärkt, Sie seien hier willkommen und würden schon erwartet. Jetzt sind Sie von Zeit umgeben, Sie baden darin. Vielleicht wollen Sie unter Wasser schwimmen und eine fremde, zauberhafte Unterwasserwelt besuchen. Oder Sie schaukeln auf einer Luftmatratze. Oder Sie durchteilen die Fluten mit kräftigen Stößen. Finden Sie eine Form des Badens, die besonders lustbesetzt ist. Genießen Sie Ihr Bad in der Gewissheit, jederzeit das Bad beenden, aus dem Meer heraussteigen und ans Festland gehen zu können.

Trick: Zeit kann entweder als linearer Fluss (als Linie im Terminkalender) oder als Zeitraum erlebt werden. Je nach Fall ist das eine oder andere angemessen. Bei bestimmten Leistungen kommt es auf jede Sekunde an: Der Gedanke »Zeit ist Geld« vermittelt die Vorstellung, Zeit ließe sich als Wert quantitativ messen. Zeitqualität hingegen ist durch Wohlbefinden, Entspannung, Lebensgenuss gegeben. Viele Menschen fühlen sich so tyrannisiert von der linearen Zeitvorstellung und den allgemeinen Maßstäben, dass sie nicht mehr zum Leben zu kommen glauben. Leben fordert, sich einlassen zu können. Bei der Beurteilung von Zeitqualität – z. B. Zeit, die Paare miteinander, Eltern mit ihren Kindern, Menschen mit ihren Freunden verbringen – gelten andere Maßstäbe.
Wie weit kann die Zeit, die zur Verfügung steht, so genutzt werden, dass sie als lebenswert erscheint? Es hilft, sich immer wieder ins Bewusstsein zu rufen, dass die lineare Zeit eine menschliche Erfindung und eine gesellschaftliche Realität ist. Sie ist wichtig, um Abläufe zu synchronisieren, ohne solche Zeitvorstellungen würden wir uns nicht zu einem bestimmten Zeitpunkt verabreden können. Auch die geregelte Arbeit in Betrieben wäre unmöglich.
Trotzdem bleibt der Nutzen vordergründig, wenn im Hintergrund nicht ein Bewusstsein für den Wert dieser linearen Zeit vorhanden ist. So etwa ermöglicht das pünktliche Einhalten von Abmachungen in der linearen Zeit eine Zeitersparnis, die sich mit dem Freihalten von Zeiträumen verbindet. Diese Zeiträume sind reserviert für das Wesentliche, für das, worauf es im Leben ankommt. Nur so hat Zeit wirklich einen Wert und muss nicht »totgeschlagen« werden. Pflegen Sie dieses Zeitbewusstsein, indem Sie sich eine Liste mit Lebenswerten machen. Lassen Sie diese Werte im Hintergrund den Sinn für den Vordergrund bestimmen.

Zeitmehr

Bei Schlafstörungen aufgrund der Vorstellung, nicht genug oder keine Zeit mehr zum tiefen Entspannen zu haben.

Kennen Sie das? Sie müssen früh aufstehen, haben den Wecker gestellt, alles vorbereitet, sind zeitig ins Bett gegangen, und nun wälzen Sie sich hin und her, weil Sie besessen sind von der Vorstellung, Sie hätten nicht genug Zeit zum tiefen Entspannen, das zum Einschlafen führt. Je mehr Sie sich wirklich tief zu entspannen suchen, desto mehr verkürzt sich in Ihrer Vorstellung die verbleibende Zeit. Sie haben zwar davon gehört, dass es Leute gibt, die es innerhalb kürzester Zeit schaffen, sich so tief zu entspannen, dass sie wie neugeboren aus ihrem Nickerchen erwachen. Sie wissen also, dass es möglich ist, aber Sie wissen nicht, wie Sie dieses rationale Wissen Ihrem Unbewussten vermitteln sollen.

Helfen Sie sich durch ein Bild: Stellen Sie sich konkret vor, wie viel Zeit Ihnen zwischen jetzt und dem Aufstehen bleibt; diese Zeit, die Sie eigentlich gar nicht zu haben glauben, stecken Sie ab, als wäre sie ein Bassin. Zunächst konzentrieren Sie sich nur auf den Rahmen, der zum Rand eines Bassins wird. In der Phantasie werden die Zeiger des Weckers zum Geländer an den Stufen, die in das Bassin hineinführen. Das Bassin lockt mit herrlich warmem Thermalwasser, das mit einer köstlichen beruhigenden Essenz versehen ist. Dieses Bassin enthält das Zeitmehr, die Mehrzeit, in der Sie baden können. Stürzen Sie sich nicht hinein, sondern gehen Sie genüsslich die Stufen hinab. Zuerst spüren Sie das Wasser nur mit den Zehen, die sich anwärmen. Dann stehen Sie knöcheltief im Wasser und merken schon die Entspannung, die Sie von unten nach oben erfasst. Die Waden fühlen sich geschmeichelt und wie mit besonderen Wickeln verwöhnt. Nun kommen die Knie, die weich werden und Sie dahinschmelzen lassen. Schon wollen Sie ganz untertauchen, geben sich aber noch die Gelegenheit, die Wärme im Unterleib zu genießen, während der Oberkörper sich hingeben möchte und nur das Gesicht noch herausschaut. Sie sehen gegenüber, am anderen Ende des Bassins, die Stufen, die mit Geländern versehen sind. Sie wissen, dass Sie zu der gewünschten Zeit wieder pünktlich auftauchen und aus dem Bassin herausgehen werden. Dies ist der letzte Gedanke, bevor Sie unter Wasser tauchen und einen Schnorchel zum Weiteratmen benutzen. Oder Sie sind zu einem Fisch geworden, der hier in seinem Element ist. Auch als Fisch erinnern Sie sich, wann es Zeit ist, wieder Mensch zu werden.

Trick: Hier wird Zeit nicht linear (als analoges Abschreiten der Zeiger auf dem Zifferblatt) veranschaulicht, sondern als Alternative das Bild eines Zeitraums geschaffen. Kaum ist das Gefühl für Raum da, kann sich der Körper darauf einstellen und sich in diesen Raum hineinbegeben. Der Zeitraum ist jedoch in diesem Falle begrenzt, was durch das Geländer an den Stufen, die ins Bassin führen, versinnbildlicht wird. Der Raum, der dem Unbewussten ein Gefühl der Zeitlosigkeit vermittelt, ist eine Art Ausbuchtung auf der Zeitlinie. Die Kunst ist es, von linearer Zeit auf Zeitraumgefühl umzuschalten und solche Zeitausbuchtungen optimal zu nutzen.

Zellbewusstsein

Um Vertrauen zum eigenen Organismus zu entwickeln und Selbstheilungskräfte zu stärken, z. B. nach einer Operation und/ oder einer schweren, vielleicht lebensbedrohenden Krankheit. Als Einstieg in ein erweitertes Verständnis für psychosomatische Zusammenhänge.

Haben Zellen ein Bewusstsein? Der in Amerika lebende indische Ayurveda-Arzt Deepak Chopra gibt folgendes Beispiel für Zellbewusstsein: Er erzählt von dem Fall eines kleinen Jungen, Timmy, der eine multiple Persönlichkeit besitzt. Wir alle haben Teilpersönlichkeiten, die unter der Schirmherrschaft unserer Person, mit der wir uns identifizieren, ein Schattendasein füh-

ren. Bei dem Krankheitsbild der multiplen Persönlichkeit jedoch sind die Teilpersönlichkeiten von der übergreifenden Identität abgekoppelt und unterstehen nicht der Oberhoheit des Ich. Die multiple Persönlichkeit leidet unter Persönlichkeitsstörungen, da mal die eine, mal die andere Teilpersönlichkeit sich meldet und einfach das Kommando übernimmt, ohne sich mit den anderen Teilpersönlichkeiten darüber abzustimmen. Timmy ist nun ein besonderer Fall, denn unter all seinen Persönlichkeiten ist eine, die allergisch reagiert. Timmy schaltet seine Allergie ein und aus, je nach Teilpersönlichkeit.
Dies bedeutet, allgemein gesprochen, für uns eine Konfrontation mit der Möglichkeit, Krankheiten auszuwählen, sich dafür zu entscheiden. Wir sind uns unserer Wahl nicht bewusst, da sie auf der Ebene unterhalb unseres Alltagsbewusstseins stattfindet. Wenn wir aber eine solche Fähigkeit zur Steuerung und Entscheidung besitzen, dann sollten wir sie auch nutzen. Es ist ähnlich wie mit dem Placebo-Effekt: Er ist ein Hinweis auf eine phänomenale Fähigkeit, die wir Menschen potenziell haben. Dazu müssen wir aber nicht multiple Persönlichkeiten entwickeln und unsere Ich-Kontrolle aufgeben. Das Phänomen des Zellbewusstseins ist eine Einladung an uns, neue Theorien darüber zu entwickeln, wie wir Zugang zu einem solchen Bewusstsein bekommen und wie wir es praktisch nutzen können. Dabei können wir ruhig so tun als ob – ohne sicher zu sein, dass die Theorie vom Zellbewusstsein wirklich stimmt und wissenschaftlich bewiesen worden ist.

Meditation über das Zellbewusstsein

- Angenommen, es gibt eine Art von Bewusstsein, die den Zellen eigen ist ...
- Angenommen, die Zelle selbst ist intelligent ...
- Angenommen, diese Intelligenz muss auf einer tieferen Ebene als der molekularen liegen, denn Antikörper und ein spezifisches Antigen begegnen sich in Form von gewöhnlichen Kohlenstoff-, Wasserstoff- und Sauerstoffatomen ...

- Angenommen, z. B. Allergien entstehen nicht »nach Laune« und verschwinden nicht »einfach so«. Die Immunzellen, gespickt mit allergieauslösenden Antikörpern, warten lediglich passiv auf den Kontakt mit einem passenden Antigen. Sobald der Kontakt zustande kommt, wird automatisch eine Reihe chemischer Reaktionen ausgelöst. Es wird entschieden, ob reagiert werden soll oder nicht ...
- Angenommen, Moleküle treffen Entscheidungen ...
- Angenommen, der Körper erneuert sich ständig, indem er sich ständig neu entscheidet ...
- Angenommen, Geist und Körper stehen im selben Verhältnis zueinander wie eine Datei zu ihrem Computerausdruck. Wenn wir den Körper (Ausdruck) verändern wollen, müssen wir lernen, den Geist (Datei, Text) neu zu schreiben ...
- Angenommen, der Körper weiß, was gut oder schlecht für ihn ist. Die Natur hat uns die richtigen Instinkte mit auf den Lebensweg gegeben. Sobald wir beginnen, diesen angeborenen Neigungen wieder Aufmerksamkeit zu schenken und ihnen zu folgen, werden wir bemerken, dass unser Organismus aus eigener Kraft zum Gleichgewicht tendiert, ohne dass wir viel dafür tun müssen ...
- Angenommen, winzige Ungleichgewichte legen in unserem Geist-Körper-System den Keim für künftige Erkrankungen, so dass die Erhaltung des Gleichgewichts einen idealen Gesundheitszustand sichert ...
- Angenommen, alles hat Einfluss auf unser Gesamtbefinden. Es scheint unmöglich, ständig all diese unterschiedlichen Einflüsse unter Kontrolle zu halten, doch können wir die überwiegende Zahl der bereits vorhandenen Ungleichgewichte abfangen, auffangen und künftige Entgleisungen verhindern ...
- Angenommen, es gibt etwas in unserer Person, vielleicht eine Teilpersönlichkeit, die sich in einer bestimmten Weise entscheidet ...
- Angenommen, diese Teilentscheidungen haben Einfluss auf unseren Gesamtzustand und sind deshalb entscheidend für

unsere Ausgeglichenheit, unser inneres Gleichgewicht, das im Austausch mit der Außenwelt sich immer wieder neu herstellen muss – so dass wir uns ständig neu für unsere Gesundheit entscheiden können ...

- Angenommen, es gäbe eine Möglichkeit, diese Teilpersönlichkeit zu kontaktieren, um sie zu fragen, was sie für uns tut, indem sie eine bestimmte Reaktion hervorruft oder ein bestimmtes Symptom produziert ...
- Angenommen, jede Reaktion, jedes Symptom würde einen großen Schatz an wertvollen Informationen bergen, da die Zellen bewusst agieren und nicht zufällig oder aus einer Laune heraus ...
- Angenommen, wir wollten das alte Wissen der Ayurveda-Medizin für uns nutzen und erfahren, dass *vata* für Bewegungsabläufe verantwortlich, *pitta* für den Stoffwechsel zuständig ist und *kapha* Struktur gibt; alle drei Prinzipien sind in unserer Lebenspraxis zu berücksichtigen, da jede Zelle alle drei Prinzipien enthalten muss, damit wir am Leben bleiben ...
- Angenommen, es muss in unserem Körper Vata (Bewegung) sein, das uns erlaubt zu atmen, das Blut zirkulieren zu lassen, Nahrung durch den Verdauungstrakt zu schleusen und Nervenimpulse ans und vom Gehirn zu senden – angenommen, unser Körper braucht Pitta (Stoffwechsel) zur Verarbeitung und Verteilung von Nahrung, Luft und Wasser im ganzen System, und er braucht Kapha (Struktur), damit sich die Zellen bilden und zu Muskeln, Fett, Knochen und Sehnen werden. Angenommen, die Natur braucht alle drei, um einen menschlichen Körper entstehen zu lassen, und angenommen, dass dieselben Prinzipien, die an der Entstehung eines Körpers beteiligt sind, auch bei dessen Erhaltung und Pflege mitwirken sollten ...
- Angenommen, dass diese Worte in uns eine Resonanz bewirken, welche Konsequenzen hätte dies für unseren Alltag?

Wichtig: Der Rahmen des »so tun als ob« ist durch die Formulierung »angenommen, dass« gewährleistet. So müssen Sie an nichts glauben, sondern können sich ganz auf die Resonanz, die diese Annahmen hervorrufen, konzentrieren. Sie müssen nichts dazu tun – nichts entscheiden, nichts machen, nichts wollen, sondern einfach nur da sein und in Kontakt bleiben mit Ihrem Organismus, der auf diese Annahmen reagiert, wenn er sich davon angesprochen fühlt. Sie müssen sich auch weder schuldig fühlen noch die Verantwortung für bestimmte Prozesse übernehmen.

Es genügt, sich bewusst zu werden, dass es mehr gibt als nur das Alltagsbewusstsein. Bei dem großen Erfolg, den diese Annahmen eines Zellbewusstseins in vielen Heilprozessen bewirkt haben, ist dic Wahrscheinlichkeit sehr groß, dass auch Sie – und zwar nicht Ihr Ichbewusstsein, nicht Ihr Wille, sondern Ihr Unbewusstes und Ihr Zellbewusstsein – sich direkt angesprochen fühlen, so dass die Annahmen auf Resonanz stoßen. Es kommt für Sie nur darauf an zuzulassen, dass es noch ein anderes Bewusstsein gibt außerhalb Ihres Ich, und Ihrem Organismus, Ihrem Körper eine ganz besondere Art von Intelligenz zuzugestehen.

Zielorientierung

In Verbindung mit einem Gesundheitsprogramm, einer Diät, einem Training etc.

Nur wer Ziele hat, kann Ziele erreichen. Aber: Ziele verstellen oft die Vision auf andere Wahlmöglichkeiten und Handlungsalternativen. Der Wechsel zwischen einer genauen Zielvorstellung, die man sich in den Kopf gesetzt hat, und einem verschwommenen Tagträumen und Sinnieren bringt genau jene Flexibilität, die Wünsche Wirklichkeit werden lässt.

Und damit es auch wirklich die Wirklichkeit ist, die Sie sich wünschen, lohnt es sich, immer wieder innezuhalten und nachzuspüren, ob Sie sich auf dem richtigen Wege befinden.

Ihr Körper wird Ihnen durch ein klares Signal zeigen, wie es mit Ihnen steht. Fühlen Sie sich besser, ausgeglichener, gesünder, ruhiger und souveräner oder nicht? Diese Fragen sollten ein Trainingsprogramm immer wieder unterbrechen und Raum schaffen, um gegenteilige Erfahrungen wahrzunehmen. Auch wenn Sie sich etwas in den Kopf gesetzt haben, ist es wichtig, den Kopf frei zu halten.

Angenommen, Sie haben ein genaues Ziel vor Augen, dann können Sie sich am Anfang folgende Fragen stellen, um Ihr Ziel noch besser anpeilen zu können:

- Können Sie sich Ihr Ziel konkret vorstellen? Abstrakte Vorstellungen sagen dem Unbewussten wenig, und Sie sind nun einmal auf die Mithilfe Ihres Unbewussten angewiesen. Ebenso wenig kann das Unbewusste etwas mit Negationen («Ich will nicht rauchen«) anfangen. Können Sie also Ihr Anliegen positiv formulieren und sich ganz konkret, sinnlich, sozusagen mit Haut und Haar in die Situation versetzen, die gegeben ist, wenn Sie Ihr Ziel erreicht haben? Können Sie Ihrem Unbewussten veranschaulichen, wie es sich fühlen wird, wenn das Ziel erreicht ist? Kann das Unbewusste sich ein Bild davon machen, dieser Situation einen erstrebenswerten körperlichen Zustand zuordnen, Geschmack dafür entwickeln und jetzt schon die Siegesklänge und Lobeshymnen hören? Wenn ja, dann haben Sie es geschafft, das Unbewusste auf Ihre Seite zu bringen.
- Gibt es neben den subjektiven auch objektive Kriterien, die Ihnen signalisieren, dass Sie Ihr Ziel erreicht haben? Ihr Bewusstsein möchte Sie davor bewahren, in subjektive Tagträume und Wunschwelten abzudriften, so dass Sie den Realitätsbezug verlieren. Sie müssen also einen objektiven Rahmen herstellen, an dem Sie messen können, ob Sie auch objektiv Fortschritte machen.
- Können Sie so tun als ob? Können Sie sich so verhalten, als hätten Sie Ihr Ziel schon erreicht? Angenommen, Sie möchten 20 Kilo abnehmen – können Sie sich so bewegen, so

halten, so fühlen, als hätten Sie schon 20 Kilo abgenommen? Es handelt sich hier nicht um eine Aufforderung zur Vortäuschung falscher Tatsachen, sondern um einen Appell an Ihr schauspielerisches Talent. Denn was Sie darstellen und ausdrücken können, können Sie auch verwirklichen – natürlich ist zur Verwirklichung ein wenig mehr Zeit erforderlich als zum darstellenden Ausdruck, aber das eine bedingt das andere. Das glauben Sie nicht? Probieren Sie es aus!

- Sind Sie aus eigenen Stücken dazu fähig, Ihr Ziel zu erreichen? Oder sind Sie von etwas oder jemandem abhängig, das oder der darüber entscheidet, ob Sie Ihr Ziel erreichen werden? Es gibt objektive Abhängigkeiten, die das Erreichen eines Ziels bestimmen, so dass es nicht in Ihrer Hand liegt, wie das Schicksal sich wenden wird. Meist aber schaffen wir uns subjektive Abhängigkeiten, die uns daran hindern, unsere Wünsche wahr werden zu lassen. Oft benutzen wir solche Abhängigkeiten auch als Vorwand dafür, das Ziel nicht angehen zu können, weil wir vielleicht nicht genügend motiviert sind oder an alten Selbstbildern, Vorstellungen und Vorurteilen hängen. Vielleicht würde die Verwirklichung Ihres Zieles auch Konsequenzen haben, die für Sie nicht wünschenswert wären, und Ihr Unbewusstes hat dafür gesorgt, durch »irrationalen« Widerstand dem einen Riegel vorzuschieben. Wägen Sie ab, was in Ihrer Hand liegt und was nicht, machen Sie einen Check-up beim Arzt, um eventuelle Krankheiten oder Dispositionen auszuschließen. Machen Sie sich frei von Abhängigkeiten, die nicht sein müssen. Vielleicht fühlen Sie sich von einem Menschen, der Ihnen nahe steht, so sehr bestimmt, dass sein Interesse mehr im Vordergrund steht als Ihr eigenes. Machen Sie die Verwirklichung Ihrer Wünsche davon abhängig, ob Sie zu Ihrem Ziel stehen und dazu, es auch wirklich zu erreichen. Was würde sich in Ihren Beziehungen, in Ihrem Freundeskreis, Ihrer Arbeitswelt ändern? Würden Sie sich selbst oder jemandem in Ihrer Umgebung Schaden zufügen bzw. etwas verlieren (z.B. durch Liebesentzug)?

- Können Sie sich einen Termin setzen, bis wann Sie Ihr Ziel erreicht haben wollen? Wenn das Ziel zu groß und zu weit entfernt ist, dann gerät es aus dem Blickfeld. Machen Sie sich also einen Zielplan, unterteilen Sie Ihr Fernziel in kleine Teilabschnitte und legen Sie für das erste Teilziel einen Termin fest. Dieser Termin ist einerseits verbindlich, weil es Ihnen selbst nützt, sich einen Zeitrahmen zu schaffen. Andererseits sind Sie Ihr eigener Herr. Sie wissen und bestimmen, wie es sich für Sie richtig anfühlt – das Wohlbefinden und das Gefühl, selbst in Ordnung zu sein, ist zuletzt ausschlaggebend.

Angenommen, Sie haben noch kein genaues Ziel vor Augen und möchten nur wegkommen von einem diffusen Unbehagen – dann sollten Sie sich fragen, worin eigentlich der Sinn des Lebens für Sie besteht. Vielleicht haben Sie sich noch nie Gedanken darüber gemacht, vielleicht war immer anderes wichtiger, vielleicht stand das Wohl anderer im Vordergrund. Für Ihre Zielorientierung brauchen Sie jedoch ein Bewusstsein darüber, worum es Ihnen im Leben geht. Der Zielbestimmung geht eine Wertebestimmung voraus.

- Welche Werte sind für Sie ausschlaggebend?
- Was ist der Maßstab Ihres Handelns, wonach richten Sie Ihre Entscheidungen und Entschlüsse aus?
- Was brauchen Sie? Was fehlt Ihnen? Was sind Ihre tiefsten Bedürfnisse? Wann würden Sie Ihr Leben nicht mehr als lebenswert empfinden, wenn Sie darauf verzichten müssten?
- Was ist das Allerwichtigste, der allergrößte Wert für Sie? Wie ist die hierarchische Reihenfolge der Werte, wenn Sie sie einordnen wollten?
- Stellen Sie sich vor, Sie wären vollkommen frei, könnten ganz Sie selbst sein und wären materiell nicht gebunden oder sozialen Zwängen und Verpflichtungen unterworfen. Welche Werte sprechen Sie an? Lesen Sie die hier aufgelisteten Werte und kreuzen Sie die an, die Sie besonders ansprechen.

Liebe	Freiheit
Macht	Einfluss auf andere
Schönheit	Gesellschaftliche Anerkennung
Sicherheit	Unabhängigkeit
Wissen	Bildung, Kultur
Künstlerischer Ausdruck	Spiritualität
Beweglichkeit, Bewegungsfreiheit	Rhythmus, Tanz
Abenteuer	Sport
Freundschaft	Austausch mit anderen
Durchsetzungskraft	Verständnis für andere
Einsicht, Weisheit	Mut
Reichtum	Genuss
Zugehörigkeit	Individualität

Dies sind nur einige Werte, und sicher fallen Ihnen noch viele andere ein. Beobachten Sie, welchen Rang für Sie der Wert der Gesundheit einnimmt und welche Werte noch wichtiger sind. Wenn Sie aus gesundheitlichen Gründen ein Training oder ein bestimmtes Programm verordnet bekommen haben und dieses auch beherzigen wollen, ist es unbedingt notwendig, auf die Werte einzugehen, die noch vor dem Wert der Gesundheit stehen.

Wenn z. B. an erster Stelle die Werte Liebe, Zuneigung oder auch Geborgenheit und Sicherheit stehen, gewährleistet Ihr körperlicher Mangelzustand oder Ihre Krankheit vielleicht, dass diese Werte erfüllt werden – während eine Verbesserung Ihres körperlichen Zustandes oder eine Gesundung dazu beitragen würde, nicht mehr die Aufmerksamkeit und Fürsorge zu erhalten, auf die Sie als Kranker zählen konnten. Oder die Liebe, die Zuneigung, derer Sie so sicher waren, geht dann verloren, wenn Sie für sich selbst sorgen können.

Die Frage stellt sich: Wie können Sie dafür sorgen, dass Sie das bekommen, was Ihnen am Herzen liegt, nur auf eine andere Weise als über Leiden und Krankheit? Lassen Sie sich etwas einfallen, wie Sie in Gestalt eines gesunden, lustigen, lustvollen und glücklichen Menschen genauso und vielleicht noch mehr geliebt werden als in Gestalt des kranken, traurigen, leidenden Menschen, der Mitleid erweckt und Fürsorge einfordert. Formulieren Sie ein Lebensmotto, das der Leidensalternative entspricht, und Ihr neues Lebensmotto, in dem sich Ihre Hauptwerte mit einer Gesundheitsvision verbinden.

Z wie Ziel und Zufall

Anstelle eines Nachworts.

Wir sind am Ziel. Aber ist es nicht auch Zufall? Für manche Menschen gibt es einfach keinen Zufall, behaupten sie – aber meist nur dann, wenn glückliche Umstände dafür gesorgt haben, dass bestimmte Erwartungen mit bestimmten Realitäten übereinstimmten. Der Zufall ist dann etwas Erfreuliches, und so etwas will man doch nicht von vornherein ausschließen. In einer normalen Apotheke jedoch würde es nicht reichen, von solchen glücklichen Zufällen auszugehen – genauso gut könnte man ja auch Knöpfe abzählen oder eine Münze werfen, und dazu braucht man keine Apotheke. Richtig. Aber bei der *mentalen Hausapotheke* liegt der Fall anders. Hier ist nämlich der Zufall etwas, das einem »zufällt«, das einem zuteil wird, wobei man nicht ganz und gar dem launischen Schicksal ausgesetzt ist. Der Zufall als Zufälligkeit hat hier nichts zu suchen.
Der glückliche Zufall hingegen ist ein Zusammenfallen von innerer Haltung und äußerer Entsprechung. Dadurch entsteht Bedeutung. Bedeutung ist subjektiv. Wenn ein bestimmtes Ereignis für Sie bedeutet, dass Sie geheilt wurden und gesund sind, dann kann dieses Ereignis mehr als nur ein glücklicher Zufall sein. Sie werden vielleicht das, was Ihnen geholfen hat, nun in die Reihe bewährter Mittel aufnehmen und immer wieder darauf zurückgreifen – was nicht heißt, dass es auch immer wieder helfen wird. Die Zeiten ändern sich, und die Lebenszusammenhänge, die zu dem Zustand von Gesundheit beitragen, ebenfalls. Es gilt, immer neu an die Aufgabe heranzugehen, mental Gesundheit anzustreben. Dabei werden Sie

immer neue Erfahrungen machen und auf immer neue Ideen kommen. Und Sie werden entdecken – falls Sie das nicht schon getan haben –, dass eine Zusammenarbeit mit dem Schicksal möglich ist.

Dann ist der Zufall mehr als ein Zufall – es liegt an Ihnen, ein Zusammenkommen glücklicher Umstände zu verursachen. Der Zufall kann gesehen werden als eine Einladung des Schicksals, sich mit ihm zu treffen – ein Rendezvous. Es kann jederzeit geschehen, auch dann, wenn man gar nicht damit gerechnet hätte – und gerade dann. Es ist ein aufregendes Rendezvous, ein *blind date*. Nur eines ist dazu notwendig: Man muss schon selber hingehen.

Register

Literatur

Alexander, Gerda: *Eutonie. Ein Weg der körperlichen Selbsterfahrung,* München: Kösel [9]1999

Alman, M. Brian, und Peter T. Lambrou: *Selbsthypnose. Ein Handbuch zur Selbsttherapie,* Heidelberg: Carl Auer Systeme [3]1999

Betz, Otto: *Der Leib als sichtbare Seele,* Stuttgart: Kreuz 1991

Brennan, Barbara Ann: *Licht-Arbeit. Das große Handbuch der Heilung mit körpereigenen Energiefeldern,* München: Goldmann 1989

Brown, Barbara: *New Mind, New Body. Biofeedback: New Directions for the Mind,* New York: Bantam Books 1974

Chia, Mantak: *Tao Yoga. Praktisches Lehrbuch zur Erweckung der heilenden Urkraft Chi.* München: Ansata [7]1996

Chia, Mantak: *Tao Yoga des Heilens. Die Kraft des Inneren Lächelns. Die Sechs Heilenden Laute. Die Praxis der Chi-Massage.* Interlaken: Ansata 1989

Chopra, Deepak: *Die Körperseele. Grundlagen und praktische Übungen der indischen Medizin,* München: Droemer Knaur 1999

Friedlander, Mark, und Terry Phillips: *Für ein starkes Immunsystem,* München: mvg 1987

Hanna, Thomas: *Beweglich sein, ein Leben lang. Die heilsame Wirkung körperlicher Bewusstheit,* München: Kösel [5]1998

Hoffman, Kay, Martin Haberzettl und Maria Schneider: *Body Mind Management in Action. NLP, Body, Trance, Feldenkrais,* Paderborn: Junfermann 1996

Hoffman, Kay: *Ganzheit des Lebens,* Inning: Anarche

Hoffman, Kay: *Traumzeiten,* Inning: Anarche

Hoffman, Kay: *Das Arbeitsbuch zur Trance,* München: Hugendubel 1996

Hoffman, Kay: *Das Arbeitsbuch zum NLP. Wahrnehmungsschulung, Bewusstwerdung, Selbstmanagement,* München: Hugendubel 1998

Laskow, Leonard: *Heilende Energie. Einführung in die Medizin der inneren Kräfte,* München: Hugendubel 1995
Lowen, Alexander: *Liebe, Sex und dein Herz,* München: Kösel 1989
Lowen, Alexander: *Lust,* München: Kösel 1979
Milz, Helmut: *Der wiederentdeckte Körper. Vom schöpferischen Umgang mit sich selbst,* München: dtv 1994
Milz, Helmut: *Mit Kopf, Hand, Fuß, Bauch und Herz. Ganzheitliche Medizin und Gesundheit,* München: Piper 1994
Milz, Helmut, und Matthias Varga von Kibed (Hrsg.): *Körpererfahrungen. Anregungen zur Selbstheilung,* Zürich: Walter 1998
O'Connor, Joseph, und Ian McDermott: *The Art of Systems Thinking,* London: HarperCollins 1997
Olvedi, Ulli: *Integrale Energiearbeit. Mit Qi Gong und Tantra Körper, Geist und Gefühl stärken und harmonisieren. Grundlagen und Übungen für den Alltag,* München: Scherz 1997
Olvedi, Ulli: *Harmonie der Energien. Chinesische und tibetische Übungen zur Entspannung und Energiebalance im Alltag,* München: Droemer Knaur 1999
Redl, Franz (Hrsg.): *Die fünf Elemente in der chinesischen Medizin,* Linz: Bacopa 2000
Sagan, Samuel: *Tor zu inneren Welten. Das Übungsbuch zur Öffnung des dritten Auges,* Freiburg: Bauer [2]1998
Weiß, Josef: *Selbst-Coaching. Persönliche Power und Kompetenz gewinnen,* Paderborn: Junfermann [5]1996

Kontaktadressen

Unter www.bodymind.coaching.de finden Sie weitere Informationen über die Autorin, ihre Projekte sowie weitere Ansprechpartner.